中国财税研究报告2022

CHINA FINANCE AND TAXATION DEVELOPMENT RESEARCH REPORT 2022

新时代中国预算管理制度改革研究

马海涛 肖鹏 姜爱华 主编

中国财经出版传媒集团
中国财政经济出版社

图书在版编目（CIP）数据

新时代中国预算管理制度改革研究／马海涛，肖鹏，姜爱华主编．--北京：中国财政经济出版社，2022.4

ISBN 978-7-5223-1225-5

Ⅰ.①新… Ⅱ.①马… ②肖… ③姜… Ⅲ.①国家预算-财政管理体制-经济体制改革-研究报告-中国 Ⅳ.①F812.3

中国版本图书馆CIP数据核字（2022）第039324号

责任编辑：张晓丽　　责任印制：刘春年

封面设计：陈宇琰　　责任校对：胡永立

新时代中国预算管理制度改革研究

XINSHIDAI ZHONGGUO YUSUAN GUANLI ZHIDU GAIGE YANJIU

中国财政经济出版社 出版

URL：http：//www.cfeph.cn

E-mail：cfeph@cfeph.cn

社址：北京市海淀区阜成路甲28号　邮政编码：100142

营销中心电话：010-88191522

天猫网店：中国财政经济出版社旗舰店

网址：https：//zgczjjcbs.tmall.com

北京时捷印刷有限公司印刷　各地新华书店经销

成品尺寸：185mm×260mm　16开　21.25印张　398 000字

2022年4月第1版　2022年4月北京第1次印刷

定价：118.00元

ISBN 978-7-5223-1225-5

（图书出现印装问题，本社负责调换，电话：010-88190548）

本社质量投诉电话：010-88190744

打击盗版举报热线：010-88191661　QQ：2242791300

序　言

当今世界正经历百年未有之大变局，我国正处于实现中华民族伟大复兴的关键时期，时代提出了一系列新的重大理论和实践问题，经济社会发展和民生改善比过去任何时候都更加需要解决方案，比过去任何时候都更加需要财政理论的繁荣与创新发展。2017 年习近平总书记在党的十九大报告中指出："中国特色社会主义进入新时代。"2020 年党的十九届五中全会《关于制定国民经济和社会发展第十四个五年规划和二〇三五年远景目标的建议》提出："要加快构建以国内大循环为主体、国内国际双循环相互促进的新发展格局。"

过去的 2021 年是党和国家历史上具有里程碑意义的一年，也必将是载入史册的一年。在以习近平同志为核心的党中央坚强领导下，我国如期打赢脱贫攻坚战，全面建成小康社会，实现第一个百年奋斗目标，开启全面建设社会主义现代化国家、向第二个百年奋斗目标进军新征程。2022 年将召开党的二十大，这是党和国家政治生活中的一件大事。在中国特色社会主义进入新时代，全面贯彻新发展理念，加快构建新发展格局，推动高质量发展的背景下，需要更好地发挥财政在国家治理中的基础性作用。

预算是财政管理之柱。预算体现国家的战略和政策，反映政府的活动范围和方向，是推进国家治理体系和治理能力现代化的重要支撑，是宏观调控的重要手段。党中央、国务院高度重视预算管理工作。党的十八大以来，尤其是 2014 年 8 月 31 日《中华人民共和国预算法》的修订、2015 年 1 月 1 日正式实施以来，按照党中央、国务院决策部署和《预算法》规定，财政部会同有关部门和地方积极改进预算管理制度，大力推进中期财政规划、预算公开、地方政府债务管理、预算绩效管理等一系列重大改革举措落地实施，为建立现代预算制度提供了基础条件。2020 年 8 月，《中华人民共和国预算法实施条例》重新修订后发布，更是中国加快迈向现代财政制度的坚实一步。

中央经济工作会议明确提出，2022 年经济工作要稳字当头、稳中求进，宏观政策要稳健有效。经过 2019 年减税降费的持续实施和 2020 年国内新冠肺炎疫情冲击的影响，当前和今后一个时期，财政处于紧平衡状态，收支矛盾较为突出。如何解决“财政收入承压、财政支出固化、财政统筹缺乏”的问题，提升预算的财力统筹能力？以政领财、以财辅政，政府通过配置财政资源来保障政府施政，如何解决在财政支出的具体领域、政策和项目上“谋划不够充分、分配不够精准、投入效益不够高”的问题？如何解决预算管理中的协同机制不够，导致预算管理中各部门、各业务处室“各自为战”问题？如何解决预算管理的信息基础不牢和支出标准不健全导致预算编制精准度不强的问题？如何解决预算管理的综合性协同监督机制还未有效建立，导致预算监督的合力不够的问题？如何加强预算管理制度改革顶层设计和预算管理各项制度的系统集成、协同高效，通过深化改革更好地将制度优势转化为治理效能问题？都是当前预算管理理论与实践领域亟待解决的问题。上述问题的存在，影响了财政资源统筹和可持续性，迫切需要通过进一步深化预算管理制度改革，规范管理、提高效率、挖掘潜力、释放活力。需要进一步加强财政资源统筹，保证财政支出强度，加快支出进度，推动财力下沉，优化支出重点和结构，增强国家重大战略任务财力保障。

中央财经大学为国而生，与国同行，是新中国中央人民政府直接创办的第一所高等财经院校。学校始建于 1949 年 11 月 6 日，创办之初由财政部主管，历经中央税务学校、中央财政学院、中央财经学院、中央财政金融学院等发展阶段，1996 年更名为中央财经大学，2000 年，学校由财政部划转教育部直属管理，2005 年成为国家“211 工程”重点建设高校，2006 年成为国家“985 工程”优势学科创新平台首批建设高校，2012 年成为教育部、财政部和北京市人民政府共建高校，2017 年成为“世界一流学科建设高校”。

财政学科作为中央财经大学成立最早的“老牌”学科之一，在 70 多年发展历程中为国家培养了上万名高质量的财税精英人才。财政学科是国家级重点学科、北京市重点学科；财政学专业、税收学专业是教育部及北京市特色专业建设点；财政学教学团队是国家级优秀教学团队；全国资产评估专业硕士教学指导委员会秘书处单位。拥有博士、硕士和学士学位授予权，应用经济学博士后流动站，目前已经成为我国财税人才培养和科学研究的重要基地。

政府预算管理研究领域一直是财政学科重点支持的方向，近几年来，研究团队打造了“典型国家和地区政府预算制度研究丛书”，目前已经出版了 10 本（俄罗斯、美国、日本、印度、英国、澳大利亚、法国、德国、加拿大、中国香港地区）。依托校内跨学科教师资源，编撰典型国家预算绩效管理制度、预算绩效管理理论研究、预算绩效管理实践发展报告、分行业分领域预算绩效管理研究等丛书，反映国内外预算绩效管理的最新理论和实践，为预算绩效管理理论研究、实务工作、人才培养奠定坚实基础。

科研方面，研究团队 2021 年主持了研究阐释党的十九届五中全会精神的国家社科基金重大项目《深化预算管理制度改革研究——基于跨学科和系统论的研究视角》，2014 年主持国家社科基金重点项目《建立现代预算制度研究》。研究团队还先后与财政部预算司完成部省共建课题《预算公开国际比较研究》《中期财政规划国别研究》等，与财政部政研室完成《中期预算国别研究》等，相关研究成果均已经公开出版。教学方面，研究团队出版了北京市精品教材《政府预算管理》，2016 年按照新《预算法》的精神进行重新修订，目前已 4 次再版加印，在国内综合性大学和兄弟财经院校的选用率较高。2021 年修订出版教育部国家级规划教材《政府预算理论与实务》（第四版）。《政府预算管理》本科课程 2019 年获评北京市优质本科课程，并于 2019 年在中国大学（MOOC）平台上线运行，已经完成多轮开课。

《新时代中国预算管理制度改革研究》基于“问题导向型”的分析范式，运用系统论的研究思维，将构建现代预算制度的切入点放在提升政府预算的资源统筹能力和制约监督政府预算权力运行上，从预算制度改革的系统性、整体性、协调性着眼，研究提出深化预算制度改革的思路与举措。本书的写作分工如下：第一章由白彦锋、侯微怡编写，第二、三章由马海涛、肖鹏编写，第四章由李贞、汪晶编写，第五章由卢真、郭馨怡编写，第六章由肖鹏、陶畅编写，第七章由王红梅、张润天、李佳鹏（复旦大学）编写，第八章由李燕、覃钰路编写，第九章由姜爱华、戴宁编写，第十章由王淑杰编写，第十一章由温来成、丁盈编写，第十二章由肖鹏、穆沛雨编写。全书由马海涛、肖鹏、姜爱华组织完成审定统稿。

希望本书的出版，能对促进我国财经领域学术交流、繁荣我国政府预算理论与政策研究作出微薄的贡献，成为财政预算研究领域重要的历史记录和存史资政的文献资料。由于预算管理制度改革是一个系统工程，涉及政治、经济、社会、文化等各个方面，是一个比较复杂的研究领域，尽管我们付出很大的努力，但是仍然许多问题尚需进一步深入系统研究，期待专家学者及读者提出宝贵意见。本书在出版过程中，得到中国财政经济出版社高进水副总编辑和责任编辑的大力支持，在此表示感谢！

目　　录

第一章

预算管理制度改革的时代背景

当今世界和中国正经历百年未有之大变局。从国际环境来看，世界政治经济格局波诡云谲，世纪疫情波及全球，数字信息技术重塑了传统经济模式，不确定性骤增宣告了“风险社会”的来临。从内部环境来看，中国正处在转变发展方式、优化经济结构、转换增长动力的百年变革攻坚期，同时面临需求收缩、供给冲击、预期转弱“三重压力”。面对错综复杂的内外部发展环境，新时代我国经济工作要“稳字当头、稳中求进”，推行稳健有效的宏观财政政策，进一步推动我国经济高质稳定向前发展。

近年来，预算管理中一些深层次问题逐步暴露，如预算统筹力度不足、政府过紧日子意识尚未牢固树立、预算约束不够有力、资源配置使用效率有待提高等。特别是新时期中国经济已由高速增长阶段转向高质量发展阶段，正处在新老增长动能转换的重要关口①。基于传统经济模式和旧时代背景的预算管理制度已然滞后于现阶段的发展需求，难以更好地发挥财政对经济社会现代化的有效支撑驱动作用，进一步深化预算管理制度改革势在必行。本章主要刻画了现阶段中国预算管理制度改革的时代背景。

① 王一鸣：《中国经济新一轮动力转换与路径选择》，《管理世界》，2017 年第 2 期，第 1 – 14 页。

第一节 “十四五”开局之年

一、党的十八大以来财税改革回顾

党的十八届三中全会在提出全面深化改革总目标的同时，赋予了财政“国家治理的基础和重要支柱”这一全新且高端的定位，对财税体制改革作出了重要部署，为财税领域改革翻开了新篇章。

（一）《预算法》的修订和实施

2014 年 8 月全国人大修订了《预算法》，为深化财税体制改革全局奠定了法律基础。新《预算法》的出台是财政制度建设具有里程碑意义的一件大事，标志着中国加快建立全面规范、公开透明的现代预算制度迈出了坚实的一步。新修订的《预算法》体现了四个亮点：一是建立全口径预算体系，二是健全闭环式地方政府债务管理制度，三是系统规范财政转移支付，四是将预算管理公开透明正式纳入法制化轨道。

新《预算法》明确要求政府的全部收入和支出都应当纳入预算。与此同时，新《预算法》建立了由“四本预算”——一般公共预算、政府性基金预算、国有资本经营预算和社会保险基金预算构成的全口径预算体系，并逐年通过调整预算科目、提高一般公共预算比例等局部改革，在四本预算之间逐渐架起桥梁，实现各类预算资金的有效衔接和统筹协调，从而有效发挥全口径预算的整体性功能。新《预算法》从法律层面对地方政府举债进行了规范，明确规定地方举债主体只能是省一级政府，并且只能采取发行地方政府债券的方式，其筹措的资金只能用于公益性资本支出而不得用于经常性支出，举债规模需由全国人大或全国人大常委会批准。新《预算法》首次在法律层面对财政转移支付提出了系统性、规范性要求，包括对财政转移支付的种类、原则和目标以及一般性转移支付、专项转移支付和管理制度等，均作了明确细致的规定。随着新《预算法》的正式实施，预算信息公开被正式纳入法制化轨道，预算信息公开逐步成为常态，制度化建设也进一步加快。

（二）税制改革全面深化

党的十八大以来，税制改革从具体税种的改革和税收征管体制改革两个方向共同发力。间接税改革方面，其改革的核心成果是“营改增”，实现了增值税由生产型向消费型的转型，消除了困扰中国多年的行业税制不公，既展现了全面深化税制改革的决心，也开启了地方税体系建设的新征程。直接税改革方面，党的十八届三中全会明确提出，逐步建立综合与分类相结合的个人所得税制的改革方向，这为重新设计个人所得税制，充分发挥其对收入分配差距的调节功能提供了依据。从其他税种改革来看，随着消费税改革逐步推进，课税对象和税率的调整使消费税调节收入差距和纠正消费行为的功能日益显现；资源税从调整计征方式、扩大征收范围、划分税收收入归属三个方向全面推进，有效发挥出了其作为税收杠杆的调节作用，推动经济结构调整和发展方式转变。此外，《中华人民共和国环境保护税法》经由全国人大常委会审议通过，这标志着落实税收法定原则迈出了坚实的一步。

税制改革向纵深迈进也对税收征管体制改革的支撑能力提出了新的要求。《深化国税、地税征管体制改革方案》的出台，旨在从征管的角度，支撑起整个税制改革的成果。分设国税、地税两套税务机构进行税收征管源于分税制改革在中央、地方收入的划分，此轮以问题为导向的税收征管体制改革，对于在新的历史条件下深化分税制改革具有重要意义。

（三）央地财政关系取得重要突破

中国财税体制改革深层次的利益关系和矛盾主要集中体现在中央与地方财政关系上。2016 年 8 月，《国务院关于推进中央与地方财政事权和支出责任划分改革的指导意见》明确了财政事权和支出责任划分的基本原则、主要任务和要求。2018 年 3 月，十三届全国人大一次会议审议通过了《国务院机构改革方案》，决定将省级和省级以下国税地税机构合并，具体承担所辖区域内税收和非税收入、社会保险费征管等职责。随后，《国税地税征管体制改革方案》正式印发，国税地税征管体制改革大幕全面拉开。改革完成后，省市县乡税务机构数量大幅减少，较合并前厅级税务局数量减少 45 个，省级、市级、县级税务局内设机构、事业单位和派出机构分别减少 709 个、5349 个和 2. 49 万个，撤销县局稽查局 3900 多个。按照党的十八届三中全会确定的改革方向，目前正逐项明确中央与地方支出责任分担方式和具体比例。以往中央与地方财政事权和支出责任划分不够清晰的局面，得到了明显改变。

（四）财政支出领域改革卓有成效

党的十八大以来，财政支出领域进行了许多卓有成效的改革，包括：将重点支出同财政收支增幅或者生产总值脱钩，打破财政支出结构的固化局面；紧密结合当前预算管理改革和国情发展的实际，改革支出领域的分类科目；全速推进公务支出管理改革，加速提高基本公共服务保障水平；规范支出标准体系以及支出绩效管理制度，奠定“支出有依据，花钱必问效，无效必问责”的制度基础。此外，党的十八大以来，中国PPP模式的制度化改革已提上日程，以法律法规、管理机构、操作指引、标准化工具和专业培训等组成的相对完整的PPP政策框架正逐渐形成，地方财政长期、健康、可持续的融资渠道正逐步拓宽。

二、“十四五”中国步入新阶段

（一）中国经济步入“新时代”

2018年中央经济工作会议上，习近平总书记强调“中国特色社会主义进入了新时代，中国经济发展也进入了新时代”。中国经济从高速增长转向高质量发展，即从“数量追赶”转向“质量追赶”，从“规模扩张”转向“结构升级”，从“要素驱动”转向“创新驱动”，从“分配失衡”转向“共同富裕”，从“高碳增长”转向“绿色发展”。这是中国社会主义现代化建设的必经之路，既是经济增长方式和路径的转变，更是一个体制改革和机制转换的过程。“十四五”时期正是这个阶段性转变的关键时期。“十四五”期间，我国的关键任务是要构建新的发展格局，重点任务是提高我国自主创新能力，加快科技自立自强；促进产业基础升级，提高产业链的稳定性和竞争力；坚持扩大内需战略，释放内需潜力；建立高水平的社会主义市场经济体制，提高国民经济循环效率；提高对外开放水平，重塑国际合作和竞争新优势。

（二）“十四五”时期对“十三五”时期的巩固和开创

“十四五”时期是全面开启社会主义现代化强国建设新征程的重要机遇期，中国将在全面实现小康社会的基础上，全面开启中国特色社会主义现代化国家新征程，这对中国迈向全面现代化具有重要的战略意义。在“十四五”时期，中国财政工作将继续巩固“十三五”时期所取得的成效，配合现代财政体系建设，充分发挥财政的基础和引领作用，强化对重点工作的支持。相较于“十三五”期间的现代财税体制，“十四五”赋予了财政体制改革更多新的内涵和外延，首次提出了现代财税金融体制，在税收方面，提出要完善现代税收制度，健全地方税、直接税体系，优化税制结构，适当提高直接税比重，深化税收征管制度改革；在财政方面，提出要加强财政资源统筹，加强中期财政规划管理，增强国家重大战略任务财力保障，并提出要深化预算管理制度改革，强化对预算编制的宏观指导。

（三）“十四五”时期中国面临的困境

“十四五”时期，中国社会主义现代化过程中面临着“中等收入陷阱”和“高收入之墙”等困境。所谓“中等收入陷阱”，指的是部分拉美国家在人均GDP达到4000—7000国际元的发展阶段，由于工业化基础架构存在重大缺陷，以致工业化进程无法持续的现象[①]。经过40多年的高速增长，中国已然步入中高收入国家行列，身陷粗放型增长难以持续、环境资源约束加强、人口红利衰减以及收入分配矛盾加剧等诸多困境。但我国也具备人口素质快速提升、消费市场潜力巨大、产业梯度转移“雁阵”模式等诸多优势，这决定了我国存在绕开或越过“中等收入陷阱”的基本条件[②]。中国即将面临的真正挑战是翻越“高收入之墙”。刘世锦（2011）[③]指出，后发追赶型国家在经济高速增长一段时期后，人均GDP达到10000国际元左右，国家后发优势基本枯竭，以能源、重化工产品大规模消耗、社会生产主要满足居民基本消费需求为特征的工业化和城市化阶段大体结束，潜在经济增长速度便将大幅回落，并由此出现一系列困难、矛盾和挑战。这种现象就是“高收入之墙”。在跨越“中等收入陷阱”、迈向高收入国家的节点上，一个国家经济发展的目标具有了更为广泛的含义，不仅包括数量和规模的增长，还包括产业结构的转型升级、经济发展的包容性以及人民群众的获得感等。这不仅是资源配置机制、经济发展战略以及利益分配格局的全面调整和完善，还是发展模式、社会结构以及管理体制的系统性创新。“十四五”时期，如何跨越“中等收入陷阱”，翻越“高收入之墙”，实现经济增长动力的转变，是目前财政预算管理改革面临的重要挑战。而将逆周期和跨周期宏观调控政策有机结合是解决目前困境，实现“十四五”良好开局的最有效途径之一。逆周期宏观调控政策是指通过“政府的手”干预市场，缓解市场经济天然的不稳定性，防止经济风险顺周期累积、传染和扩散。跨周期宏观调控政策则是指将视野聚焦到更长的时限中，兼顾即时利益和长远利益，加强经济走势预研预判，进行有效的前瞻性调控，在较长周期内通过宏观政策减少经济顺周期过程中的风险累积，同时注意防止“政府的手”矫枉过正。通过结构性改革修补时限内出现

---

① 世界银行最先在《东亚经济发展报告（2006）》中提出了“中等收入陷阱”（Middle Income Trap）这一概念。

② 朱玉成：《中国跨越“中等收入陷阱”和预防“高收入之墙”的政策创新研究》，《社会科学》，2020年第4期，第58－67页。

③ 刘世锦等：《中国如何跨越高收入之墙》，《学习参考资料》，2011年第7期，第7－8页。

的问题，依靠帕累托改进巩固经济稳中向好态势，促进经济高质稳定增长，完成经济社会发展主要目标任务。

（四）数字经济为“十四五”带来的新变化

人类社会已然步入数字信息时代。“十四五”时期，数字经济新时代的来临对财税体制、财政预算管理改革提出了新的要求。数字经济是指以信息网络为载体、以信息技术为驱动、以信息数字化为主要要素构成的复杂网络。2020 年 5 月中共中央国务院在《关于新时代加快完善社会主义市场经济体制的意见》中明确，数据与劳动、资本、土地、知识、技术、管理同为生产要素，并且要加快发展数据要素市场。党的十九届五中全会公报中也指出“要坚定不移建设制造强国、质量强国、网络强国、数字中国”“加快数字化发展”。经济社会正逐步从工业经济向数字经济转变，数字经济不仅是一个或两个行业的数字化，而是整个经济和社会的数字化。现阶段，数字经济对 5G、人工智能、大数据、区块链和互联网应用等领域的贡献不断加强，并逐渐渗透到制造业、服务业和金融业等各个领域。显而易见，数字经济是“十四五”期间财税制度设计必须面对的重要问题。

数字经济对财税领域的冲击主要表现在三个维度：一是新技术在财税领域的运用；二是旧有的财税调控手段面临冲击；三是固有的财税体制难以适应数字经济带来的新经济模式。具体来看，第一，大数据、信息技术以及人工智能等新技术的诞生和推广在财税领域掀起了天翻地覆的变化，所得税自动生成和智能平台等纷纷涌现，这些技术的应用不仅改变了传统的税收征管模式，更是点燃了新一轮的数字财税变革。第二，在财税支持方面，处于数字经济发展前沿的大型企业似乎并不需要特别的财政专款支持。过去在产业政策、技术经济政策上，财政通过年度内的特定专项支持来扶持经济增长点的旧有模式似乎并不适应新经济模式的发展变化。此外，数字经济本身扩大了商业性金融的边界，即使没有政策性融资，只在数据库、云计算支持之下，就能风险可控地不断发小额贷款。如何重新定位财税与产业发展，让财税更好地服务于新经济的快速发展是数字经济发展对财税体制改革提出的新问题、新要求。第三，现有的财税体制、预算管理制度都是建立在工业化基础上的制度。由于财税体制相较于数字经济的时滞，数字经济带来的“虚拟货币”偷逃税带来的挑战，不啻为对中国现行货币体系和税制的双重“降维打击”。长期以来，各种“地下经济”造成的税收流失在不同程度上一直存在，但是“虚拟货币”借助数字经济的掩护似乎具备了“合法性外衣”。2021 年初，比特币突破 5 万美元、30 万元人民币，其中隐藏着巨大的税收潜在风险。此外，当“数字贵族”实现了对现行货币支付体系和税制体系的“双重逃逸”

之后，中国财税部门对于逃逸之外的数字贵族和高收入群体“鞭长莫及”①。在财政筹资压力有增无减的背景下，只能加重对“税网”之内纳税人的税收征管。这样一来，就造成了中国税收筹集和宏观调控的“扭曲”和“无效”，即一方面“数字贵族”等高收入群体“逍遥税外”；而另一方面“税网”之内的纳税人承担了更高的税负，进而对收入分配、刺激消费乃至社会的长治久安都会产生巨大威胁。因此，中国财税与货币政策面对数字经济的宏观治理能力和治理水平的提升迫在眉睫。从中长期看，从工业革命向数字革命的转变，意味着财税体制的深刻变革。数字时代，利用现代信息技术和大数据，进一步优化组织体系和资源配置，建立智慧财政体制大有可为。

“十四五”期间，正是中国经济结构转型的关键时期。在这期间，多种作用相互交织促使国内外环境发生了深刻的变化，疫情的冲击、数字化进程、国际政治格局变革以及新技术的推广等都推动了经济社会的变革，促使国际国内经济社会形成了更趋复杂、更加多元、更多变化的发展特征。与此同时，更趋复杂多变的经济社会形态也对目前财税体制和预算管理制度提出了更高的要求。在中国经济转型升级过程中和经济全球化程度提高后，传统税基萎缩、纳税人税负相对上升，现阶段中国对新涌现税基的调控不足、调节乏力等问题不断涌现。面对百年未有之大变局，如何摆脱“路径依赖”，形成新的发展路径，加快适应并进一步促进经济的转型升级和经济的可持续发展，是“十四五”期间财税体制改革面临的新问题。这对于进一步深化财税体制改革，构建中国特色财税体系，更好地实现政策预期目标，为中国高质量发展奠定坚实基础具有重大的意义。

第二节　国际与国内背景

当今世界和中国正经历百年未有之大变局。从全球来看，世界格局日新月异，政治经济秩序加速变革，国际力量对比变化和大国博弈加剧，经济全球化退潮、产业链供应链面临调整，全球已然进入“风险社会”，而新一轮科技革命和产业变革更是改变了传统的生产方式、社会结构和生活方式。从中国来看，目前已进入经济结构调整的关键时期。这些改变都对中国预算制度变革提出了新的挑战。

---

① 白彦锋：《“十四五”时期我国财政安全运行面临的风险挑战与应对策略》，《当代财经》，2021 年第 6 期，第 27 – 37 页。

一、国际背景

21 世纪的第二个 10 年将人类带入了一个波澜壮阔的伟大时代，这是一个冲突迭出、风险四伏的变革时代。世界政治经济格局的转变、逆全球化浪潮的崛起、科学技术带来的变革、数字信息时代的来临以及风险和不确定性的广泛延展构成了这个伟大时代的基本挑战和宏大命题，全球秩序呈现波浪行进、螺旋演化的发展态势。

（一）世界政治经济格局发生重大变化

当前世界正经历着国际秩序重置，大国关系发生转折性变化的关键时刻。随着经济实力的变化，国际体系与世界力量对比的“东升西降”“新升老降”的趋势日益明显。21 世纪以来，新兴市场和发展中国家力量群体性崛起，部分新兴国家成为全球经济增长的领跑者，国际经济力量对比发生重大变化，预计到 2035 年，新兴市场和发展中国家经济总规模将超过发达经济体，在全球经济和投资中的比重接近 60%（国务院发展研究中心课题组，2018①）。随着新兴经济体的大规模崛起，多极化加速发展，国家间的经济竞争、政治博弈风起云涌，固有的世界利益格局将面临更多的挑战。与此同时，国家利益至上取代意识形态的趋势上升，越来越多的美国盟国正试图走上战略自主的道路。新型全球政治经济秩序正在加速重构。

观察全球宏观经济形势，在新冠肺炎疫情发生前，世界经济就已经呈现出低增长、低通胀、低利率、高债务、高风险的“三低两高”运行态势。受新冠肺炎疫情冲击和经济全球化遭遇逆流等因素影响，这一格局在随后很长一段时期内很可能进一步强化，根据 IMF 的统计数据，2019 年全球经济增长率为 2.9%，是金融危机以来经济增长最慢的一年。② 其中，发达经济体经济增长率为 1.7%，较 2018 年下降 0.5 个百分点，新兴经济体经济增长率为 3.7%，较 2018 年下降 0.8 个百分点，各大经济体的经济增速都出现了不同程度的下降。2020 年在疫情的冲击下，经济下滑压力进一步加强。伴随着经济形势的不确定性加剧，全球经济萎缩至 3.3%。而 2021 年，随着疫情冲击的缓解，全球经济逐步复苏，在 IMF 发布的最新一期世界经济展望中，预计 2021 年全球经济增长率将复苏至 6%③。此外，全球债务水平的攀升增大了风险隐患。为应对疫情冲击，主要经济体推出了空前规模的财政货币政策，

① 国务院发展研究中心课题组：《百年大变局：国际经济格局新变化》，北京：中国发展出版社 2018 年版。

② 具体数据源于 2020 年 IMF 发布的《世界经济展望》。

③ 具体数据源于 2021 年 IMF 发布的《世界经济展望》。

主要经济体债务水平突破历史高位，而潜在产出水平下降意味着税基缩小，致使债务风险进一步增大。与此同时，全球利率维持在低水平，各大央行的资产负债表迅速扩张，资产价格大幅上扬，这进一步增大了金融体系的风险，全球经济将更难以摆脱“三低两高”的局面。

2008 年国际金融危机后，经济全球化从高潮转为低潮，国际贸易和跨境投资增速放缓，国际贸易环境逐渐恶化，经济全球化遭遇逆流，贸易保护主义和单边主义盛行，全球产业链和供应链在经过了近 30 年的扩张后出现收缩。如果说全球化意味着经济、思想、文化以及科学技术等在全球范围内更自由的流动，从而产生全球效应的话，那么逆全球化就是这种趋势的反向推动，具体表现在全球化的原始倡导者从多边主义转向单边主义，从开放转向保守；发达国家与发展中国家间的大量经济合作已转化为发达国家间的经济合作；大范围的跨区域合作转变为小范围的合作，而跨区域合作转变为区域内合作等。《世界投资报告 2018 年》的数据显示，2017 年全球价值链上的国外增加值占比 30%，同比下降 1 个百分点，这是该指标自 1990 年以来的首次下降。北美、欧洲、东亚三大生产网络的内部流通得到加强，根据麦肯锡全球研究院的报告，2013—2017 年，区域内贸易占全球贸易总额的比例增加了 2.7%，反映出商品生产价值链的区域集中度提高。从全球化到逆全球化的转变，是全球经济发展过程中矛盾激化、主权意识抬头的结果。经济全球化下，资本自由流动，多边自由贸易发展以及国际分工体系向纵深演化。在没有新兴的“破坏性创新”诞生的影响下，许多国家经济增长比较缓慢，随之而来的刺激经济计划不断提高全球产能。然而消费市场并没有显著增长，全球市场总空间狭窄。产能过剩与消费不足间的矛盾使贸易保护主义越来越多，严重冲击自由贸易体制。尤其是新冠肺炎疫情削弱了全球经济互信程度，对全球供应链造成重大冲击，主要经济体强调“经济主权”。从中长期来看，全球供应链或将面临大重构。故而总地来说，世界范围正经历着国际秩序重置，政治经济格局面临重塑，多方思潮涌动，全球化进程受阻等重大变局。这对中国发展战略的制定和财政体制的变革提出了新的挑战和要求。

（二）中美关系日趋复杂

随着全球政治经济格局的转变和重塑，大国关系尤其是中美关系日益错综复杂。随着中国经济实力和综合国力的提升，美国愈加将中国视为竞争对手。为保护自身的科技竞争优势、占据国际竞争的制高点，维护固有的利益分配格局，美国对中国的战略遏制日趋强化。近年来，美国频频单方面挑起经贸摩擦、金融施压以及技术脱钩等，并在新疆、香港、台湾和南海等问题上有意频繁制造事端。特别是新冠肺炎疫情暴发以来，美国对中国的战略打压愈演愈烈，从扩大对华出口限制，把更多的中国企业列入“实体清单”，到针对 Tik Tok 和微信的禁令，再到实施“清洁网络”计划，尤其是在高科技领域，美国一直不惜成本和代价对中国进行堵截和打压，推动与中国“技术脱钩”，试图利用其对中美双方影响的不对称效应，增加中国技术路线选择的成本和风险，遏制中国的科技进步，延缓中国现代化进程。我们应该认识到，随着中国经济实力、科技实力以及综合国力的继续跃升，美国对中国的战略遏制与围堵将趋于常态化和长期化。在此背景下，应切实准确地对我国相关产业链稳定性风险进行评估，提高财政支出的精准度，增加财政科技投入力度，充分发挥财政资金在技术短板领域和供应链断裂行业的作用。新冠肺炎疫情暴发以来，中国的疫情防控和经济恢复都走在世界前列，经济总量和市场规模占全球的份额将继续上升（陈昌盛等，2019）①。深化管理预算制度改革，增强预算风险应对机制，防控中美冲突带来的不确定性，推动产业行业现代化进程，进而缩小中美差距，这对于改善中美博弈不对称局面具有重大的意义。

（三）全球范围内不确定性不稳定性增加

当今世界各国公共安全事件频繁发生，国际局势日益波谲云诡，不确定性因素异常活跃，“黑天鹅事件”屡见不鲜，地震洪涝等自然灾害、经济的周期波动甚至流感病毒的传播等都进一步加剧了世界环境的日趋复杂。虽然风险和不确定性一直贯穿在世界发展的历史脉络之中，但当今社会出现如此复杂多样的不确定性是以往人类未曾经历的。

“风险社会”一词在20世纪的后期被德国社会学家乌尔里希·贝克在《风险社会》一书中首次提出，强调了社会事务的不确定性和不可预期。贝克认为在现代化的发展进程中，生产力的指数式增长，使危险和潜在的威胁释放达到了一个前所未有的程度，人类日益生活在文明的火山口上，风险社会已然成为当代人类难以规避的境遇。随后“风险社会”一词被许多学者加以了探讨和补充，吉登斯在《现代性的后果》（1990）和《失控的世界》（1999）中指出风险社会是现代性的必然结果。在吉登斯看来，所谓风险社会是指由于新技术和全球化所产生的与早期工业社会不同的社会特性，它是现代性的一种后果。而德国社会学家卢恩提出了关于风险的复杂自系统理论，认为越来越突出的科技风险是现代社会最近发生的重大变革的标志，太多的不确定性和决策意识形成了我们充满风险的未来。随后，贝克在《世界风险社会》一书中，提出了“全球风险社会”的概念，认为随着风险的不断扩散和全球

---

① 陈昌盛、李承健、江宇：《面向国家治理体系和治理能力现代化的财税改革框架研究》，《管理世界》，2019 年第 7 期，第 8 – 14，77 页。

化的不断推进，风险社会从根本上说“是世界风险社会或全球风险社会”。

总体来说，现阶段风险俨然已成为当今时代的典型特征，不稳定性和不确定性增加，全世界都处在未来不完全确定、前景难以预期的状态之中。确定性的欠缺难免使人们陷入对现实以及不确定未来的焦虑之中。2019 年 1 月 21 日，习近平总书记在省部级主要领导干部专题研讨班开班式上对坚持底线思维、着力防范化解重大风险提出明确要求，要正确把握形势，科学认识风险，要以积极的态度研判风险、防患未然，提高风险防控能力。面对复杂多变的全球局势和国际环境，让中国财政体制在不确定中增加确定是现阶段财政体制改革的重大议题之一。现阶段各国疫情走势和经济恢复进程分化，外部风险仍在集聚，内部经济社会的矛盾仍未解决，风险常态化的趋势意味着我国面临的不确定性将持续很长时间①。在此背景下，我国应清醒认知、准确把握国内外发展趋势，充分发挥我国社会主义制度的独特优势，充分挖掘国内市场潜力，深化预算管理体制改革，扩大政府有效投资，稳定市场投资预期，增加就业，通过财政资金的介入，调整产业结构，优化产品价值链，助力经济稳定高质的发展。

（四）科技创新和数字化正在重塑世界

21 世纪以来，科技创新日渐成为影响人类社会经济活动的核心因素。随着全球化进程加快与知识经济的蓬勃发展，世界范围内科技创新进入空前密集活跃时期，以新一代信息技术为代表的生产力变革，推动生产关系、社会结构和生活方式发生了根本性变化。随着新一轮的科技革命，在自然资源、资本、劳动力等传统生产要素之外，数字逐步发展为新的生产要素。以大数据、区块链以及人工智能等为核心的新一轮科技革命和产业革命正在重塑全球经济社会格局。新科技革命的核心是数字化、网络化和智能化，互联网的普及和信息处理的高速化及智能化，促进了创新链和产业链的跃升。移动互联技术正在向物联网迅速拓展，计算技术正在向高性能以及量子计算发展，大数据等技术推动了人类生产生活方式的全面数字化。经济社会活动的数字化，降低了劳动力和土地等传统生产要素的地位，人力资本、技术和数据正在成为国家为抢占高地竞相争夺发展的竞争优势，是重塑全球竞争格局的重要因素。传统的三次产业分类越来越难以衡量产业发展水平，产业结构的升级将更多体现为产业数字化转型带来的边际效率改善和全要素生产率提升②。以智能化为主要特征的新一轮科技革命，加速了对简单脑力劳动和程序化工作的替代，信息传

① 林江、梁仔建、徐世长：《双循环新发展格局下的财政政策研究》，《财政监督》，2021 年第 19 期，第 18－22 页。

② 王一鸣：《百年大变局、高质量发展与构建新发展格局》，《管理世界》，2020 年第 12 期，第 1－13 页。

输技术的进步，使社会分工更为灵活。大型高科技跨国公司异军突起，在全球生产组织中发挥了重要的作用。人工智能等技术的飞速发展深刻地改变了人类社会的生产和生活方式。随之而来的是对财税体系的冲击，对数字监管的需求。固有的财税体制和预算管理制度未充分考虑到数字经济的爆炸式发展，不仅难以适应数字化下的产业链和价值链的发展，还对海量自由流动的数字信息缺乏有效的监管，这些都对预算管理体制改革提出了新的挑战和要求。

综上所述，数字经济已然成为当今世界经济的重要驱动力量，基于数字经济的经济数字化趋势对世界经济和税收征管均产生了重大的影响。经济数字化改变了跨国企业的商业模式，给税制管辖权和税基的确定以及扣缴方式等方面带来了挑战。一方面，数字经济降低了对物理性常设机构的需求，价值创造在税收管辖地而利润获得在企业所在地，且大量数字产品和数字服务没有实体媒介，经营它们的数字企业不再需要在税收管辖区设立实体就能够向消费者或用户提供无实体的产品或服务，导致税务机关和数字企业之间存在信息鸿沟，税收管辖区的居民管辖权能够被规避，税基难以确定。另一方面，数字经济使价值多元化，改变了原有的“产品—利润”的单一利润生成模式，产生了新的“用户流量—价值—利润”的利润产生路径。数字经济下营利途径则不再限于投入资金成本，获取用户数据和用户流量也能为数字企业创造巨额利润。数字经济模式下，用户数据、用户流量以及其他无形资产都对价值创造产生了极其重要的作用，精确量化各种要素创造的利润仍是个尚未解决的问题。利润创造的间接性使利润来源地被模糊化，在传统的税制下，很难认定用户所在地为所得来源地。

据亿邦智库公布的《2020 跨境电商发展报告》预测，2023 年全球网络零售额将达到 6.5 万亿美元，数字经济所提供的税源已经大到任何一个国家都不可小觑的地步。但是数字经济涉税事项本身具有交易隐蔽性、业务模糊性以及高度流动性等特征，发端于数字经济的税基侵蚀和利润转移（BEPS）对国际税收规则提出了严峻挑战，不仅给传统的跨境税收征管带来巨大挑战，还对传统税制产生了巨大的“错位”和“倒逼”压力，显著影响了税收管辖权分配规则。运行了百年的跨境企业所得税国际征税规则已无法适应经济数字化下新的价值创造方式。因此，寻求基于经济数字化并具有普适价值的跨境企业所得税国际征税新规则，成为全球关注的国际税收核心问题之一。

为应对全球经济数字化发展和跨国企业转移利润避税给国际税收政策带来的挑战，全球税制改革的呼声不断。经济合作与发展组织（经合组织）推出重新分配跨国企业利润征税权和设立全球有效最低税率的双支柱包容性框架。其中，“支柱一”是要确保包括数字产业在内的大型跨国企业在其所有实施商业活动并取得利润的市场缴纳公平的税额，“支柱二”则是通过设立全球最低公司税率来管控各国之间的财税竞争。2021 年 7 月 1 日，经合组织表示其协调谈判的双支柱国际税改框架已得到 130 个国家和司法管辖区支持。这表明税改所涉及的经济体量占到全球经济总量的 90% 以上。在随后意大利主持召开的二十国集团（G20）财长与央行行长会议中，已就更稳定、更公平的国际税收框架达成历史性协议。参会诸国初步在两方面达成协议：一是赋予商品或服务的实际销售地税收管辖权，使其能够对利润丰厚的大公司（不包括金融和自然资源公司）的“超额利润”征收 20%—30% 税款；二是设立 15% 的全球最低税率，让全球平均税率低于 15% 的公司补缴税款，以削弱公司将利润留在低税率地区的动机。“双支柱”框架建立了一个多边联合的税收制度对跨国数字企业超常规利润征税，是一个极具先进性且立足于协调全球各国税收利益的国际税收蓝本。但不能否认的是，其不具有强制力。现阶段数字经济致使各国对国际税收话语权的争夺更加激烈。数字经济所带来的税收挑战已不仅仅是传统跨境经济下的双重不征税问题，更是如何在国与国之间分配数字经济活动所产生的征税权的问题。因此，各国对如何划分数字经济红利、制定有利于自身利益的跨境税收规则都极其关注。2021 年 3 月 23 日，有 14 个 OECD 国家宣布或提议实施数字服务税。数字技术的发展掀起了全球经济数字化浪潮，深刻影响了现有的国际税收体系，增加了税收规则的不确定性，并催生了新的征管方式。在近年来单边主义盛行的国际情势下，依靠世界各国达成多边协议再等待真正行使新征税权则必然是一个漫长的过程。因此，我国势必需要强化国际财税政策的交流与合作，在避免双边重复征税、落实自由贸易协定等方面加强与各国的沟通，积极参与国际“双支柱”以及最低税率等国际协约的制定过程。

二、国内背景

（一）中国宏观经济形势

我国国内经济同样面临着较大的下行压力。2016 年以来，中国 GDP 年增长率均维持在 7% 以下，受疫情影响 2020 年中国 GDP 相较于 2019 年同比增长降至 2.3%。为缓解经济下行压力，近年来中国推行了一系列积极的财政政策以激发市场活力，主要包括增加赤字规模、落实减税降费、扩大政府投资、加大转移支付力度以及加强预算平衡等。国家税务总局的统计显示，“十三五”期间，新增减税降费规模合计超过 7.6 万亿元。2020 年更是相继推出了 7 批 28 项税费优惠政策支持疫情防控和经济社会发展。但随着过去几年间财政支出维持稳定增长，加之一系列减税降费政策的落实，中国一般公共预算收入及宏观税负也在不断下降。

2011—2020 年，中国一般公共预算收入和税收收入在 GDP 中的比重呈现逐年下滑的态势，如图 1 - 1 所示。这致使中国财政收入和税收收入在国内生产总值的比值持续下降，财政压力骤增。2021 年 3 月，副总理韩正在中国财政科学研究院座谈会上的讲话中指出要完善现代税收制度，稳定宏观税负。面对整体经济的低迷、财政风险和压力的骤增以及当前我国顶层设计的调整都要求预算管理制度提高资源统筹效率，实现对经济形势的精确预判，降低财政收入预期，继续加大对财政存量资金的清理盘活力度，合理统筹财政资金。

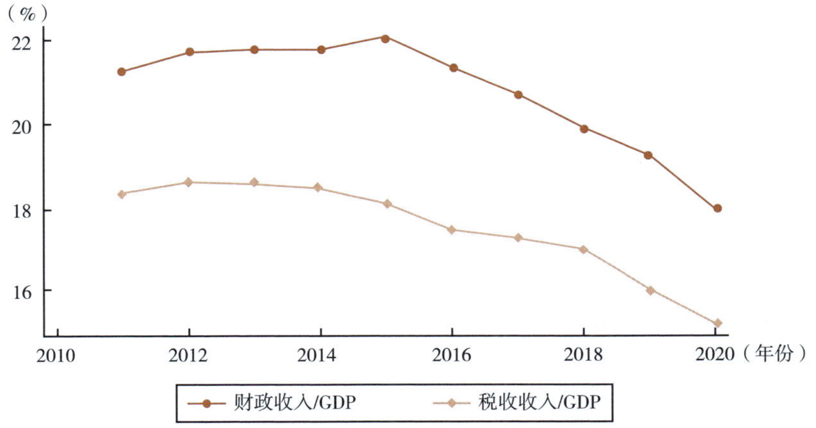

图 1 - 1　财政收入和税收收入在 GDP 中比重的变化趋势

数据来源：国家统计局。

伴随着整体经济下行压力增大，我国也同时步入了经济结构调整的关键时期。从需求结构看，中国经济由原先主要依靠投资、出口拉动转向更多依靠消费拉动。从产业结构看，第三产业贡献率逐步提升，已逐渐高于第二产业对 GDP 增长的贡献率。从区域结构来看，都市圈、城市群以及中心城市的发展模式正在有序建设中，有望以此推动东、中、西、东北四大区域板块之间的良性互动。总体来看，目前中国经济发展结构、产业结构以及区域发展结构已然步入重构的关键阶段，亟待预算管理制度通过改革适配和服务于经济结构的转型。在财政收入压力增加的前提下，这要求财政资金的分配需要更加精确高效，意味着应细化预算编制、提高预算编制的准确性、完善跨年度预算平衡机制、推动预决算信息的公开透明，完善预算管理绩效考评体系。在财政资金的配置原则上则遵循集中财力保重点，保障重点领域的财政资金投入，落实重点工作的财政支出等规则。

总体来说，面对严峻复杂的全球疫情和外部环境以及国内经济恢复发展中的矛盾问题，财政政策的首要任务在于保证宏观经济的稳定运行，并在此基础上促进经济模式和产业结构调整，提升财政资金的精确性和可持续性。这意味着应继续推行积极的财政政策提质增效、注重宏观政策的效能提升、增强国家重大战略任务的财力保障，从而促进经济的稳定复苏以及民生的持续改善。财政政策保持精准和可持续意味着需要更加注重财政资金的使用效率，在经济结构转型、收入分配调节以及数字化、低碳化等重要战略领域更加积极作为。与此同时，为了提升政策效能，让财政资金的使用看得见“实效”，真正有效拉动经济增长，应保证财政支出强度与加快支出进度并行，确保财政支出进程与政策推行同步，防止财政资金进度滞后制约政策实施效果，继续完善财政资金直达机制，合理把握预算内投资、加快专项债发行进度。由于受困于新冠肺炎疫情以及“三重压力”，中小微企业以及个体工商户等微观主体面临极大的发展困境。深化预算管理体制，促进市场经济的稳定向好，应将红利聚焦在这些脆弱疲软的微观主体身上，通过结构性减税降费政策给予抗风险能力弱的企业行业精准的政策扶持，建设良好的营商环境，提振市场主体信心，激发市场主体活力，帮助这些抗风险能力较弱的微观主体减负纾困、恢复发展，增强其发展韧性，同时兼顾财政政策的可持续性和税制的合理性。

（二）新科技革命对中国的影响

新一轮科技革命和产业变革为中国进入国际科技前沿创造了条件。在世界经济史上的三次工业革命中，中国都处于接受技术扩散和辐射的外围地带，与处于中心地位的西方发达国家在科技上存在明显落差。新一轮科技革命为中国打开了进入国际科技前沿地带的机会窗口，大数据、人工智能以及云计算等新型技术已然成为当代国际重要的竞争优势之一。得益于改革开放40多年的快速发展，中国的科技创新能力大幅提升，在一些领域实现了“并跑”和“领跑”，且已形成了较为完整全面的产业体系和行业门类，这意味着现有的科技能力和产业基础已为我国跻身创新型国家行列创造了条件，也将为我国抓住新一轮科技革命的战略机遇开辟了广阔前景。

面对新科技革命的浪潮，财政支出势必需要加大对战略性新兴产业以及科研创新的投入力度。以数字经济、实验室经济、芯片经济等为代表的战略性新兴产业已然成为产业链制高点占领、全球竞争优势以及经济内生性增长的主要引擎。在此背景下，要加强财税部门的联动，增强政府投资和社会投资的联动，引入新兴产业相关产业链和布局新兴产业配套设施，特别是要健全新兴产业的配套体系。并在此基础上，助力科研成果的市场化，更好地发挥财政资金在科技创新转换过程中的参与和效应，例如增加基础研究在财政支出中的占比，引入高科技人才，建立重点实验室，解决财政科研经费的使用障碍，鼓励企业开展自主研发，加快成果市场化转化等。

（三）数字经济对中国的影响

经济数字化改变了跨国企业的商业模式，深刻影响着传统的经济模式，对传统税收制度带来了挑战，也对中国税收制度提出了迫切的完善要求。许多国家已经采取单边措施对数字经济征税，对原有国际税收秩序造成冲击。经合组织发布“双支柱”框架，对税收要素进行多方面创新，力求为数字经济领域国际税制改革提供相对一致的制度参考，以应对数字经济税收难题，维护国际税收秩序。在国内外数字企业正在蓬勃发展的情势下，中国如何提升现有制度适应性，建立数字经济税收制度，应对数字经济带来的税收挑战是现阶段的重大议题。

据《中国数字经济发展与就业白皮书（2020 年）》统计，2019 年中国数字经济增加值规模已达 35. 8 万亿元，占 GDP 比重达到 36. 2%，增长 15. 6%，高于同期 GDP 名义增速约 7. 85 个百分点。可见，中国数字经济的规模正在不断扩张、数字经济对国民经济的贡献日益增强。目前中国数字经济的框架已经从“三化”发展到“四化”：从数字产业化、产业数字化、数字化治理，到数据价值化。数据已然成为数字经济发展的关键生产要素，数据价值化按照资源化、资产化、资本化三阶段加速推进。《白皮书》还指出，中国数字经济的重点发展方向之一是强化数字经济治理能力。基于数字经济发展的大势，增加数字经济工作的财政资金投入，建立数字经济统筹合作推进机制，促进产业数字化转型，加快数字技术与经济社会的深度融合势在必行。

虽然中国尚未对数字企业进行有别于传统模式的征税，但国际上已有国际组织和不少国家发布了专门针对数字企业的税收政策。欧盟早在 2018 年就拟开设新税种对谷歌、Facebook 等美国大型科技公司征收 3% 的营业税，法国对在线广告、出于广告目的销售个人数据、提供点对点在线平台服务的企业征收 3% 的数字服务税收。中国作为人口大国，拥有巨大的用户群，用户数据价值庞大，中国用户为外国数字企业贡献了流量价值和收入，例如社交平台、远程数字服务和海淘。同时，中国本土数字企业也正高速发展，例如抖音、快手，这些数字企业全新的营利模式给中国税制带来新的挑战。这些数字企业的发展，很可能会造成国家和国内各地方的税收流失，例如数字企业的税收可能主要集中在杭州、深圳等数字企业发达的地区，但实际创造用户价值和承担税负的消费者（税源）却分布在全国各地；抑或中国用户为外国企业创造价值，利润和税收却流入外国数字企业所在地。可见，中国在经济数字化的大潮中不可能独善其身，完善数字经济税收法律制度，不仅是解决国际税收难题，还是实现国内税收在各地方平等分配的重要途径，是强化中国数字经济治理能力不可或缺的部分。在此背景下，党的十九届五中全会明确提出建设网络强国和数字中国,《中共中央关于制定国民经济和社会发展第十四个五年规划和二〇三五年远景目标的建议》中也明确指出,“系统布局新型基础设施,加快第五代移动通信、工业互联网、大数据中心等建设”,推动中国数字产业化和产业数字化再上新台阶。加快数字经济下的跨境税收征管体系建设是中国数字化发展的关键一环。中国要完善现代税收制度,优化税制结构,深化税收征管制度改革。

第三节 经济双循环大背景

构建新发展格局,是关系我国现代化建设全局的战略部署,意味着要兼顾国内国际两个大局,充分发挥有效政府和有为政府的效用,统筹安全和发展,协同经济发展和体制改革,合理利用内外两个市场、两种资源,助力“十四五”经济高质量发展。《中共中央关于制定国民经济和社会发展第十四个五年规划和二〇三五年远景目标的建议》明确提出,要加快构建以国内大循环为主体、国内国际双循环相互促进的新发展格局。这是以习近平同志为核心的党中央立足中华民族伟大复兴战略全局和百年未有之大变局,考虑到复杂的国际环境,依据我国现阶段的发展阶段、环境以及条件,着眼于我国经济社会中长期发展作出的战略决策,重在重塑我国国际合作和竞争新优势,在全面深化改革与高水平开放过程中,助力“十四五”乃至更长时期内的经济高质量发展。在双循环中,国内大循环是主体,意味着发展的立足点要放在国内,要打通国内生产、分配、流通、消费的各个环节,促进生产要素的自由流动和资源的优化配置。应立足于扩大内需这个战略基点,通过开拓国内消费市场,推动新产业、新业态以及新模式等的孕育和发展。国际市场是国内市场的延伸。国内国际双循环相互促进,联通两个市场,持续提升我国在世界产业链和价值链分工中的参与度和地位,为未来我国的经济社会发展提供新动能。

财政政策是国家宏观调控的主要手段之一,深化预算管理制度改革对于构建双循环新发展格局具有重要的意义,包括如何调整财政支出结构、如何增强预算的宏观配置能力,如何让财政资金更好地配合“双循环”发展战略等。现阶段我国预算管理制度主要是基于年度预算来调节财政资源的配置,但复杂的内外部环境和新发展格局对我国的预算管理制度提出了更高的要求。仅仅基于年度预算的预算管理体系往往难以真正的防控风险和应对未来的不确定性,也难以有效的服务于新发展战略格局,确保经济社会的平稳发展。因此,将跨周期调节纳入到财政预算管理体系之中,落实好中期预算制度是增强财政保障能力、提高财政对冲风险能力的必然选择。

一、双循环战略的总时代背景

中国改革开放40多年以来，中国综合国力已居世界前列，积累了较为雄厚的物质基础，尤其是加入WTO后，中国积极参与了全球价值链分工，以低要素成本、出口导向型的工业化战略成为了世界工厂并实现了国家经济的快速增长。2010年，我国经济总量超过日本，成为世界第二大经济体。2020年，在新冠肺炎疫情肆虐全球、世界经济陷入严重衰退、外部环境更加复杂严峻的情况下，我国成为全球唯一实现经济正增长的主要经济体，经济总量首次突破100万亿元大关，经济实力、科技实力以及综合国力跃上了一个新的台阶，我国已然具备了超大规模的大国经济基础。但是旧有的外向性经济模式意味着我国经济的对外依存度很高，虽然外部资源和市场推动了我国过去几十年的高速增长，但这样的经济发展模式实际上是脆弱的、不安全的，它极度依赖国际环境的确定性和稳定性。这在全球步入“风险社会”，外部风险急剧上升的今天是不合时宜的。特别是在新冠肺炎疫情常态化下，全球的经济、生产以及投资等格局都面临重大的重构，世界经济遭受严重冲击。在此背景下，为了确保我国经济的稳定安全，必然要调整我国原有的发展格局，转向以国内大循环为主体、国内国际双循环相互促进的新发展格局，推进国家治理体系和治理能力的现代化，实现经济行稳致远、社会安定和谐。“双循环”发展战略是基于国内外复杂形势和我国发展现实的主动选择，也是对冲外部风险和潜在危机，确保我国经济安全稳健的重要举措。

“双循环”新发展格局是以内循环为主体，通过畅通国内大循环为我国经济发展增添源源不断的动力源泉，并在此基础上实现更高水平的开放，衔接好两个市场，以内循环带动外循环，以外循环反哺内循环，实现两个市场、两个循环功能互补、互促互进的新发展格局。该战略有两个要点，一是促进消费市场扩容提质，夯实内需的稳固性和持久性。二是抓住新一轮的科技革命以及产业革命重大机遇，提升有效供给，加快产业结构转型升级，筑基高水平的开放格局。在促进消费市场扩容提质方面，深化预算管理制度改革可以通过调整财政收支结构提升公共服务水平，调整收入分配格局，从而提振内需，例如深化城乡社保体系改革，增加财政社会事业支出、减税降费助力小微企业等。在提升有效供给方面，深化预算管理体制改革可以通过加大财政科技投入，增加财政资金在产业链供应链长板的投入，辅助补齐产业链供应链的短板，从供给端解决内循环堵点，推动产业链和价值链高级化，提高外循环的竞争力。综合来说，深化预算管理制度改革的方向应旨在服务于“双循环”战略的发展，最大限度发挥政府投资的乘数效应，提高政府投资的有效性。通过调整财政资金的配置，促进产业布局的优化和要素的集聚，进一步推动内循环的畅通以及外循环的竞争优势，从而实现对两个市场、两个资源的充分利用，进一步促进我国经济稳定安全高质的向前发展。

二、内循环保障经济稳定发展

内循环是指依靠国内供给与需求之间的循环实现经济增长，意味着要加快形成强大的国内市场，推动需求结构升级。从量上看，中国已经具备了以国内经济循环为主体的基础条件：一方面，从生产供给角度看，中国具有最完整、规模最大的工业供应体系，拥有 39 个工业大类，191 个中类，525 个小类，是全世界唯一拥有联合国产业分类中全部工业门类的国家；另一方面，从消费需求看，中国拥有 14 亿人口，人均 GDP 已然达到了 1 万美元，形成了规模广阔、需求多样的国内消费市场。超大规模的消费市场，意味着超大规模的内需，这将成为未来经济增长的巨大潜力所在。而我国工业化后期的实力意味着产业链和供应链具有满足规模经济、集聚经济要求的条件，配合规模化消费市场的能力，我国已然具备依靠国内经济循环为主的经济效率基础。特别是近些年我国在数字经济、电子商务、物流行业以及平台模式等方面的较大发展，进一步实现了消费便利、生产流通的规模经济，提高了畅通产业链、供应链的能力。预算管理制度是规模化的生产市场以及规模化的消费市场的重要支撑力量，通过调整财政资金在不同产业、不同行业以及不同区域的配置，优化产业结构，通过调整公共服务支出，扩大政府投资增加就业，促进内需潜力的释放，对于建设畅通的“内循环”具有重要的战略价值。早在 20 世纪八九十年代，Ahmed（1986）[①] 和 Karra（1994）[②] 等学者就发现财政支出对消费需求存在“挤入”效应，财政资金在增加基建投入水平，改善收入分配、完善社保体系以及增加就业等方面的效应都能在一定程度上刺激居民消费，提升居民的消费水平，从而推动国内消费市场的改进[③]。与此同时，佐贯利雄等（1984）[④] 和张同斌等（2012）[⑤] 的研究发现差异化的税收补

---

① Ahmed Shagil. Temporary and permanent government spending in an open economy. Journal of Monetary Economics, Vol. 17, No. 2, 1986, pp. 197 – 224.

② Karras. G. Government spending and private con – sumption: some international evidence [J]. Journal of Mon – ey: Credit and Banking, 1994.

③ 吴俊培、张斌：《积极财政政策挤入效应的实证分析》，《财贸经济》，2013 年第 7 期，第 5 – 16 页。

④ 佐贯利雄、内藤纯一、鱼金涛：《产业结构变化的新动向——软化》，《外国经济与管理》，1984 年第 21 期，第 1 – 3 页。

⑤ 张同斌、高铁梅：《财税政策激励、高新技术产业发展与产业结构调整》，《经济研究》，2012 年第 5 期，第 58 – 70 页。

贴和财政支出能够推动产业结构的升级和调整，促进高新产业的发展，从而优化我国在产业链和价值链上的参与和地位。

深化预算管理体制改革意味着要整合财政资金配置，基于“双循环”战略目标优化财政支出结构。从需求侧看，国内大循环既要求增加低收入群体收入、加强公共服务以壮大中等收入群体，以充分发挥消费的基础性作用，激发国内消费潜力；亦要求促进消费结构的升级，加快消费新业态、新模式、新场景的普及应用，完善“互联网＋”消费生态体系，促进教育、医疗、健康以及养老等服务消费线上线下融合发展，培育壮大新型消费，升级消费需求。而在扩大公共消费能力方面，财政资金将更加积极有为。增加财政社会事业支出，尤其是教育、医疗、社保等民生保障方面的支出，合理增加公共消费，有助于形成公众对公共消费的良好预期，抑制消费的障碍，降低预防性储蓄，减少消费的后顾之忧，引导居民扩大消费性支出，敢于消费。从供给侧来看，国内大循环意味着要适度超前开展基础设施投资，并围绕数字化转型和绿色发展转型两条主线展开。这是因为现阶段我国已进入高质量发展阶段，超前完善基础设施将有利于扩大有效投资、优化供给结构以及提高生产率。而通过新基建、智慧城市以及能源基础设施转型等方面的建设，也将进一步提升城市基建层面的抗风险能力和对未来能源转型和数字化的适应性，从而为接下来我国经济高质量发展奠定良好的基础。与此同时，国内大循环也意味着要弥补在先进制造领域的短板，铸长板，提高产业链、供应链的稳定性和竞争力，实现制造模式、生产组织方式及产业形态的深刻变革，适应国内需求结构升级。

三、国内国际双循环相互促进

外循环是指依靠参与全球的供给与需求之间的循环，实现国内的经济增长，同时也推动全球经济增长。国内国际双循环的新发展格局并不仅仅依赖国内市场，也不以外部循环为主导，而是立足于国内，通过畅通国内大循环为我国经济发展培育新动能、进一步提高中国经济发展质量，从而主动加速国际大循环、带动世界经济复苏，最终形成以国内大循环为主体、国内国际双循环相互促进的新发展格局。当今世界格局和全球产业链供应链面临重构，这对于中国而言，既是挑战，也是机遇。客观上，全球产业链供应链调整也为中国提升在全球价值链中的地位创造了条件。受益于潜力巨大的国内市场并积极参与全球分工，中国已成为亚洲的生产组织中心。据经济合作与发展组织（OECD）测算，1995 年亚洲 6 个重要经济体，中国、印度、韩国、马来西亚、菲律宾和泰国的中间品出口主要目的地均为日本，2005 年之后，包括日本在内的亚洲重要经济体中间品出口主要目的地转向中国。中国拥有全球最完整的产业体系和上中下游产业链，制造业占全球比重达到27%，2019年世界500强上榜企业数（含中国香港、中国台湾）超过美国，已是120多个国家的最大贸易伙伴国，超大规模经济体的优势日益显现，参与全球产业分工日趋深入，又能控制产业链的节点位置，这些变化将有助于大幅度提升中国整合国际生产资源的能力，这意味着我国已然具备强化国际战略地位的生产基础。

从外部环境来说，随着国内要素成本特别是劳动力成本大幅上升，加之中美经贸摩擦造成关税成本上升，本土企业崛起挤出外商投资企业市场份额，我国产业外移的压力增大。特别是新冠肺炎疫情后，主要经济体重新审视供应链安全问题，在经济利益和国家安全之间寻求新的平衡，并提出所谓供应链“去中国化”等主张，推崇将涉及国家安全的产业重新转回国内，从而导致全球产业链供应链进一步收缩，区域化、近岸化、在岸化的特征更趋明显。与此同时，美国为维护其在全球经济中的主导地位，极力遏制中国快速崛起，边缘化中国在全球经济体系中的地位，并联合欧盟、日本等国要求中国放弃发展中国家差别待遇，承担超越发展阶段的国际义务，并在产业补贴、强制性技术转让、网络安全、国有企业等领域提出一系列要求，试图以“规则”挤压中国的发展空间，这极大增加了中国参与全球分工和分享全球化红利的难度，在产业链和供应链层面对中国产生了极大的冲击。在全球层面的疫情形势依旧严峻、国际贸易与合作潜能还未得到释放的背景之下，通过深化预算管理体制改革，科学预判和积极应对当前国际经贸领域的风险和不确定性对于更好地促进国内外两个循环的畅通，实现更加强劲可持续的发展具有重大的意义。“双循环”的新发展格局要求中国主动参与和推动经济全球化进程，加快形成全面开放新格局。并在此格局下，推动外贸企业出口转内销，促进内外贸有效贯通，带动国内消费升级，坚持“引进来”和“走出去”并重，促进中国开放型世界经济的建设，推动人类命运共同体的构建以及科技领域开放合作。深化预算管理体制改革，完善财政补贴政策、着重新竞争优势产业的财政资金扶持、协调好政府投资和社会投资、健全出口退税制度、创新有利于风险补偿的资金补贴等都将有利于实现更高水平的对外开放，从而更好地推动“双循环”战略的实现。

本章主要梳理了党的十八大以来的财税政策变迁，并分别从“十四五”新时代，国内外大环境以及双循环新格局三个维度分析了我国现阶段财税体制改革面临的国内外政治经济格局重塑、科技变革重要性凸显、数字经济冲击加剧等时代背景，分析了进行预算管理体制改革的紧迫性，深化预算管理体制改革适配现阶段国情，服务于经济高质量发展迫在眉睫。更详细的财税体制改革以及预算制度优化方案将在余下内容中给出更详细的答案。

第四节 新发展格局下的财税改革与发展

2021 年是党和国家历史上具有里程碑意义的一年，也必将是载入史册的一年。在以习近平同志为核心的党中央坚强领导下，我国如期打赢脱贫攻坚战，全面建成小康社会、实现第一个百年奋斗目标，开启全面建设社会主义现代化国家、向第二个百年奋斗目标进军新征程。2022 年将召开党的二十大，这是党和国家政治生活中的一件大事。在中国特色社会主义进入新时代，全面贯彻新发展理念，加快构建新发展格局，推动高质量发展的背景下，需要更好地发挥财政在国家治理中的基础性作用，需要制定详细的发展目标以及厘清发展需要面对的挑战。

一、财税改革的基本目标和整体取向

中央经济工作会议明确提出，2022 年经济工作要稳字当头、稳中求进，宏观政策要稳健有效。“十四五”时期，是我国由全面建设小康社会向基本实现社会主义现代化迈进的关键时期，是“两个一百年”奋斗目标的历史交汇期，也是全面开启社会主义现代化强国建设新征程的重要机遇期。经济社会发展的主要战略目标可以概括为落实新发展理念和“五位一体”总体布局，而实现国家治理体系和治理能力现代化是各项工作的落脚点。

为此，“十四五”时期财政改革的目标可以简要概括为：针对中国经济社会发展过程中面临一系列挑战和问题，围绕推动经济高质量发展的战略目标，通过实施全方位财税体制改革，努力建立与国家治理体系和治理能力的现代化相适应的现代财政制度体系，促进新发展理念和五大领域平衡充分发展的实现。

为实现这一目标，需要确定“十四五”时期财政改革的整体走向，即改革的主要方向和重点环节是什么。按照当前的财政形势，我们认为应从政府收支规模和结构两方面进行分析。

经过 2019 年减税降费的持续实施和 2020 年国内新冠肺炎疫情冲击的影响，当前和今后一个时期，财政处于紧平衡状态，收支矛盾较为突出。从财政收支规模看，近年来由于经济下行叠加减税降费政策，财政收入增速减缓，2019 年财政收入增速仅为 3.9%，低于年初 5% 的预期，由于新冠肺炎疫情的发生，更加重了财政收入的压力。而为了保障民生社会福利、打赢三大攻坚战等任务，财政支出增速依旧积极向上，2019 年财政支出增速同比增长 8.1%。在“十四五”时期，财政作为国家治理的基础和重要支柱，承担着国家迈向现代化建设的重要任务，财政支出必然不会下降，在财政收入趋缓的大背景下，更应坚持以收定支，提高财政资金的使用效率，强化预算绩效管理。

从财政收支结构看，结构调整仍是改革的重点。一方面是财政收入结构的调整，首先是税收和非税收之间的调整，在经济增速下行的背景下，税收收入增速下降，应适当增加特定国有金融机构和央企上缴利润，多渠道盘活各类资金和资产。其次在税收收入内部的调整，在深化增值税等间接税改革的同时，更应加大直接税改革，以适应经济的高质量发展。直接税改革应当以个人所得税和房地产税改革为重点，在充分保障低收入群体权益、减轻中产阶级负担的基础上，结构性提高高净值群体的赋税义务，加大对存量财富的调节力度。另外，应加强环境保护税的征收以及深化资源税的改革，在发挥税收调节作用的同时增加税收的来源。另一方面是财政支出结构的调整。不同于以往只是经济体制的改革，中国走上了全面深化改革的道路，现在是五位一体改革的联动，因此财税改革也不应只在经济领域，而是涉及五位一体在内的所有领域，从而财政支出在结构上也应适应经济社会改革的变化。相对于经济领域的发展而言，其他领域的发展相对滞后，为了保持平衡充分的发展，财政必定要加大其他领域的支出，尤其是教育、医疗、社会保障、环保和科技创新等领域。另外，在收入增速放缓的背景下，应压缩“三公”经费等一般性支出，坚持好钢用在刀刃上，将资金用于重点发展的领域，提高资金使用效率。由此，我们认为财税改革的整体取向为在调结构的基础上，提高资金使用效率。

二、新发展格局下的财税改革任务

实现“十四五”时期经济社会发展的全局目标，需要加大财政的改革力度，以建立与国家治理体系和治理能力现代化相匹配的现代财政制度。财税领域的改革不可避免地涉及方方面面的利益调整，“十四五”时期面临的挑战主要为严峻的财政形势以及深化体制改革的迫切需要。

（一）严峻的财政形势

1. 财政收入增长趋缓，而支出增长呈上升态势

“十四五”时期要解决经济社会平衡充分发展的问题，因此，财政支出可能会进一步增加，尤其是在社会领域更要加大财政支持力度，而在财政收入增长持续放缓的背景下，如何实现财政收支平衡将面临巨大挑战。中国财政收入增速在 2014 年

之前一直保持两位数增长，自 2014 年以来财政收入增速一直低于 10%，且呈现下降趋势。2019 年财政收入增速 3.8%，低于预算目标的 5%，该增速为 1987 年以来的最低增速。其原因是近年来我国经济下行叠加减税降费政策的实施，导致政府收入持续下行。有报告显示，我国经济当前面临着前所未有的严峻形势，经济已经进入下行通道（刘尚希等，2019），从整体来看，GDP 增速自 2011 年以来一直保持个位数的增长，且增速在放缓，尤其是受到新冠肺炎疫情的冲击，经济增速会面临更大幅度的下降。另一方面，尽管从理论上说，减税降费会减轻企业负担，激发市场活力，稳定经济增长，扩大税基，从而相对增加一定程度的财政收入，但从许多国家大幅度减税之后的财政结果来看，财政赤字规模或多或少都有所增加（郭庆旺，2019），因此可能导致财政收入增长速度进一步放缓。

与之同时，近年来财政支出增速却呈现上升态势，2016 年以来财政支出增速虽降到个位数，但却一直保持上升的趋势，且增速超过 GDP 的增速。中国在 2020 年全面建成小康社会后，社会生产力水平总体上显著提高，但国家发展面临更加突出的问题是发展不平衡不充分，从经济与社会发展看，相对于经济快速发展而言社会发展滞后，社会发展还存在诸多短板，教育、医疗、社会保障等基本公共服务总量不足，均等化程度偏低，城乡之间在医疗卫生、教育、就业、基础设施等方面仍存在很大差距。“十四五”时期，财政更要在短板领域持续发力，保障经济社会均衡发展，保障人民日益增长的美好生活需要。财政收入增速的减缓，以及财政支出需求的增加，将构成“十四五”时期财政改革面临的突出挑战。

2. 财政支出结构需要进一步优化

我国现阶段社会主要矛盾已经转化为人民日益增长的美好生活需要和不平衡不充分的发展之间的矛盾，因此“十四五”时期财政支出的安排也应作出相应调整，其目标应该更加注重经济社会的平衡充分发展，以增进人民福祉作为一切工作的出发点和落脚点。前些年政府支出更加偏向经济事物的发展，而社会民生领域支出偏少，因此为了更好地平衡经济与社会的发展，应从发展财政转向民生财政，更多体现“取之于民用之于民”，转向教育、医疗、养老以及新型基建，增加对“人”的投资与消费，促进人口数量走向素质红利。近年来我国用于社保就业、医疗的财政支出占比有所增加，用于交运、农林水等基建类支出占比有所下降，支出结构在优化，2019 年社保就业、教育、医疗三者支出分别占财政支出的比重为 12.4%、7%和 14.6%，合计占比 34%，但仍远低于美国、德国等发达经济体。因此，今后政府支出结构应增加教育、医疗、社会保障和环境保护等方面的支出，这对提供社会保障和一系列基本公共服务、提升人力资本和拓展机会十分重要。

（二）深化体制改革的迫切需求

1. 优化政府间财政关系

党的十九大报告将央地财政关系改革放在财税改革的首要位置，明确提出要加快建立现代财政制度，建立权责清晰、财力协调、区域均衡的中央和地方财政关系。党的十九届四中全会进一步提出："优化政府间事权和财权划分，建立权责清晰、财力协调、区域均衡的中央和地方财政关系，形成稳定的各级政府事权、支出责任和财力相适应的制度。"因此，"十四五"时期，财政体制改革的重要一环便是理顺并确定政府间的财政关系。财政体制有三个基本要素，分别是财权、事权、财力。而党的十九届四中全会提到的支出责任涉及的就是事权与财力之间的关系。1994 年实行分税制改革时，财政体制的基本原则是"财权与事权相匹配"，慢慢地在现实中发现财权与事权相匹配根本做不到，要强制继续实行下去，可能会导致区域之间的差距越来越大，尤其是财政能力的差距越来越大，而且会导致基层政府的财政非常困难（刘尚希，2018）。因为地方虽然拥有了财权，由于各地发展条件的不同，也难以产生相应的财力，而政府要履行其事权，靠的是财力，所以在区域发展很不均衡的条件下，必须是财力与事权相匹配。而财力与事权相匹配的过程，实际上就是支出责任确定的过程，因此考虑到区域均衡发展，事权、支出责任与财力必须相匹配。首先可能需要考虑重新划分事权的问题，但是更重要的问题在于事权的履行方式，只有以法律的形式规定了履行事权的责任，才能降低财力与事权匹配的不确定性，从而使政府间的关系更加顺畅。

2. 健全地方税体系

从 2016 年 5 月我国全面推行"营改增"开始，营业税在我国退出历史舞台，这也意味着地方主体税种自此处于缺失状态，由此产生了地方政府事权与财权不匹配、地方债务风险加大等许多问题，地方税收体系受到很大冲击。当前为了增加地方财源，实行增值税中央地方五五分成，并且进行了消费税改革，即在征管可控的前提下，将部分在生产（进口）环节征收的现行消费税品目逐步后移至批发或零售环节征收。但经济高质量发展需要更好地发挥中央和地方的积极性，因此重建地方财源、完善中央和地方间税收收入分享机制等对于保障民生支出、防范重大风险、创新经济发展方式等具有重要意义。健全地方税体系应统筹考虑税种和收入划分，短期内可继续将共享税收入作为地方税收的主要来源；中长期需结合直接税改革，建立并培育地方政府独享税种，在综合开发利用各地特有资源的基础上，构建多主体税种共同支撑的地方税体系。

3. 完善预算管理与财政管理体系

预算是现代国家治理中的一个重大问题，它规定着政府活动的范围和方向，体现着国家的方针和政策。党的十九大提到“建立全面规范透明、标准科学、约束有力的预算制度，全面实施绩效管理”。党的十九届四中全会再次提到“要完善标准科学、规范透明、约束有力的预算制度。进一步提高预算编制的科学性，强化地方和部门预算执行的主体责任，更好地发挥人民代表大会等对预算的监督作用，进一步提升预算的全面性、规范性和透明度”。自 2015 年新《预算法》实施以来，预算管理的预算管理水平和财政资金使用效益在不断提升，预算实施全口径预算，将涉及政府收支以及与政府收支相关的公共资金收支，全部纳入预算管理的范围，实现了预算的全面化管理。另外，全面推进全面绩效管理，构建全方位、全过程、全覆盖的预算绩效管理体系，从项目到部门再到整体的预算编制体系，可以说已经将全面预算的框架搭建清晰，虽然近年来预算管理有一定的提升，但我们也清醒地认识到，中国有五级政府，预算规模大，全面实施预算绩效管理既是举世创举，也面临着极大的困难和挑战。首先，目前预算编制还比较粗放，细致科学的预算编制有待进一步强化。其次，一些基层政府部门的绩效意识和基础工作还比较薄弱，宣传培训任务还很重，绩效管理的广度和深度不足，这都将影响预算的执行效果。最后，绩效目标的编制以及绩效评价不够严格规范，绩效目标的设立要符合真实的项目和部门需求，绩效评价不能照搬西方国家的预算评价体系，而是要从经济、政治、文化、社会和生态五个领域，构建合理的绩效评价体系。“十四五”时期应完善预算编制，继续深化全口径预算管理，尤其是加强预算绩效管理，构建符合现代财政制度的预算管理体系。

第二章

我国现代预算制度构建历程

财政是国家治理之基，预算是财政管理之柱。财政是各种利益关系的交汇点，财政与市场、财政与社会、财政与民众各个层面都有着千丝万缕的联系。现代财政活动是在既定的民主政治制度和政治程序安排约束下进行的，财政制度管理框架需要适应国家治理结构的转型，发挥财政的基础和支柱性作用。财政是国家治理的基础和重要支柱，而预算作为财政制度的核心内容，必然要在国家治理中发挥重要的作用，政府预算制度与国家治理之间存在着内在的互动关系。一方面，政府依据每年的财政预算来安排政府活动，它为国家治理起到一定的引导作用。另一方面，不同的国家治理结构和水平反过来对政府预算有着不同的影响和要求。越是预算制度完善的国家，其国家治理也更加高效而且负责。

第一节 现代预算制度的内涵与特征

一、现代预算制度的内涵

建立一个有能力而且负责任的国家，是现代国家建设的基本目标。要实现这个目标，需要在很多方面进行制度建设，重构国家治理制度。在这一过程中，财政制度无疑是一个非常关键的环节。因为无论是什么性质的国家，其活动都离不开财政支撑。国家机器的运转需要资金，制定政策实质上是在分配资金，实施政策也需要资金保障。从这个意义上看，如何筹集资金并进行支出固然首先是一个财政问题，但更是一个国家治理层面的问题。不同的财政制度，一般都是与不同的国家治理制度联系在一起的，通常也体现着不同国家的治理水平。因此，改变国家取钱、分钱和用钱的方式，就能在很大程度上改变国家做事的方式，改变国家的治理制度。财政制度转型可以在很大程度上引导国家治理制度转型。如果能通过财政制度重构，改进国家的理财水平，也就可以在很大程度上提高国家的治理水平。政府权力的运作，施政行为的开展离不开预算资金的财力保障，因此管住了政府花钱的行为，控制了政府预算的资金流，也就实现了对政府施政行为的有效控制，实现了约束有力的现代预算制度构建。

关于现代预算制度的内涵，不同学科的学者从不同的研究视角，给出了不同的定义。比较占主流地位的是香港中文大学王绍光（2007）提出“预算国家”的概念，他把“预算国家”定义为拥有现代预算制度的国家。什么叫现代预算？现代预算必须是经法定程序批准的、政府机关在一定时期的财政收支计划。它不仅仅是财政数据的记录、汇集、估算和汇报，更是一个计划。这个计划必须由行政首脑准备与提交；它必须是全面的、有清晰分类的、统一的、准确的、严密的、有时效的、有约束力的；它必须经过立法机构批准与授权后方可实施，并公之于众的。拥有这种预算制度的国家，才可以被称作预算国家。

财政是国家治理的基础和重要支柱，而预算更是国家治理的重要影响因素。随着国家治理和公共财政建设的不断深入和发展，社会各界普遍认识到预算对于国家治理的意义。美国预算专家希克（Schick，1990）提出“一个国家的治理能力在很大程度上依赖于预算能力”。阿伦·威尔达夫斯基（Wildavsky，1988）提出：若不能编制预算，何谈治理国家？曹堂哲（2016）认为，现代预算是现代国家治理的“前提基础”和“有效支柱”。两者的关系是全方位的，它们是整体共生性、具体相关性、制度同构性的有机统一。整体共生性表现在价值诉求、体系构成、形态特质和功能实现四个方面。具体相关性表现在预算模式、预算权力、预算过程、预算机构对国家治理的影响和功效上。制度同构性意味着现代预算和现代国家治理都以民主政治与依法治国作为共同的制度基础。

李燕（2016）认为，现代预算制度与国家治理机制密不可分，它是国家政治与经济监督的载体，有什么样的国家治理机制就一定有符合本国特色的预算制度与之相适应。不同国家或同一国家不同时期的国家治理目标、现实任务、所面临的形势等都会影响预算制度具体的运行范式。现代预算制度是国家治理体系中的重要组成部分，更是治理能力的基础和保障。但这也决定了它必须在国家治理框架内进行工作，即它必定受到同一期间国家治理的行动指南、目的要求、治理重心和治理方式等诸多要素的影响与制约，必定跟着国家治理的创新而被持续地赋予新内涵、新要点、新方法。国家治理机制变化到一定程度，必然要引起现代预算制度的变革，国家治理的发展对现代预算制度的发展起决定性主导作用。汪仲启（2017）提出，预算是财政的拱顶石。对于国家治理，预算不仅代表着规范、科学与程序化的要求，更是保障人民大众民主权力和整体利益的最优实现。对于国家治理现代化来说，预算管理体系和能力，是国家治理体系和治理能力的核心。白景明（2014）认为，完善现代预算制度，需要硬化支出预算约束，具体措施是采行绩效管理，编制预算时要确定好绩效目标。执行时要严格按照绩效目标来执行，把绩效管理分解到各个环节。韦森（2015）认为，要借《预算法》修改通过的东风，进一步推进从“税收法定”到“预算法定”的改革。牛美丽（2020）认为，要把“三全”做实，不能简单地做加法，而是要在减法的基础上做加法。这不但要求梳理目前预算绩效管理的实践，去掉繁杂不实的做法，而且要改进工作方式和评价方法，尤其要注重顶层设计，把财政绩效评价与政府其他的管理创新（如数字政府、绩效管理等）整合起来，以期用更小的成本获取更好的效果，这样才能让治理能力现代化的理想尽快成为现实。赵靓（2018）认为，为了更好地加强预算绩效管理工作以推进财政治理与国家治理现代化。

综合对现代预算内涵的理解，本书认为：现代预算制度，是具备全面完整、规范有序、绩效控制、调控有力、公开透明、法治问责几大特征，使政府预算成为制约和监督权力运行重要载体的预算管理制度框架。

（一）从制度基础而言：政府预算是具有法律约束效力的文件

预算在经济和技术层面上看是政府收支对比的计划表，是现代经济社会配置资源的机制。通过政治程序确定的预算，首先决定整个社会资源在各部门之间配置的比例和结构，因而决定财政配置资源的规模和方向。而就现代预算制度而言，更加注重的是预算过程的法定性及预算文件的法律约束效力。

政府预算不是普通的收支计划，经过立法机构批准的政府预算本质上具有法律约束力。政府预算的形成过程实际上是国家立法机构审定预算内容和赋予政府预算执行权的过程，即政府必须将所编预算提交国家立法机构批准后才能据以进行财政活动。各国宪法一般规定，政府预算经立法机构批准公布后才具有法律效力，政府必须不折不扣地贯彻执行，不允许有任何不受预算约束的财政行为。在预算执行中由于客观情况的变化必须调整修改预算，也必须经过一定的法律程序；紧急情况的处理要补报审批手续。因此，政府预算是纳税人（公众）通过立法机构对政府行政权力的约束和限制，是立法机构对政府作出的授权和委托，政府行政机构对立法机构及其代表的社会公众负有法律责任，即政府活动内容和过程要受到法律及立法机构的严格监督和制约。

必须构造控制政府预算机制的深刻原因在于：具有独立财政权利的纳税人担负着政府的财政供应，就必然要求控制政府的财政，以政治、法律程序保证政府收支不偏离纳税人利益，保障个人的财产权利不受政府权力扩张的侵犯。政府财政是政府花众人即纳税人的钱为众人办事，成本和效用都是外在的。如果没有预算约束，或预算没有法律约束效力，政府官员就不会对公共资金的使用后果承担责任，公共资金就不会基于公众的利益而合理、有效和正当地使用，就不可避免地出现效益低下，或贪污、腐化、挥霍、滥用。因此，政府要通过对公共资源的分配，为社会提供一定的公共产品和服务，其活动过程决定的控制系统，这种以政治决定为基础的控制政府活动的系统就是预算或预算制度。

（二）从制度依据而言：政府预算是通过公共选择机制决定

预算由决策编制、审议通过、执行实施、决算审计、绩效评价等一系列环节组成，通过这些环节保证政府财政活动能够满足公共利益及需要，而这一过程的实质是公共选择机制。

1. 预算决策编制是公共利益的发现过程

即预算的提出和协调，首先是在对国内外的经济、政治和社会形势作出分析、评估和预测的基础上，发现社会需求的主要矛盾和问题，在此基础上，通过一定的政治程序提出政府的施政任务和目标。政府财政部门据此提出预算指导方针和技术要求，政府各支出部门据此提出预算请求，并排列出先后次序。财政部门在行政机构领导下进行多方的充分协调，按重要性或紧迫性排序，形成预算草案提交给立法机构讨论。

2. 预算的审批过程是公共利益的确认过程

即立法机构对政府提交的预算草案进行辩论、听证、修改、宣读、投票批准等，实质是公共利益的继续发现和确认过程，公众代表和党派团体在讨论中表述各自的财政意愿，反映各自所代表的阶层或利益集团的要求，最后在达成利益共识的基础上批准预算，公众利益被最后确认。

3. 预算的实施和完成是公共利益的实现过程

即预算实施要依据严格的程序和制度约束：各支出部门的领导对使用的资金负责，财政部门对其进行审核后批准拨款，按照政府采购、国库集中支付，执行情况报告、绩效评价等制度，最终执行结果要经过审计部门的审计，审计结果及其详细的说明材料以及绩效情况报立法机构确认，并向社会公布。

（三）从制度实施而言：政府预算反映政府集中支配财力的分配过程

从政府预算的内容上看，各项收入来源和支出去向体现了政府的职能范围，全面反映了公共财政的分配活动。一方面，政府通过预算的安排，采用税收和收费、政府性基金、国有资本经营收益、基金和收费、公债等手段参与国民收入的分配，把各地区、各部门、各企业及个人创造的一部分收入集中起来，形成政府预算收入。集中收入的过程也反映和协调着各级政府之间、政府与部门之间、政府与企业及公民个人之间的分配关系；另一方面，通过预算安排，把集中的预算资金在全社会范围内进行分配，通过提供公共产品和服务以满足社会的公共需要。因此，政府预算收支体现着政府集中掌握的财政资金的来源、规模和流向及流量，预算分配规模和结构又直接反映并影响着经济和社会发展的规模和结构。

（四）从制度形式而言：政府预算是以年度或跨年度政府财政收支计划存在的

政府预算是政府对年度或跨年度财政收支规模和结构进行的预计、测算和安排，是按国家的政策意图和制度标准将一定时期的财政收支分门别类地列入各种计划表格，通过表格反映一定时期政府财政收支的具体来源和使用方向。其典型形式是经过法定程序批准的年度收支计划，该计划必须由政府行政首脑准备与提交；必须是全面完整的、分类清晰的、严密准确的、有时效和约束力的；必须经过立法机构批准与授权后方可实施，并公之于众的。

二、现代预算制度的特征

通过古今中外的现代预算演变过程可以发现，现代预算制度有其丰富的内涵。现代预算管理制度要适应现代市场经济发展的需要，适应现代社会管理的需要。现代市场经济是法制经济，市场供求关系、市场竞争机制依赖法律制度的规范。作为在现代市场经济条件下以政府为主体参与社会产品分配，克服市场失灵，为社会提供公共服务、满足社会公共需要为职能的政府预算，其收入筹集、支出安排，必须做到有法可依、有法必依、执法必严、违法必究，才能履行职责，为国家经济社会发展服务。具体而言，现代预算制度，具备全面完整、规范有序、绩效控制、调控有力、公开透明、法治问责几大特征。

（一）现代预算制度的特征之一：全面完整

现代预算制度的特征之一就是确保预算是全面的、统一的、准确的、规范的和有时效的，以保证呈现在监督者面前的是一幅完整的而不是碎片化的预算全景图，这是确保内部约束、外部监督的前提，因而建设现代预算制度首先就是要从保证预算的全口径入手。政府施政行为的开展必须有相应的预算资金作为保障，那么，控制了政府预算的资金流，也就对政府的行政权力形成了有效的监督和制约。预算活动的完整过程主要包括预算的决策编制、审查批准、执行调整、绩效控制等等，如何实现全过程的约束与监督，需要完善的制度设计。

（二）现代预算制度的特征之二：约束有力

自现代预算制度产生起，其重要的本源特征就是对政府收支的规范和约束。预算的主要目的是确立立法机构的职责，使立法机构能够控制税收，在取得课税权、批税权之后，预算又把注意力转移到控制支出上，即支出预算的事前确定与严格执行，在此基础上形成制度。逐步确立起规范与约束等有关收支的原则，并在政府内部建立起相关机构，控制、监督政府资金管理和使用。即预算在分配中首先要实现法律控制，通过法律法规控制税收和支出，接着是管理控制，即政府行政管理依据预算展开。预算及其执行结果直接地表明政府活动的成本、效率，其作为政府确立行政标准的依据，目的是提高行政效率和管理水平。

（三）现代预算制度的特征之三：绩效控制

公共财政，换句话说就是“取众人之财、办众人之事”，在实现政府部门花纳税人钱的合规性目标之后，就需要开始关注政府部门花纳税人钱的绩效性目标。提高财政资金使用的绩效水平。财政资金分配中要“讲绩效、重绩效、用绩效”，树立“用钱必问效、无效必问责”的绩效管理理念，建立“预算编制有目标、预算执行有监控、预算完成有评价、评价结果有反馈、反馈结果有应用”的绩效预算资金分配机制。

（四）现代预算制度的特征之四：调控有力

现代预算制度发展的早期阶段，其功能特征主要是分配和监督。伴随着政府职能日益扩大，尤其是第一次世界大战以后各国政府支出剧增，经济大萧条影响到就业与稳定，此时财政负担起更多的职责、成为政府调节经济，实施经济政策的重要手段，预算的职责功能也随之发生了变化，派生出积极的调控经济的职责功能。首先，从政策制定角度来说，预算要分析、判断经济变化趋势，表达有效利用社会资源的意向，决定政府预算规模；其次，从政策操作角度来说，预算要对收入、支出、政府债务和货币政策等作通盘考虑，确定促进宏观经济平衡的财政政策。

（五）现代预算制度的特征之五：公开透明

预算为公众提供了一个相对开放的渠道，公众可以确信他们的纳税没有被用于私人目标，也没有被乱用和浪费掉，而是用在了政府向他们承诺的公共事务上。没有预算的政府是“看不见的政府”，而“看不见的政府”必然是“不负责任的政府”，“不负责任的政府”不可能是民主的政府。预算改革的目标也就在于要把“看不见的政府”变为“看得见的政府”，实现预算公开和财政民主。财政透明度较低不仅直接导致“暗箱操作”盛行，增加政府执政的代理成本，而且还损伤了政府执政的公信力，使政府宏观调控政策的有效性大打折扣。

（六）现代预算制度的特征之六——法制问责

预算是经过立法机构审批通过的具有法律效力的政府年度财政收支计划，是社会公众、人大监督政府施政行为的重要载体，也是控制政府行政权力扩张的重要的“非暴力工具”。因此，现代财政制度的法制性离不开现代预算制度法制性的支撑与保障。预算法制性的特征，决定了预算经人大审批通过的过程，也就是一个立法的过程，而预算执行过程中的预算调整也必须要经过严格的立法程序。

第二节　我国现代预算制度改革历程

20 世纪 90 年代以来，在中国提出建设社会主义市场经济体制的改革目标之后，中国的财政改革脉络具有明显的阶段性特征：1994 年的税制改革和分税制财政体制改革，重在提高财政收入占 GDP 的比重和解决税收收入在各级政府间的分配问题，初步确立与市场经济相适应的税制体系和财政管理体制；1998 年全国财政工作会议上，时任国务院副总理的李岚清同志提出“构建公共财政的框架体系”，财政改革开始转向支出结构调整和财政管理领域。2000 年推行的以部门预算为起点的预算管理的制度变革，强化财政部门在预算编制和执行过程中的内部控制职责，强化财政资金使用的合规性与绩效性。2012 年起发布《事业单位财务规则》和《行政单位财务规则》，自 2013 年起，实行新的事业单位会计制度，2014 年起实行新的行政单位会计制度，2015 年实行新的总预算会计制度，在确保财政资金使用的合规性和绩效性的基础上，启动政府会计领域的改革，编制权责发生制政府综合财务报告，来解释政府的公共受托责任。因此，1994 年以来的预算改革遵循着“合规—绩效—报告”的内在逻辑来展开，提升预算对政府施政的的控制力与约束力，提高财政资金的使用效果，解释政府公共受托责任的履行情况。

一、现代预算制度改革背景

预算已成为现代社会中政府最重要的施政工具，以及政府施政承诺转化为行动方案的具体表现和最可靠的财务保障。离开了政府预算的支持，国家的战略方针和经济社会发展政策将难以落实和实现。现代预算已远不只是一个汇集政府财务数据的文件，而更是一个阐明政府与支出机构职责和法律义务的载体。然而，长期以来，由于受计划经济体制影响，我国预算管理在不少方面，特别是在预算编制方面还存在不少不规范、不科学的现象。

（一）原有的功能预算，不能全面反映部门的所有收支

长期以来我国采用单一的收入按类别、支出按功能的形式编制预算，内容粗略，预算执行到位率低，专项资金不能落实到支出部门和具体项目，资金使用效益难以提高；从预算编制方法来看，实行“基数加增长”的预算编制方法，固化了计划经济下形成的不合理的预算分配格局和部门支出，使大量的公共资源被长期滞留在效益低下的部门，而难以流向效益高的地方，使有限的财政资源无法被准确地导向政府的施政重点和优先领域，严重影响了政府施政目标的达成和政府承诺的实现；从预算编制内容来看，大量财政性资金游离于预算管理之外，由部门自行安排收支，随意性很大。尽管后来针对预算外资金使用失控问题实行了“收支两条线”管理，但对于相当一部分预算资金来说，财政仍然无法进行有效调控，使应归属政府统一

管理的财政资金分配权被肢解、分割；从预算约束来看，由于年初预算编制内容粗略，各级财政部门留有大量机动资金未做安排，使各个部门都热衷于“跑项目”“要资金”，导致预算严肃性差，随意性强，追加频繁，弱化了对预算单位经费整体使用情况的监督和控制，无法对各部门财力实行统一优化配置。因此，根据国务院的指示，从2000年开始，财政部在中央各部门推行部门预算改革，将原来分散在不同预算科目的资金，统一按这些资金的部门编制，以反映每一个政府职能部门所有的收入和支出。

（二）原有的国库分散支付模式，不利于提升财政资金的安全性

传统国库最典型的特点是分散支付制度。其流程为：财政部门—国库—人民银行—主管会计单位—基层用款单位—商业银行—货物或劳务的提供者。传统的国库分散收付制度，在计划经济时期的财政实践中曾经发挥过重要作用。但随着我国经济体制转轨和公共财政体系的建立，传统国库制度的弊端日益明显。第一，国库运行效率较低。财政资金收入滞后。财政性资金缴库由征收机关通过设置过渡性账户收缴，不是直接缴入国库，这就造成了征收机关和预算单位分散、多重设置财政资金账户。大量收入入库时间延滞，收入流失问题时有发生。财政资金支付迟缓。财政性资金支出是通过各级预算单位设置的财政资金账户逐级转拨、逐层下拨的结算手续，造成资金在途时间过长。第二，不利于财政监督。在传统的国库制度下，预算资金的收支过程透明度不高，脱离了财政的有效监督，预算单位可以随意筹集和支配资金，财政部门难以实施事前控制和事后监督。财政资金的“部门、单位”所有制倾向明显，容易滋生腐败行为。第三，国库宏观调控职能弱化。财政资金过早流出国库，减少了宏观调控的可用财力。另外各级预算单位占用滞留的财政资金存在银行不能及时有效使用。资金运行信息反馈不充分。各预算单位多头开户、分散支付，使财政部门无法全面、及时地掌握预算内、外收支的综合信息，难以及时地为预算编制和执行分析和宏观经济调控提供准确数据。

（三）原有的分散采购容易带来暗箱操作，不利于“三公”原则的落实

长期以来，我国政府各部门实行自由采购，即由财政部门将资金分配到政府各部门，再由政府各部门根据各自需要购买货物、工程和服务，这种采购方式极不规范，资金使用效益低，且不利于财政的监督。原有的分散采购模式下，各行政事业单位依据预算向财政部门申请资金，财政部门负责审核和拨款。资金从国库划拨出去后，完全由预算单位支配，由于财政监督没有及时跟上，预算单位是否按照预算用途开展采购，或者如何开展采购，缺乏相应的监控措施。在这种管理方式下，不

仅使数额巨大的采购支出缺乏政策目标，形不成合力，规模很不经济，而且产生了很多弊端，盲目采购、重复采购、随意采购的现象非常普遍，截留、挪用资金的现象时有发生，采购活动中滋生了大量的腐败行为，最终造成预算目标不能实现，财政资金使用效益不高。分散采购透明度不高，存在大量的暗箱操作，贪污、受贿、损公肥私现象比较普遍。一些部门和系统利用管理优势，搞不公平竞争，牟取团体利益。其结果是，质次价高的采购现象时有发生，浪费了有限的财政资源，容易滋生腐败现象，损害了党和政府的形象。

（四）原有的政府收支分类科目，不能为预算编制和执行提供有力的技术支撑

原有政府预算收支分类及科目设置，虽经多次调整与修改，但基本框架，仍是按新中国成立初期适应计划经济体制下财政预算管理要求建立的。五十多年来，政府预算收支分类及科目设置，为建立社会主义经济制度、履行政府职责、促进改革开放、实施国家宏观经济社会政策目标，作出了应有的历史贡献，但随着改革开放的不断深入、社会主义市场经济体制的逐步确立，公共财政框架的形成，以及我国成为 WTO 成员后面临的机遇与挑战，这种分类已越来越不适应财政管理与改革的需要，亟待进一步改革。原有政府预算收支分类及科目设置，不能全面、准确地反映政府收支活动，不能适应新形势下深化财政改革和规范预算管理的要求。近年来，为规范财政管理，加强预算监督，我国推行了部门预算，逐步建立了国库集中支付制度和政府采购制度，但现行政府收支分类体系不够科学、结构不够合理，特别是科目不够细化，影响了各项改革的顺利推进。原有政府预算收支分类及科目设置，不便于进行国际比较。按国际通行的做法，政府收支分类体系包括部门分类、功能分类和经济分类，而原有政府分类是将三种不同的分类混杂在一起。类、款、项科目有的按部门分类，有的按功能分类，还有的按经济分类。而且同一功能的支出，往往在多处反映。因而原有政府收支分类无论在体系、结构还是具体科目设置方面，都与国际同行的做法有较大差距，不便于相互交流信息、借鉴学习，提高预算管理水平。

（五）原有传统的投入预算，不能将人们注意力吸引到关注预算资金分配与使用的绩效上来

长期以来，我国政府预算的编制方法和管理模式仍是传统的投入预算，其主要目的在于控制支出和预算，避免行政部门滥用资金。但投入预算中缺乏绩效信息，预算的多少和部门的绩效之间缺少必然的联系。在投入预算模式下，预算分配的依据是部门人员的多少而不是部门的绩效。预算一经确定，对预算执行的审计和检查

就侧重于投入方面的问题，如实际的人员经费比预算中规定的数额是多了还是少了，是否有挪用现象，人员数是否超过编制数等，而对预算执行中财政资金的产出和结果并不关心，财政资金拨出后，缺少跟踪问效，财政资金的使用效益到底如何，财政部门也难以说清。政府各部门只需对投入负责，即确保财政资金的取得和使用是合规的，不需要对财政资金使用所产生的结果承担受托责任。各部门预算的多少和部门的绩效之间没有联系。在这种制度下，每一个政府部门都把工作重心放在争夺预算拨款上，而不是放在用好预算资金以取得成效上，导致预算执行的结果总是偏离预算所应体现的政府政策意图。预算编制基本上是按照基数加增长的方法编制而成的，这种预算编制方法是在承认既得利益的基础上进行的，固定了总的行政支出在各部门间的分配格局，没有能够切实地反映预算年度的实际情况，财政无法根据机构和人员变动调整行政支出的规模，因而缺乏科学性。在此基础上进行的财政支出安排缺乏合理性和有效性，造成了不同的预算单位在经费供给方面苦乐不均、支出不足和浪费并存的情况。

二、现代预算制度改革脉络

（一）2000 年以来预算制度改革

1. 预算编审机制改革——细化部门预算编制

部门预算是市场经济国家财政预算管理的基本形式，它是各部门依据国家有关政策规定及其行使职能的需要，由基层预算单位编制，逐级上报，由主管部门按规定汇总，经财政部门审核后提交立法机关依法批准的涵盖部门各项收支的综合财政计划。相对于传统的功能预算，这种预算编制在编制的基础、范围、方法等方面都有很大突破。在编制原则上，保证了部门预算、部门行使职能与财力可能之间的一致性；在编制内容上，涵盖了部门或单位所有收入和支出，包括预算外资金和政府性基金等；在编制方法上，部门基本支出实行定员定额管理，项目支出以“项目库”的管理方式，预算编制内容不断细化；在编制程序上部门作为预算编制的基础单元，财政预算从基层部门编起，通过逐级上报、审核，经单位和部门汇总形成。

2000 年，中国开始在中央部门实施部门预算改革，首先选择教育部、农业部，科技部以及劳动和社会保障部作为部门预算改革的试点，主要改革目标在于建立部门预算的基本框架。2001 年提交全国人大审议的国务院所属部门的部门预算由 4 个增加到26个，上报内容进一步细化，并选择了国家计委、外经贸部、科技部等10个部门进行基本支出和项目支出预算编制试点，试行按定员定额和项目库的方法编制部门预算。2002年中央各部门按照基本支出、项目支出分别编制预算，按新的政府收支分类进一步细化中央部门预算编制。2004年，财政部继续深化部门预算改革，完善定额标准体系，在人事部等5个中央部门进行实物费用定额试点，并对一些跨年度的重大支出项目进行绩效评价试点。2005年以来进一步完善基金支出定额管理工作，扩大实物费用定额试点工作，研究制定部门预算绩效考评管理办法等。（详见第四章第二节）

2. 预算收支执行改革——深化“收支两条线”管理

2001年，国务院办公厅转发《财政部关于深化收支两条线改革，进一步加续财政管理意见的通知》。该通知明确提出以部门综合预算编制为出发点，以预算外资金管理为重点和难点，以强调收支脱钩为中心，以国库管理制度改革为保障，进一步深化“收支两条线”改革的步骤与相关措施。2002年，财政部又进一步加大和深化了“收支两条线”管理工作。在“收支两条线”改革方面又采取了以下措施：一是清理整顿现行收费、基金项目。财政部陆续将公安部等五部门的行政事业性收费及其他部门的100多项行政事业性收费全部纳入预算管理，将26项政府性基金纳入预算管理，实行彻底的收支脱钩。二是对中央部门区分不同情况，将预算外资金分别采取纳入预算或实行收支脱钩等办法加强预算管理。2004年，增加信息产业部等7个中央部门进行“收支两条线”管理和综合预算改革试点，地方也加大了改革力度。（详见第四章第一节）

3. 预算支出执行改革——国库集中收付制度改革

我国的国库集中收付制度改革始于1998年，正式启动于2001年3月，是一项涉及整个财政管理的基础性改革，贯穿于财政预算执行的全过程，是预算执行制度的创新。所谓国库集中收付制度是指对预算资金实行集中收缴和支付的制度，其核心是通过国库单一账户对现金进行集中管理。2001年2月28日，国务院第95次总理办公会议原则同意财政部会同中国人民银行报送的《财政国库管理制度改革方案》，确立了我国财政国库管理制度改革的目标、指导思想和原则、改革的内容、配套措施及实施步骤。改革方案明确提出，我国财政国库管理制度改革的目标是建立以国库单一账户体系为基础、资金缴拨以国库集中收付为主要形式的财政国库管理制度。即建立一个以单一账户为核心、资金缴拨以国库集中收付为主要形式的集中型国库管理制度来取代分散型财政国库管理制度。具体地，就是在账户集中、现金余额集中、会计处理集中和交易监管集中的基础上由财政部门对各个部门的收入收缴、支出决策和支出行为进行控制。通过信息网络全过程实时监测预算资金收缴和支付，从而控制和保障预算资金的安全和高效。在国库单一账户体系基础上，以信息系统为支撑，由“集中汇缴”方式为主变为“直接缴款”方式为主，规范收入收缴程序；健全非税收入收缴管理机制，进一步拓展国库集中收付制度改革的资金范围；规范支出拨付程序，逐步完善各类财政资金国库集中支付机制，支出在没有支付到实际收款人之前不流出国库单一账户体系。（详见第五章第二节）

4. 预算支出执行改革——政府采购制度的推开

1996 年我国开始在上海、河北、深圳等地开展政府采购的改革试点工作，到 1998 年试点规模迅速扩大。在推进过程中，首先，明确政府采购的管理机构。1998 年机构改革中，国务院授予财政部“拟定和执行政府采购政策”的职能。其次，政府采购模式基本成形。在加强政府采购管理结构建设的同时，全国绝大部分地区还设立了政府采购中心，负责组织实施本级政府跨部门的采购事务。集中采购机构的建立，标志着集中采购与分散采购相结合的采购模式已初步确立。最后，政府采购的法律法规体系基本形成。财政部自 1999 年先后颁布了《政府采购管理暂行办法》《政府采购招标投标管理暂行办法》和《政府采购合同监督暂行办法》等规章制度。从 2003 年 1 月 1 日起，《政府采购法》正式实施。这些法规为依法开展采购活动提供了制度保障，对政府采购的范围、管理机构、采购模式、采购资金拨付以及采购监督等有关问题作出了明确规定，并对中介组织准入政府采购市场的条件、程序以及政府采购资金预算单列和支付形式等，都作出了原则性的制度规定，标志着我国政府采购工作进入规范化、法制化的轨道。

5. 预算管理信息化改革——建设金财工程

财政部在推进上述预算制度改革的同时，自 1999 年下半年开始着手规划建立“政府财政管理信息系统”（简称 GFMIS），利用先进的信息技术，构建以预算编制、国库集中收付和宏观经济预测为核心应用的政府财政管理综合信息系统。“金财工程”以财政系统纵横向三级网络为支撑，以细化的部门预算为基础，以所有财政收支全部进入国库单一账户为基本模式，以预算指标、用款计划和采购定单为预算执行的主要控制机制，以出纳环节高度集中并实现国库资金的有效调度为特征，以实现财政收支全过程监管、提高财政资金使用效益为目标。

6. 预算支出绩效改革——推进财政支出绩效评价

从2003年开始，财政部就开始制定部分行业的绩效考评管理办法，组织部分中央部门开展预算支出绩效考评试点工作。2005年，制定《中央部门预算支出绩效考评管理办法（试行）》，对绩效考评的组织管理、工作程序、结果应用和考评经费来源等做了明确规定，确立了财政了统一领导、部门具体组织实施的绩效考评分工体系。稳步推进绩效考评试点工作，先后选择农业部“农业科技跨越计划”和教育部的“高校建设节约型校园修购”等项目进行绩效考评试点。（详见第七章）

7. 预算管理科目基础改革——积极推进政府收支分类改革

财政部从1999年底开始启动政府收支分类改革的研究工作，在认真研究了国际上政府收支分类的经验的基础上，结合公共财政、部门预算、国库集中收付等财政改革对科目体系的要求，在全国人大、中央有关部门、地方财政部门等各有关方面的积极参与、支持和配合下，于2004年底形成了《政府收支分类改革方案》，并于2007年1月1日的部门预算编制中在全国范围内开始实施。改革后的政府收支分类体系由“收入分类”“支出功能分类”“支出经济分类”三部分构成。

8. 政府会计核算改革——发布实施新的事业、行政单位会计制度

我国目前的政府财政报告制度实行以收付实现制政府会计核算为基础的决算报告制度，主要反映政府年度预算执行情况的结果，对准确反映预算收支情况、加强预算管理和监督发挥了重要作用。但随着经济社会发展，原有的1998年发布的《财政总预算会计制度》《行政单位会计制度》《事业单位会计制度》等，无法科学、全面、准确反映政府资产负债和成本费用，不利于强化政府资产管理、降低行政成本、提升运行效率、有效防范财政风险，难以满足建立现代财政制度、促进财政长期可持续发展和推进国家治理现代化的要求。因此，在2012年，财政部发布《事业单位财务规则》（财政部令第68号）、《行政单位财务规则》（财政部令第71号），《事业单位会计准则》（财政部令第72号）等，对行政事业单位的财务管理、会计核算进行规范。

（二）党的十八大以来的现代预算制度改革

党的十八大以来，尤其是2014年8月31日《预算法》的修订、2015年1月1日正式实施以来，按照党中央、国务院决策部署和预算法规定，财政部会同有关部门和地方积极改进预算管理制度，大力推进中期财政规划、预算公开、地方政府债务管理、预算绩效管理等一系列重大改革举措落地实施，为建立现代预算制度提供了基础条件，现代预算制度主体框架已经成型。

1. 修订《预算法》，实现预算法由管理法到控权法立法宗旨的提升

2014年8月31日，全国人大常委会审议通过了《关于修改〈中华人民共和国预算法〉的决定》，并重新颁布修订后的《预算法》，自2015年1月1日起施行。新《预算法》的出台是现代财政制度建设具有里程碑意义的一件大事，其在提高预算透明度、完善政府预算体系、改进预算控制方式、规范地方政府债务管理等方面都有重大突破，这标志着我国建立全面规范、公开透明的现代预算管理制度迈出了决定性一步。

2. 出台《预算法实施条例》，确保法治财政建设行稳致远

2020年8月3日，国务院总理李克强签署国务院令第729号，公布修订后的《中华人民共和国预算法实施条例》，自2020年10月1日起施行。《实施条例》的出台进一步完善了中国财政法律制度体系，强化了“先有预算、后有支出”的法治理念，理顺了预算管理相关主体的职责分工，为深化现代预算制度改革提供强有力的法规支撑。

3. 进一步完善政府预算体系

“十三五”时期，财政部进一步加大政府性基金预算转列一般公共预算的力度，将新增建设用地土地有偿使用费、南水北调工程基金、烟草企业上缴专项收入等3项基金调整转列一般公共预算，并清理一般公共预算中以收定支事项，取消排污费、水资源费、国家留成油上缴收入等以收定支、专款专用的规定。推动国有资本经营预算与一般公共预算的统筹协调。加大国有资本经营预算调入一般公共预算的力度，2016年调入比例达到19%，2017年进一步提高至22%，并逐年提高调入比例。推

动专项收入统筹使用。

4. 实施中期财政规划管理

按照《关于推进中央部门中期财政规划管理的意见》（财预〔2015〕43 号），财政部指导中央部门编制三年滚动支出规划。按照《关于贯彻落实国务院决策部署推动地方实行中期财政规划管理的通知》（财预〔2015〕38 号），财政部引导地方省级政府做好中期财政规划，提高财政政策的前瞻性和可持续性，充分发挥中期规划对年度预算编制的指导和约束作用。

5. 完善转移支付制度体系

针对财政转移支付规模、结构、管理等存在的问题，财政部增加一般性转移支付规模和比例，加大专项转移支付清理整合力度，取消政策到期、任务完成或目标实现、绩效低下等已无必要继续实施以及市场竞争机制能够有效调节的专项。取消竞争性领域专项，整合多头管理、同一方向或领域的专项，严控新设专项转移支付。同时，财政部加快转移支付制度建设。认真落实“一个专项只有一个管理办法”的规定，积极修改完善相关管理制度，逐步实现分配主体统一、分配办法一致、申报审批程序唯一等目标，加强转移支付预算公开和绩效管理。预算草案中转移支付分项目、分地区编制，并在全国人大批准后向社会公开。资金管理办法、分配结果等也逐步向社会公开。

6. 深入推进预算公开

“十三五”时期，财政部积极落实《预算法》的关于预算公开的条款规定，从制度、机制、实效方面推进预算公开。健全和完善预算公开制度。财政部报请中办、国办印发关于进一步推进预算公开工作的意见，制定地方预决算公开操作规程，从增强主体责任、强化公开意识、扩大公开范围、细化公开内容等方面，进一步推进预算公开工作，建立预算公开长效机制。切实改进公开手段增强公开实效。中央财政整合公开资源，落实“互联网 + 政务服务”，在财政部网站建立“中央预决算公开平台”，将中央政府预决算、中央部门预决算、中央对地方转移支付纳入平台，实行集中公开，同时在平台上公开预算制度，进行政策解读，提高公开实效，确保公众找得到、看得懂、能监督。扎实开展中央预算公开工作。中央财政公开中央预算报告及19张报表，包括中央一般公共预算、政府性基金预算、国有资本经营预算。其中中央税收返还、一般性转移支付、专项转移支付分地区公开、按项目公开，公开中央财政国债余额情况、地方政府一般债务和专项债务限额表。积极配合中央部门公开部门预算。制定中央部门预算公开方案和规范，规范公开工作；加快预算批复进度，促进部门提早公开预算。加强督促，推动中央部门落实主体责任，依法依规公开预算，以上率下，带动地方部门公开预算。扎实推动地方预算公开。

7. 严格加强地方政府债务监管

地方政府债务监管方面，财政部首先构建了地方政府债务管理法律和制度体系。通过修订预算法，赋予地方政府规范举债的权力，地方政府举债采取发行政府债券方式，严禁地方政府为任何单位和个人的债务以任何方式提供担保；国务院印发《关于加强地方政府性债务管理的意见》（国发〔2014〕43号），建立了“借、用、还”相统一的地方政府债务管理机制。其次，对政府债务实行限额管理和预算管理。从2015年起每年提请全国人大批准地方政府债务限额，依法设置地方政府举债规模的“天花板”；再次，将政府债务全部纳入预算管理，彻底改变以往地方政府债务游离于预算之外的局面。最后，锁定并置换存量政府债务，发行新增地方政府债券。建立风险预警机制、应急处置机制和日常监督机制，防范和化解地方政府债务风险。

8. 全面实施预算绩效管理

“十三五”时期，财政部实现绩效目标管理全覆盖，促进“花钱”和“办事”相结合。建立了绩效目标与预算资金“同步申报、同步审核、同步批复”的机制。开展绩效监控试点，及时纠正执行偏差。推动绩效自评全覆盖，落实部门主体责任。建立重点绩效评价常态机制，加强结果应用。建立绩效信息公开机制，主动接受社会监督。2018年9月，《中共中央 国务院关于全面实施预算绩效管理的意见》正式印发，预算绩效管理进行新时代。

9. 创新建立财政资金直达机制

建立财政资金直达机制，新增财政资金直达市县基层、直接惠企利民是党中央、国务院为应对疫情影响做出的重大决策部署，是支持地方扎实做好“六稳”工作、落实“六保”任务的重要举措，也是财政宏观调控方式的重大创新。

直达资金执行情况总体良好。一是建立健全工作机制。加强顶层设计和系统谋划，统筹研究确定直达资金管理的总体思路和工作方案。建立直达机制跨部门协调机制，推动形成工作合力。二是完善制度体系。印发《特殊转移支付资金管理办法》《抗疫特别国债资金管理办法》《中央财政实行特殊转移支付机制资金监督管理办法》《关于做好直达资金监控工作的通知》等，构建起覆盖资金分配、拨付、使用和监管全过程的制度体系。三是改进资金分配流程。在保持财政管理体制不变、地方保障主体责任不变、资金分配权限不变的前提下，中央财政按照“中央切块、省级细化、备案同意、快速直达”的原则，完善相关资金分配程序，压实地方主体责任，确保资金直达市县基层、直接惠企利民。仅用20天时间，就将95%的中央直达资金下达市县基层，省级财政细化下达时间平均只有1周，速度前所未有。四是加大违规查处力度。指导省级财政部门和各地监管局通过提前介入项目评审、持续督导支出进度、发函问询、约谈警示、收回资金、调整项目等方式，及时督促相关单位进行整改，确保直达资金政策不走样不跑偏。建立健全整改落实机制，对虚报冒领、截留挪用的实行“零容忍”，发现一起、处理一起，依法依规严肃问责。

10. 推进预算管理一体化建设

推进预算管理一体化，是加快建立完善现代预算制度，推动国家治理体系和治理能力现代化的必然要求；是落实政府过紧日子要求，积极应对今后一段时期复杂经济社会形势的重要保障；也是深化预算制度改革的基础支撑，是完善财政基础工作，做好基础管理的必然选择。2019年以来，财政部制定发布了《预算管理一体化规范》（以下简称《规范》）和《预算管理一体化系统技术标准》（以下简称《技术标准》），制定出台全国统一的预算管理一体化业务规范和技术标准，初步建立起现代信息技术条件下“制度＋技术”的管理机制。地方预算管理一体化系统建设取得突破性进展，海南、陕西等高标准开展预算管理一体化建设，取得的成果超出预期。

第三节　我国现代预算制度改革阶段性评价与问题

一、现代预算制度改革阶段性评价

2000年以来中国预算改革的实质取向就在于统筹财政资源，逐渐实现财政统一，不断加强预算控制。在预算执行中逐步建立起外部控制机制，强调对财政支出效率、结果和公共责任的落实。

（一）统一财力分配，确立财政部门在预算资金使用中的核心地位

只有统一的财力和财权，才有财政资源的优化配置。由于政府性基金、各种政府性收费、土地出让金等非税收入形式的存在，政府的财力和财权被肢解的状况相当严重。非规范性的乱收费已使收费功能异化，部门行政、执法直接与其利益挂钩，收费失去与提供公共服务之间的对称性，已成为参与国民收入分配、部门谋取利益的具有垄断性质的工具、演化为滋生腐败、社会分配失范的制度基础，损害了市场环境和市场效率。实施部门综合预算要求预算内外资金统管，不断取消部门拥有的财政预算外资金支配权，最终实现预算单位不再设有过渡性实存资金银行账户，收支彻底脱钩，所有财政性收入直接缴入国库单一账户体系，所有财政支出均由预算统一安排，克服路径依赖和固化利益格局，构建覆盖政府全部收支、完整统一的公共预算体系。由此确立财政部门在收入分配领域的主体地位，使部门不再拥有越过财政部门对征缴收入进行再分配的权力，以实现财政资源的统筹协调、优化配置。财政统筹财力以保障职能部门的经费支出，从制度上消除部门参与分配的利益动机，使部门目标从创收转移到提供公共服务上来。

（二）通过预算编审、执行机制的改革，确保财政部门科学理财

通过部门预算改革，一是健全审核决策机制，坚持为民理财。按照部门建议、财政审核、政府审定、人大审批的预算决策程序，整个预算编制过程始终在公开透明的状态下进行。二是完善定额标准体系，坚持科学理财。结合试点情况，对定额标准体系进行了多次修订和完善，一方面，兼顾财力可能性与部门履行职能的财力需求，另一方面，切实解决了各部门在财政资金分配中苦乐不均的问题。三是坚持高效理财，实行项目库管理，将绩效的理念灌输到财政资金分配机制中，提高财政资金使用效益。

（三）按照公共财政要求，优化支出结构，促进基本公共服务均等化

在预算支出安排上，坚持以科学发展观为指导，围绕“保增长、扩内需、调结构、惠民生”主线，认真落实积极的财政政策，深化财政改革，强化财政管理，促进经济平稳较快增长。在预算资金分配上，坚持以人为本，按照基本公共服务均等化的要求，把更多财政资金投向公共服务领域，不断加大对重点支出项目的保障力度。始终把民生问题放在财政保障的首位，建立以人为本的公共财政支

出体系。在预算编制和支出安排上，优先考虑民生，把更多的资金投向“三农”、教育、科技、卫生、社保、环保、公共安全等方面，不断提高民生支出占财政支出的比重，解决好群众关心的热点、难点问题，让经济社会发展成果更多地惠及人民群众。

（四）完善财政监督机制，强化对财政资金使用的全过程监控

通过实行部门综合预算改革和政府收支分类改革后，一个部门所有收支涵盖在一本预算内，部门收支行为一览无余。单一账户推行后，征收机关、执法机关目前设置的各种收入过渡账户以及各类预算外资金账户逐步取消，将根本解决非税收入分散管理、部门利益固化、财力和财权不统一的问题。建立现代财政国库管理制度后，对预算资金实行从分配到拨付、银行清算、资金到达商品和劳务供应者账户全过程的监控制度，基本形成了事前、事中、事后与内部监控和外部监控相结合的立体动态监控体系，职能部门和预算项目只见预算数不见钱，根本改变财政资金管理粗放、以拨代支、事后审计、支出账户失控的状况，从制度上铲除浪费和腐败，建立起监控财政资源使用效率的制度约束。配合预算制度改革的需要，财政部门内部也相应进行机构调整。努力推进预算编制、执行、监督相分离的财政运行机制，各项职能既相互制约、又良好衔接、高效高质运行，确保了财政资金使用的规范性、安全性和有效性。

（五）硬化预算约束机制，提高预算文本的法律效力

公共财政强调民主理财、依法理财。完善预算支出的决策机制和约束机制，消除盲目性和随意性。支出管理要按《预算法》等法律法规办事，预算经人代会审议批准后，便具有法律效力，各部门必须严格按照批复的预算执行。自2009年起，预算超收收入当年不再安排预算追加支出，全部结转到下一年度使用，提高人大对预算资金使用的监控力。

（六）跟踪记录预算资金运动过程，强化财政资金使用的合规性

中国现行的政府预算会计体系由财政总预算会计、行政单位会计、事业单位会计以及参与预算会计执行的国库会计、税收征解会计和基本建设拨款会计等组成。现行的政府预算会计制度主要是跟踪记录预算资金运动过程，反映政府年度预算执行情况的结果，对准确反映预算收支情况、强化财政资金使用的合规性、加强预算管理和监督发挥了重要作用。

（七）强化财政支出绩效评价，提高财政资金使用效果

公共财政作为弥补市场失效的财政类型，其实质就是“集众人之财、办众人之事”，在使用纳税人资金提供公共服务的过程中，除了要确保按预算来合规的花钱之外，还需要花好纳税人的钱，提高财政资金的使用效果。2003 年以来开始的财政支出绩效评价工作，明确财政支出绩效评价的对象、主体、流程、结果应用等内容，树立一种“花钱必问效、无效必问责”的理念，构建“预算编制有绩效目标、预算执行有绩效监控、执行结果有绩效评价、评价结果有反馈”的全流程绩效管理工作机制，使绩效的理念进一步融入财政资金分配过程中，提升财政资金的使用效果。

二、现代预算制度改革尚待解决的问题

（一）预算改革的系统性、整体性与协调性仍待提升

目前关于预算管理制度的改革与研究，分散于中期财政规划管理、预算绩效管理、财政支出标准化、预算法治、国库制度改革等方面，但是上述分项改革之间的内在逻辑关系是什么？如何系统性推进上述各项改革，提高整体预算制度的系统性与协调性，提高财政资源的统筹能力，推进预算管理一体化，仍有研究提升的空间。

从系统管理的思想来看，政府预算管理业务层面不仅涉及“基础信息管理、项目库管理、预算编制、预算批复、预算调整和调剂、预算执行、会计核算、决算和报告管理”八个主要环节，还涉及预算管理主体流程与资产管理、债务管理、绩效管理等业务的衔接问题，必须以系统化思维建立健全“预算项目全生命周期管理机制，财政预算管理要素的统一管理机制，上下级财政间预算衔接机制，政府预算、部门预算、单位预算衔接机制，国库集中支付管理机制，结转结余资金预算管理机制，预算管理与资产管理的衔接机制，预算管理与债务管理的衔接机制”八大机制，提高政府预算的制度效能。用系统化思维全流程整合预算管理各环节业务规范，通过将规则嵌入系统强化制度执行力，为深化预算制度改革提供基础保障，推动加快建立现代财政制度。

（二）预算资源统筹能力不够全面

预算管理中的“大财政、大预算、大资产”管理格局尚未完全形成，财政在面对经济财政运行波动时压力较大，预算在稳妥应对政府财政可持续发展压力方面还有待加强。

1. 预算“收入”能力承压

财政收入增长压力大，筹集财力手段不多。国有股权、国企土地、行政事业单位资产等盘活周转效率不高，未形成有偿使用和市场化变现的长效机制，资源资产闲置、减值等情况时有发生。如一些基层市县依赖土地出让收入、一次性收入平衡预算，容易导致收支运行大起大落。

2. 预算“支出”领域固化

财政支出刚性增长，存在结构固化问题。维持运转和民生补助等刚性支出随着人口增长、政策提标扩围而持续快速增长，导致支出结构固化。如一般公共预算中的必保支出占比约八成，可统筹调剂的空间十分有限。

3. 预算“统筹”能力不够

财政资金统筹使用不足，未形成有效合力。部门管理资金存在条块分割，关联领域的资金投入协同性不强，重复、分散等现象较为普遍。如一些部门和省市欠缺预算统筹观念，强调“不新增资金就没有政策含金量”，主动盘活存量资金、运用市场化手段的积极性不高。

（三）预算资源配置功能不够健全

财政，以“政”领“财”，以“财”辅“政”，“财”为“政”服务，这是财政工作的出发点和落脚点。财政要确保通过配置好公共资源来保障国家战略和政策的落实，但在具体领域、政策和项目上，仍存在谋划不够充分、分配不够精准、投入效益不够高等问题。主要体现在：

1. 预算编制的系统性谋划不够充分

系统前瞻谋划还不够，事与钱未完全匹配。一是事业规划和预算安排“两张皮”。专项规划仅关注事业发展，不研究资金筹集和安排，有的规划所需资金规模远超财政可承受能力，最终变成“画了个饼”。二是“先谋事后排钱”机制还未真正建立。有的部门和省市习惯于“报大数”要钱，有多少钱干多少事，未能做到科学系统、实事求是地提出办事方案。

2. 预算管理的工具和手段较为单一

创新运用财政政策工具不够，“撒胡椒面”式分配较普遍。研究政策时更加倾向于采用财政直投、直补方式，运用政策性基金、金融保险等市场化机制较少，未能发挥财政资金“四两拨千斤”的杠杆撬动作用。近年来各类涉企补贴资金“小而散”“碎片化”的情况比较普遍，不仅企业获得感不强，而且套取、骗取财政补贴风险也很大。

3. 预算产出的绩效导向不够突出

绩效导向作用未能有效发挥，财政资金效益有待提高。一是绩效结果导向不够明确。预算绩效与业务融合不紧密，指标设置不合理或难以量化考核。二是绩效评价不够全面。偏重于事后评价，事前评估和事中监控只是刚起步；偏重于重点项目评价，对部门整体的评价仍在探索。三是激励约束效果有限。仅在资金安排层面的挂钩机制难以激发部门和相关人员提高绩效的积极性。

（四）支出标准建设滞后，预算约束机制不够完善

预算表面上是财政部门进行收支管理的工具，但实质上背后是各种利益集团争夺预算资源的途径。有限的财政资源在不同领域的分配时，必须要解决好财政资金分配的依据、标准问题。标准为财政资源的分配和管理提供了目标和依据，有了标准就有了评判公平公正的尺子，这对于构建公共财政而言至关重要。预算支出标准是预算资金分配的基石，是预算管理的基础工作，发挥着基础支撑作用。支出标准定额能够科学合理地安排财政资金，并在管理过程和监督环节等发挥引导和控制的作用。预算支出标准体系建立的意义在于树立依法理财意识，通过构建公平的财政资金使用环境，避免各级政府部门或单位为了争取资金而出现寻租行为和谎报瞒报。

预算支出标准是部门预算编制、执行及预算监管的重要依据，只有建立完整的预算项目支出定额标准体系并以适当方式向社会公开，才能严格控制政府预算支出，保证预算分配有法可依、有据可查。另外，预算支出标准体系的建设是提高财政资金使用绩效的重要手段，在保证各级政府支出需要的同时，通过制度化、标准化定额标准设计，减少预算安排过程中的博弈，降低交易成本，提高财政资金的配置效率和使用效益。

（五）预算管理的信息化水平还不高

1. 预算管理中还存在“信息孤岛”问题

当前各级预算管理基础工作中仍然存在许多薄弱环节，预算管理的规范性还不够，财政部门对预算运行信息的掌握也不充分，履职尽责的能力和水平有待提升。为此，财政部门必须对现有的预算管理手段和信息化水平进行全面彻底的升级，提升对数据的管理能力，把基础工作做扎实，练就看家本领，更好地担负起财政预算管理职责。

2. 预算管理信息化水平对深化预算管理制度改革的支撑不够

当前，预算制度改革进入深水区、攻坚期，过去出台单项制度和规则的方式，不能适应改革发展要求，难以实现改革效果。进一步深化预算制度改革，必须紧紧围绕标准科学、规范透明、约束有力的要求，系统制定切实可行的方案。要科学制定支出标准、全面规范预算管理和切实硬化预算约束，就必须实现各层级政府预算之间、各预算管理环节之间，以及政府预算、部门预算和单位预算之间的有效衔接控制，加强对部门和单位各项资金资产的统筹管理。因此，预算管理信息化水平的提升既是深化预算制度改革的重要内容，也是支撑预算制度改革得以有效实施的重要手段。

3. 信息化对强化预算法定约束的效力支撑不够

随着我国经济发展进入新常态，以及减税降费等政策的有效实施，财政收入增长趋缓。同时，财政在巩固脱贫攻坚成果、推动高质量发展、防范化解重大风险等方面承担着重要责任。当前，经济形势不稳定性不确定性依然较大，综合判断，财政在今后较长一个时期仍将处于“紧平衡”状态。为此，必须将党和政府带头过紧日子作为财政工作长期坚持的方针，在巩固前期减税降费政策效果的基础上，加大预算对各类公共资源的统筹能力，强化预算支出管理，更加注重预算项目的质量和效益，把不该花的钱省下来。这就必须通过预算管理信息化水平的提升和预算管理一体化的推进，全面规范预算管理和切实硬化预算约束，将政府过紧日子的要求落实到位。

第三章

新时代背景下的预算管理制度改革框架

2017 年党的十九大提出，中国特色社会主义进入新时代，所有全面而深刻的社会改革都伴随着政府权力重构和政府职能转变。现代预算制度与一国的政治体制、经济体制、法律体制、财政制度和决策机制都是息息相关的，是一切行使权力所外化为政府收支行为的汇集点和枢纽，能够综合反映政府全部活动和过程。政府预算是立法机构约束行政机构权力扩张的重要载体，现代预算制度通过推动权力重构，以实现共建共治共享的目标，从而推动国家治理现代化的进程。

2020 年党的十九届五中全会《关于制定国民经济和社会发展第十四个五年规划和二〇三五年远景目标的建议》（以下简称《建议》）提出“要加快构建以国内大循环为主体、国内国际双循环相互促进的新发展格局”。对于预算领域的改革，《建议》明确提出：政府预算体现国家的战略和政策，反映政府的活动范围和方向。“十四五”时期，要进一步完善预算管理制度，要在挖掘潜力、规范管理、提高效率、释放活力上下更大功夫。推进财政支出标准化，更好地发挥标准在预算管理中的基础性作用；强化预算约束和绩效管理，不断提升财政资源配置效率和资金使用效益；加强中期财政规划管理，增强国家重大战略任务财力保障；强化对预算编制的宏观指导，加强财政资源统筹。因此，深化预算管理制度改革必须立足新发展阶段、贯彻新发展理念、构建新发展格局，以推动高质量发展为主题，以深化供给侧结构性改革为主线，以改革创新为根本动力，以满足人民日益增长的美好生活需要为根本目的，更加有效保障和改善民生，进一步完善预算管理制度，更好地发挥财政在国家治理中的基础和重要支柱作用，为全面建设社会主义现代化国家提供坚实保障。

第一节 深化预算管理制度改革的目标与原则

现代预算制度是现代财政制度的基石和重要保障，现代财政活动是在既定的民主政治制度和政治程序安排约束下进行的。首先，财政活动必须按预算程序依法进行，预算编制、执行、调整、决算以及审计整个预算循环过程都必须接受权力机关监督，并向社会公开，接受公众及舆论监督，权力机关、行政机关以及各种政治力量、利益集团、社会公众以及舆论界广泛参与一年一度的预算活动，现代预算已经形成了一整套错综复杂而又相互制约的政治程序。其次，在政府治理工具或治理手段中，与以市场为核心的治理工具及机制和政府直接生产比较，财政性工具和诱导性机制以及财政直接提供公共品，与企业及居民户的利益息息相关，无论是政府收税、收费、公共定价，还是政府将规模巨大的税款通过预算程序转换成“一揽子”公共品，对资源配置、社会公平正义、国家长治久安等，都至关重要。

一、深化预算管理制度改革的目标

（一）深化预算管理制度改革的目标之一——全面规范

现代预算制度的目标之一就是确保预算是全面的、统一的、准确的、规范的和有时效的，以保证呈现在监督者面前的是一幅完整的而不是碎片化的预算全景图，这是确保内部约束、外部监督的前提，因而建设现代预算制度首先就是要从保证预算的全口径入手。同时，政府施政行为的开展必须有相应的预算资金作为保障，那么，控制了政府预算的资金流，也就对政府的行政权力形成了有效的监督和制约。预算活动的完整过程主要包括预算的决策编制、审查批准、执行调整、绩效控制等，如何实现全过程的约束与监督，需要完善的制度设计。

党的十八大报告提出，要加强对政府全口径预算决算的审查和监督。“全口径预算管理”的提法最早可追溯至2003年10月中共十六届三中全会通过的《中共中央关于完善社会主义市场经济体制若干问题的决定》（以下简称《决定》），其中首次提出“实行全口径预算管理和对或有负债的有效监控。加强各级人民代表大会对本级政府预算的审查和监督”。伴随着2011年起除教育收费外的预算外资金全部纳入预算内管理，至目前政府交由人大审议表格，我国政府预算主要涵盖了一般公共预算、国有资本经营预算、政府性基金预算、社会保险基金预算等内容，基本实现了阶段性的全口径预算框架体系。

（二）深化预算管理制度改革的目标之二——公开透明

预算为公众提供了一个相对开放的渠道，公众可以确信他们的纳税没有被用于私人目标，也没有被乱用和浪费掉，而是用在了政府向他们承诺的公共事务上。没有预算的政府是“看不见的政府”，而“看不见的政府”必然是“不负责任的政府”，“不负责任的政府”不可能是民主的政府。预算改革的目标也就在于要把“看不见的政府”变为“看得见的政府”，实现预算公开和财政民主。财政透明度较低不仅直接导致“暗箱操作”盛行，增加政府执政的代理成本，而且还损伤了政府执政的公信力，带来政府宏观调控政策有效性的大打折扣。因此，《决定》提出要提高政府财政的透明度，实行阳光财政，确保政府预算的民主性和公开性。

（三）深化预算管理制度改革的目标之三——标准科学

标准是规范之基，规范是治理之要。标准是一切工作的基础，标准化水平被视为国家经济社会发展水平的重要标志。预算支出标准是预算资金分配的基石，是预算管理的基础工作，发挥着基础支撑作用。标准定额能够科学合理地安排财政资金，并在管理过程和监督环节等发挥引导和控制的作用。支出标准体系建设是部门预算管理和改革的重要内容，科学合理的支出标准是建设全面规范透明的现代预算制度，强化预算约束和绩效管理的重要技术支撑。预算支出标准体系的建设是提高财政资金使用绩效的重要手段，在保证各级政府支出需要的同时，通过制度化、标准化定额标准设计，减少预算安排过程中的博弈，降低交易成本，提高财政资金的配置效率和使用效益。

（四）深化预算管理制度改革的目标之四——法治问责

预算是经过立法机构审批通过的具有法律效力的政府年度财政收支计划，是社会公众、人大监督政府施政行为的重要载体，也是控制政府行政权力扩张的重要的“非暴力工具”。因此，现代财政制度的法治性离不开现代预算制度法治性的支撑与保障。预算法治性的特征，决定了预算经人大审批通过的过程，也就是一个立法的过程，而预算执行过程中的预算调整也必须要经过严格的立法程序。在《预算法》修订过程中，需要进一步明确“预算即是法律、预算过程即是立法过程”的理念，确保财政资源使用的合规可控。

（五）深化预算管理制度改革的目标之五——绩效控制

公共财政，换句话说就是“取众人之财、办众人之事”，在实现政府部门花纳税人钱的合规性目标之后，就需要开始关注政府部门花纳税人钱的绩效性目标了。

提高财政资金使用的绩效水平。财政资金分配中要“讲绩效、重绩效、用绩效”，树立“用钱必问效、无效必问责”的绩效管理理念，建立“预算编制有目标、预算执行有监控、预算完成有评价、评价结果有反馈、反馈结果有应用”的绩效预算资金分配机制。

二、深化预算管理制度改革的原则

（一）坚持党的全面领导原则

将坚持和加强党的全面领导贯穿预算管理制度改革全过程。坚持以人民为中心，兜牢基本民生底线。坚持系统观念，加强财政资源统筹，集中力量办大事，坚决落实政府过紧日子要求，强化预算对落实党和国家重大政策的保障能力，实现有限公共资源与政策目标有效匹配。

（二）坚持预算法定原则

增强法治观念，强化纪律意识，严肃财经纪律，更加注重强化约束，着力提升制度执行力，维护法律的权威性和制度的刚性约束力。明确地方和部门的主体责任，切实强化预算约束，加强对权力运行的制约和监督。

（三）坚持目标引领原则

按照建立现代财税体制的要求，坚持目标导向和问题导向相结合，完善管理手段，创新管理技术，破除管理瓶颈，推进预算和绩效管理一体化，以信息化推进预算管理现代化，加强预算管理各项制度的系统集成、协同高效，提高预算管理规范化、科学化、标准化水平和预算透明度。

（四）坚持底线思维原则

把防风险摆在更加突出的位置，统筹发展和安全、当前和长远，杜绝脱离实际的过高承诺，形成稳定合理的社会预期。加强政府债务和中长期支出事项管理，牢牢守住不发生系统性风险的底线。

第二节　深化预算管理制度改革框架

2014 年以来，财税领域改革多点突破，不断向纵深推进。现代预算制度主体框架基本确立。新《预算法》颁布施行，在推进预算公开、实行中期财政规划管理、完善转移支付制度、加强地方政府性债务管理等方面，一系列重大改革举措密集推出、落地实施。但预算管理制度领域的改革，还分散于中期财政规划管理、预算绩效管理、财政支出标准化、预算法治、国库制度改革等方面，但是上述分项改革之间的内在逻辑关系是什么？如何系统性推进上述各项改革，提高整体预算制度的系统性与协调性，提高财政资源的统筹能力，推进预算管理一体化，仍有深化整合的空间。从系统管理的思想来看，政府预算管理业务层面涉及“基础信息管理、项目库管理、预算编制、预算批复、预算调整和调剂、预算执行、会计核算、决算和报告管理”八个主要环节，还涉及预算管理主体流程与资产管理、债务管理、绩效管理等业务的衔接问题，必须以系统化思维建立健全预算管理的内在机制，提高政府预算的制度效能。用系统化思维全流程整合预算管理各环节业务规范，通过将规则嵌入系统强化制度执行力，为深化预算制度改革提供基础保障，推动加快建立现代财政制度。

一、完善预算统筹，提升财政资源配置效率

预算能力不仅是财政部门牵头组织预算工作的能力，更是各级政府及部门实施预算编制、执行、监督等能力的综合体现，其能力高低很大程度上影响着政府治理的整体水平。围绕党的十九届五中全会《建议》提出的“强化对预算编制的宏观指导，加强财政资源统筹”，建议新一轮预算改革以“强化统筹、突出绩效”为主线，切实提高各级各部门预算能力，并牵引带动政府治理效能不断提升。

（一）严格预算编制管理，增强财政预算完整性

1. 强化全口径预算统筹调配

加强“四本预算”和政府债券等来源和项目的衔接，优化错位配置，公益性资本性项目用足债券资金，腾出一般公共预算固化财力，更好保障基本民生和基层运转。统筹管理公共资源，将依托行政权力、政府信用和国有资源获得的各项收入以及特许经营收入等全面纳入预算管理。拓宽部门预算范围，将单位依法取得的各类收入全部纳入管理，结合单位收入情况合理保障其支出需求。

2. 健全政府投融资机制

完善公共资源交易平台，对土地、海域、矿产等有形资源和指标、规模、权益等

无形资产，实行市场交易、有偿使用、统一监管。大力推进中央企业资产证券化和混合所有制改革，提高直接融资比例，阶段性提高中央国有企业资产负债率容忍度，筹集重大项目建设资金。完善国企资本金补充机制，对承担重大项目筹资和建设任务中央国有企业资本金适时予以动态补充，适当提高重大项目引入社会资本的比例。

3. 建立“集中财力办大事”预算决策机制

以事业发展规划为遵循，实行“决策（规划）—业务—资金—项目”清单式管理，对党中央、国务院重大政策精准保障，确保“一张蓝图绘到底”。逐步做实中期财政规划，对教育、医疗、乡村振兴等需要持续稳定投入的领域，按3—5年为期试行“滚动预算”和限额管理，推动部门系统长远谋划事业发展。建立跨部门财政资金统筹平台，推广涉农资金统筹整合经验，探索资金项目申报“联席联审”，打破条块分割，推动实现系统治理。

4. 优化财政政策工具组合运用

加强财政政策工具储备，结合支持对象进行优化组合，建立“精准滴灌”型的财政政策体系。对兼具金融属性和规模效应的（如基金、风险补偿资金池、股权投资等），由财政部门统一调度实施，解决重复投入、使用分散等问题。

（二）提升预算资源配置能力，推进预算全流程绩效融合

1. 明晰绩效管理权责

推进预算管理和绩效管理深度融合，保障党委政府决策部署落地落实。在预算执行责任“归位”业务部门的基础上，进一步厘清绩效管理权责。财政部门更加聚焦绩效规则制定、目标审核、评价考核、结果应用等；压实业务部门绩效目标设置、事前评审、执行监控、整改落实等主体责任，推动从“要我有绩效”向“我要有绩效”转变，实现预算责任和绩效责任“双落实”。业务部门要配强预算管理机构队伍，建立牵头统筹本部门专项资金、部门预算、绩效管理等工作的专门机构，职能从“小财务”向“大预算”转变，营造各方重视预算、关注绩效的良好氛围。

2. 强化全流程预算绩效融合

全面实施重大政策和项目事前绩效评审，加强成本效益分析，从源头实行绩效

“一票否决”预算控制。规范绩效目标管理，以事业发展规划为直接依据，科学设置定量和定性相结合、可比较可考核的绩效目标。优化“双监控”程序机制，运用系统及时开展偏离绩效目标和绩效进展未达预期的分析和纠偏。加快推进部门整体绩效和中长期政策绩效评价，增强绩效评价的权威性。健全预算绩效问责机制，从单一的挂钩扣减预算向调整“放权”力度等转变，逐步扩大绩效评价结果在政府绩效考核、干部选拔任用等领域的应用，促进预算绩效管理激励相容。

3. 实行预算项目全生命周期管理

全面实行预算支出“项目化”管理，以零基、滚动、优选为导向进行项目排序，实现各项支出可增可减、可进可退。率先在政府投资基础设施项目领域实施滚动遴选，突出优中选优，推动重大项目“竣工一批、在建一批、开工一批、储备一批”成为常态，有效保证有充足项目可安排资金、资金安排即可形成支出和实物工作量。

二、规范预算编审，推进财政支出标准化

标准是规范之基，规范是治理之要。标准是一切工作的基础，标准化水平被视为国家经济社会发展水平的重要标志。财政支出标准化，就是为了在预算管理中获得最佳秩序，运用标准化的原理，对财政资金预算编审活动进行科学的总结，形成管理规范，用以指导财政和部门更有效的从事财政预算编审活动。标准为财政资源的分配和管理提供了目标和依据，是预算编制的基本依据，通过财政支出标准化工作而形成的项目支出标准体系是预算管理的基石，发挥着基础支撑作用。

（一）完善基本支出标准体系

1. 健全基本支出标准体系框架

基本支出包括人员经费和公用经费，人员经费标准包括工资津补贴、住房改革支出、社会保险缴费等具体支出标准；公用经费标准按照人员费用定额为主、实物费用定额为辅的方式确定，科学设置定额项目，合理保障机构正常运转和基本履职需要。按照“横向到边、纵向到底”的原则，逐步将全部基本支出事项纳入标准体系建设范畴，充分发挥标准在规范预算分配中的基础性作用。

2. 分类明确财政保障政策

行政单位和参公单位的基本支出全部由财政保障。事业单位根据职能定位、具体特点，分类完善财政补助政策：在明确界定公益职能、合理确定机构编制的基础上，公益一类事业单位基本支出由财政保障为主；公益二类事业单位结合现有财政补助水平，逐步推动实行与编制脱钩的补助机制，通过政府购买服务等方式予以支持。

3. 完善支出标准和保障政策调整机制

基本支出标准调整原则上与年度预算编制同步进行，人员经费标准根据国家工资津贴补贴政策变化等情况予以调整；公用经费标准根据机构职责、经济社会发展和物价水平、财力可能等情况予以调整。根据事业单位分类改革进展等情况，研究完善财政保障政策。

（二）加快推进项目支出标准体系建设

1. 从项目文本和支出标准两方面推进标准化工作

新制定的标准一般包含两部分：一是规范的项目文本，同类型项目的项目文本在框架结构、支出内容、文本格式等方面要统一，文本中要明确项目立项依据、实施方案、项目支出明细等内容，并按规范的文本编报和审核预算，实现同类项目预算可比较可分析；二是具体的支出标准，对项目各项支出内容中适合制定标准的部分，制定符合实际的支出标准，并根据经济社会发展和财力状况适时调整。

2. 丰富标准形式

适当扩充标准外延，将财政资金分配规范及方法等纳入支出标准范畴。支出标准包含以下形式：一是安排财政支出重点领域预算规模及其结构的基本规范；二是分配某项资金或项目支出预算的规范方法；三是确定项目整体或某项支出内容预算额度的测算标准，合理运用绝对标准（如支出定额）和相对标准（如计提比例）、综合标准和分项标准等多种形式。

3. 把握建设重点

重点针对涉及面广、资金量大、实施期限长、适合标准化管理的项目，加快标准体系建设进程：一是中央本级支出的重点领域，遵循财政预算编制的基本规律，根据经济社会发展目标、国家宏观调控要求和行业发展需要等因素，研究支出预算安排的基本规范；二是各部门普遍存在的共性项目，分期分批制定通用的项目文本和支出标准，并作为预算编制和评审的依据。对暂时无法制定支出标准的，首先从项目文本上加以规范，为支出标准制定打下基础；三是部门内部的延续性重大项目以及与部门履职关系紧密的专项业务项目，制定项目文本和支出标准，作为部门内部预算编报和审核的依据，并报财政部备案。对部门一次性重大项目，主要通过预算评审确定支出范围和预算额度。

4. 与预算评审相结合

推进预算评审与标准建设的深度结合，形成二者相互补充、相互促进的良性互动关系。一是强化标准在预算评审工作中的应用，提高评审工作的规范性，同时，根据评审情况提出对现有标准进行调整的意见建议，适时完善相关标准。二是强化预算评审在标准制定工作中的作用，充分利用评审结果，对各类项目的特点和规律进行深入分析和梳理，加快形成评审一类项目、出台一个标准、规范一个领域的工作机制，助力标准建设。

三、强化预算约束，提高国库改革广度深度

（一）提升预算执行的“控制、运营、报告”三大功能

1. 建立高效的资金拨付体系和完整的支出控制体系

一是提高资金拨付的电子化水平。除特殊支付外，部门、单位、财政国库和代理银行的国库集中支付业务逐步实现全流程无纸化管理。二是建立完整的支出控制体系，指导部门逐步建立涵盖预算执行全业务流程、账务核算、决算和报告的部门预算执行管理系统，强化部门（单位）的预算执行主体地位。

2. 强化预算执行和库款管理，推动积极财政政策提质增效

一是深入分析经济运行、减税降费及特殊增减收因素对财政收入增长的影响，加强量化测算和预研预判，提高监测预计能力和预算执行分析水平，更好地服务于领导决策参考。二是强化库款管理和工资保障工作，研究建立中央库款调度统筹协调工作机制，促进库款管理与债券发行、预算执行等的联动衔接，开展库款分月分旬滚动预测，科学组织库款调度，及时准确办理资金拨付，切实保障支出正常需要，并为压降筹资成本创造条件。三是科学实施国库现金管理，提高国库库底资金效益。

3. 提升财政决算管理和政府财务报告编制水平，完善现代财政财务报告体系

一是提升财政总决算工作水平，推动省级财政加快对下结算办理，提高地方决算编制效率。二是加强部门决算管理，建立健全决算审核反馈机制，修订部门决算有关制度。三是组织开展政府财务报告编制工作，扩大政府财务报告编制范围，推动制定政府财务报告审计制度，研究制定适合我国国情的政府财务报告公开制度。

4. 稳步开展国库数据管理工作，保障财政资金运行安全高效

一是大幅提高预算执行数据的完整性、准确性和相关性，为预算执行管理、绩效评价、财政监督和综合财务报告提供可靠支撑。二是根据预算管理一体化进展情况，推动各级财政总账数据标准统一，逐步实现全国财政总账数据自动汇总，建立全国预算执行数据的集中管理和大数据分析机制。三是加强决算数据、非税收入数据、动态监控数据、差旅电子凭证数据等财政国库数据的分析应用，为改进财政财务管理，服务领导决策提供参考。

（二）健全全过程预算绩效管理工作机制，推动预算绩效管理提质增效

将落实党中央、国务院重大决策部署作为预算绩效管理重点，加强财政政策评估评价，增强政策可行性和财政可持续性。加强重点领域预算绩效管理，分类明确转移支付绩效管理重点，强化引导约束。加强对政府和社会资本合作、政府购买服务等项目的全过程绩效管理。加强国有资本资产使用绩效管理，提高使用效益。加强绩效评价结果应用，将绩效评价结果与完善政策、调整预算安排有机衔接，对低效无效资金一律削减或取消，对沉淀资金一律按规定收回并统筹安排。加大绩效信息公开力度，推动绩效目标、绩效评价结果向社会公开。

1. 建立全过程预算绩效管理工作机制

建立“预算编制有目标、预算执行有监控、预算完成有评价、评价结果有反馈、反馈结果有应用”的全过程预算绩效管理机制，实现预算绩效管理与预算编制、执行、监督有机结合。

预算绩效目标管理是全过程预算绩效管理的基础。部门（单位）申请预算时，要按要求申报绩效目标。绩效目标应依据明确、相对具体、可衡量，并在一定时期可实现。财政部门应加强纳入绩效目标管理试点范围项目的绩效目标审核，作为预算安排的前提和主要依据，并在批复单位预算时一并批复绩效目标。预算绩效运行监控是全过程预算绩效管理的关键。财政部门和预算部门要对绩效信息适时进行跟踪监控，重点监控是否符合预算批复时确定的绩效目标，发现预算支出绩效运行与原定绩效目标发生偏离时，及时采取措施予以纠正。情况严重的，暂缓或停止该项目的执行。预算支出绩效评价是全过程预算绩效管理的核心。预算执行结束后，财政部门或预算部门要认真分析和积极利用决算数据，对财政支出的实际绩效进行评价，客观公正地评价绩效目标的实现程度，提高预算绩效评价的准确性和有效性。预算绩效评价结果应用是全过程预算绩效管理的落脚点，应积极探索绩效评价结果应用方式，促进预算绩效管理工作发挥实效。预算绩效监督是全过程预算绩效管理的保障。要充分发挥绩效监督的作用，建立财政监督检查结果与预算安排紧密衔接工作机制，强化监督检查成果利用；健全制衡机制，强化对所有财政性资金和运行全过程的绩效监督。

2. 拓展预算绩效管理的实施深度，全面推行结果导向的绩效预算

产出导向的绩效预算在部门内部构建起绩效预算管理体系，但仍未完全解决财政部门从源头上真正实现财政资源高效配置等问题。因此，应继续拓展绩效预算实施的深度，逐步实现结果导向的绩效预算。即将绩效管理扩展到整个政府预算范围，以政府投入应产生的绩效目标（这些目标应当尽量量化或指标化，以便编制预算和考核效果）为出发点，在充分进行成本效益分析的基础上，结合可分配的资源量和绩效评价结果，来确定政府预算资金分配，在投资决策上寻求以最小的成本获得绩效目标最大的效益，使“绩效”的观念贯穿于整个预算编制与执行过程的始终，逐步建立起综合性的绩效预算管理体系，真正实现预算安排和资源使用这一“过程”与社会公共需要这一“结果”的更加紧密的结合，最终达到在政府整体层面上实现

按效益和效果拨款，从源头上真正实现财政资源高效配置的效果。

3. 完善适应结果导向绩效预算的预算绩效管理体系

实现政策决策、预算安排和绩效评价结果的更紧密连接。这一阶段，在评价目标上，应由关注预算支出的效率和有效性，转为注重预算支出的效益、效果和影响。在评价对象上，实现对政府预算支出整体效益的综合评价，即对各部门财政支出效益进行综合反映。在评价指标体系上，形成更为科学的评价指标体系和标准体系，以实现对财政支出绩效结果的评估。在评价主体上，更加强化客观评价，完善具有独立性的社会机构和公众参与评价的机制和制度。在政府政务公开、预算公开的基础上，全面实现由政府内部评价向政府与社会相结合的综合评价机制的转变。在评价结果应用上，实现政策决策、预算安排与绩效评价结果更加直接的联系，利用绩效评价结果判断政策及绩效目标设定和财政资金配置的合理性，调整和完善政策及绩效目标、财政资金使用方向和结构，奖惩和问责预算部门、单位及其人员，实现绩效预算按照“结果”拨款的原则。

四、聚焦风险管控，增强财政可持续性

（一）强化预算的宏观调控功能

加强跨年度预算平衡。加强中期财政规划管理，进一步增强与国家发展规划的衔接，强化中期财政规划对年度预算的约束。对各类合规确定的中长期支出事项和跨年度项目，要根据项目预算管理等要求，将全生命周期内对财政支出的影响纳入中期财政规划。地方政府举借债务应当严格落实偿债资金来源，科学测算评估预期偿债收入，合理制定偿债计划，并在中期财政规划中如实反映。鼓励地方结合项目偿债收入情况，建立政府偿债备付金制度。

（二）健全地方政府依法适度举债机制

健全地方政府债务限额确定机制，一般债务限额与一般公共预算收入相匹配，专项债务限额与政府性基金预算收入及项目收益相匹配。完善专项债券管理机制，专项债券必须用于有一定收益的公益性建设项目，建立健全专项债券项目全生命周期收支平衡机制，实现融资规模与项目收益相平衡，专项债券期限要与项目期限相匹配，专项债券项目对应的政府性基金收入、专项收入应当及时足额缴入国库，保障专项债券到期本息偿付。完善以债务率为主的政府债务风险评估指标体系，建立

健全政府债务与项目资产、收益相对应的制度，综合评估政府偿债能力。加强风险评估预警结果应用，有效前移风险防控关口。依法落实到期法定债券偿还责任。健全地方政府债务信息公开及债券信息披露机制，发挥全国统一的地方政府债务信息公开平台作用，全面覆盖债券参与主体和机构，打通地方政府债券管理全链条，促进形成市场化融资自律约束机制。

（三）防范化解地方政府隐性债务风险

把防范化解地方政府隐性债务风险作为重要的政治纪律和政治规矩，坚决遏制隐性债务增量，妥善处置和化解隐性债务存量。完善常态化监控机制，进一步加强日常监督管理，绝不允许新增隐性债务上新项目、铺新摊子。强化国有企事业单位监管，依法健全地方政府及其部门向企事业单位拨款机制，严禁地方政府以企业债务形式增加隐性债务。严禁地方政府通过金融机构违规融资或变相举债。金融机构要审慎合规经营，尽职调查、严格把关，严禁要求或接受地方党委、人大、政府及其部门出具担保性质文件或者签署担保性质协议。清理规范地方融资平台公司，剥离其政府融资职能，对失去清偿能力的要依法实施破产重整或清算。健全市场化、法治化的债务违约处置机制，鼓励债务人、债权人协商处置存量债务，切实防范恶意逃废债，保护债权人合法权益，坚决防止风险累积形成系统性风险。加强督查审计问责，严格落实政府举债终身问责制和债务问题倒查机制。

（四）防范化解财政运行风险隐患

推进养老保险全国统筹，坚持精算平衡，加强基金运行监测，防范待遇支付风险。加强医疗、失业、工伤等社保基金管理，推进省级统筹，根据收支状况及时调整完善缴费和待遇政策，促进收支基本平衡。各地区出台涉及增加财政支出的重大政策或实施重大政府投资项目前，要按规定进行财政承受能力评估，未通过评估的不得安排预算。规范政府和社会资本合作项目管理。各部门出台政策时要考虑地方财政承受能力。除党中央、国务院统一要求以及共同事权地方应负担部分外，上级政府及其部门不得出台要求下级配套或以达标评比、考核评价等名目变相配套的政策。加强政府中长期支出事项管理，客观评估对财政可持续性的影响。

五、推进预算公开，提高预算管理信息化水平

（一）深化推进预算公开的广度和深度

完善政府财务报告体系。建立完善权责发生制政府综合财务报告制度，全面客

观反映政府资产负债与财政可持续性情况。健全财政总预算会计制度，将财政财务信息内容从预算收支信息扩展至资产、负债、投资等信息。推动预算单位深化政府会计改革，全面有效实施政府会计标准体系，完善权责发生制会计核算基础。完善国有资产管理情况报告制度，做好与政府综合财务报告的衔接。

改进预决算公开。加大各级政府预决算公开力度，大力推进财政政策公开。扩大部门预决算公开范围，各部门所属预算单位预算、决算及相关报表应当依法依规向社会公开。推进政府投资基金、收费基金、国有资本收益、政府采购意向等信息按规定向社会公开。建立民生项目信息公示制度。细化政府预决算公开内容，转移支付资金管理办法及绩效目标、预算安排情况等应当依法依规向社会公开。细化部门预决算公开内容，项目预算安排、使用情况等项目信息应当依法依规向社会公开。推进按支出经济分类公开政府预决算和部门预决算。

（二）实现中央和地方财政系统信息贯通

用信息化手段支撑中央和地方预算管理，规范各级预算管理工作流程等，统一数据标准，推动数据共享。以省级财政为主体加快建设覆盖本地区的预算管理一体化系统并与中央财政对接，动态反映各级预算安排和执行情况，力争2022年底全面运行。中央部门根据国家政务信息化建设进展同步推进相关信息系统建设。建立完善全覆盖、全链条的转移支付资金监控机制，实时记录和动态反映转移支付资金分配、拨付、使用情况，实现资金从预算安排源头到使用末端全过程来源清晰、流向明确、账目可查、账实相符。强力推进预算管理标准化，规范各级业务流程、管理要素和控制规则，实现各级预算执行动态跟踪和有效反馈，切实减轻基层统计负担。

（三）推进部门间预算信息互联共享

强化财政部门数据密集型综合管理部门定位，推进财政与组织、人力资源和社会保障、税务、人民银行等跨部门数据连通，夯实预算管理基础。加强大数据开发应用，为财政经济运行分析、资金安排使用、制度优化设计提供参考，辅助提高政府决策的科学性、合规性。预算管理一体化系统集中反映单位基础信息和会计核算、资产管理、账户管理等预算信息，实现财政部门与主管部门共享共用。积极推动财政与组织、人力资源和社会保障、税务、人民银行、审计、公安、市场监管等部门实现基础信息按规定共享共用。落实部门和单位财务管理主体责任，强化部门对所属单位预算执行的监控管理职责。

（四）运用信息化技术提升监督精度和效率

构建“制度＋技术”监督框架，建立全覆盖、全链条的财政资金监控机制，实时记录和动态监控资金在下级财政、用款单位的分配、拨付、使用情况，探索自动控制和实时预警，实现资金从源头到末端全过程流向明确、来源清晰、账目可查，确保资金直达基层、直达民生。加强财会监督与人大、审计等监督的协同，主动对接人大实时在线联网监督、审计部门数据审计系统等，形成多层次的综合监督体系。

六、健全人大监督，提升预算审查监督合力

（一）发挥多种监督方式的协同效应

充分发挥党内监督的主导作用，加强财会监督，促进财会监督与党内监督、监察监督、行政监督、司法监督、审计监督、统计监督、群众监督、舆论监督等协同发力。各级政府、各部门要依法接受各级人大及其常委会、审计部门的监督。推进人大预算联网监督工作。各级财政部门要做好财税法规和政策执行情况、预算管理有关监督工作，构建日常监管与专项监督协调配合的监督机制。强化监督结果运用，对监督发现的问题，严格依规依纪依法追究有关单位和人员责任，加大处理结果公开力度。

（二）贯彻党中央决策部署，加强预算和政策的衔接

编制年度预算时，将全面贯彻党的十九大精神作为预算安排的首要任务，支出预算和政策同党的十九大做出的战略部署反复对标对表。例如，按照中央支持实体经济发展的精神，落实减税降费政策，合理确定收入预算增幅；根据党中央就各重要领域提出的重大方针政策和决策部署，增加对教育、科技、民生等重要领域和关键环节的预算安排，使年度预算安排充分体现中央经济工作意图和宏观调控导向。而人大常委会加强对这方面的监督，更有利于督促财政部门在编制预算时更好地落实党中央各项决策部署。财政部门有基础、更有责任按照人大的监督要求，进一步把对标对表的工作做好，在预算编制中体现党中央重大决策和国务院的工作部署。

细化重点支出和重大项目预算。对于部门预算，要将部门取得的各项收入全部纳入预算，全面接受人大审查监督；逐步增加报送审议的重点项目数量，细化反映重大项目的立项依据、实施主体、实施方案、实施周期、预算安排及支出绩效等情况。通过提供整个链条的情况，便于人大监督。对于转移支付预算，要进一步细化预决算编制，翔实反映有关支出的政策依据、支出方向、分配办法、绩效目标、实施效果等情况。逐步扩大重点支出和重大项目绩效目标、绩效评价结果随预决算报告提交人大审查的范围。工作要有序、合理，要重点突出、稳步推进。

（三）改进和细化预决算编报，以利于人大预算审查监督

按照人大有关要求不断改进预决算报告编写，围绕贯彻落实党中央决策部署和全国人大及其常委会有关预算、决算决议，充实财政支出政策有关内容。同时，预决算草案编制逐步完善，将中央本级支出细化编列到项或款，分地区、分项目编列转移支付预决算，并逐项说明专项转移支付的支出内容，增加基建支出预算安排的表格等，便于人大代表理解和监督。

（四）积极配合人大审议预决算

在预算审查前，向财政经济委员会预算审查小组、其他专门委员会委派的组成人员、部分人大代表通报年度预算编制情况，重点汇报预算安排和财政政策情况。“两会”期间，向人大代表全面系统介绍贯彻实施《预算法》、完善财政政策等工作进展。在全国人大财经委提出审查意见后，迅速认真研究，加大落实整改力度，对于人大代表提出的合理化意见建议，及时在政策研究和预算编制工作中予以采纳，提高支出政策科学性。

对于预算编报，督促部门按照编制程序，科学编制基本支出和项目支出预算方案，细化预算编报说明。在统筹平衡预算需求基础上，科学编制预算草案，按程序由政府提请同级人大审查批准。在预算草案编制过程中和提交审查前，要将年度预算编制情况向人大有关方面进行汇报，结合意见建议修改完善。对于决算编报，要指导部门准确填报决算数据，同时加强审核，特别是对政策落实和绩效目标落实的审核，这是接受人大依法监督非常重要的基础和载体。继续在预决算编报的程序和科学性方面下功夫，进一步方便和服务人大监督。将人大及其常委会有关预决算决议作为制定支出政策、分配财政资金、完善管理措施的重要依据。

（五）建立与人大代表的日常沟通汇报机制

进一步畅通人大代表反映意见建议的渠道，在预算执行中配合人大代表监督，及时答复人大代表提出的问题，并将人大代表提出的意见建议尽可能在日常工作中吸收采纳。积极参加人大有关方面组织的座谈会、通报会，协助人大做好重大事项或特定问题的调查，认真听取人大代表、社会各界的意见建议。对于重大决策或者重点支出，不仅要在人大审查的时候汇报相关内容和背景，而且要在人大平时调研的过程中，尽可能提供详细的资料，能够上门汇报的尽可能上门汇报。各地方财政厅局一定要重视日常沟通，改进方式方法，加强与地方人大财经委、常委会预工委的联系。

第四章

全面完整的现代预算制度改革深化

现代意义上的财政预算，表现形式是政府年度收支表格，但实质是指通过预算的编制和执行对政府控制的财政性资源进行管理和监督。因此，需要将政府财政性资源全部纳入预算，以保障预算的完整性。政府预算的完整性原则也要求财政预算必须包括政府所有的财政收入和支出。随着我国社会主义法制化进程的不断深入，对财政预算的公开和透明有了进一步的要求。建立健全国家财政预算体系，全面提高财政预算的统一性和完整性，是增强预算约束力和透明度、提高财政资金使用效率的客观要求；是完善财政职能、增强政府宏观调控能力的重要手段；是新形势下做好财政工作、推进财政科学化精细化管理的主要抓手。进入 21 世纪以来，我国逐步推进综合预算，实现预算的全口径。2010 年，首次实现了中央国有资本经营预算提交全国人大审议、开始编制社会保险基金预算的试点、中央和地方政府性基金预算首次进行了完整披露。目前，预算“四本账”已为社会广泛周知，但“四本账”之间的划分界限是否清晰、账本之间存在的重叠、债务的充分披露、非税收入的管理等问题，还有较大的完善空间。未来的改革目标是形成统筹协调、有机衔接、互为补充的完整预算体系。同时，增强预算的公开性和可读性，有利于人大代表和公众的阅读和审议。

第一节　政府预算的全口径管理

一、全口径预算产生背景

（一）全口径预算的内涵

全口径预算是指把政府所有收支全部纳入统一管理，并接受各级人大监管，其目标是构建一个消除预算外收支、将所有类型的财政资金收支都纳入统一管理体系的制度框架。此概念源于 2003 年 10 月党的十六届三中全会通过的《中共中央关于完善社会主义市场经济体制若干问题的决定》第二十一条“实行全口径预算管理和对或有负债的有效监控，加强各级人民代表大会对本级政府预算的审查和监督”，这意味着自 1994 年《预算法》颁布实施后，我国财政治理向前迈出了新的一步。

2005 年 4 月，在《国务院关于 2005 年深化经济体制改革的意见》中进一步指出，“改革和完善非税收入收缴管理制度，逐步实行全口径预算管理”，这为深化财政体制改革指出了明确方向。2012 年 11 月，党的十八大报告提出，“加强对政府全口径预算决算的审查和监督，支持人大及其常委会充分发挥国家权力机关作用”，强调了人大作为预算监督主体的职责。

（二）全口径预算的产生背景

预算外资金是指根据国家财政制度的规定，不纳入国家预算，由地方各部门、各企事业单位自收自支的资金。彻底解决预算外资金问题是全口径预算管理的出发点。1950 年，我国实行“统收统支”这种高度集权的财政管理体制，严格掌控财政收入与支出。1951 年之后，为了调动地方的积极性，转变为统一领导、分级管理体系，开始把一部分预算内收入放到预算外管理，预算外资金便由此而来，并且快速增长。改革开放后，地方享有的预算自主权进一步扩大，使预算外资金急剧膨胀，成为经济运行和财政管理的重大隐患。

为了加强预算外资金的管理，财政部于 1983 年 2 月颁布《预算外资金管理试行办法》，将其分为四类，对资金的用途和相关部门的职责作出规定。国务院在 1986 年 4 月下发《关于加强预算外资金管理的通知》规定“专户储存、计划管理、财政审批、银行监督”的管理原则，以便更好地发挥其在国民经济建设中的作用。但是随着市场经济快速发展，预算外资金管理中存在的问题越来越突出，乱支滥用，缺乏有效监管，造成国家财政资金分散和公共分配秩序混乱。因此国务院于 1996 年 7 月颁布了《关于加强预算外资金管理的决定》，明确了预算外资金的概念和范围，系统地规定了预算外资金管理的措施，并强调了预算外资金管理的重要性。

2010 年 6 月，财政部印发了《关于将按预算外资金管理的收入纳入预算管理的通知》，决定从 2011 年起，全面清理作为预算外资金管理的各项收入，除教育收费纳入财政专户管理外，把中央和地方的所有预算外收支纳入预算管理。这一规定是推进全口径预算改革的重大突破，意味着财政管理进入了新的阶段。

二、全口径预算管理改革进程

（一）预算范围全面化

我国预算制度在新中国成立时开始建立，在改革开放后快速发展。1991 年 10 月，国务院《国家预算管理条例》中指出预算收入包含：税收、企业上缴利润、基金、专款收入、事业收入、其他收入，当时所有预算内收支在一个账本上。

1993 年 11 月党的第十四届中央委员会第三次全体会议通过《中共中央关于建立社会主义市场经济体制若干问题的决定》，其中第十八条提出要改进和规范复式预算制度，建立政府公共预算和国有资产经营预算，并可以根据需要建立社会保障预算和其他预算。

1995 年 11 月年国务院《预算法实施条例》第二十条指出，各级政府预算按照复式预算编制，分为政府公共预算、国有资产经营预算、社会保障预算和其他预算。

2014 年修订的《中华人民共和国预算法》第四条规定，政府的全部收入和支出都应当纳入预算。第五条规定，预算包括一般公共预算、政府性基金预算、国有资本经营预算、社会保险基金预算。这意味着四个预算账本框架已形成，从而基本实现预算全面性。

1. 一般公共预算

新中国成立之后，为引导经济发展，财政制度开始摸索改革。长期以来财政收支只有一个账本，存在预算粗放、制度松弛的问题。1949 年分税制改革后，政府预算形成了现代预算体系的第一本账——一般公共预算，以税收为主体的财政收支已纳入预算，但是仍存在大量账外资金，如行政事业性收费、政府性基金、国有企业上缴收入等。

2. 政府性基金预算

1996 年 7 月，《国务院关于加强预算外资金管理的决定》将 13 项数额较大的政府性基金（收费）纳入财政预算管理，随后财政部在 12 月制定了《政府性基金预算管理办法》。2006 年 12 月，国务院办公厅发布《关于规范国有土地使用权出让收支管理的通知》，明确了从 2007 年 1 月 1 日起，土地出让收支全额纳入地方基金预算管理，实行彻底的“收支两条线”。2010 年 9 月，财政部印发《政府性基金管理暂行办法》的通知，进一步规范其审批、征收、使用、监管。

3. 国有资本经营预算

21 世纪后，我国才开始探索国有资本预算管理方法。2007 年《国务院关于试行国有资本经营预算的意见》标志着我国有资产经营预算制度正式建立，并且在 2010 年正式报送全国人大。近 20 年来，相关法律法规（见表 4 –1）陆续出台，配套制度逐步完善。

表 4 –1　　国有资本经营预算文件规定

文件名	发布时间	发布单位	主要内容
《中共中央关于完善社会主义市场经济体制若干问题的决定》	2003 年 10 月	十六届中央委员会	第七条提出，建立国有资本经营预算制度，积极探索国有资产监管和经营的有效形式
《国务院关于试行国有资本经营预算的意见》	2007 年 9 月	国务院	明确原则、收支范围和各预算部门职责，并强调建立国有资本经营预算制度是完善社会主义市场经济体制的一项重大制度建设
《中央企业国有资本收益收取管理暂行办法》	2007 年 12 月	财政部、国资委	对国有资本收益的申报、核定与上缴作出详细规定
《中华人民共和国企业国有资产法》	2008 年 10 月	十一届人大常务委员会	第六十条规定，国有资本经营预算纳入本级人民政府预算，报本级人民代表大会批准。国有资本经营预算支出按照当年预算收入规模安排，不列赤字

续表

文件名	发布时间	发布单位	主要内容
《关于 2009 年中央和地方预算执行情况与 2010 年中央和地方预算草案的审查结果报告》	2010 年 3 月	十一届人大财政经济委员会	提出 2011 年地方试编国有资本经营预算
《关于推动地方开展试编国有资本经营预算工作的意见》	2010 年 5 月	财政部	要求各省区市开始编制国有资本经营预算
《关于推动地方开展国有资本经营预算工作的通知》	2011 年 4 月	财政部	总结目前问题，并对完善地方国有资本经营预算工作提出了三点要求
《中央国有资本经营预算管理暂行办法》	2016 年 1 月	财政部	应当按照国家宏观经济政策及中期财政规划要求，实行滚动编制，编制中期中央国有资本经营预算收支规划
《中央国有资本经营预算支出管理暂行办法》	2017 年 3 月	财政部	规定了支出范围，并强调避免与一般公共预算和政府性基金预算安排的支出交叉重复
《中央国有资本经营预算编报办法》	2017 年 9 月	财政部	对 2011 年版本进行了修订，共 23 条，进一步规范中央国有资本经营预算编报工作

4. 社会保险基金预算

2010 年 1 月，《国务院关于试行社会保险基金预算的意见》中提出，专款专用，不得挤占或挪作他用，单独编报，社会保险基金不能用于平衡公共财政预算，公共财政预算可补助社会保险基金等原则，并对编制方法、审批、执行和决算作出规定。2013 年，财政部首次向全国人大报送社会保险基金预算，推进社会保险基金预算管理制度化，这意味着社会保险基金预算被正式纳入全口径预算管理。

（二）预算监督体系现代化

预算监督是政府预算法治化、规范化、科学化的重要保证，是建立现代预算制度的关键和决定性环节。财政资金取之于民，用之于民，政府必须管好人民的“钱袋子”，做到依法理财、科学理财，以尽可能少的支出办尽可能多的实事，提升资金使用效益。

1. 人大主导的预算监督体系

1954 年，新中国第一部《宪法》第二十七条明确规定，全国人民代表大会行使审查和批准国家的预算和决算的职权。改革开放后，我国人大预算监督机制开始加强，并且推动了预算管理系列改革。在 1983 年、1998 年分别设立了全国人大财政经济委员会和全国人大常委会预算工作委员会，协助人大行使监督权。1995 年实施的《预算法》详细规定了人大预算监督职权。1999 年 12 月通过的《全国人民代表大会常务委员会关于加强中央预算审查监督的决定》，细化了预算审查监督的规定，提出了更高的要求。2006 年 8 月《中华人民共和国各级人民代表大会常务委员会监督法》通过，进一步巩固人大监督权，提供了坚实的法律保障。

党的十八大之后，人大预算监督步入了新阶段，由程序性监督逐步向实质性监督转变。人大常委会于 2014 年和 2018 年分别对《预算法》进行了修改，明确加强监督，要求政府审计报告公开，并细化了法律责任规定。2018 年 3 月，中共中央办公厅印发《关于人大预算审查监督重点向支出预算和政策拓展的指导意见》，要求人大开展全口径审查和全过程监管。2020 年 6 月，人大常委会发布《关于进一步加强各级人大常委会对审计查出突出问题整改情况监督的意见》，表示审计查出突出问题整改情况开展跟踪监督是各级人大及其常委会依法开展预算、决算审查监督的重要方式。2021 年 4 月，全国人大常委会通过新修订的《全国人民代表大会常务委员会关于加强中央预算审查监督的决定》，将近 20 年来预算监督有关改革举措、成功经验和有效做法上升为法律规定，推进法律制度的完善，更好地适应新时代的监管要求。

2. 信息公开透明化

20 世纪，政府预算信息基本处于保密状态，法律法规对信息公开也没有要求。2005 年《关于进一步推行政务公开的意见》、2011 年《关于深化政务公开加强政务服务的意见》、2016 年《关于全面推进政务公开工作的意见》，这一系列文件一再强调，公开透明是法制政府的基础，要确保政府权力在阳光下运行，保障群众的知情权和监督权。

2007 年 4 月，国务院发布《中华人民共和国政府信息公开条例》，明确了各级政府应向社会公开预算、决算信息，迈出了重要的第一步。国务院于 2019 年 4 月对该法规进行了修订，扩大了政府信息主动公开的范围和深度，明确了政府信息公开与否的界限，完善了依法申请公开的程序规定，更好地适应新时代新阶段下对预算公开的要求。在近 20 年里，我国逐步实现了部门预算公开、“三公”经费公开、四本预算公开。目前，在财政部和各省财政厅官方网站均可查到预算信息。

3. 预算监督信息化

2017 年财政部开始建设人大预算联网监督系统，在 2019 年首次通过联网监督系统向人大代表推送预算审查数据，目前各省级政府纷纷采用了该系统。信息技术的进步让预算信息变得生动易懂，不再是一沓厚厚的资料，有利于监督部门掌握国家账本里的信息。

这是一种充分利用“互联网 +”和大数据技术的创新之举，通过提供多层次、动态的数据，建立常态化数据采集机制，有效提高监督部门的工作效率，实现对预算管理的全口径、全过程监督。

4. 审计监督完善化

审计监督在审查各级政府机关的经济计划、预决算的编制和执行、财务收支状况、违法违纪行为方面起到极为重要的作用。1994 年 8 月，为了加强审计监督及维护国家财政经济秩序，人大通过了《审计法》。1995 年 7 月国务院发布《中央预算执行情况审计监督暂行办法》详细列出对中央预算审计监督的内容，促进了审计监督工作的法制化。2016 年 12 月，中央全面深化改革领导小组第三十次会议通过《关于深化国有企业和国有资本审计监督的若干意见》，进一步健全了审计制度。2021 年 7 月《审计署关于提升社会保障审计监督效能的指导意见》强调，依法全面履行审计监督职责，推动社会保障事业高质量发展、可持续发展。

三、全口径预算管理体系现状

四本预算保持完整独立，同时也相互衔接。一般公共预算与其他三本预算相衔接（见图 4 - 1）。对于结转资金较多的政府性基金，应调入一般公共预算；到 2020 年国有资本收益上缴公共财政比例实现 30%[①]；社会保险基金预算中财政补贴收入

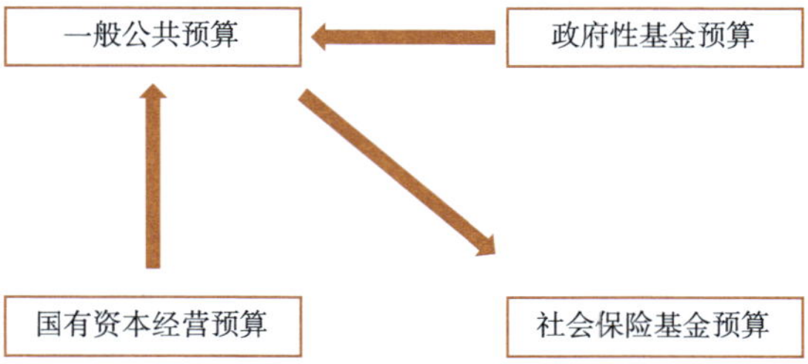

图 4 - 1　四本预算之间的调转关系

① 《中共中央关于全面深化改革若干重大问题的决定》。

主要源自一般公共预算支出。国有资本经营预算与社会保险预算虽未建立直接的调转补充关系，但早在2017年，国务院通知将部分国有企业10%股权转让给社保基金会（或者省级政府设立的国有独资公司）持有①，单独核算管理，当企业职工基本养老保险基金存在缺口时，从社保基金会调转资金纳入社会保险基金预算，保持预算平衡。

以2021年中央预算为例，政府性基金调入一般公共预算1亿元，国有资本经营预算调入一般公共预算984亿元。

（一）一般公共预算

一般公共预算是政府的第一账本也是最主要的民生账本。除了税收收入，还包括非税收入、调入资金（包括中央和地方财政从预算稳定调节基金、政府性基金、国有资本经营预算调入资金）以及地方财政使用结转结余资金。支出主要用于保障和改善民生、推动经济社会发展、维护国家安全、维持国家机构正常运转等方面。

2021年国内疫情基本控制稳定，全国一般公共预算收入197650亿元，增长8.1%。加上调入资金及使用结转结余16770亿元，收入总量为214420亿元。全国一般公共预算支出250120亿元，增长1.8%。赤字35700亿元，相比2020年减少1900亿元。

中央一般公共预算支出118885亿元，包含了中央本级支出35015亿元，对地方转移支付83370亿元，中央预备费500亿元。其中，中央本级支出主要用于国防、债务付息、科学技术、公共安全、教育支出、一般公共服务支出等（见图4-2）。

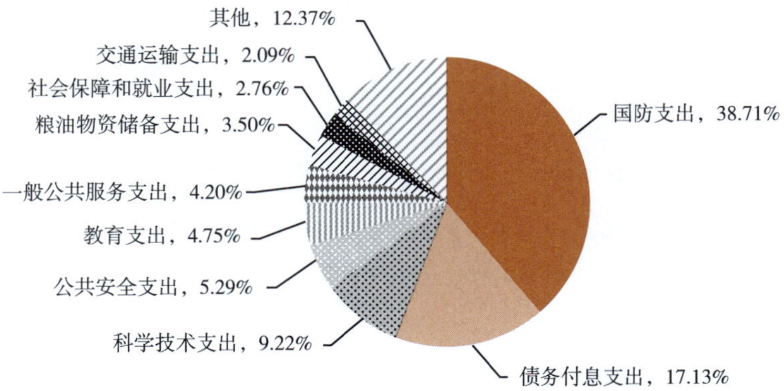

图4-2　2021年中央本级支出预算占比

数据来源：财政部，http://yss.mof.gov.cn/2021zyys/202103/t20210323_3674877.htm。

① 《国务院关于印发划转部分国有资本充实社保基金实施方案的通知》（国发〔2017〕49号）。

（二）政府性基金预算

征收政府性基金有利于建立成本约束机制，避免公共资源低效使用，还能为特定公共基础设施建设和公共事业发展提供稳定的资金来源。2014 年《预算法》明确其概念是依照法律、行政法规的规定在一定期限内向特定对象征收、收取或者以其他方式筹集的资金，专项用于特定公共事业发展的收支预算。政府性基金预算与其他三本预算保持独立，以收定支，专款专用，结余可结转使用。

2021 年，全国政府性基金预算收入 94526.62 亿元，增长 1.1%。加上 2020 年结转收入 240.12 亿元和地方政府专项债务收入 36500 亿元，全国政府性基金收入总量为 131266.74 亿元。全国政府性基金预算支出 131265.74 亿元，增长 11.2%。

中央政府性基金预算收入 3820.85 亿元，增长 7.3%。加上 2020 年结转收入 240.12 亿元，收入总量为 4060.97 亿元。其中，占比较大的是可再生能源电价附加收入、中央特别国债经营基金财务收入、铁路建设基金收入和彩票公益金收入（见图 4－3）。

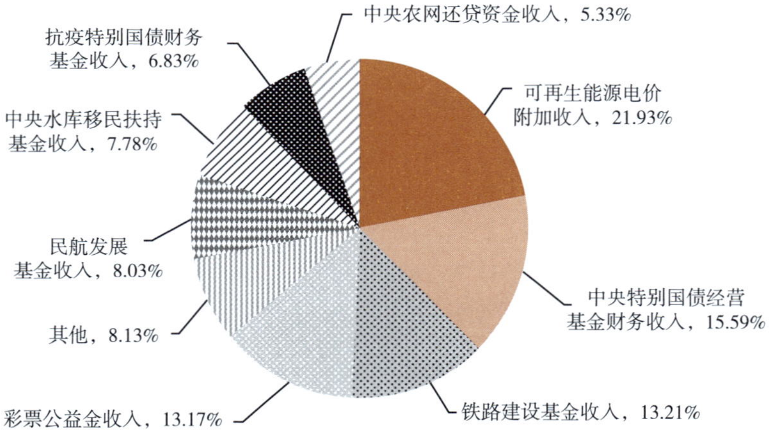

图 4－3 2021 年中央政府性基金预算分布

数据来源：财政部，http：//yss.mof.gov.cn/2021zyys/202103/t20210323_3674859.htm。

（三）国有资本经营预算

国有资本经营预算是指对国有资本收益作出支出安排的收支预算，应当按照收支平衡的原则编制，不列赤字，并安排资金调入一般公共预算。政府作为国有资本的所有者，通过预算可深化国有企业收入分配制度改革、合理配置国有资本、增强政府宏观调控能力。

国有资本经营预算收入包含国有企业上缴利润、国家出资企业分得股利股息收入、国有资产转让收入、清算收入和其他国有资本收入。支出主要用于国有经济和产业结构调整、中央企业灾后恢复生产重建、中央企业重大技术创新、节能减排、境外矿产资源权益投资以及改革重组补助支出等。

国有资本收益分享机制在不断完善。2013 年 2 月，《国务院批转发展改革委等部门关于深化收入分配制度改革若干意见的通知》中指出，扩大国有资本收益上缴范围，适当提高中央企业国有资本收益上交比例，“十二五”期间在现有比例上再提高 5 个百分点左右，新增部分的一定比例用于社会保障等民生支出。如表 4－2 所示，中央企业上缴年度净利润的比例在不断提高。

2021 年，全国国有资本经营预算收入 3877.05 亿元，下降 18.9%。加上 2020 年结转收入 732.64 亿元，收入总量为 4609.69 亿元。全国国有资本经营预算支出 2647.85 亿元，增长 4.1%。

表 4－2　　中央企业国有资本收益收取比例

文件	发布时间	发布单位	文件规定
《中央企业国有资本收益收取管理暂行办法》	2007 年 12 月	财政部、国资委	第一类 10%，第二类 5%，第三类暂缓 3 年上缴或者免交。
《关于完善中央国有资本经营预算有关事项的通知》	2010 年 12 月	财政部	从 2011 年起，第一类为企业税后利润的 15%；第二类为企业税后利润的 10%；第三类为企业税后利润的 5%；第四类免交国有资本收益。
—	2012 年	国务院	从 2012 年起，中国烟草总公司单独作为第一类，税后利润收取比例提高至 20%。
《关于进一步提高中央企业国有资本收益收取比例的通知》	2014 年 4 月	财政部	国有独资企业应缴利润收取比例在现有基础上提高 5 个百分点，即：第一类企业为 25%；第二类企业为 20%；第三类企业为 15%；第四类企业为 10%；第五类企业免交。

（四）社会保险基金预算

社会保险基金预算收入包括单位及职工个人缴纳的社会保险费收入、基金利息收入、财政补贴收入、转移收入等。基金按照险种及不同制度分别建账、分账核算、分别计息、专款专用。

2021 年，全国社会保险基金预算收入 89180.75 亿元，增长 23.7%，其中，保险费收入 63191.35 亿元，财政补贴收入 22741.75 亿元。全国社会保险基金预算支出 86412.68 亿元，增长 9.6%[①]。

四、全口径预算管理存在的问题

（一）四本预算之间的统筹衔接问题

1. 政府性基金预算

四本预算各自范围如何划分？如何统筹管理且互相衔接？这一直以来是学者们的重要研究话题，政府性基金预算尤其备受关注。由于我国预算外资金的历史因素，以及 1994 年实行分税制以来中央与地方财权事权分配不对等问题，地方政府为筹集资金而长期存在各种收费问题。我国一直在清理调整政府性基金项目，2016 年财政部制定了《清理规范政府性基金方案》，使全国政府性基金目录清单从 2000 年 327 项缩减至 23 项。目前最新目录显示只保留了 21 项基金[②]。随着经济发展和社会环境变化，政府性基金仍需继续调整。

（1）与一般公共预算存在重叠部分。城市基础设施配套费专项用于城市基础设施和城市公用设施建设，而城市维护建设税也是专款专用于城市公共事业和公共设施的维护建设，两者的支出范围有重叠。且城市基础设施配套费完全缴入地方国库，具体征收方式和标准按省、自治区、直辖市有关规定执行，可能出现地方政府乱收费的现象。

旅游发展基金全部缴入中央国库，主要用于旅游宣传促销、行业规划发展研究、旅游开发项目补助等，2020 年财政部通知：将国家全域旅游示范项目、促进文化和旅游消费项目纳入补助范围[③]，这均属于公共性支出，与一般公共预算中文化旅游体育与传媒支出的功能相似。并且旅游发展基金收支金额相比其他政府性基金较小，2021 年该基金预算收支执行数为 2.91 亿元[④]，中央政府性基金总收支金额为 4060.97 亿元，只占 0.07%。建议该项基金收入纳入一般公共预算下非税收入之中，支出通过文化旅游体育与传媒支出安排。

---

① 2021 年预算数据均来源于财政部，http：//www.mof.gov.cn/zhengwuxinxi/caizhengxinwen/202103/t20210314_3670203.htm。

② 财政部，http：//szs.mof.gov.cn/mlqd_8464/mlqd/zyzfxjjmlqd/201706/t20170620_2626929.html。

③《财政部关于民航发展基金等 3 项政府性基金有关政策的通知》（财税〔2020〕72 号）。

④ 财政部，http：//yss.mof.gov.cn/2021zyys/202103/t20210323_3674859.htm。

（2）功能定位不准确。国家电影事业发展专项资金主要用于资助放映成绩突出和高新技术优秀国产片、支持地方少数民族语电影译制、影院建设和设备更新改造等，其收支规模也相对较小，2021 年该基金中央预算收支执行数为 10.45[①] 亿元，占中央政府性基金预算收入总额的 0.25%。我国电影市场发展已成熟，近些年优秀国产电影票房十分可观。电影事业可交由市场进行资源配置，此项基金可退出舞台，这有利于政府职能转变。

2. 国有资本经营收入预算划分不清

国有资本经营预算是为了规范国有资本收益和支出专门设立的，但是在一般公共预算中又列有国有资本经营收入，这不禁让人困惑。尤其最受关注的国有金融企业，其利润收入上缴纳入一般公共预算中，股利股息纳入国有资本经营预算，这种分散式安排使得预算管理更加复杂，加大了监管部门和民众的理解难度。

除此以外，还存在国有企业范围覆盖不全面的问题，特别是金融领域的国有企业。至 2020 年底，有 11 家金融企业依托行政权力、国有资产资源取得的收入（2020 年净利润 131.66 亿元）尚未纳入预算管理[②]。

2018 年 7 月，国务院发表《关于完善国有金融资本管理的指导意见》的第十一条要求，落实国有金融资本经营预算管理制度，规范国家与国有金融机构的分配关系，全面完整反映国有金融资本经营收入，合理确定国有金融机构利润上缴比例，国有金融资本经营预算决算依法接受人大及其常委会的审查监督。国有金融资本是国家资产的重要部分，且盈利可观，应尽快全部纳入预算管理，可用来补充一般公共预算和社会保险基金预算。

（二）部门和单位预算收入管理有待加强

1. 非财政拨款收入管理松懈

财政部早在 1996 年《事业单位财务规则》中明确规定，事业单位各项收入均纳入预算管理。但是一些部门和单位预算管理意识不足及惩戒力度太弱，使少报非财政拨款预算收入的问题一直存在，如 2020 年 14 个中央级部门及 93 家单位在年初

---

① 财政部，http：//yss.mof.gov.cn/2021zyys/202103/t20210323_3674859.htm。

② 《国务院关于 2020 年度中央预算执行和其他财政收支的审计工作报告》，http：//www.audit.gov.cn/n5/n26/c145346/part/75586.pdf。

预算中漏报投资收益、利息收入等 8.94 亿元。另外，还存在凭借部门职能和行政权力违规收费的乱象，如 2020 年 7 个中央部门和 46 家所属单位违规开展资质评审、评比表彰收费 3.92 亿元①。此类不良现象表明部门预算机制不完善、执行还不到位。

2. 行政事业性国有资产预算未落实

为了规范国有资产管理，财政部 2006 年规定：行政单位出租、出借国有资产形成的收入按政府非税收入管理，事业单位利用国有资产取得的收入应纳入单位预算②。国务院、财政部近几年陆续发文③，要求加大管理力度，保障国有资产的安全及使用效益。根据审计署工作报告可发现目前管理中依存在不少问题：第一，报告范围不完整，存在漏报资产和账实不符问题。第二，资产使用效率低下，一些房产、土地、设备长期闲置，未进行统筹调配。第三，违规出租、出借、处置资产，并且将获取的收益用于单位日常开支，而未上缴财政，造成国有资产的错配和流失。

（三）全口径预算监督面临挑战

1. 监督机构能力有限

在迈向现代化治理国家的进程中，建立全面高效的预算监督体系是必然要求。目前我国预算体系还处于初级阶段，今后将面临更多改革任务，监督范围不断扩大，人大代表及相关监督部门的职责不断扩展。然而，人大代表来自社会各行各业，并未系统学习预算管理知识。虽然人大常委会设立了财经委和预工委，但编制人力紧张且权力有限，仅靠其力量难以处理好繁重的预算审查工作。

2. 地方人大监督漏洞多

第一，预算审查时间短。地方人民代表大会每年举行一次，省市级大人会期

---

① 《中央部门单位 2020 年度预算执行等情况审计结果》。

② 《行政单位国有资产管理暂行办法》（财政部令第 35 号）第二十五条、《事业单位国有资产管理暂行办法》（财政部第令 36 号）第二十三条。

③ 财政部关于修改《事业单位国有资产管理暂行办法》的决定（财政部令第 100 号）、《行政事业性国有资产管理条例》（国务院令第 738 号）、关于印发《中央行政事业单位国有资产处置管理办法》的通知（财资〔2021〕127 号）。

7—10 天，县级人大会期 3—5 天。在如此短的时间内要审批大量报告，人大代表很难掌握并厘清所有预算信息，使预算监督容易沦为表面工作。第二，地方人大不具有预算修正权。地方预算通常是以多数票通过，即便有代表提出异议，也无法强制要求地方政府进行修改。第三，基层监督力量薄弱。很多基层地区并未设立专门的预算审查监督机构，或者编制人数很少，还存在对预算监督认知不足、缺乏专业性的问题，导致难以深入调查并提出合理意见。

五、全口径预算管理进一步改革方向

（一）实现预算范围全面性

全口径管理的第一要义即是全面性，应划清政府收支的边界，将所有收支纳入预算之中，反映政府全部的收支活动。故国有资本经营预算必须扩大范围，将所有国有企业以及相关的事业单位纳入预算。同时，目前利润上缴比例最高为 25%，未实现“2020 年达到 30%”目标。对于垄断性国有企业，要继续提高上缴比例，尤其是一些特殊管制领域的国有企业，如烟草、煤炭。主业处于充分竞争行业和领域的商业类国有企业，可维持目前比例，同时对其创新性投入给予资金支持。

当然，全面性并不意味着一盘抓，还需排查预算中是否存在政府“缺位”和“越位”情况。随着社会主义市场经济的发展，要厘清政府与市场的边界，将私人产品交由市场供给和调节，政府更专注于解决市场失灵问题和创造良好的市场环境。

（二）统筹管理四本预算

税收是用来满足社会公众对公共物品和服务的需求，征收对象广泛性、支出用途公共性、缴纳主体权利与义务不对等性是一般公共预算的特点。政府性基金是针对特定人群对特定公共事业的需求，征收对象特定性、支出用途专用性、缴纳主体受益与义务对价性是政府性基金预算的特殊之处。政府性基金预算与一般公共预算应是相互不可替代的关系，且前者对后者起到辅助补充的作用。政府性基金中与一般公共预算重叠部分可转入一般公共预算中，同时继续取消政策效应不明显或不适应时代发展的基金项目，确保每项基金定位准确、效用明显。各级政府应及时公布更新政府性基金及其他各项收费项目目录名单，对变动情况进行解释说明，以便企业及民众快速获取和了解政策。

国有资本收益上缴是国家作为出资人享有的权利，同时国家作为人民群众的代表来安排支出。在新冠肺炎疫情冲击的大背景及减税降费大政策之下，可加大国有资本经营预算对一般公共预算的支持力度，保证社会民生稳定。除此之外，随着人口老龄化加剧，我国面临的社会保险支出压力增大，为充分体现代际公平和国有企业发展成果全民共享，需完善政府性基金、国有资本经营预算对社会保险基金预算的调入补充机制。

（三）加强政府性资源预算统筹管理

一方面，深入推进部门、单位收入管理。不仅做好财政拨款收入的预算收支工作，各部门单位还须将其他非财政拨款收入全面纳入预算，尤其是凭借行政权力、国有资源（资产）以及拍卖特许经营权获取的收入，避免滥用职权和国家资源谋取违规收益，充分发挥部门、单位预算“一本账”的监管职能。

另一方面，严格监管行政事业性国有资产。通过完善相关法规推动各单位将资产出租、处置等收入按规定上缴国库或纳入预算，严格审查国有资产的使用效益和存量情况，对低效、无效使用进行问责，对违规行为进行严惩，确保国有资产得到合理利用和有效配置，保障国家所有者权益。

（四）完善预算监督体系

第一，提升人大专业化队伍建设。可定期给人大代表（尤其是基层代表）开展预算知识培训及考核，加强对预算的理解和监督能力。同时广揽人才，为财经委和预工委培养年轻干部，为预算管理工作注入新的能量。还可组织学者专家和相关部门开展专题调研和座谈会，为预算监督改革出谋划策。

第二，加强各部门协作，信息互通。预算信息覆盖面广，涉及部门多，单个部门监督能力有限。人大常委会应与税务、纪检监察、审计、社会保障等部门加强合作交流，在重大问题上达成共识，通过信息互换共享实现各种监督力量的优势互补，形成长效合作机制。

第三，确保事前、事中、事后审查贯穿预算全过程。监督部门必须事前介入预算编制过程，对重大支出开展听证、专题调研，对预算草案积极提出指导意见；事中监督预算执行，关注预算重点，及时发现问题；事后做好预算绩效评价工作，总结问题和经验，跟踪整改进展，落实各部门的责任。

第四，充分利用现代信息技术和大数据，出台政府预算大数据建设的相关法律法规，完善预算联网监督，丰富联网数据，将现有信息管理系统互联互通，上下纵横共享信息，实现监督全覆盖。同时，各省要协助推进市县政府建立预算联网系统，实现基层预算监督智能化。

第五，拓宽公共参与监督的渠道。通过社交媒体（如微博、微信）向大众推送预算信息，普及预算管理知识，让民众意识到预算的重要性。同时基层政府在预算编制过程中，可在网上征求民众的意见，发挥社会监督作用，实现民主预算。

第二节　政府收入的统筹管理

一、政府收入的概况

（一）政府收入的内容

政府收入是指政府为了履行其职能，满足社会公众对公共物品和服务的需要而筹集的一切资金总和。在我国，按照政府获取收入的形式不同，将其分为税收收入和非税收入。其中，税收作为政府主要收入来源，用来提供公共物品和服务。非税收入虽是政府收入的补充形式，但具有种类项目杂、征税主体多、缴费对象多、征缴规定灵活等特点。

在经济新常态大背景和减税降费的大政策下，政府总收入（不含社会保险费）在 2018 年后增速放缓，趋于平稳状态。税收收入从 2017 年开始在政府收入中的比重有所下滑，2020 年受疫情影响首次出现负增长。相较之下，非税收入从 2015 年后稳步上升（见图 4－4）。

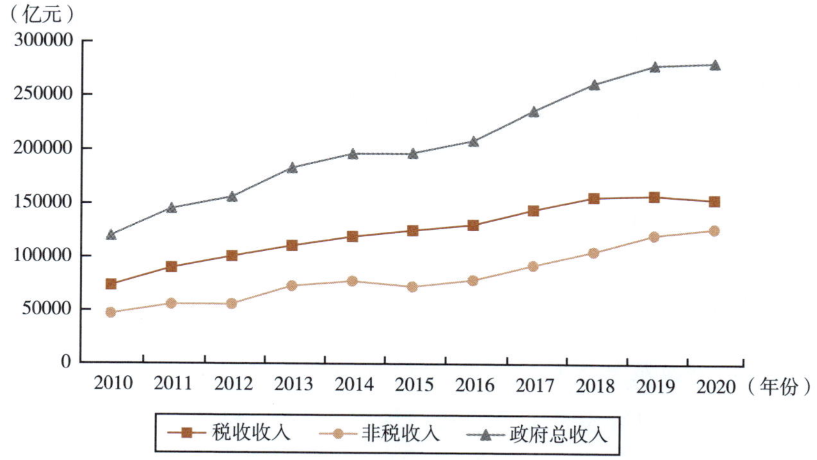

图 4－4　税收收入与非税收入规模情况

注：（1）非税收入计算金额＝一般公共预算中的非税收入＋政府性基金收入＋国有资本经营收入；（2）我国 2012 年开始汇总全国国有资本经营预算，故 2010 年和 2011 年非税收入中不含国有资本经营收入。

数据来源：根据中经网统计数据库整理。

（二）税收与非税收入的比较

1. 相同点

第一，征收机关性质相同，无论由哪些部门征收，都是以政府权力为支撑。第二，征收目的相同，两者均是为了履行政府职能，满足公共需求，弥补市场失灵。第三，管理方针一致。两者都必须按照法律规章规范执行，且必须全面纳入政府预算管理。

2. 不同点

第一，征收主体不同。税收是凭借国家权力，由税务部门和海关统一征收，而非税收入是依据政府权力及对国有资源（资产）的所有权，由财政部及其委托单位征收，实际征收部门五花八门。第二，立法层次不同。税收立法权由中央所有，设立必须经全国人大或国务院批准，严格遵照税收法定原则，依据法律法规执行；非税收入的设立审批权分布在中央及省级，依照部门规章来征收。第三，使用方向不同。税收收入主要用来提供公共物品及服务，且大多数税种收入可统筹管理、协调使用；非税收入主要用于提供特定公共物品和准公共物品及服务，相当部分收入是专款专用。第四，形式特征不同。税收具有强制性、固定性和无偿性三大特点，相比之下非税收入则具备自愿性、灵活性和有偿性。第五，征收原则不同。税收作为经济运行的自动稳定器和调节贫富差距的工具，体现出税收公平、量能负担原则；而非税收入是依据受益原则，谁受益谁付费。

二、税收收入管理

（一）现状分析

1994 年分税制改革基本奠定了现代税收制度，经过二十多年的发展和调整，取消了农业税、营业税等税种，目前我国保留了 18 个税种，税收收入在中央及地方政府之间分配，所有税收收支均纳入一般公共预算管理。在税收法定原则下，12 个税种陆续已由全国人大常务委员会通过立法，剩余 6 个按照暂行条例进行管理（见表 4 -3）。

表 4－3　　我国税种基本情况

税种	征管、支配权	立法情况、时间
增值税	海关代征部分归属中央政府；其余部分：中央与地方政府各 50%	否
消费税	中央税	否
关税	中央税	否
企业所得税	中国铁路总公司、各银行总行及海洋石油企业缴纳的部分归中央政府；其余部分：中央政府 60%，地方政府 40%	2007 年 3 月 16 日
个人所得税	中央政府 60%，地方政府 40%	1980 年 9 月 10 日
资源税	海洋石油企业缴纳的部分归中央政府；其余部分归地方政府	2019 年 8 月 26 日
环境保护税	地方税	2016 年 12 月 25 日
城镇土地使用税	地方税	否
房产税	地方税	否
土地增值税	地方税	否
契税	地方税	2020 年 8 月 11 日
耕地占用税	地方税	2018 年 12 月 29 日
车辆购置税	中央税	2018 年 12 月 29 日
车船税	地方税	2011 年 2 月 25 日
船舶吨税	中央税	2017 年 12 月 27 日
烟叶税	地方税	2017 年 12 月 27 日
城市维护建设税	中国铁路总公司、各银行总行、各保险总公司集中缴纳的部分归中央政府；其余部分归地方政府	2020 年 8 月 11 日
印花税	证券交易印花税归属中央；其余归属地方政府	2021 年 6 月 10 日

就税收结构而言，我国目前是以商品劳务税为主体，所得税、财产税为辅助。2020 年，全国总税收收入为 154310.1 亿元，商品劳务税占比 46.85%，其中以增值税为主，超过总税收收入的 1/3；所得税占比 31.1%，企业所得税远超个人所得税；财产税占比 12.56%，其余税种占比相对较小（见图 4－5）。

（二）税收收入存在的问题

1. 地方财政缺乏主体税种

1994 年分税制改革使营业税成为地方政府专享的主体税种，在“营改增”试点前，营业税约占地方总税收收入的 1/3（见图 4－6）。随着“营改增”全面推广，营业税于 2017 年正式退出税收舞台。此后，作为中央与地方共享分成的增值税成为地方政府最重要的税收来源，占比 40% 左右。党中央多次强调要健全地方税体系，培

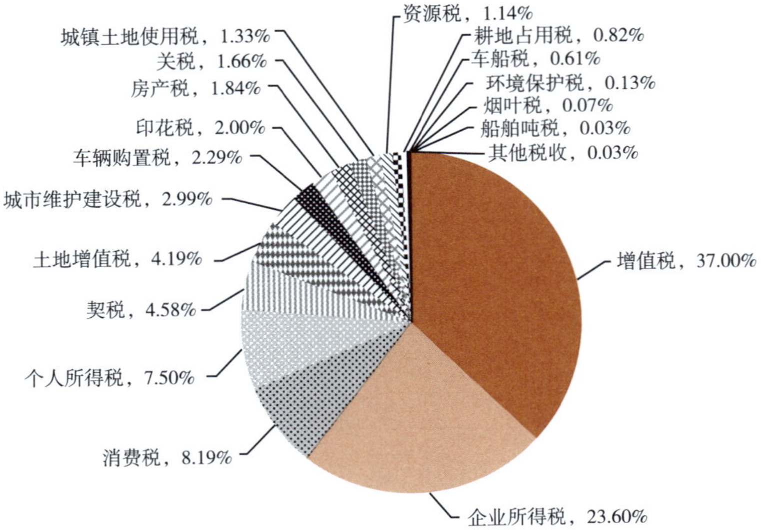

图 4－5　2020 年全国各税种收入占比

数据来源：中经网数据库、财政部，http：//gks. mof. gov. cn/tongjishuju/202101/t20210128_3650522. htm。

养地方主体税源，加强地方财政能力，但实际情况不容乐观。2020 年，地方专享税种占比加总为 31%，形成“共享税为主、专享税为辅”的地方税收结构（见图 4－7），这不利于调动地方财政的积极性，无法缓解中央与地方财权、事权不匹配的僵局。另外，在减税降费的政策背景以及新冠肺炎疫情的冲击下，财政收入紧张，加之“六保”“六稳”刚性支出，使得地方政府面临更大的财政压力，这无疑会促使地方更加依赖中央转移支付或者寻求其他收入来源。

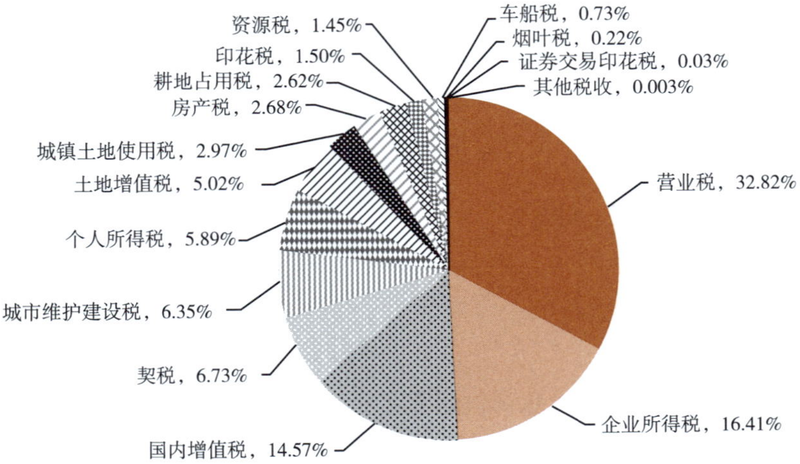

图 4－6　2011 年（“营改增”试点前）地方各税种收入占比

数据来源：中经网数据库、财政部。

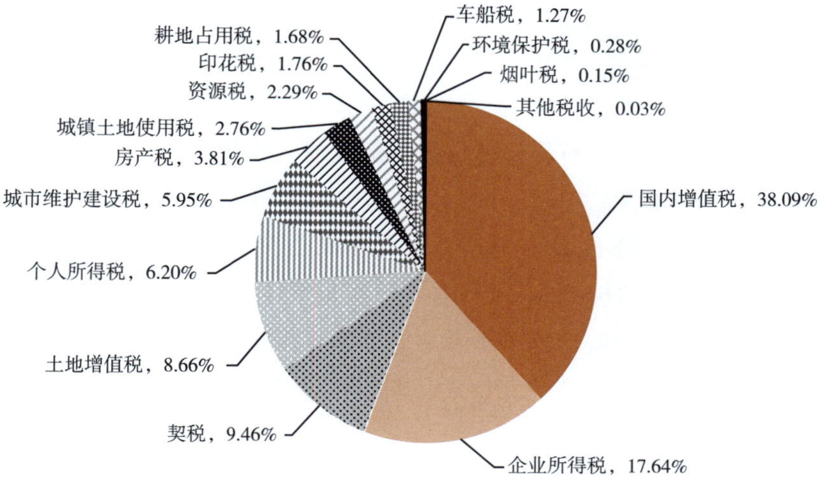

图 4－7　2020 年地方各税种收入占比

数据来源：财政部，http：//yss. mof. gov. cn/2020zyjs/202109/t20210917_3753572. htm。

2. 环保税调节作用有限

面对日趋严重的环境污染问题，我国逐步推进排污费制度转向环保税制度，并于 2018 年开始实施环境保护税，这意味着我国在生态环境治理和生态文明建设上向前迈出了关键一步。但是目前存在税负低、调节作用小等问题。从规模上看，2018—2020 年全国环保税收入为 151. 38 亿元、221. 16 亿元、207. 06 亿元，在全国总税收收入中的占比只有 0. 1%—0. 14%①，对增加污染企业的经营成本、促进污染负外部性内部化的作用有限。从环境治理角度看，2018 年、2019 年全国环境污染治理投资总额为 8987. 6 亿元、9151. 9 亿元②，环保税收入占其比重分别只有 1. 68%、2. 42%，可见环保税在环境治理上的筹资作用也是极为微小的。

3. 直接税比重小及结构不合理

近期党中央多次强调要适当提高直接税比重，优化税制结构，扎实推进共同富裕。改革开放以来，在经济飞跃增长的同时我国贫富差距也在不断拉大，目前我国基尼系数在 4. 6 以上，超过了大多数国家。作为调节收入分配最有效手段，直接税

---

① 数据来源于财政部。

② 数据来源于生态环境统计年报，https：//www. mee. gov. cn/hjzl/sthjzk/sthjtjnb/。

在总税收收入中的比重直观体现出调节程度。从2007年到2020年，我国直接税比重增长了12%，但仍不超过50%（见图4-8），普遍低于发达国家直接税的比重。其中，企业所得税已占据了直接税一半份额，且其与市场效率、营商环境和整体经济运行紧密相关，调增企业所得税税负是不适宜的。相较之下，个人所得税占总税收的比重十分低，只有7%左右，虽然综合所得最高档税率为45%，但是富裕阶层往往以股权、不动产等形式持有财产，只要不发生交易就无法对此部分财产征税（股息、红利只按20%纳税），如何有效调节富裕群体的高收入是当前的一大问题。从财产税来看，流转环节的税负明显高于保有环节税负，降低了房产的交易活跃度，激励了居民将“囤房”作为投资手段。这些问题限制了我国直接税在宏观调控和收入分配上发挥应有的作用。

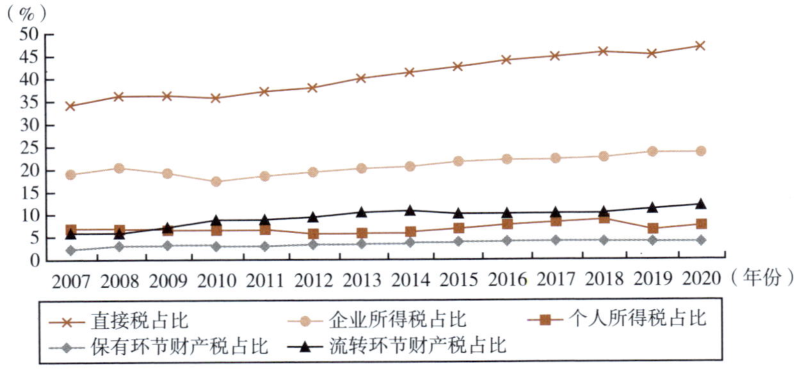

图4-8 2007—2020年我国直接税占税收总收入比重

注：以上提及的直接税包含企业所得税、个人所得税、车船税、车辆购置税、房产税、城镇土地使用税、耕地占用税、土地增值税、契税。

数据来源：中经网数据库。

（三）税收收入统筹管理趋势

1. 调节税制结构

我国目前是以间接税为主体，间接税隐蔽、易于转嫁，便于征收，但不利于调节收入差距，且加剧了企业的资金负担。随着减税降费的推进，小微企业及高科技创新企业的税负将会不断降低。在直接税方面，个人所得税制度将会进一步完善，通过扩大综合所得范围、对资本所得征税，个人所得税的比重将会呈现上升趋势。同时利用信息技术提高政府征管能力，财产税也将会逐步推进。我国税制将会朝着间接税与直接税双主体结构转变。

2. 开征新税种

第一，改革房地产税。房产税已在上海和重庆试点了10年，对高端不动产市场确实起到了正面调节作用。中央多次提到要加快房地产税立法改革，2021年5月财政部、税务总局、住房城乡建设部及人大预工委四部门召开了房地产税改革试点工作座谈会。2021年10月，全国人大常务委员会决定授权国务院在部分地区开展房地产税试点工作。为了引导房地产市场良性发展以及促进土地资源有效利用，开征房地产税是大势所趋，未来几年政府各部门将积极稳妥地推进试点工作以及立法进程。

第二，推广资源税。2016年财政部通知先在河北省开展水资源税试点并印发了《水资源税改革试点暂行办法》，2017年将试点范围扩大至9省（自治区、直辖市）①。目前试点工作有序推进，待条件成熟后定会全国推开。除此之外，为了促进资源集约利用、实现绿色可持续发展，未来需积极创造条件，逐步对水、森林、草场、滩涂等自然资源开征资源税。

第三，探讨碳税。2020年习总书记在联合国大会上宣布了“2030年碳达峰，2060年碳中和”的目标，激起了社会各界对是否开征碳税及如何设计碳税制度的热烈讨论。碳中和意味着要升级改造传统高耗能产业、加大对清洁能源产业的投入，这需要雄厚的资金支持，除了发展绿色金融和鼓励民间资本投入，政府的资金支持是必不可少的。开征碳税一方面可筹集财政收入，专款用于节能减排事业，符合“谁污染谁治理”的公平原则；另一方面可增加煤、石油等高污染燃料的价格，使清洁能源更具有竞争力，倒逼企业进行绿色升级从而减少碳排放量。

第四，研究遗产税。目前全世界已有上百个国家征收遗产税，由于对居民财产信息掌握不足、缺乏配套征管条件等问题，我国还未开征此税。随着小康社会的全面建成，“共同富裕”成为新的目标。“十四五”规划和中央财经委员会第十次会议都一再强调要扎实促进共同富裕。税收作为“再分配”的主要手段，其中财产税对调节贫富差距能发挥最直接的作用，故遗产税将成为今后新的改革热点。

3. 提高征管效率

为了持续优化税收征管体制，深入推进税务领域“放管服”改革，中共中央办

① 《关于全面推进资源税改革的通知》（财税〔2016〕53号）、关于印发《水资源税改革试点暂行办法》的通知（财税〔2016〕55号）、关于印发《扩大水资源税改革试点实施办法》的通知（财税〔2017〕80号）。

公厅、国务院办公厅在2021年3月印发《关于进一步深化税收征管改革的意见》，提出要建立以发票电子化改革为突破口、以税务大数据为驱动力的智慧税务系统，提高税务执法规范性、税费服务便捷性、税务监管精准性，并列出了2022—2023—2025年“三步走”目标。

针对税收管理，国家税务局于1994年开始了“金税工程”试点工作，建立了中央、省、市、县四级网络系统，先后成功开展了一期、二期、三期工程，目前金税四期工程也已启动。随着互联网、大数据、云计算等信息技术的普及运用，税务管理方法也必须随之更新升级，征管数字化、智能化势在必行，逐步实现“以票管税”向“以数治税”的转变。

三、非税收入管理

（一）非税收入的发展

非税收入的概念是在国家规范管理预算外资金的过程中形成的，并在2001年《财政国库管理制度改革试点方案》中首次使用，此后，非税收入取代了预算外资金成为财政管理中的重要范畴。

非税收入的内涵随着财政制度的改革也逐步完善，现指除税收之外，由各级国家机关、事业单位、代行政府职能的社会团体及其他组织依法利用国家权力、政府信誉、国有资源（资产）所有者权益等取得的各项收入，不包括社会保险费、住房公积金。为加强非税收入管理，财政部陆续发布通知，逐步规范非税收入管理（见表4－4）。

表4－4 财政部关于非税收入管理的文件

文件名	文件号	主要内容
《关于加强政府非税收入管理的通知》	财综〔2004〕53号	首次明确非税收入的概念、范围（分为10类）、票据管理及纳入预算管理办法
《关于加强非税收入收缴管理有关事宜的通知》	财办库〔2006〕360号	规范非税收入收缴流程，加强账务核算
《关于深化地方非税收入收缴管理改革的指导意见》	财库〔2009〕1号	全面推进地方政府非税收入收缴管理改革，规范收缴方式、账户管理和监管
《关于印发〈政府非税收入管理办法〉的通知》	财税〔2016〕33号	完善其范围（分为12类），规范设立、征收、票据、资金、监督管理，是法制建设的重要一步

随着信息技术的发展，政府近期开展了非税收入征缴和退付电子化工作。为了

提高非税收入征缴规范化、科学化、透明化水平，自2011年起各省陆续启动非税收入电子化征缴改革和财政票据电子化改革，不但为征收管理和上缴入库提供技术支持，还有效加强对非税收入资金的监管。2017年财政部印发《关于加快推进地方政府非税收入收缴电子化管理工作的通知》（财库〔2017〕7号），要求在“十三五”期间全面实现政府非税收入收缴电子化管理。2021年8月，财政部发布《关于开展电子非税收入一般缴款书试点的通知》（财库〔2021〕31号），决定在中央部门和单位开展电子缴款书试点，以便进一步提升非税收入的收缴工作效率及监管水平。

面对新冠肺炎疫情的冲击，财政部按照党中央、国务院的部署进一步实施减税降费政策，部分收费需退还给企业和个人，从而产生退付业务。为了保证政策落实到位，2020年7月，财政部发布《关于加强非税收入退付管理的通知》（财库〔2020〕23号），推进电子退付，要求“退到位、及时退”，切实缓解各市场主体的经营压力。

（二）非税收入管理现状

按照财政部文件规定，我国非税收入划分为12类（见表4－5），按照其性质分别纳入一般公共预算、政府性基金预算和国有资本经营预算中，管理办法各有不同，不利于统筹管理和使用。

表4－5　　　　非税收入分类及管理

<table>
<tr><th>序号</th><th>非税收入分类</th><th>设立和征收权限</th><th>纳入预算</th></tr>
<tr><td>1</td><td>行政事业性收费收入</td><td>国务院和省级人民政府及其财政、价格主管部门</td><td>一般公共预算</td></tr>
<tr><td>2</td><td>政府性基金收入</td><td rowspan="2">国务院和财政部</td><td>政府性基金预算</td></tr>
<tr><td>3</td><td>彩票公益金收入</td><td>政府性基金预算</td></tr>
<tr><td>4</td><td>罚没收入</td><td>法律、法规和规章</td><td>一般公共预算</td></tr>
<tr><td>5</td><td>特许经营收入</td><td rowspan="2">国务院和省级人民政府及其财政部门</td><td>一般公共预算</td></tr>
<tr><td rowspan="2">6</td><td>国有资源有偿使用收入</td><td>一般公共预算</td></tr>
<tr><td>国有资产有偿使用收入</td><td rowspan="2">拥有国有资产（资本）产权的人民政府及其财政部门</td><td>一般公共预算</td></tr>
<tr><td>7</td><td>国有资本收益</td><td>国有资本经营预算</td></tr>
<tr><td>8</td><td>中央银行收入</td><td>法律法规</td><td>一般公共预算</td></tr>
<tr><td>9</td><td>以政府名义接受的捐赠收入</td><td rowspan="4">同级人民政府及其财政部门</td><td>一般公共预算</td></tr>
<tr><td>10</td><td>主管部门集中收入</td><td>一般公共预算</td></tr>
<tr><td>11</td><td>政府收入的利息收入</td><td>—</td></tr>
<tr><td>12</td><td>其他非税收入</td><td>一般公共预算</td></tr>
</table>

2020年，政府性基金收入93489亿元，占非税收入的比重为73.69%，远超其他各类收入。其次，国有资源（资产）有偿使用收入9934.33亿元，占比7.83%（见图4-9）。可见非税收入结构不协调。

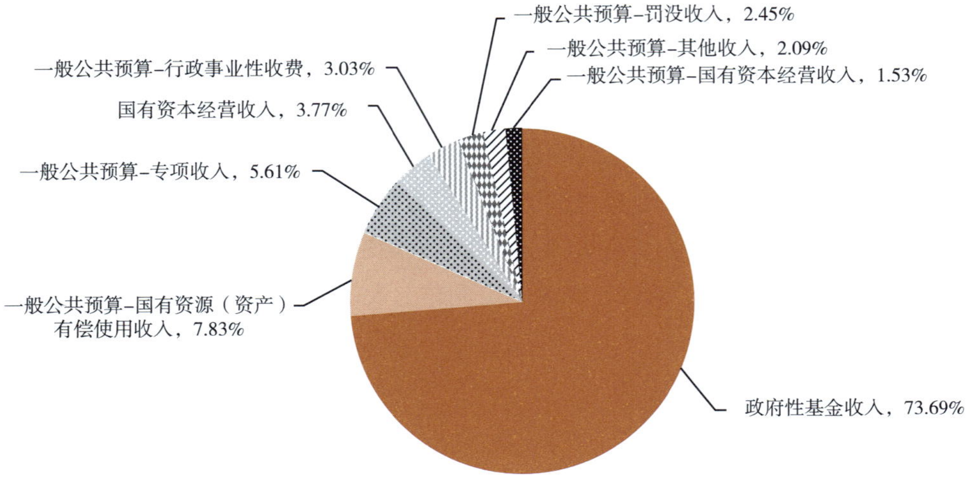

图4-9　2020年各类非税收入占比

数据来源：根据中经网统计数据库整理。

（三）非税收入管理存在的问题

1. 非税收入规模快速扩张

2012年全国非税收入总额55670亿元，到2020年增加至126852亿元，规模翻1倍。自分税制改革以来，我国一直存在中央与地方财权、事权不匹配的问题，地方政府承担较多支出责任，长期面临财政资金压力。非税收入因具有征收灵活性和操作隐蔽性，成为地方政府最为青睐的聚财工具，为地方政府收支提供了弹性空间，并且级别越低的政府，非税收入在本级政府收入中所占比重越大。

随着社会主义市场经济快速发展，市场作为“无形的手”能覆盖的领域越来越广。非税收入是因政府提供准公共物品和服务而存在，其规模的持续扩大说明政府这只“有形的手”管辖的范围也不断扩展，这体现出政府与市场之间的边界不清晰，政府职能转变不到位。另外，非税收入增加说明企业及个人的费用负担不断加重，长期如此会打击市场主体的积极性，影响营商环境。

2. 非税收入过度依赖土地财政

近 20 年来，各地方政府为促进地区经济发展及完成 GDP 增长考核目标，纷纷采取转让土地使用权的方式快速获得大量财政收入。如表 4-6 所示，土地财政收入呈现快速增长趋势，2010—2020 年这 10 年间，收入规模增加 2.86 倍。同时，其各项占比不断突破记录，虽在 2010—2014 年有上下波动，2015 年之后基本处于上升态势。在政府性基金收入中，土地财政收入比重更是势如破竹，一路攀升至 90.06%，远远超过其他基金。土地财政收入近十年基本占据非税收入的半壁江山，成为一大支柱。另外，占政府收入的比重逐步接近 30%，有效缓解了地方政府财政资金紧张的局面。

表 4-6　2010—2020 年中国土地财政收入情况

年份	土地财政收入（亿元）				土地收入占比情况（%）		
	国有土地使用权出让金	国有土地收益基金	农业土地开发资金	土地总收入	占政府性基金比重	占非税收入比重	占政府收入比重
2010	28197.70	1025.23	192.55	29415.48	79.97	63.02	24.54
2011	31140.42	1093.53	231.86	32465.81	78.49	58.50	22.35
2012	26691.52	897.32	194.86	27783.70	74.02	49.91	17.78
2013	39142.03	1259.67	234.30	40636.00	77.74	55.93	22.18
2014	40479.69	1413.89	250.30	42143.88	77.88	54.51	21.45
2015	30783.80	1024.97	177.30	31986.07	75.55	44.28	16.22
2016	35639.69	1189.57	177.76	37007.02	79.34	47.14	17.72
2017	49997.07	1770.71	306.70	52074.48	84.70	56.43	22.00
2018	62910.55	2044.16	249.17	65203.88	86.39	61.90	24.91
2019	70679.31	1764.41	185.07	72628.79	85.93	60.08	26.04
2020	82158.99	1892.65	148.38	84200.02	90.06	66.38	29.95

数据来源：根据中经网统计数据库整理。

然而，过度依赖土地财政会引发许多社会矛盾和经济问题。土地财政的兴起使房地产市场膨胀过热，住房成为了炙手可热的投资品，高额收益的投机行为扭曲了市场资源的配置并拉大了社会贫富差距。尽管国家近年来频出政策管制房地产市场，仍然难以抑制资本不断流入。除此之外，土地财政会使地方政府与开发商结成利益共同体，诱发寻租行为，极易滋生官员腐败现象。

2021 年 5 月，财政部发布通知将国有土地使用权出让收入划转税务部门征收，这一举措定会提高征收管理的规范性和公开透明度，但是除了征收主体改变之外，其他方面仍按现行规定执行，所以这并不意味着土地财政的终结，也没有动摇其作为地方重要财源的地位。

3. 非税收入征管缺乏规范

征管主体多，标准不统一。财政部是非税收入的主管部门，但实际操作中是由财政委托的其他执收单位负责征收管理。由于非税收入范围广且性质各有不同，实际征管由各部门负责，且每个部门设立各种收费项目，存在多头收费、多头理财的现象。同时，一些项目的收费标准由各地方政府自行决定，导致各地区居民在享受同一公共产品和服务时付出成本差别较大，加剧地区公共物品和服务价格不均等化。

4. 非税收入法制体系不完善

非税收入是国家行使公共权力、参与社会总产品分配的一种方式。在建设法治中国总目标的过程中，非税收入管理法制化是不可忽略的重要一环，完善非税收入的管理，需要坚持“收费法定、依法治费”的原则。需从项目设立、标准落实、征收缴纳、监督检查等各个环节着手，将非税收入纳入法治框架之中，形成对权力的硬约束。

以《政府非税收入管理办法》为例，现有相关法规属于部门规章，立法层级低，约束性不强。因此需要加强顶层设计，提供坚实的制度保障。我国应从非税收入征管程序法和非税收入实体法两个维度开展相关研究。在程序法层面，加快制定出台一部综合完备的《非税收入征管法》，作为非税收入管理工作的宏观指导与制度依据。在实体法层面，需要针对各项非税收入单独制定管理办法，明确各类收入项目的管理主体、管理范围、征缴标准等。同时允许各地方政府结合当地经济发展状况，在收费标准和方式上有一定的调整空间，最终构建起全国层面总体统一、地方层面因地适宜的非税收入管理体系。

（四）非税收入如何统筹管理

根据 2021 年 3 月《国务院关于进一步深化预算管理制度改革的意见》（国发

〔2021〕5号），当前和今后一个时期，财政处于紧平衡状态，收支矛盾较为突出，加上一些问题，影响了财政资源统筹和可持续性。因此，更需要加大收入统筹力度，增强财政保障力度。

1. 合理确定税收与非税收入比例

如表4－7所示，政府收入的结构从过去“税收为主体，非税收入为辅”逐步趋向于“平分秋色”，主要原因是疫情导致经济下滑以及减税降费政策，这两者对税收的冲击更为直接。增值税留抵退税、固定资产加速折旧、小微企业税收优惠、个人所得税改革等系列措施，使国内增值税、企业和个人所得税均出现下降趋势。

表4－7　　2010—2020年税收收入与非税收入情况

年份	税收收入（亿元）	占比（%）	非税收入（亿元）	占比（%）
2010	73210.79	61.07	46675.74	38.93
2011	89738.39	61.79	55499.17	38.21
2012	100614.28	64.38	55670.04	35.62
2013	110530.70	60.34	72661.05	39.66
2014	119175.31	60.65	77315.96	39.35
2015	124922.20	63.36	72236.15	36.64
2016	130360.73	62.42	78496.50	37.58
2017	144369.87	61.00	92283.46	39.00
2018	156402.86	59.75	105341.84	40.25
2019	158000.46	56.66	120879.16	43.34
2020	154310.10	54.88	126852.00	45.12

数据来源：中经网数据库。

过去，以税收为主，推行费改税，主要原因有：一是我国经济增长迅猛，GDP总量从2000年100280.1亿元到2020年1015986.2亿元[①]，增长了10倍，在宏观税负不变情况下，税收必定随之增加；二是在经济发展早期，政府进行大量投资来建设基础设施，大力推动工业发展和城镇化，财政支出压力大，需要设计与之匹配的

① 数据来源于国家统计局。

税收制度。三是信息技术不发达，政府监管能力有限，各地区“乱收费”问题严重，意图通过“费改税”来规范非税收入的征管。

因税收具有强制性和权利义务不对等性，公众对提高税率或开征新税有极强的心理抵触。相比之下，非税收入向特定群体征收并相应为之提供资源或服务，民众及企业从中能切实感受到付费带来的收益。在互联网和大数据时代，非税收入的征管愈加规范化，今后的趋势可能是两者各占半壁江山，作为财政收入的两大支柱。

2. 妥善分配各部门征管职能

1994 年分税制改革建立了国税、地税两套税务机构的征管体制，调动了中央、地方财政积极性，对社会主义市场经济发展起到基础性支撑的作用。但是长期以来存在职责划分不清晰，管理不科学等问题。2018 年 7 月，中共中央办公厅、国务院办公厅印发了《国税地税征管体制改革方案》，决定合并省级和省级以下国税地税机构，并划转社会保险费和非税收入征管职责，自 2019 年 1 月 1 日起，由税务部门统一征收各项社会保险费和先行划转的非税收入。这是税费改革道路上的一座里程碑。

近年来，国务院、税务总局、财政部陆续发布通知（见表 4－8），积极推进非税收入划转改革进程，逐步建立高效统一的税收征管体系，提升税费治理能力，促进财政管理制度现代化。

表 4－8　　2018 年之后划转税务部门的非税收入名单

项目名称	原征收部门	划转时间	文件通知
国家重大水利工程建设基金	财政监察专员办事处（简称“专员办”）	2019 年 1 月 1 日	财税〔2018〕147 号：关于将国家重大水利工程建设基金等政府非税收入项目划转税务部门征收的通知
农网还贷资金			
可再生能源发展基金			
中央水库移民扶持基金			
三峡电站水资源费			
核电站乏燃料处理处置基金			
免税商品特许经营费			
油价调控风险准备金			
核事故应急准备专项收入			
国家留成油收入			
石油特别收益金			

续表

项目名称	原征收部门	划转时间	文件通知
水土保持补偿费	水行政部门	2021 年 1 月 1 日	国家税务总局公告 2020 年第 21 号：关于水土保持补偿费等政府非税收入项目征管职责划转有关事项的公告
地方水库移民扶持基金	省级财政部门、专员办		
排污权出让收入	地方环境保护部门		
防空地下室易地建设费	人防部门		
土地闲置费	自然资源部门	2021 年 7 月 1 日	财税〔2021〕8 号：关于土地闲置费、城镇垃圾处理费划转税务部门征收的通知
城镇垃圾处理费	住房城乡建设等部门		
国有土地使用权出让收入	自然资源部门	2021 年 7 月 1 日，部分地区试点；2022 年 1 月 1 日起全面实施	财综〔2021〕19 号：关于将国有土地使用权出让收入、矿产资源专项收入、海域使用金、无居民海岛使用金四项政府非税收入划转税务部门征收有关问题的通知
矿产资源专项收入			
海域使用金			
无居民海岛使用金			

同时，各地方政府按照便民、高效的原则，逐步开始划转部分项目。例如，北京市 2018 年 10 月通知：自 2019 年 1 月 1 日起，成人高考招生经费、世界文化遗产门票收入和户外广告设施招标及拍卖收入 3 项非税收入统一由税务部门负责征收。湖北省 2018 年 12 月通知：自 2019 年 1 月 1 日起，将公路、桥梁路产赔偿费划转税务部门征收。

将非税收入交由税务部门征收具有重大的意义。一是有利于非税收入规范化管理，将征收管理和安排支出拆分开来，杜绝在部门利益的驱使下出现乱收费的现象，减少企业和居民的负担，营造良好的营商环境。二是有利于税务部门统筹管理税和费，为今后“费转税”改革打下基础。三是有利于建设廉洁政府，非税收入直接上缴至税务部门，不再经过各政府部门，有效防止部门“小金库”的形成，从源头上减少腐败问题。

然而，国地税合并改革方案中“依法保留、适宜划转”这一描述存在模糊性，非税收入划转范围并不明确，各地方政府选择的划转项目各式各样，改革进度大相径庭，非税收入划转工作缺乏有序性、规范性。

为了更有效地推进改革工作，需要明确地方非税收入项目划转的标准。例如，与税基相关性高的、提高缴费便利性的、计划费改税的非税收入应尽快划转给税务部门。

3. 加强各项收入之间的协调关系

增强政府收入的统筹管理能力，需要系统全面的掌控各项收入，使税收、非税收入、社会保险费制度同步完善、相互衔接。推进四本预算之间的协调关系，适当加大政府性基金预算和国有资本经营预算调入一般公共预算的比例。

4. 利用现代信息技术，提升统筹能力

目前，非税收入征缴电子化和票据电子化改革正在推行中，但各地进度不一致，尚未形成全国统一的管理系统。随着税务部门对非税收入征管权限扩大，应借鉴“金税工程”的经验，尽快探索全国非税收入征管工程，建立非税收入大数据平台，实现税收收入与非税收入系统的互联互通。

第三节　政府存量资金的盘活管理

一、政府存量资金内涵及意义

政府存量资金，是指未安排预算，或已安排预算、但未实际支出的财政资金。主要包含四类：一是预算结余资金，指已完成预算支出工作而剩余的财政拨款资金；二是预算结转类资金，指未完成或因故未执行预算支出，需在以后年度按原用途继续使用的财政资金；三是各类财政专户结存资金，指未纳入年度预算、在财政专户中收支相抵后的结余，以及从预算列支后转入专户、尚未支出的财政资金；四是其他财政存量资金，主要包括预算稳定调节基金、偿债准备金、预算周转金等。保留适当规模的存量资金能起到“蓄水池”作用，有利于政府快速应对紧急支出需求和不可预期的突发事件，因此我国对部分存量资金的规模作出了规定，如预算稳定调节基金规模一般不超过当年本级一般公共预算支出总额的5%，各级一般公共预算应按照本级一般公共预算支出额的1%—3%设置预备费，预算周转金额度不得超过本级一般公共预算支出总额的1%[①]。自2013年以来，政府积极号召各部门单位盘活存量资金，结合当前的经济环境来看，这一政策对宏观调控和财政治理具有重要意义。

第一，有利于缓解财政收支压力，稳定民生与经济。突如其来的新冠肺炎疫情对经济社会造成很大冲击，财政收入增速放缓。同时，许多小微企业和社会底层民众面临严峻的生存压力，为了保住市场主体和保障人民生活，政府继续大力推进减

① 《国务院办公厅关于进一步做好盘活财政存量资金工作的通知》（国发〔2014〕70号）、《预算法》第四十条、《预算法实施条例》第四十九条。

税降费和发放贫困补助，财政支出只增不减，所以近期财政处于紧张状态，各政府都在过紧日子。在当前全球经济下滑及疫情常态化的背景下，积极盘活各领域存量资金，提高资金使用效益，化存量资金为增量财力，优先用于急需支出的重点领域和基本民生项目。

第二，有利于推进财税体制改革。通过排查存量资金规模，分析原因，有助于发现预算编制、执行、监督过程中的问题，激活存量资金可“倒逼”政府改进预算管理制度，强化预算约束，加快建立全面、高效、透明的现代预算体系。

二、政府存量资金形成原因

（一）制度层面

一是预算中专款专用的收入比较多，财政资金分配固定化，一些政府性基金结转资金规模较大，按现行管理办法完全不能统筹安排。二是转移支付制度不完善，财政部门和预算单位之间信息不对称，中央无法准确估计地方需要的资金数目，而地方政府在编制预算时倾向于夸大支出数额，造成资金分配过度。三是项目资金划拨不合理，政府项目采取一次申报方式，资金一次划拨到位，但实际分期支出，加上一些项目资金专款专用，容易造成资金闲置。

（二）执行层面

其一，财政专户清理不到位。根据国务院及财政部通知，要求全面清理整顿财政专户，各地不得新设专项支出财政专户，开立其他财政专户要按国务院规定报财政部核准。[①] 目前依然存在不少违规设立的专户。其二，项目支出计划管控不当。一些地方预算单位收到财政拨款后，因各种原因未能及时投入资金开始项目建设。其三，存在转移支付下达时间较晚的情况，导致地方无法及时安排支出。

三、政府存量资金的盘活政策

2013 年 7 月 3 日，李克强总理在主持国务院常务会议时提出，“要进一步盘活存量，把闲置、沉淀的财政资金用好”，从此开始这项改革工作。国务院常务会议在此后几年多次研讨盘活存量资金，财政部也陆续印发通知积极推进存量资金盘活

---

① 《国务院办公厅关于进一步做好盘活财政存量资金工作的通知》（国发〔2014〕70 号）、《关于进一步规范地方国库资金和财政专户资金管理的通知》（财库〔2014〕175 号）。

工作（见表4－9）。

表4－9　相关政策文件

文件名	文件号	主要内容
《关于加强地方预算执行管理激活财政存量资金的通知》	财预〔2013〕285号	加快预算执行进度，清理压缩财政结余结转资金，加强国库资金管理
《关于进一步加强地方财政结余结转资金管理的通知》	财预〔2013〕372号	细化预算编制，健全预算执行监督；建立定期清理机制；加强国库资金管理
《国务院办公厅关于进一步做好盘活财政存量资金工作的通知》	国办发〔2014〕70号	盘活财政存量资金的主要原则和十点措施
《关于推进地方盘活财政存量资金有关事项的通知》	财预〔2015〕15号	明确结转结余资金的范围及清理措施，规范收回程序和定期报告制度
《关于盘活中央部门存量资金的通知》	财预〔2015〕23号	详细规定清理、收回、定期报告中央一般公共预算和政府性基金预算结转结余资金的要求
《关于开展地方盘活财政存量资金有关情况专项检查的通知》	财监〔2015〕15号	明确对各省各地检查方式、时间、内容及要求
《国务院关于印发推进财政资金统筹使用方案的通知》	国发〔2015〕35号	列出推进财政资金统筹使用的十点措施
《关于收回财政存量资金预算会计处理有关问题的通知》	财预〔2015〕81号	完善相关科目，结转结余资金收回、再安排以及财政专户资金的会计处理
《关于盘活财政存量资金有关情况的通报》	财预〔2015〕140号	收回存量资金的执行情况和要求
《财政部关于印发〈中央部门结转和结余资金管理办法〉的通知》	财预〔2016〕18号	加强和规范中央部门一般公共预算和政府性基金预算结转结余资金管理

各级地方政府也发布了盘活财政存量资金的相关文件，积极解决财政存量资金问题。例如，山东省在2013年印发了《关于压减财政结余结转盘活财政存量资金的通知》，2014年发布了《关于进一步加快财政支出进度有关问题的通知》，督促各部门加快支出进度，消化结余结转资金。2015年印发了《山东省人民政府办公厅关于贯彻国办发〔2014〕70号文件，进一步做好盘活财政存量资金工作的通知》，为盘活财政存量资金工作提供了政策指导和制度保障。

四、盘活政府存量资金的效果及问题

自盘活存量资金改革以来，各地区政府快速动员起来，集思广益采取各种办法开展工作，取得较大的进步。例如，河北省唐山市财政局2020年盘活存量资金10亿元，用于重点领域支出；新疆博尔塔拉蒙古自治州2020年共收回以前年度结余结转资金3.45亿元，用于疫情防控和改善民生①；江苏省严格清理收回资金，2019年全省盘活存量资金超2000亿元②；云南省通过控预算、抓支出、挤存量、重监管，积极开展工作，“十三五”期间省级财政累计清理盘活财政存量资金达74.2亿元，其中，2018年、2019年、2020年分别清理盘活22.5亿元、25亿元、21.5亿元③。

但目前还存在较多不良现象：存量资金未按时清理或上缴；历年结余资金未盘活；往来账款长期未清理；年底突击花钱、虚列支出；资金违规账外存放、出借理财；财政专户监管不严等。

以2020年中央审计结果为例，财政部未按规定收回结余资金25.61亿元，对47个地区的财政专户监控不到位。一些部门和单位通过提前支付合同款等方式列支2.49亿元，违规账外存放、大额提现或出借理财涉及577.16亿元，未按时清理或上缴存量资金8.29亿元，往来账款6.85亿元长期未清理④。各省审计厅均公布了预算执行和财政支出的审计报告，从中可发现此类问题层出不穷。

五、盘活政府存量资金的改进方向

（一）提高预算编制的科学性

预算编制的细化与准确是解决存量资金问题的首要条件。一方面，制定基本支出的定额标准，另一方面，加强对各项目支出的深入了解，评审项目预算的合理性，从源头上减少存量资金。

（二）保障资金高效管理和使用

第一，全面掌握各项目支出计划，在预算批准后按时下拨资金，做到资金安排与项目实施的精准衔接，有效减少结转资金的产生。第二，跟踪地方资金分配、拨

---

① 财政部新闻，http：//www. mof. gov. cn/zhengwuxinxi/xinwenlianbo/hebeicaizhengxinxilianbo/202101/t20210104_3638932. htm，http：//www. mof. gov. cn/zhengwuxinxi/xinwenlianbo/xinjiangcaizhengxinxilianbo/202009/t20200917_3590241. htm。

② 江苏省政府，http：//www. jiangsu. gov. cn/art/2020/7/27/art_60096_9327716. html。

③ 云南省财政厅，http：//czt. yn. gov. cn/news_des. html？id＝1617154765918711675。

④《国务院关于2020年度中央预算执行和其他财政收支的审计工作报告》，http：//www. audit. gov. cn/n5/n26/c145346/part/75586. pdf。

付和使用情况，建立存量资金定期报告制度，使清理工作常态化。第三，加大结余结转资金收回力度，充分释放各种闲置资源的潜力，将资金用于确保资金使用的有效性。同时加强对重新安排项目的监督，避免资金二次沉淀。

（三）提升政府人员意识与约束力

存量资金盘活工作已推行近十年，仍出现各种违规现象，很大部分原因是政府人员没有形成积极的意识，在部门利益下被动地解决甚至隐藏问题。因此，一方面要加强思想教育和宣传培训，扭转其心理上的抗拒；另一方面，通过奖惩制度约束政府行为，需对各级政府的预算支出执行情况和存量资金进行量化考核，全面实行存量资金规模与预算安排挂钩机制。对盘活效果明显的政府，予以嘉奖，对执行不力的情况进行公开通报、督促改善。

（四）加强监督与信息公开

加强财政部、审计署、纪检部门、银行及相关部门的协作互通、信息共享，形成监管合力，加大监督检查力度，对违法违规行为严格追究责任，确保政策落实到位。另外，目前可获取的存量资金数据过于笼统且零散，不利于民众了解财政资金运行情况，各级政府部门应每年向社会公开存量资金详细情况和解释说明，以便发挥公众监督力量。

第五章

约束有力的现代预算制度改革深化

现代预算制度是现代财政制度的基石，通过预算权责的法制化，明确权责边界、规范权力使用、把权力关进制度的笼子，建立约束有力的现代预算制度。约束有力的现代预算制度有助于推动国家治理体系和治理能力现代化，推动中国特色社会主义制度的完善与发展。

第一节 预算法定的内涵

预算在不同国家的实践中产生了对预算性质的不同认识和解释。关于预算的本质，主要有预算行政说、预算法规范说（特殊法律形式说）以及预算法律说。预算行政说认为预算本质上是政府的行政行为，在民主宪政体制下，无非增加了一道议会承认或者认可的程序，本质上仍然是对政府行政行为的承认和认可。如日本学者美浓部达吉（1952）认为，预算是国会对政府一年期的财政计划加以承认的意思表示，仅于国会与政府间有其效力①。预算法规范说认为预算也是法律的形式之一，只不过与一般法律规范的形式不同而已。预算法律说则认为虽然预算具有与一般法律不同的形式，但预算就是法律，具有和法律相同的本质属性②。

一、预算法定的起源

现代预算制度发展的历史就是预算法定的历史，因此预算法定原则起源于世界上最早确立现代预算制度的英国。从 18 世纪到 19 世纪，英国通过一系列法律实现了预算法定原则。美国在 20 世纪初开始建立预算制度，通过 1921 年的《预算和会计法》，预算法定原则得以在美国确立。19 世纪以后，法国、荷兰、德国、芬兰等诸多国家开始在宪法中明确规定预算法定原则，标志世界范围内预算法定原则的确立。

英国预算法定原则的起源与税收法定原则的起源几乎同步，二者的功能也有异曲同工之处，一个控制国王与政府的财政收入，另一个控制国王与政府的财政支出。早在 13 世纪，英国的“大咨政会”就已经确立了控制君主支出的原则，即议会有权取消或者限制下列支出的授权：由于王室成员的奢侈、投君主所好以及过分野心而导致的对外战争。随后，议会也在不断寻求能够控制政府财政支出的措施，包括议会对于基金拨款的授权、在使用议会授权的基金时必须符合拨款目的、政府向议会汇报拨款的支出方式、议会对浪费和未授权支出进行讨论与批评、对蔑视议会的拨款者和挥霍财政资金者予以制裁等五方面。

1380 年，约翰·基尔德斯伯格爵士（Sir John Gildesburgh）以议会发言人的身

---

① ［日］美浓部达吉著、宫泽俊义补订：《日本国宪法原论》，东京：有斐阁 1952 年版，第 344 页。
② 蔡茂寅：《预算法之原理》，台北：元照出版有限公司 2008 年版，第 45－51 页。

份，要求君主明确说明其所需资金的用途。1688 年“光荣革命”以后，英国议会规定皇室年俸由议会决定，国王的私人支出与政府的财政支出要区别开来。1690 年，议会对政府资金都指定了专门用途，政府不能随便挪用，同时还设立了第一个现代意义上的公共账目委员会（Public Accounts Committee）来审查政府的开支。到了安妮女王末期，财政部每年都要编制预算提交议会审查。1763 年，英国把国家财政收支计划说明专称“提出预算案”。1780 年，《丹宁议案》（Dunning's Motion）通过，规定除君主私人金库和秘密服务资金以外，包括王室年俸的支出账户在内的所有公共账户，都要提交给公共账户委员会。1782 年，英国议会通过《民事设立法》（The Civil Establishments Act），改革之前民用拨款主要由政府负责的做法，民用拨款也由议会掌握。1787 年，《统一基金法》（The Consolidate Fund Act）通过，建立了“统一基金”，要求政府的全部收入都纳入统一基金账户，所有的支出也通过统一基金账户支付。这一制度为英国确立预算法定原则奠定了坚实的基础。1822 年，英国财政大臣向国会提交了一个完整的预算报表，这标志着英国基本确立了现代预算制度。

英国通过《权利法案》《丹宁议案》《民事设立法》《统一基金法》等法律，在建立预算制度的同时，逐步确立了预算法定原则。1854 年，议会通过了《公共收入统一基金支出法》，规定国内收入各部、关税部和邮局的所有年度收支预算必须提交给议会。1866 年，又通过了《国库与审计署法》（The Exchequer and Audit Department Act），最终形成了这样一种财政架构：在预算事项上，议会具有最高的权威，政府只负责足额、高效地征收和使用税款，议会对财政收入和支出的整个过程拥有控制权，并通过对政府的独立审计来确保这一权力的实现，这样就通过法律的形式实现了议会控制财政权制度的构建。

二、预算法定的含义

预算法定原则是财政法定原则的一部分。但正如财政法定原则一样，学术界对预算法定原则没有统一的定义。李培磊和解志勇（2015）通过对美国以及德国预算制度的比较，认为预算法定包含“预算”“法”以及“定”三个关键的语素①。“预算”的本质是政府的财政收支计划，但要实现预算法定，不能只要求这一计划法定，与之相关的财政收支行为都要受到法律的控制。“法”不仅指预算案。预算案由议会通过立法程序确定，固然是预算法定的重要保障，但其他法律的作用也不能忽视。并且，法不仅包括法律规则，还包括法律原则。最后，“定”固然主要是指

① 李培磊、解志勇：《论预算法定原则及其实现路径》，《学术论坛》，2015 年第 10 期，第 134－138 页。

规定，但“法律的生命在于实施”，仅仅是文字上的规定是没有意义的，法定的要求需要由一定的机制保障其实施。基于以上分析，他们提出可将预算法定原则的要求归纳为三个部分：（1）与政府财政收支计划相关的重要事项都由法律规定，其中的大部分还要直接体现在预算案中，由议会通过立法程序审定；（2）没有体现在预算案中，也没有法律作出具体规定的事项，至少也需要由法律作出原则性的要求；（3）不论是具体的规定，还是原则性的要求，都要有一些控制机制以保证法定的要求得以实现。上述三个部分可以简述为一句话：政府的财政收支权力完整地处于议会或议会制定的法律的控制之下。

陈治（2014）认为预算法定是预算立法者与预算执行者围绕资源配置进行权限划分的产物，因此，它是预算民主的一种实现形式①。一般认为，预算法定强调的是预算在付诸实施之前必须提交立法机关审议，一旦经立法机关批准通过，预算就具有法定效力，行政机关只能在预算范围内执行，不得擅自改变，尤其是不得突破预算规定的支出限额。这体现了一种形式意义的预算法定，即以维持预算本身的效力为宗旨。形式意义的预算法定包含以下几层意思：一是预算的形成及运作过程受到法律约束，即预算的要素法定、预算的程序法定、预算的责任法定；二是预算必须提交立法机关审议，一经通过就具有法律效力，成为各级政府及其部门在财政年度内安排各项支出的依据；三是对于已通过的政府预算，未经法定程序，任何主体都无权擅自改变；四是在特殊情况下，需要增加支出或变更既定支出的用途，必须得到立法机关的批准。形式意义的预算法定意味着预算本身相当于法律，具有严格的约束效力。

三、预算法定的构成要素②

翟继光（2016）通过比较研究世界各国宪法所确立的预算法定原则，认为预算法定原则由三个基本要素组成，即“涵盖全部财政收支的预算”“受宪法约束的一年期法案”和“由法律确定预算外开支”。

（一）涵盖全部财政收支的预算

预算作为纳税人及其代表控制政府财政收支行为的主要制度，理应包括全部公共性的财政收支项目，这一点基本为世界各国宪法所肯定。例如，《芬兰共和国宪法》

① 陈治：《迈向实质意义的预算法定》，《政法论坛：中国政法大学学报》，2014 年第 2 期，第 141－148 页。

② 翟继光：《预算法定原则的起源及其基本构成要素》，《河北大学学报（哲学社会科学版）》，2016 年第 6 期，第 138－145 页。

（1919 年）第 66 条规定："每一财政年度的全部收支项目应列入年度预算……"第 68 条规定："偿付公债本息及其他应由国家财政负担的支出，以及依照现行条例的规定必须当年支付的支出，应全部列入年度预算。预算还必须包括应急拨款，以备虽未列入预算，但根据法律或者命令必须支付的特殊项目的支出，以及政府为应付无法预见的意外支出的需要。"《葡萄牙共和国宪法》（1982 年）第 108 条第 1 款规定："国家预算包括：（1）国家收支项目；（2）社会保障预算。"《西班牙宪法》（1978 年）第 134 条第 2 款规定："国家总预算为年度预算，它包括国家公共部门的全部支出和收入；预算中应列出属于国家税收的财政收入总额。"

（二）受宪法约束的一年期法案

预算法定原则中的"法"具体是指立法机关通过的具有法律效力的预算案。因此，对于"法"的界定，实际上就是对预算案的界定。为了真正实现预算的功能，防止议会被政府架空，使预算变成"举手秀"，同时也防止议会背离纳税人的整体利益，需要通过宪法对议会进行适当约束。概括起来，世界各国宪法对预算案的要求主要有以下几个方面：

第一，预算应采取法律的形式。预算在性质上是否是法律虽然还有争议，但是，它实际上是议会所通过的最重要的文件之一，在某种意义上，它比大多数法律还重要。因此，为了确保预算的严肃性，世界各国宪法均强调采取颁布法律的形式颁布预算，以确保其具有与法律相同的效力。例如，《芬兰共和国宪法》（1919 年）第 66 条规定："年度预算由议会通过后，按照颁布法律的方式予以颁布。"《荷兰王国宪法》（1814 年）第 105 条规定："国家财政收支预算由议会法令制定。"

第二，由政府行使预算编制权。虽然议会是纳税人的代表，但议会利益并不能等同于纳税人利益。议会也有可能背离纳税人利益，也可能出现多数人的暴政，因此，需要另一个代表纳税人利益的主体，即政府来制衡议会。在预算法定原则领域，政府牵制议会的重要制度设计就是预算的编制权属于政府，议会无权自己批准自己编制的预算。为了真正贯彻这一制度，宪法还必须规定议会无权增加预算数额及其项目，否则，就相当于为议会自己编制预算、自己批准预算留下了一个口子。很多国家的宪法规定了这一制度，例如，《大韩民国宪法》（1987 年）第 57 条规定："不经政府同意，国会无权增加政府提出的各项支出预算的金额或设置新费目。"

第三，预算案不能成为征税依据。议会通过的预算案虽然可以认为是法律，但它是一种特殊形式的法律，即对未来一个年度财政收支进行预先估算的法律，由于其核心目的并不在于对未来的财政收入进行控制，因为是否征税，如何征税应当遵循税收法定原则，这是宪法和税法以及未来年度的经济发展水平所决定的。预算案的核心价值在于控制财政支出，而且预算案的通过时间比较短，议会无法像审议征税法案那样有充分的时间审议预算案，因此，预算案本身不能开征新税。

第四，预算案无权剥夺人民依法享有的权利。预算案虽然是为了控制未来的财政支出，但是，如果某些财政支出是为了确保人民的基本权利，那么，预算案不能停止这些款项的支付，因为不容剥夺人民享有的宪法确认的基本权利，不能导致政府违法。例如，《芬兰共和国宪法》（1919 年）第 70 条规定："人民依法有权向国会索取或领受款项不受预算的限制。"

第五，预算案为一年期法案。多数国家一般以一年作为一个财政年度，预算作为对未来年度财政收支的估算，为了确保其准确性、及时性以及纳税人代表能够真正控制国家的财政收支，以一个财政年度作为预算案的效力期限是比较适宜的。世界各国宪法均明确规定或者实质上确立了年度财政预算制度，例如，《大韩民国宪法》（1987 年）第 54 条规定："政府必须编制每会计年度的预算案……"《西班牙宪法》（1978 年）第 134 条第 2 款规定："国家总预算为年度预算……"

第六，预算案必须保持财政收支平衡。预算法定原则除了实现由纳税人控制国家的财政收支以外，另外一个重要功能是防止国家出现财政危机，为此，宪法应当确立预算收支平衡原则。例如，《芬兰共和国宪法》（1919 年）第 68 条规定："预算必须指出应付各项支出的经费来源。"《德意志联邦共和国基本法》（1949 年）第 110 条规定："预算收支必须平衡。"

第七，遵循相关的技术要求进行预算编制。预算的编制是一件非常复杂的工作，预算案本身也非常庞杂，无论是篇幅还是结构。如果不按照一定的技术标准进行预算编制，纳税人代表根本无法看懂预算，更不用说审议了。因此，各国宪法和预算法一般均规定预算的编制应当遵循明确性原则和详细性原则，否则，一个看不出具体支出项目的概括式的预算根本无法进行实质性审议，即使通过了，也无法真正约束政府的财政支出行为。对此，多数国家的宪法进行了明确规定，例如，《葡萄牙共和国宪法》（1982 年）第 108 条第 5 款规定："预算须依照各项基础分类与职能分类详细、明确地说明开支情况，以防止出现秘密基金和秘密拨款。"

（三）由法律确定预算外开支预算

法定原则中"定"的基本含义是不得在预算之外进行任何开支，也不得变更预算所规定的用途，这是确保预算法定原则真正起到约束政府财政支出作用所必需的。如《芬兰共和国宪法》（1919 年）第 70 条规定："除预算本身有明文规定者外，列入预算的拨款不得超支，也不得转入下一财政年度，凡议会通过的专项拨款不得挪作他用。"但预算毕竟只是一个预先的估算，很可能与社会发展的客观状况不相符合，因此，预算法定也有诸多例外，其中最主要的包括以下三种情形：超预算、预先开支和预算效力延长。

各国宪法均对超预算问题持谨慎态度，一般需要重新进行一次类似通过预算案的程序进行补充预算的审议。即使如此，对于超预算也有诸多限制，例如《德意志联邦共和国基本法》（1949 年）第 112 条规定："超出预算拨款的支出和预算外支出须经联邦财政部长同意。只有在不可预见和不得不需要的情况下才能同意。细则由联邦立法规定。"关于预先开支的原则，世界各国宪法一般采取两种方式，第一种方式是可以预先进行必要的支出，所谓必要，主要是指根据其他法律规定，无论预算是否通过，都必须进行的支出。第二种方式是规定参照上年度预算执行必要的支出，如《大韩民国宪法》（1987 年）第 54 条第 3 款规定："新会计年度开始但仍未议决预算案时，政府一直到国会议决预算案，为下列目的的经费，可准用前年度的预算来执行：（1）根据宪法、法律的规定设置的机关或其设施的维持和运营；（2）法律上履行支出义务；（3）继续从事预算承认的事业。"预算效力的延长是预算法定原则例外的第三种情形，也是预先开支的一个特殊情形。对于上一年度的预算而言，是效力延长；对于新预算而言，则是预先开支。有些国家的宪法明确规定了在特殊情况下预算效力延长的制度，如《西班牙宪法》（1978 年）第 134 条第 4 款规定："如预算法在有关经济年度第一天之前未被批准，则上一年度预算自动延长，直至新预算通过。"

四、预算法定的实现方式[①]

（一）预算法定要求通过立法确定的预算规定具有刚性约束力

预算的编制、审查、批准、执行和调整到监督都是严肃而规范的过程，如果预算规定没有对政府行为形成真正的约束，将会出现各种漏洞，更不可能做到量入为出、收支平衡。预算法定要保证通过立法确定的预算规定具有刚性约束力和权威性，从而约束政府权力，将纳税人的钱用在刀刃上。一方面，通过立法将预算条文法定、预算程序法定，使其具有刚性约束力；另一方面，通过立法对预算公开的规定进行刚性约束，以促进政府实施全面规范的预算公开制度，让政府行为透明化，做到公众能看懂、社会能监督。用法律提高预算刚性约束，将预算从编制到执行的整个过程真正纳入法制轨道，接受人大的审查、批准和监督，实现真正的预算法定及预算民主。

① 王金秀、王晨辰：《预算法定的困境与破解——兼论新时期依法监督和管理预算的现实有效性》，《财政监督》，2017 年第 6 期，第 45－49 页。

（二）预算法定约束力应该贯穿预算运行的全部流程

预算具有严格而规范的运作体系，预算法定要贯穿预算编制、预算审核、预算批准、预算执行以及预算绩效评价、预算监督等全部预算过程，涉及预算运行中有关时间程序、审查监督、收支范围、结余结转、资产负债等多方面问题。从预算的编制、审批、执行再到监督的整个过程来看，每个过程都应体现法定约束力。首先，预算的编制过程具有法律约束，即预算编制的程序、内容、时间、标准、原则等法定；其次，预算编制后审批过程具有法律约束，即需提交立法机关审议，按规定的法律程序，经人大通过具有法律效力；再次，预算的执行过程也具有法定约束力，即规定了“各级政府、各部门、各单位的支出必须以经批准的预算为依据，未列入预算的不得支出”；此外，在特殊情况下，对预算调整也有严格约束，规定各级政府如需进行预算调整，必须编制预算调整方案并经人大审查批准，未经批准，各级政府不得作出预算调整的决定；最后，在预算监督过程，要求预算必须向社会公开，人大作为监督主体，同样具有很强的法定约束力。

（三）预算法定的本质要求减少机动权和随意性

预算法定的本质是通过强化对政府的约束力，以减少预算执行过程中的机动权和随意性，起到“以法治权”的作用。一方面，预算机动权力过大，容易滋生腐败问题，加之法律责任追究体系不完善，使法律执行效果不尽如人意。另一方面，如果不解决随意性问题，人治预算、首长工程，拍脑袋工程泛滥，预算行为失范，预算管理也达不到预期的效果。解决预算随意性必须要以法定的预算为准绳，预算法定不仅需要完善的预算法律制度，更需要大力推进预决算公开的力度，同时对预算调整、预算调剂等预算变更事项作出约束，严控机动财力，强化预算违法违规的法律责任追究机制，从而减少预算执行中的机动性和随意性，有效控制和保证预算对政府的约束力，规范财力配置。另外，通过法律加深预算中的细化程度，全面反映政府收支活动，着重强调公开透明问题，可提高预算编制准确度，减少二次预算，有利于减少预算执行中的机动性和随意性问题。

第二节　我国预算法定的现状与问题

一、预算法定的历史演进

我国现代预算制度的发展在一定程度上体现了政府预算的法治化进程，总体上呈现出由“行政化管理”向“法治化管理”的发展趋势。计划经济时期，国家政务院虽发布了《预算决算暂行条例》，并于1954年在《宪法》中规定了全国人民代表大会行使的职权包括审查和批准国家的预算和决算，但由于当时法治意识不强，人们并未意识到财政预算的确立必须要经过立法程序审批，因此国家预算制度一直处于不正常的运行状态。

1979年改革开放之后，我国逐步将“法制”二字提到重要高度，开始正式编制预算并向全国人民代表大会提交国家预算报告，并由全国人民代表大会审议批准后执行。1983年政府正式成立了国家审计署，之后伴随着国企改革的进一步深入，国家预算制度由行政化管理，即通过“红头文件”管理向法制化方向转变。1991年国务院颁布了《国家预算管理条例》，并从1992年起国家预算按复式预算形式编制。

1994年我国通过《中华人民共和国预算法》，并于1995年1月1日起施行，通过法律法规对预算制度的管理基准进行明确规定，使其标准化和规范化，预算管理从此进入有法可依的新阶段。在此后的20年中，历经四次审议，于2014年8月31日表决通过了《全国人大常委会关于修改〈预算法〉的决定》，并于2015年1月1日起施行。新《预算法》实行全口径预算管理，规范政府收支行为，要求政府预算活动必须严格遵循法律，以实现政府财政收支活动和管理行为的制度化、程序化、透明化，并接受人民监督，并规定“政府的全部收入和支出都应当纳入预算”“各级政府、各部门、各单位的支出必须以经批准的预算为依据，未列入预算的不得支出”，从而在立法层面确立了预算法定的原则地位。2020年10月1日起施行的新《中华人民共和国预算法实施条例》，进一步规范了预算行为，有助于提高政府治国理政、依法理财、预算法治化的水平，加强预算执行管理，强化预算约束。新《条例》的颁布是对预算法定的完善和升华。

二、预算法定的法制安排

预算法定是全面落实依法治国的突破口，也是推进国家治理体系现代化的主阵地。党的十八届三中全会提出“推进国家治理体系和治理能力现代化”这一改革总目标，明确了“财政是国家治理基础和重要支柱”的宏观判断。作为财政改革的核心内容，预算成为现代法治国家立法机构控制政府权力扩张的有效载体。党的十八届三中全会审议通过《中共中央关于全面深化改革若干重大问题的决定》，在第二章“坚持和完善基本经济制度”中提出，“完善国有资本经营预算制度，提高国有资本上缴国家财政的比例，二〇二〇年提到百分之三十，更多用于保障和改善民生”；第八章“加强社会主义民主政治制度建设”中，强调“加强人大预算决算审查监督、国有资产监督”“落实税收法定原则”；第十章“强化权力运行制约和监督体系”中，要求健全反腐倡廉法规制度体系，着力控制“三公”经费支出和楼堂馆所建设。

2014 年第十二届全国人民代表大会常务委员会第十次会议修正决议重新颁布了《中华人民共和国预算法》。新《预算法》的第一条就规定此法的立法宗旨是“规范政府收支行为，强化预算约束，加强对预算的管理和监督”；第十三条明确规定“经人民代表大会批准的预算，非经法定程序，不得调整，各级政府、各部门、各单位的支出必须以经批准的预算为依据，未列入预算的不得支出”；第三十二条规定“各级政府依据法定权限作出决定或者制定行政措施，凡涉及增加或减少财政收入或者支出的，应当在预算批准前提出并在预算草案中作出相应安排”；第五十七条规定“各级政府、各部门、各单位的支出必须按照预算执行，不得虚假列支”；第六十三条规定“各部门、各单位应当加强对预算收入和支出的管理，不得截留或者动用应当上缴的预算收入，不得擅自改变预算支出的用途”；第六十六条规定“各级一般公共预算年度执行中有超收收入的，只能用于冲减赤字或者补充预算稳定调节基金”，削弱了各级政府追求超收收入的冲动；第六十八条规定“在预算执行中，各级政府一般不制定新的增加财政收入或者支出的政策和措施，也不制定减少财政收入的政策和措施；必须作出并需要进行预算调整的，应当在预算调整方案中作出安排”；第六十九条规范了预算调整的情形和程序，要求预算调整方案应当说明预算调整的理由、项目和数额，从而增强预算的严肃性，提升预算调整的规范性，降低预算调整的随意性。第七十条明令“经批准的预算调整方案，各级政府应当严格执行，未经本法第六十九条规定的程序，各级政府不得作出预算调整的决定”。由此可见，“无预算不支出”是新《预算法》的一项重要原则，其强化了预算约束，从根本上杜绝了“法外预算”的存在，有力推动了预算法治化建设。

新《预算法》第十章还对违反预算法定的法律责任进行了明确规定，这有助于强化对预算编制、审批和执行等主体的约束，增强其行为的规范性，从而有助于强化预算约束，降低政府预决算偏离度。例如第九十二条规定“违反法律、法规规定使用预算预备费、预算周转金、预算稳定调节基金、超收收入的”，责令改正，对负有直接责任的主管人员和其他直接责任人员追究行政责任；第九十三条规定各级政府及有关部门、单位“未将所有政府收入和支出列入预算或者虚列收入和支出的”“违反本法规定，改变预算支出用途的”“违反本法规定冻结、动用国库库款或者以其他方式支配已入国库库款的”，责令改正，对负有直接责任的主管人员和其他直接责任人员依法给予降级、撤职、开除的处分；第九十四条规定“各级政府、各部门、各单位违反本法规定举借债务或者为他人债务提供担保，或者挪用重点支出资金，或者在预算之外及超预算标准建设楼堂馆所的，责令改正，对负有直接责任的主管人或其他直接责任人员给予撤职、开出的处分”；第九十五条规定“以虚报、冒领等手段骗取预算资金的”“违反规定扩大开支范围、提高开支标准的”，责令改正，追回骗取、使用的资金，有违法所得的没收违法所得，对单位给予警告或者通报批评，对负有直接责任的主管人员和其他直接责任人员依法给予处分。

2014 年《国务院关于深化预算管理制度改革的决定》（国发〔2014〕45 号），指出现行预算管理制度暴露出一些不符合公共财政制度和现代国家治理要求的问题，比如预算约束力不够，财政收支结构有待优化，财经纪律有待加强等等。因此，其在第五部分“加强预算执行管理，提高财政支出绩效”中，规定“硬化预算约束，年度预算执行中除救灾等应急支出通过动支预备费解决外，一般不出台增加当年支出的政策，一些必须出台的政策，通过以后年度预算安排资金”“规范预算变更，各部门、各单位的预算支出应当按照预算科目执行。不同预算科目、预算级次或者项目间的预算资金需要调剂使用的，按照财政部的规定办理。”

2018 年，党的十九大明确提出要“建立全面规范透明、标准科学、约束有力的预算制度，全面实施绩效管理”，为我国财政预算改革与发展指出了新的方向。约束有力，要求严格落实预算法，切实硬化预算约束，构建管理规范、风险可控的政府举债融资机制，增强财政可持续性，完善政绩考核体系，层层落实各级地方政府主体责任，加大问责追责和查处力度。具体来说：一是严格落实预算法等相关法律法规的规定，坚持先预算后支出，严格执行人民代表大会批准的预算，严控预算调整和调剂事项，强化预算单位的主体责任；二是防范化解地方债务风险，落实各级地方政府主体责任，积极稳妥处置存量债务，健全规范的地方政府举债融资机制；三是加大督查问责力度，完善政绩考核体系，既建立有效的考核机制，积极引导地方政府主动依法依规开展预算工作；四是严格查处地方政府违规举债行为，从严整治举债乱象，做到终身问责、倒查责任。

2020 年 10 月 1 日实施的《中华人民共和国预算法实施条例》细化了《预算法》有关规定，将近年来财税体制改革和预算管理实践成果以法规形式固定下来，确保公共财政资金节用裕民。它是我国预算法律制度体系建设的重要立法成果，进一步规范了预算行为，强化了预算约束。第六十条规定：“各级政府、各部门、各单位应当加强对预算支出的管理，严格执行预算，遵守财政制度，强化预算约束，不得擅自扩大支出范围、提高开支标准；严格按照预算规定的支出用途使用资金，合理安排支出进度。”第七十八条规定：“各级一般公共预算年度执行中厉行节约、节约开支，造成本级预算支出实际执行数小于预算总支出的，不属于预算调整的情形。”

2021 年《国务院关于进一步深化预算管理制度改革的意见》（国发〔2021〕5

号），指出当前“预算约束不够有力……影响了财政资源统筹和可持续性”，因此其在总体要求的基本原则中，明确提出“坚持预算法定。增强法治观念，强化纪律意识，严肃财经纪律，更加注重强化约束，着力提升制度执行力，维护法律的权威性和制度的刚性约束力。明确地方和部门的主体责任，切实强化预算约束，加强对权力运行的制约和监督”。此外，在第三部分“规范预算支出管理，推进财政支出标准化”中，强调“严禁违反规定乱开口子、随意追加预算。严格控制政府性楼堂馆所建设，严格控制和执行资产配置标准，暂时没有标准的要从严控制、避免浪费”。第五部分“强化预算执行和绩效管理，增强预算约束力”中，规定“严格执行人大批准的预算，预算一经批准非经法定程序不得调整”“坚持先有预算后有支出，严禁超预算、无预算安排支出或开展政府采购”“严禁出台溯及以前年度的增支政策，新的增支政策原则上通过以后年度预算安排支出”“规范预算调剂行为”“除已按规定程序审核批准的事项外，不得对未列入预算的项目安排支出”“加强对政府投资基金设立和出资的预算约束，提高资金使用效益”。

三、现行预算法定的问题

预算法定意味着预算本身相当于法律，具有严格的约束效力，但我国当前的预算管理中仍存在预算约束不够有力等问题，影响了财政资源统筹和可持续性。预算软约束主要表现在政府行为失去控制，各行政部门不再按照政府的既定目标来行事。此外，财政支出失控，年度支出计划对政府实际支出失去了约束力。原来的收支平衡也被打破，预算执行中追加调整频繁，预算执行的严肃性较差。Boadway 和 Tremblay（2006）的研究发现，如果地方政府面临着预算软约束，地方政府就有激励进行过度财政支出，增加非税收收入、土地财政、转移支付等资源获取力度，然后通过政府引导基金、PPP、政府采购服务、各类补贴等或明或暗的支出进行经济干预。

（一）预决算偏离度较高

预决算偏离度是经立法机关审查批准的政府预算收支同作为实际执行结果的政府预算收支之间的差异（高培勇，2008）。偏离度越低，说明预决算的准确度越高，反之则越低。目前，国际通行的预决算合理偏离范围为 5% 以内，例如美国除 2009 年因“救市”措施引发的预算数据较为反常外，其余年份的预决算偏差基本控制在 3% 以内（徐阳光，2011）。而据我国国家统计局数据显示，2000—2013 年，其中有 9 年高于国际预决算收入偏离度 5% 的合理范围，一些年份甚至超过了 10%（马海涛等，2017）。韩曙（2017）研究了2009—2016年上海市预决算偏离度情况，发现平均预决算偏离度率为14.62%，2015年和2016年的偏离度更是分别达到33.1%和25%。林悦华（2021）分析了某省2007—2019年的一般公共预算支出预决算偏离度和收入预决算偏离度。支出预决算偏离度方面，除2016年为-0.34%，其余年份均为正值，说明主要存在超支情况，且偏离程度普遍较大，偏离度大于10%的年份多达10个，偏离度较小的年份有2012年为4.9%，2016年为-0.34%，2019年为2.53%。偏离度最大的年份为2013年17.19%，超支绝对规模最大年份为2018年超支1451.44亿元。收入预决算偏离度方面，自2015年新的预算法正式实施以来，有进一步下降的趋势，2016—2019年收入预决算偏离度分别为2.57%、4.74%、2.19%、2.03%，相比2012年以前的预决算偏离度有大幅度的下降，说明新《预算法》的实施规范了地方政府对预算的管理，对预算收入预测的合理性有所提高。

其实，财政预算偏离本身是一个非常普通又普遍的问题。例如，Auerbach（1999）发现，1986—1992年美国预算和管理办公室（OMB）对财政收入存在高估，但1993—1999年对财政收入则产生了低估。Marinheiro（2010）的研究表明，OECD国家政府对财政收入与经济增长的预测准确性低于私人部门。预算作为收支计划，与决算数之间出现一定范围的差异是正常的。但是，预决算之间的差异过大，则会产生一系列问题：（1）政府预算须经立法机关批准，且具有法律的性质，预决算差异过大，不可避免地损害了法律的权威性；（2）现代预算的重要目的是约束政府行为，促使政府对人民负责。预决算偏离度过大，会使政府预算的监督制约作用在某种程度上走过场，从而弱化权力机关和人民对政府活动的监督；（3）预决算偏离度过大，会加重纳税人负担，降低微观经济主体的激励（陈志刚和吕冰洋，2019）；（4）较高的偏离度会导致市场预期的扭曲，进而通过投资（Bloom，2009）、储蓄（Romer，1990）、融资（Sim et al.，2010）等方方面面给经济社会发展带来相当大的影响；（5）过多的超支容易造成财政资金的浪费，降低财政支出绩效，并危及财政可持续性和政府公信力。

（二）债务规模膨胀

预算软约束还主要体现在债务规模的膨胀上。我国1995年《预算法》明确规定“地方各级预算按照量入为出、收支平衡的原则编制，不列赤字”“除法律和国务院另有规定外，地方政府不得发行地方政府债券”。从账面上看，每年各级政府财政部门的负责人在向同级人大会议作财政工作报告时，账面所反应的财政收支的数据，全部都实现了平衡，没有任何一级政府的财政出现赤字。但实际的情况是地方政府负债现象极为普遍，从省级到县级各级各地地方政府均存在大额赤字，尤其是基层政府负债更为严重，为数众多的乡镇政府面临财政危机。

2013 年 12 月，中国国家审计署在对全国各级政府的债务规模进行审计后指出，到 2013 年 6 月底，我国地方政府性债务总量已达到 17.89 万亿元[①]，与 2010 年底相比大约增加 70%。由中央财经大学相关学者组成的“中国地方债务管理研究”课题组则根据一些国际组织所采用的更加严格的测算方法，研究得出中国地方政府债务的规模远远超过上述数字，到 2013 年底已超过 20 万亿元[②]。居高不下的地方政府债务规模与《预算法》的规定严重背离。

从 2009 年起，财政部开始代理发行地方政府债券。据全国人大常委会预算工委的调研数据显示，到 2015 年，中国地方政府债务率约为 86%，个别省份、100 多个市本级、400 多个县级债务率超过 100%，总债务达 16 万亿元。在 2014 年，省级政府负债 2.1 万亿元[③]。在中央代理地方发行债券之外，各地方还自主通过其他各种渠道举借债务。到 2014 年末，所有地方政府存量债务中，有 90% 以上的债务余额是通过发行非政府债券产生的[④]。

2018 年以来，党中央、国务院高度重视地方政府债务问题，党的十九大、十九届五中全会、第五次全国金融工作会议等都强调了防范地方政府债务风险。目前我国通过债务审计、债务置换、债务余额管理等方式，已较好地控制了显性债务增长，但地方政府仍以违规担保、“明股实债”等方式，不断积累隐性债务。但由于政府、学界等对地方政府隐性债务的边界尚无统一的界定，一直以来对其规模也不甚清楚，仅部分国际组织及少数学者对全国地方政府隐性债务进行了测算。宋翔等（2021）基于地方政府预算约束恒等式，通过计算 30 个省份的全口径财政收支，结合各地历年的政府债务余额，估算了 2015—2019 年全国 30 个省份的隐性债务规模。研究发现：我国地方政府隐性债务总额为 13 万亿元左右，占 GDP 比重约为 13%。虽然 2019 年较 2017 年规模总体下降，但仍有 12 个省份隐性债务持续增长，特别是西部和东北省份风险管控压力相对较大，需要引起高度重视。

（三）预算调整频繁

1994 年和 2015 年的《预算法》都强调了“县级以上地方各级政府预算的调整

① 外媒惊叹中国地方政府债务 3 年增长近 70%［EB/OL］，http://roll.sohu.com/20140101/n392762454.shtml。

② 廖家勤、石琳：《软预算约束下中国过度负债的形成机制分析》，《首都经济贸易大学学报》，2015 年第 4 期，第 76－82 页。

③ 全国人大常委会预算工作委员会调研组：《关于规范地方政府债务管理工作情况的调研报告》，《中国人大》，2016 年第 3 期，第 19－23 页。

④ 楼继伟：国务院关于规范地方政府债务管理工作情况的报告——2015 年 12 月 22 日在第十二届全国人民代表大会常务委员会第十八次会议上［EB/OL］，http://www.npc.gov.cn/npc/xinwen/2015－12/22/content_1955661.htm。

方案必须提请本级人大常委会审查和批准”“未经批准，不得调整预算”。预算一经人大审议批准，就拥有法律效力，具有严肃性、规范性和约束性。面对执行刚性与调整弹性的二元对峙，规范化的预算调整是关键。首先，预算调整要具有正当性，调整的原因是重要的甚至是非常重要的，是突然出现的而不是提前计划、可预见或历史累积的，是急需解决而不得有所延误的，是具体的暂时的而不可持续的。其次，要具有可控性，调整的次数、调整的程序要受到限制。最后，应是适度的，调整的幅度和规模要与政策目标、政策过程相适应，与预算年度的财政收支相适应，与发展规划、具体实际相适应。

从公开的资料看，各级政府的预算调整确实遵循了法定的调整程序。首先由财政部门编制预算调整方案草案，然后交由政府审核，最后提交本级人大常委会审查批准。在省级人大常委会内部，首先由人大财经委或者人大常委会预算工委对预算调整方案进行初审，并形成初审报告提交人大常委会会议。在人大常委会会议上，由财政部门负责人做预算调整方案报告和说明，人大财经委或人大常委会预算工委的主任委员或副主任委员做预算调整方案的初审报告和审议意见说明，提请人大常委会做最后审议决议①。

但在法定的公开的预算调整程序之外，还有三个问题影响着预算调整的程序性效果。（1）预算调整方案所涉及的调整资金确实是在调整方案通过之后才开始动用的吗？（2）各政府部门的预算支出调整是如何决策的？（3）省级人大财经委或省级人大常委会会议在审议预算调整方案时，确有提出不同意见吗？若有不同意见，最后是如何处理的，对政府预算调整有没有影响？

实际上，《预算法》虽然规定了预算调整的范围和标准，但是没有规定调整的幅度在多少正负区间，因此各地人大批准的调整预算，偏离度都相当大。实际预算调整程序很多是简化的，在部门申报—财政审核—政府审批后便开始执行，然后采取汇总报批的方式报送人大常委会调整方案，形成先执行再审批或是边执行边审批的状态。而且，受预算审批管理和信息化系统功能不完善等因素的约束，在年度预算执行过程中，如果提交人大常委会需要审议的调整项目比较多，时间又比较紧的时候，也只是走走程序而已。

（四）超收收入较多

预算软约束还表现在存在大量的预算超收现象。从 1994 年以后，财政几乎每年

---

① 山东省人民代表大会常务委员会关于批准 2020 年山东省省级预算调整方案的决议［EB/OL］，http：//gov. sdnews. com. cn/szyw/202011/t20201130_2829517. html。

都存在不同程度的超收现象，且超收额度较大，尤其是1998年后，历年财政收入超收幅度均高于国内生产总值增幅的2%—4%①。其中，地方政府的超收现象也不同程度地存在着。资料显示，2000—2003年我国的预算增幅分别为8.4%、10.3%、7.7%、8.4%。而同期实际增幅则分别为16.9%、22.2%、15.4%、14.7%。林悦华（2021）分析某省2007—2019年12年间一般公共预算收入预决算偏离度，发现全省层面除2016年外，收入预决算偏离度均为正值，说明全省层面存在超收现象。超收绝对规模最大年份为2017年，超收512.8亿元。超收相对规模即收入预决算偏离度最大年份为2007年，偏离度为16.32%。从偏离度趋势来看，2007—2011年偏离度都较大，2009年偏离度为5.21%，其余年份大于或接近10%。且2009—2019年，非税收入预决算偏离度分别为19.51%、26%、23.12%、19.17%、20.95%、19.1%、11.1%、14.8%、12.4%、16.5%、17.1%，远远大于税收收入预决算偏离度且都为正值，说明非税收入存在较大比例的超收。然而，新《预算法》对于"超收""超支"的规定，颇为模糊。"超收"收入的动用和决策基本上在行政系统内完成，而未纳入人民代表大会的审批视野。即便在形式上要走某些程序，实行所谓向全国人大常委会的通报或报告制度，通常的情形也是先支用，后通报；或者边支用，边通报。由此可见，大量的年度预算超收收入，尽管需要报经全国人大备案，但其具体使用的自由裁量权却往往由各级财政部门斟酌使用，容易脱离立法监督机构的审查和监督，加重政府财政行为的非规范化程度。

四、现行预算约束性的制度缺陷

预算法定需要成熟完善的法律法规做保障。从法律文本看，新《预算法》有助于提高预算编制科学性、强化预算执行约束力，但是从预算约束性角度看，现行预算制度还存在以下一些问题。

（一）现行预算法还存在约束力弱化的问题

实体公正需要通过程序公正来实现，程序公正应当建立在权力有效制约的基础上。中国现行的《预算法》具有实体法与程序法的双重性质，但无论是实体规范，还是程序规范，都过于简单、笼统与原则，灵活有余严肃不足，操作体系上缺乏完整性、针对性和科学性，再加上体制上的不配套，与法律责任制度的缺位，使预算

---

① 中央财经大学税收研究所课题组：《中国财政超收收入研究》，《中央财经大学学报》，2007年第4期，第1－5页。

即使按法律规定程序批准生效，仍然法律性不强，约束力弱化。以预备费为例，新《预算法》只规定“各级政府预算预备费的动用方案，由本级政府财政部门提出，报本级政府决定”。无论是预备费的提取比例、使用范围还是使用程序等，均是各级政府的内部行为，绕开了立法机关的预算监督。

（二）人大监督不到位

在改革开放之前，实施计划经济时期，从 1954 年、1975 年、1978 年《宪法》的规定来看，省级人大没有设立专门的委员会，在人代会闭会期的常设机关是省级人民政府。这样，那时的省级人大的监督从逻辑上就陷入一个悖论，即人民政府在省级人大闭会期间集监督者与被监督者于一身，实际上等同于政府自己监督自己，预算软约束也在所难免。1978 年改革开放之后，社会主义民主与法治的发展为省级人大预算监督权的制度化成长提供了良好的空间，省级人大在政策制度和政治生活中的地位也不断增强。一个重要的制度化举措是伴随着《地方组织法》和《选举法》的修订，1979 年地方人大常委会的建立，并在 1983 年全国人大正式成立财政经济委员会后，各省人大陆续效仿开始设立若干个专门委员会，完善自身组织建设，协助常委会和人大全体会议做好包括预算审查在内的监督工作。与此同时，与人大财政预算监督关联的系列法律规则陆续出台或修改，为其功能的发挥提供了较好的制度依托，如 1994 年的《预算法》、1999 年的《关于加强中央预算审查监督的决定》以及 2007 年颁布实施的《监督法》等。在这一过程中，各地人大都纷纷制定了各自的人大预算监督条例或决定，到 2002 年底，有近 30 个省、区、市人大常委会通过了有关人大预算监督的条例。由于人大的功能在这一时期还处于不断完善的阶段，人大对预算的监督力度也在逐渐提升。在监督过程中，由于人大监督功能的欠缺，行政官员在预算决策、执行方面起到了主导作用，进而通过正式制度与“批条子”等非正式制度对本省预算过程施加强大影响（马骏和侯一麟，2004）。

近年来，我国人大监督工作不断加强，但与《宪法》和法律赋予的职权相对照，特别是与建设社会主义法治国家的要求和人民群众的期望相比，人大监督工作仍然是一个薄弱环节，监督职能发挥不到位，监督质量不高和实效不明显的问题比较突出。一是程序性监督多，实质性监督少。如对财政预算、社会计划的监督，因各方面因素的制约，往往只是过一道法定审议程序，各种指标是否科学合理，难以深入审查，使监督缺乏权威性和严肃性。二是弹性监督多，刚性监督少。有相当数量的监督只注重了形式的庄重和程序的合法，很难有效解决一些深层次、实质性的问题，特别是对一些事关全局的重大敏感问题和社会群众关注的难点、热点问题，常因缺乏深层次的了解及相关处置措施而泛泛略过，使监督体现不出应有的力度和实效。三是建议性监督多，强制性监督少。不敢监督的现象依然比较突出，审议工作、执法检查、工作评议等监督方式运用较广泛，对存在和发现的问题基本都用提意见、建议的方法来督促解决，很少运用质询、特定问题调查、撤职和罢免等强制性的监督方式。存在这种状况的原因，一是有些干部、代表、委员以及常委会负责人对人大监督的认识没有达到应有的高度；二是现行体制中一些工作关系没有理顺；三是人大及其常委会自身监督机能还不强，主要表现在代表履行职务的能力与所肩负监督职责的要求有一定差距。

（三）审计监督效力有限

审计监督本是维护预算约束性、保障预算效力的重要手段，但由于审计部门与其他政府机关同属各级政府管辖，本身并无超出同级部门的权力，只能审计，无法追责，这导致审计部门的监督效力有限。从每年审计署所公布的审计报告看，各级政府在预算执行上存在的问题大同小异，上一年审计揭示的问题在下一年重复出现，甚至不断重复出现。这说明审计监督后并未改善政府的预算执行，使审计监督主要停留在审计程序上，而没有通过启动责任追究程序，来保障审计的效力。2021 年 4 月 29 日，十三届全国人大常委会第二十八次会议审议通过了新修订的《全国人民代表大会常务委员会关于加强中央预算审查监督的决定》（以下简称《决定》），对加强审计监督和审计查出问题整改情况监督，作出了规定：一是加强对中央预算执行和决算的审计监督；二是对审计查出突出问题整改情况开展跟踪监督，推动建立健全整改长效机制；三是每年 12 月全国人大常委会听取和审议国务院关于审计查出问题整改情况的报告，根据需要可以听取突出问题的单项整改情况报告。

（四）预算违法追责难以执行

没有人否认公民对于预算执行具有监督的权利，但是很少有人关注公民是否拥有监督的法律手段。当前阻碍我国公民行使预算执行监督权的最大障碍并不是公民缺乏对纳税人诉讼的意愿，真正的问题是公民缺乏有效的预算执行监督手段，但是由于我国目前并没有建立纳税人诉讼制度，这就在很大程度上制约了公民预算执行监督的能力。

2014 年新《预算法》第九十一条虽然新增了“公民、法人或者其他组织可以就预算背信行为依法向有关国家机关进行检举、控告”的规定，但这种监督归根结底仍是行政组织内部的自我监督。违反财政预算的行为属于违法行为，违法者应当承担相应的违法责任，即刑事责任、行政责任与政治责任[1]。如果无法对政府预算行为进行问责，对预算的监督就形同虚设。新《预算法》的第十章专门规定了法律责任，第九十二条、九十三条、九十四条、九十五条和九十六条详细规定了违反预算法的法律责任，对4个方面、18种情况负有直接责任的主管人员和其他直接责任人员追究行政责任和给予处分作出了法律规定。但新《预算法》仍然徘徊在司法的大门之外，只有第九十六条规定："违反本法规定，构成犯罪的，依法追究刑事责任"。

应当认识到，尽管我国目前对预算违法的责任性质、责任形式和责任追究程序等尚未形成非常清晰的认识，是否及如何在法律条款中引入政治责任、经济责任等也有待进一步探究，但经过《预算法》的修改，法律责任机制的问题已经引起了关注，这也应当成为预算法治建设中至关重要的一个部分。

第三节 约束有力的现代预算制度改革深化

2018年，时任财政部部长刘昆在出席中国发展高层论坛年会时表示，要建立全面规范透明、标准科学、约束有力的预算制度，全面实施绩效管理。其中，约束有力，要求严格落实预算法，切实硬化预算约束，构建管理规范、风险可控的政府举债融资机制，增强财政可持续性。完善政绩考核体系，层层落实各级地方政府主体责任，加大问责追责和查处力度。

一、完善预算法定的法制建设[2]

为了推进预算法定，一方面在预算准则上应着重确立法律精神、避免法律条文的机械性，兼顾现实的矛盾，实现实质意义上的预算法定，另一方面健全互补性的预算法律体系，提升预算法定的实际约束力。

（一）预算法律预留空间和弹性

一味坚持预算的刚性约束，使预算法律过于细化可能会造成预算法定的失灵。一方面，预算法定以确定性为前提，《预算法》修订的过程也是将各项符合改革方

---

① 周刚志：《财政宪法学初论》，《厦门大学学报》，2005年第2期，第26－33页。

② 王金秀、王晨辰：《预算法定的困境与破解——兼论新时期依法监督和管理预算的现实有效性》，《财政监督》，2017年第6期，第45－49页。

向的已成型的措施以法律形式确定下来的过程，但是预算的改革探索仍在进行，对于目前正在探索研究且尚不明确的预算事项，如果盲目将其法定化或者将预算法定性条文过于细化，可能会与后续改革产生冲突或矛盾，使后续改革探索陷入困境，因此，应当为这部分未成型的预算改革预留空间，在预算法律中设置一定的弹性。另一方面，应协调预算与现实的矛盾。通过向预算执行者让渡一定自由，而产生了一种更为有效的控制。包括扩大预算事前授权范围，为突发性、危机性公共支出提供支持，扩大预算调整的适用范围；允许地方在预算执行中增列赤字；在一定限制范围内，考虑具有同种性质、目的预算科目之间流转等。如日本预算规定：细目之间可作调整，细目指的是同一政府部门内部同一种政策目的且同一种经济性质内部的调整。从而赋予预算法律一定弹性空间，以协调预算与现实的矛盾。

（二）健全互补性的预算法律体系

在我国，健全预算法律体系应该建立以《预算法》为基本法，其他预算法规为补充的预算法规体系。第一，对涉及预算问题的相关法律，应加强法律条文的确定性和细节性，对包含关系、范围问题等作出明确详细的界定或说明，如《立法法》修正案中虽然规定设区的市有立法权，但市立法权是否包括预算权利，并不明确，这样容易在现实处理中造成预算权的错配和滥用问题；第二，我国许多预算相关制度包括规定、办法、细则等，效力层级较低，不具有法律的性质和地位，如果将其法制化，可以提高预算各项制度的规范性和权威性，增加透明度，避免任意性；第三，应加强各种部门法律法规与《预算法》的配套互补，完善《采购法》与《招标投标法》，在《预算法》与《农业法》《教育法》《科技法》等其他部门法律法规之间做好衔接，对法定支出项目进行全面梳理；第四，对于国务院或省、自治区、直辖市人民代表大会及其常务委员会制定的有关预算的行政法规、地方性法规、决定或命令等，在执行过程中若发现与宪法、法律相抵触，应尽快撤销，避免冲突。此外，需要通盘考虑财政基本法、地方财政法、债务法、国库法、转移支付法、预算执行法等，合理确定各项法律定位及其与相关法律的关系，从多方面着手，废立结合，按功能互补性设计各项预算法律，进一步健全我国预算法律体系，为预算执法提供可靠的法制依据，推进预算法定及其实施。

二、完善预算监督的实现机制

我国《预算法》虽然规定了作为国家权力机关的人大及其常务委员会对预算活动监督，但其监督作用未得到有效发挥，并且我国预算审计监督效力有限、社会公众对预算活动的监督也几乎是空白。欲实现预算的强制约束力就必须依靠全面、完善的监督。

（一）落实预算法规定的人大预算监督权

人大的预算监督应当是对预算全过程的监督。在预算编制阶段，人大应当积极搜集、整理、分析政府活动的相关信息和与预算编制有关的经济、社会、政治等方面的信息，熟悉本年度预算编制的素材和政策，从原则把握的宏观的角度对编制过程中政府活动进行监督，增加对预算的了解，为接下来的审议做准备。在预算审议阶段，应当改变传统预算草案整体审议的方式为逐项审议或逐款审议，增强审议的细致性，提高预算的科学性。同时，赋予人大对预算草案的修改权，可以对预算草案中不科学、不合理的部分直接进行修改，增强人大的监督能力，也可以在预算案中融入所代表利益各方的偏好和意见。在预算执行阶段，为保证预算执行活动能够严格依法、依预算规定进行，人大应当经常性地对预算执行活动进行监督，并认真审议预算调整方案，定期或不定期的听取政府部门对预算执行情况的报告，在有必要的情况下，对某项具体问题提出质询，或组织进行专项调查，提出针对性的意见。在预算反馈阶段，主要是对预算执行结果的评议和绩效评价。在预算执行结束后，审计部门会对政府的预算执行活动进行审计，人大在审计结果的基础之上，对预算活动形成意见，不仅是对本年度预算活动的评价，也可以指导下年度预算的审议和监督工作。

建立人大对政府征税和用税行为的控制权。相较于税收收入，地方政府对非税收入有更大的自由裁量权，所以存在更大程度的预决算偏离度。因此，地方政府依照应收尽收、不收过头税的法制原则，在依法依规征税基础上，出台相应条例或法规，进一步明确和细化政府预算调整的范围和幅度，进一步规范非税收入的征收行为，降低收入偏离度。此外，应加大人大等外部监督对非税收入的审查监督，对预算编制调整和执行的偏离程度进行控制和规范。在预算调整的程序管理方面，政府应在按照2014《预算法》的规定进行预算管理的基础上，一方面进一步明确和增强人大对预算编制和审批的权力，加强人大对预算调整的实质性审查，对于不合理的调整事项不予批准，从而有力约束预算调整行为。另一方面可以借鉴发达国家经验，在人大设置预算审查委员会，由具备专业知识的人员协助进行预算审查和监督，提高预算管理的科学性和规范性，将政府预决算偏离度控制在合理范围内。

加强人大相关组织机构建设和人员配备。预算审议和监督工作的开展需要充分的具有一定专业知识的人来进行，需要健全的人大工作机构，如果机构不健全，专业人员不足，其就难以保证监督的全面性和有效性。我国人大及其常委会已经建立了一些专门的委员会以负责预算的审议和监督工作，但相对于其所要从事的工作而言，这些机构数量还不足，配备人员力量还相对薄弱。人大监督权的有效行使，就必须增加专业人员，特别是有能力、有精力的中坚力量，唯有如此，才能应对复杂的有关预算审议和监督的计算、统计和财政分析工作，从而全面、细致和充分地审查预算草案和预算执行中的材料，从纷繁复杂的、具有一定专业性的文件和活动中发现违法的、不科学和不合理的情况，发挥对人大工作的辅助作用，保障人大预算监督工作落到实处。

（二）加强预算审计监督的效力

建立负责制与隶属关系相分离的审计体制。在我国当前的审计体制下，审计机关的业务负责关系与行政隶属关系均属于行政序列，审计过程缺乏人大参与。审计结果报告须由审计机关先提交给本级政府，再由政府提交给本级人大常委会。政府是被审计对象，却在监督者（人大常委会）之前得到审计结果报告，这就很难避免审计报告被政府“过滤”，无法保障审计结果的公允性。因此，理论界和实务界一致认为，独立性不强是我国审计最主要的问题。建议实施审计机关负责制与隶属关系相分离的审计体制改革，即与审计业务相关的工作，审计机关直接对人大负责；而在行政关系上，审计机关依然隶属于本级政府。也就是说，审计机关虽然设于政府内部，但审计业务却不受政府领导，而是直接向人大负责，受人大监督。这可以从根本上解决困扰我国多年的审计独立性问题。审计机关直接向人大负责后，可以直接将审计结果报告提交给人大，直接对接优化后的预算工作委员会，既独立，又高效。

建立健全绩效审计体系，实现预算审计科学发展。建立健全绩效审计体系是预算审计突破发展瓶颈的关键。首先，要树立紧迫意识，建立健全绩效审计体系是预算审计发展的客观要求和必然趋势，应视预算审计为审计职责所在、生命所系，必须大力发展。其次，要逐步改善环境，督促经济活动投资主体和保障主体尽快建立资源投入与产出的绩效考评标准，督促核算主体尽快实现核算管理与绩效考评要求相配套，确保有账可算、有账能算。还要稳步推进实施，既对客观环境有切实的把控，又能够从主观积极地行动起来，为建立健全绩效审计体系稳扎稳打，通过反复的实践和创新活动，不断倾听不同意见，采纳不同见解，积极为预算审计科学发展开路。

灵活运用审计方式方法，增强预算审计效率效果。为了提高预算审计的首要地位，要优化预算审计的人力资源的调配，同时展开预算审计的各类项目，以经济决策和责任管理为中心，形成良好的监督体系，实现资源共享、工作互动、成果共享的紧密结合。此外，还要有效地加强预算审计和决策审计的有机结合，一方面强化经费配置的源头监督控制，另一方面强化对保证执行和决（结）算管理监督，让审计监督善始善终，实现对经济活动的全程监控，加强预算审计与经济责任审计的有机结合，切实将管理与责任挂钩，以预算审计为主线评价领导干部履行经济责任水平，实现对领导干部经济责任审计依法评审、按权定责，实现预算审计监督作用的最大显现。

（三）鼓励预算监督过程中的公众参与

一是普及预算知识，现代预算系统复杂，涉及诸多技术问题，因而不容易被普通民众看懂，严重制约了对预算主体预算行为的监督，政府部门有义务对预算文件加以通俗化的解读，将专业术语转化成通俗的语言，让人民能够看懂。同时要大力倡导和推动各类通俗易懂、简明扼要的政府预算解读指南等普及性预算读物的出版。二是预算法主体的预算活动应当公开、透明。监督权的有效行使，首先对监督对象有一个清晰的认识和了解，预算活动的公开、透明是人民参与预算监督的前提和基础，其将预算主体的活动暴露于阳光之下，人民通过公开的预算信息了解预算主体预算工作的情况，从而有效行使预算监督权。三是创新预算活动参与方式，建立相应鼓励机制。如对于立法机关的预算审议过程，可以邀请部分社会公众列席旁听；对于政府预算执行中的预算变更和调整，可以在立法机关审议前进行听证，听取利害关系各方的意见。同时鼓励公众参与预算监督，对于对预算执行或监督提出建设性意见、发现预算违法违规行为或监督权的行使有效避免了公共财政资金的侵害的公民或社会组织应当给予奖励。另外，人民预算监督权的行使会对人大产生无形的压力，促使人大在公众的监督下认真、负责地履行职责。

（四）健全政府的预算执行监督体系

各级政府也尽快建立健全职责分明、具有制衡功能的预算执行监管体系，制订预算调整与预决算偏离度考核指标，纳入预算绩效考评范围，并及时剖析财政执行数与年初预算差异的原因，发现预算执行过程中的问题。财政部应对预算部门的预算执行过程和完成结果实行全面的追踪问效，不断提高预决算执行的精准度。对重点项目进行定期或专项考核，并将绩效考评结果储存在项目库中，作为以后年度安排立项的参考，促使财政部门对预算资金真正从重分配向重管理转变。

将预决算偏离度纳入地方政府绩效评价指标体系内，加强财政管理绩效信息公开。首先，政府应建立健全相关问责机制，定期监督考核政府财政收支行为及预算调整情况，并将政府的预决算调整频率、数量和预决算偏离度等作为考核指标之一纳入政府的绩效评价中，增加政府违规成本，从而将预决算偏离度控制在合理范围内。其次，充分利用互联网和大数据，加强审计部门信息系统建设，同时与人大等机构相互配合，强化对政府预决算收支行为的监督审查力度。

三、完善和严格追究预算违法责任

由于监督制约机制不完善，预算责任追究权力主体不清等原因，预算法律责任规定处于虚化的状态。每年财政预算执行情况审计报告披露出大量严重预算违法现象，凸显预算责任制度完善和执行的重要和紧迫。预算违法责任的实现要做两方面工作：一是违法责任形式的完善；二是法律责任的追究。并在此基础上，完善人大主导的预算监督问责机制。

（一）在现行预算法规定的基础上，拓展和完善法律责任形式

一是拓展宪政责任，从财政先发的角度来看，财权控制是权力制约之本，财政权的监督和制约是权力制约宪政体制的核心和关键。预算是一个有效的宪政改革工具。预算活动关系到国家政治、经济政策的实施和目标的实现，从宪政的角度对预算进行监督和控制，政府或其负责人对不当的预算行为承担被质询、弹劾、罢免、引咎辞职等责任是当前许多国家普遍的做法。随着民主法治意识的不断增强，建立财政领域预算违法行为的宪政追究将是必然趋势。二是引入经济责任，预算违法经济责任就是预算主体对其预算违法行为所造成的经济损失承担赔偿或补偿责任。预算主体的多数预算违法行为是以获得一定的经济利益为目的，是对财政公共资金的违法侵夺，对这些违法行为进行经济上的惩罚，一方面，可以与行政责任、刑事责任相结合，增加惩罚力度，提高违法成本，遏制预算违法行为；另一方面，根据所受损失确定经济赔偿或补偿的数额，可以对违法行为所造成的损失起到一定的补偿作用。

（二）明确预算法律责任追究主体和程序

首先，明确预算法律责任的追究主体，即那些国家机关享有对预算活动中实施违法行为的预算法主体进行追责的权力。预算违法责任追究的各主体权限划分和运行，涉及国家宪法及相关机构组织法的规定，需要在宪法规定框架下对相关机构组织法作出调整。总体上而言，责任追究主体集中在预算法主体的主管机关和监督机关。具体而言，各预算单位、国库及经理国库的银行，由政府及有关部门进行追究；政府各部门由政府有关部门，主要是财政部门、审计部门、监察部门依法进行追究

或建议本级政府进行追究；对财政部门、审计部门、监察部门等专门监督部门，由本级政府进行追究；各级政府侵害权力机关职权的违法行为，由同级人大及其常务委员会进行追究；政府其他预算违法行为，由上级政府进行追究，中央政府由全国人大及其常务委员会追究；人大常委会由同级人大或上级人大常委会进行追究，全国人大常委会由全国人大追究。

其次，预算法律责任的司法追究。理论上认为，预算一般不具有可诉性，具体的公民个体不能以预算为标的提起行政诉讼或民事诉讼。但这不是绝对，从“预算法定”角度而言，预算具有与法律同等的法律地位，应当接受司法机关的合宪性审查。从我国制度实际出发，可以考虑建立由检察机关代表的公益诉讼程序。从公共信托理论所引申出的行政公益诉讼信托出发，作为公共利益代表的人民代表大会根据人民的意愿可以将通过司法程序保护公民公共财产不被侵害的任务委托给检察机关，由其作为公共利益的代表，就预算法主体之预算违法行为向法院提起行政公益诉讼。

（三）完善人大主导的预算问责机制

人大主导的预算问责机制，既是人大预算监督法治化水平的体现，也是人大预算监督权落到实处的保障。由于法律是制约权力的有效武器，因而应该细化人大及其常委会对预算违法行为问责的法律规定，尤其要制定相应的制裁措施，以对预算执行中的违法行为的责任追究能够落到实处。人民代表大会作为人民的代表机关监督政府预算活动，不仅要具有防止政府及其工作人员违背公众意愿的理财行为的权力，而且要掌握能够惩戒预算违法违规行为的法律工具。法律责任虚置以及法律责任相对偏轻、处罚的程序和方式不明晰是我国人大对预算监督实质性作用发挥不够的一个重要因素。在我国的预算法律法规中，对于预算违法责任只有概括性规定，而且对于经济赔偿和刑事责任的规定也不明晰。对此，一是要建立健全预算违法的法律处理体系。应在预算法律中，规定不同的法律的适用范围、从属关系，以适用于对不同预算违法案件的调查。细化法律追责的具体程序和形式。二是要建立人大对政府的预算执行整改问责追究制度。对政府官员预算执行整改的问责追究是人大及其常委会对预算违法违规行为惩处的主要体现。人大及其常委会应当拥有针对有关预算违法问题对政府部门的领导进行问责的权力，对经选举产生并负有重要责任的政府领导，可以启动罢免或撤职程序；对非经选举产生但负有重要责任的政府领导，应责成政府认真处置，并向人大常委会报告处置结果。人大要对政府处理审计部门公布的预算违法违规问题的情况强化监督。三是要加大预算绩效追责力度。在完善预算绩效管理制度的基础上，细化追责办法。乱花钱要追责，花错了钱也要追责，多花了钱同样要追责。

第六章

标准科学的现代预算制度改革深化

标准是规范之基，规范是治理之要。标准是一切工作的基础，标准化水平被视为国家经济社会发展水平的重要标志。2020 年党的十九届五中全会，审议通过的《中共中央关于制定国民经济和社会发展第十四个五年规划和二〇三五年远景目标的建议》中，提出要“推进财政支出标准化，强化预算约束和绩效管理”。推进财政支出标准化，牢固树立“有标准就要用”的理念，强化标准对预算评审的约束，提高财政资金的分配效率，规范资金使用行为，更好地发挥财政在国家治理中的基础和重要支柱功能。

第一节　财政支出标准化的理论框架

一、标准与标准化

（一）标准的内涵

关于标准的内涵，目前最权威的是1996年国际标准化组织（ISO）和国际电工委员会（IEC）发布的ISO/IEC第2号指南《标准化和相关活动的通用词汇》（ISO/IEC Guide 2：1996）中的定义，即“为了在一定范围之内获得最佳秩序，而对现实问题或者潜在问题制定共同使用和重复使用的条款的活动”①。

管理程序标准，通常是在管理体系标准的框架结构下，对具体管理事务（事项）的过程、流程、活动、顺序、环节、路径、方法的规定，是对管理体系标准的具体展开。定额标准，是指在一定时间、一定条件下，对生产某种产品或进行某项工作消耗的活劳动、物化劳动、成本费用所规定的数量限额标准。定额标准是进行生产管理和经济核算的基础。定额标准通常分为劳动定额标准和消耗定额标准两大类。

（二）标准的特征

1. 标准是一种规范性文件

可以说文件是标准的表现形式，可以将文件广义地理解为记录信息的各种媒体。标准必须以文件的形式来表现，无论是纸质的还是电子形式的文件。也就是说，标准必须通过其载体达到有据可查。既然标准是一种规范性文件，其文件的形式也必须规范，并且具有区别于其他文件的特殊文件形式。

2. 标准具有共同使用和重复使用的性质

所谓共同使用是指大家都能使用；重复使用是指需要经常使用。这里，必须同时具备“共同使用”和“重复使用”这两个条件，也就是说，只有大家共同使用并且要多次反复使用，标准这种文件才有存在的必要。

---

① ISO/IEC第2号指南《标准化和相关活动的通用词汇》，北京：中国标准出版社2008年版，第1页。

3. 标准的制定需要有一定的程序，要有一个协商一致的过程，并且要由公认机构发布

国际上以及各国的标准化组织都规定了制定各类标准的程序，制定标准时必须严格按照这些程序去做。如为了规范标准的制定程序，中国针对国家标准、行业标准、地方标准和企业标准分别颁布了《国家标准管理办法》《行业标准管理办法》《地方标准管理办法》和《企业标准化管理办法》。标准能否最后通过并发布，要看协商一致的结果。

总之，特定的人群针对某些事物，为了获得最佳秩序，经过协商一致的程序并由公认机构批准，才能制定出标准。从标准定义的注释中可看出，标准制定的基础是科学、技术和经验的综合成果。标准之所以被制定并被使用，其动力来源于市场需求与共同的利益。这一动力促使利益各方聚在一起经过协商一致形成各类标准；这一动力同时也促使各方自愿使用标准。标准被自愿使用的程度如何，可以作为标准实施效果好坏的重要指标之一。

（三）标准化的内涵

制定标准的目的是获得最佳秩序，这种最佳秩序的获得是有一定范围的，即在一定的范围内获得最佳秩序。标准化是指：为了在既定范围内获得最佳秩序，促进共同效益，对现实问题或潜在问题确立共同使用和重复使用的条款以及编制、发布和应用文件的活动。可见，标准化首先是为了获得某种最佳秩序，促成某种规范。其次，标准化的目标是促进共同效益，以达成提高效率降低成本之目标。不仅如此，标准化还在于通过一些科学的规范，实现可推广和可重复的目标，以降低结果的不确定性，并在内容上构成有机整体，形成有序的体系。

标准制定是标准化工作的核心工作，要想有效地开展标准化工作，标准的制定就应该有计划、有组织、有秩序地按一定程序进行。在国民经济的各个领域中，凡具有多次重复使用和需要制定标准的具体产品，以及各种定额、规划、要求、方法、概念等，都可称为标准化对象。图 6 - 1 是按照不同的维度进一步划分标准的分类及其结果。

二、标准化理论的产生与发展

标准是标准化活动的成果，也是标准化系统的最基本要素和标准化学科最基本的概念。标准化作为一门学科，应该有自己的理论，然而，20 世纪 50 年代以前，

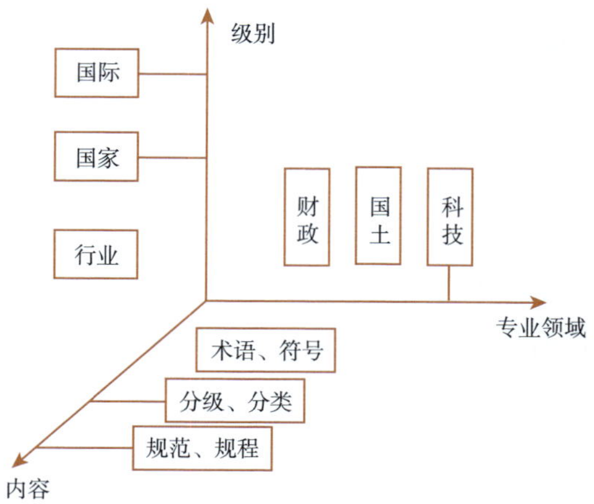

图 6－1　标准化三维空间示意图

标准化的理论成果并不多。主要原因在于：首先，标准化实践本身的特点，使它的理论研究比较困难；其次，由于现代意义上的标准化是在资本主义企业里发展起来的，资本家所关心的是标准化的应用效果，不可能支持企业里的标准化工作者去从事标准化理论研究。

1952 年，ISO 成立了标准化原理研究常设委员会（STACO），从此开始出现了有关标准化原理的专著，比较有影响的是 1972 年出版的桑德斯和松浦四郎的著作。

（一）桑德斯的标准化理论

1963—1972 年，英国人 T. R. B. 桑德斯任国际标准化组织（ISO）标准化原理委员会主席，在其出版的《标准化的目的与原理》一书提出标准化的 7 条原理，该书出版后曾被 ISO 列为培训标准化管理人员和企业标准化人员的参考文献。原理有：

——标准化从本质上讲，是社会有意识地努力达到简化的行为；

——标准化不仅是经济活动，而且是社会活动；

——出版的标准，如不实施，就无任何价值；

——在制定标准时，最基本的活动是选择以及将其固定；

——标准应在规定的时间内复审，必要时，还须进行修订；

——在标准中规定产品性能或其他特性时，为判断该物品是否符合规定，必须规定进行试验的方法；

——关于国家标准以法律形式强制实施的必要性，应根据该标准的性质、社会工业化程度、现行的法律和客观形势等情况慎重考虑。

桑德斯的标准化原理，基本上是围绕标准化的目的、作用和从标准的制定、修订到实施的标准化过程展开的，这是对以往标准化经验的科学总结。

（二）松浦四郎的标准化理论

日本人松浦四郎在1972年出版的《工业标准化原理》一书中，对其在ISO/STACO工作期间研究成果的总结，标准学界称之为“松浦四郎原理”。具体包括：

——标准化本质上是一种简化；

——简化就是减少某些事物的数量；

——标准化不仅能简化目前的复杂性，而且能预防未来不必要的复杂性；

——标准化是一项社会活动；

——当简化有效果时就是好的；

——标准化活动是克服过去社会习惯的一种活动；

——必须根据不同观点，仔细选定标准化主题和内容；

——对全面经济的含义，因立场不同而会看法不同；

——必须从长远观点来评价全面经济；

——当生产者的利益与消费者的利益发生矛盾时，应首先照顾后者；

——使用简便，最重要的一条是互换性；

——互换性不仅适用于物质的事物，还适用于抽象的概念或思想；

——制定标准的活动基本上就是选择，然后保持稳定；

——标准必须定期评审，必要时修订；

——制定标准的方法，应以全体一致同意为基础；

——有关人身安全和健康的标准，应立法强制实施；

——立法强制实施标准的必要性，必须考虑标准的性质和社会工业化水平，审慎从事；

——用精确的数值定量评价经济效果，仅对适用范围狭窄的具体产品才有可能；

——在许多标准化项目中确定优先顺序，实际上是评价的第一步。

三、财政支出标准化理论

财政支出标准化理论是标准化理论在财政管理领域中的具体应用，具体包括财政支出标准化的内涵、外延、分类、原则、程序和意义等内容。

（一）财政支出标准化的内涵

财政支出标准化，就是为了在财政预算管理中获得最佳秩序，运用标准化的原理，对财政资金预算编审活动进行科学的总结，形成管理规范，用以指导财政和部门更有效的从事财政预算编审活动。

财政支出标准化的目的是公平分配财政资金，提高财政资金使用效益和财政管理效能。标准为财政资源的分配和管理提供了目标和依据，有了标准就有了评判公平公正的尺子。因此，通过财政支出标准化工作而形成的项目支出标准体系是预算管理的基石，发挥着基础支撑作用。

（二）财政支出标准化的主体

财政支出标准化的主体包括参与预算编审过程的人大、财政、部门、预算单位和审计等部门。部门预算是各级政府总预算的编制基础，部门预算支出分为基本支出和项目支出。在部门预算编制过程中，构建一整套涵盖基本支出和项目支出的预算支出标准体系，需要多部门的参与介入，形成“财政主导、部门主体、人大和审计参与”的工作格局，保证预算分配有法可依、有据可查，夯实部门预算编制的基础。

（三）财政支出标准化的分类

1. 基本支出标准

财政支出标准化的产出是预算管理中规范的申报文本和量化的支出标准两部分。部门预算支出包括基本支出和项目支出。基本支出包括人员经费和公用经费，人员经费标准包括工资津补贴、住房改革支出、社会保险缴费等具体支出标准；公用经费标准按照人员费用定额为主、实物费用定额为辅的方式确定，科学设置定额项目，合理保障机构正常运转和基本履职需要。定额可以分为单项定额、综合定额、货币定额和实物定额等。上述预算支出标准定额之间的关系如图 6－2 所示。

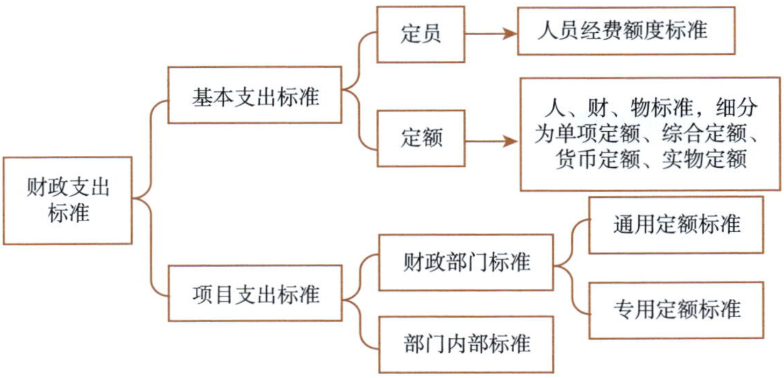

图 6－2　财政支出标准架构

2. 项目支出标准

项目支出预算是围绕“项目”编制的支出计划。项目支出定额标准体系建设是部门预算管理和改革的重要内容，是实施全面规范、公开透明的现代预算制度的重要技术支撑。项目支出定额标准体系是由通用、专用和部门内部标准组成的相互联系、相互补充的有机整体，是申请、审核和安排预算资金的基本依据，在加强项目支出管理、促进预算管理规范化、科学化以及深化部门预算改革方面发挥着重要作用。积极推进项目支出标准体系建设有利于提高财政资金分配效率，规范资金使用行为，有利于建立现代财政制度，夯实全面深化财税体制改革的制度基础，有利于更好地发挥财政在国家治理中的支柱作用。

项目支出标准定额可分为财政部门标准和部门内部标准，财政部门标准是指由财政部门（或会同部门）发布或认可的项目定额标准；部门内部标准是指由部门自行发布的项目定额标准。财政部门标准又分为通用定额标准和专用定额标准，通用定额标准是指适用于所有或大多数部门的、共性的项目定额标准，具有普遍适用性；专用定额标准是指适用于特定部门、特定活动或特定项目的定额标准，具有特定的适用范围。专用定额标准要与通用定额标准相衔接，既可以通过附加部门属性，将通用定额标准直接细化为专用定额标准，还可以根据部门核心职能活动，对通用定额标准进行排列组合，形成与各部门职能活动直接对应的专用定额标准。项目定额标准原则上应涵盖项目的全部支出内容，主要包括项目支出范围、资产配置标准、资产耗费标准、业务工作内容标准、取费标准等，项目定额标准可根据业务特点，分类分级制定。以中央本级为例，中央本级项目支出定额标准体系关系如图 6－3 所示。

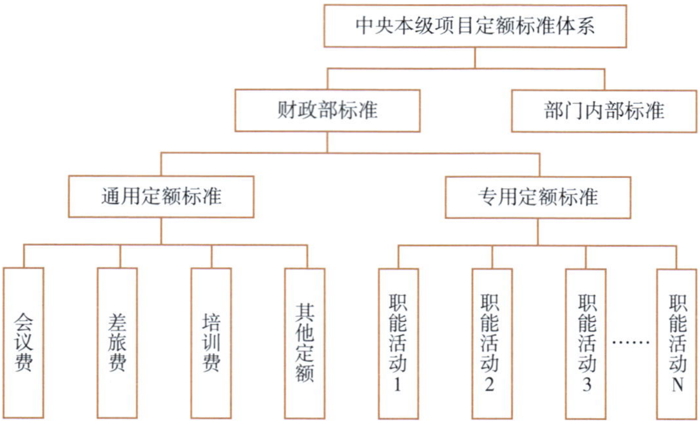

图 6－3 中央本级项目支出定额标准体系示意图

基本公共服务标准是基本公共服务领域项目的基础标准。国家基本公共服务标准是党中央、国务院关于推进基本公共服务均等化的决策部署，明确了现阶段各级政府必须予以保障的基本公共服务项目范围和底线标准。《国家基本公共服务标准（2021 年版）》包含“幼有所育、学有所教、劳有所得、病有所医、老有所养、住有所居、弱有所扶、优军服务保障、文体服务保障”9 个方面、22 大类、80 个服务项目。已有国家统一标准的基本公共服务项目，各地区要按照不低于国家标准执行。因此基本公共服务标准是项目支出标准的基础和底线，但是根据各地财政承受能力，项目支出标准可以高于国家基本公共服务保障标准。

3. 财政支出标准化的外延

推进财政支出标准化，就是更好地发挥标准在预算管理中的基础性作用。加快建设项目支出标准体系，强化标准应用，建立标准动态调整机制。按照财政部预算司 2019 年 6 月 13 日发布的财政部《关于进一步做好中央本级支出标准体系建设工作的通知》（财预〔2019〕112 号）的文件精神，对项目支出标准的外延进行重新界定，从项目文本和支出标准两方面来推进标准化工作（见图 6－4）。

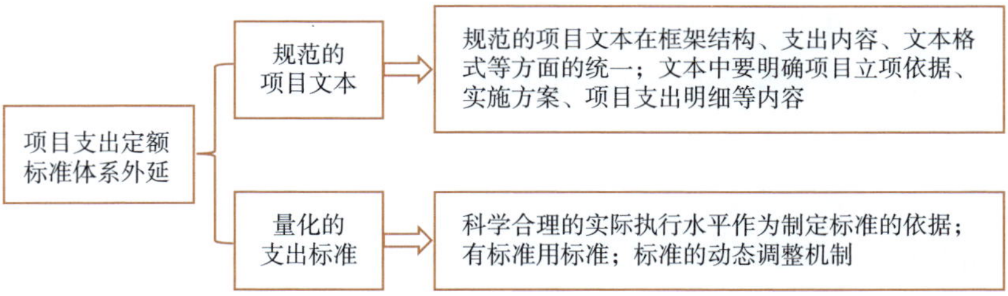

图 6－4　项目支出定额标准体系概念外延

项目定额标准体系包括规范的项目文本和量化的支出标准两部分。第一，通过规范的项目文本。逐步实现同类型项目的项目文本在框架结构、支出内容、文本格式等方面的统一，并按规范的文本编报和审核预算，文本中要明确项目立项依据、实施方案、项目支出明细等内容，并按规范的文本编报和审核预算，实现同类项目预算可比较可分析。第二，量化的支出标准。逐步将科学合理的实际执行水平作为制定标准的依据，有力加快标准制定步伐，并根据经济社会发展和财力状况适时调整。

丰富项目支出定额标准形式。适当扩充标准外延，支出标准不再拘泥于定额标准一种形式，将财政资金分配规范等纳入支出标准范畴。支出标准包括以下形式：一是安排教育、科学等财政支出重点领域预算规模及其结构的基本规范，进一步优化财政资源配置效率；二是分配专项资金的规范方法，运用这些方法能够有效地规范专项资金的分配，相对合理地确定具体项目的预算额度；三是确定项目整体或某项支出内容预算额度的测算标准，根据各项支出的特点和实际需要，合理运用绝对标准（如支出定额）和相对标准（如计提比例）、综合标准和分项标准等多种形式。

第二节 我国财政支出标准化现状与问题

一、财政基本支出标准化现状

《预算法》第三十二条第三款所称“预算支出标准”，是指对预算事项合理分类并分别规定的支出限额，主要包括基本支出标准和项目支出标准。地方各级政府财政部门应当根据财政部制定的预算支出标准，结合本地区经济社会发展水平、财力可能和实际工作任务的合理需要，制定本地区或者本级的预算支出标准。

从2001年起，财政部开始对基本支出试点“定员定额”管理方式，选择了农业部等10个试点部门，在中央编办核定各部门机构编制基础上，根据各单位履行职能的需要和财力可能等因素，制定了中央部门的人均基本支出标准。2002年，财政部颁布《中央本级基本支出预算管理办法（试行）》，在中央部门全面推开基本支出定员定额试点，并对基本支出的内涵作了新的界定。

所谓定员是国家机构编制主管部门根据行政事业单位的规模或业务工作量，对人员编制或定员比例所规定的人员指标额度，人员信息是基本支出预算编制和管理的重要基础资料。定额是国家根据行政事业单位的工作性质及特点对行政事业单位在一定时期内有关人力、物力、财力的补偿，消耗或利用方面所规定的各种经济额度。定额可以分为单项定额、综合定额、货币定额和实物定额。

根据基本支出的性质和基本支出定员定额管理的需要，结合近年来加强因公出国（境）费、公务公车购置及运行费和公务接待费（以下简称“‘三公’经费”）管理，以及推进实物费用定额试点的有关要求，从编制2012年部门预算起，财政部将基本支出定额项目进行了适当调整。其中人员经费定额包括8个具体项目（见表6－1），分别是基本工资、津补贴及奖金、社会保障缴费、离退休费、助学金、医疗费、住房补贴和其他人员经费，在支出经济分类中体现为“工资福利支出”和“对个人和家族的补助”两部分。

日常公用经费定额共有13个具体项目（见表6－1），分别是办公及印刷费、办公用房水电费、邮电费、办公用房取暖费、办公用房物业管理费、公务用车运行维护费、差旅费、会议费、福利费、日常维修费、专用材料及一般设备购置费、公务交通补贴和其他费用，在支出经济分类科目中体现为“商品和服务支出”和“其他资本性支出”等。

表6－1　　基本支出定额项目

类别	项目明细
人员经费定额项目	基本工资、津补贴及奖金、社会保障缴费、离退休费、助学金、医疗费、住房补贴和其他人员经费
日常公用经费定额项目	办公及印刷费、办公用房水电费、邮电费、办公用房取暖费、办公用房物业管理费、公务用车运行维护费、差旅费、会议费、福利费、日常维修费、专用材料及一般设备购置费、公务交通补贴和其他费用

资料来源：财政部预算司：《中央部门预算编制指南（2018）》，北京：中国财政经济出版社2018年版。

二、财政项目支出标准化现状

（一）中央本级项目支出定额标准体系建设历程

中央本级财政项目支出标准制定工作由财政部预算评审中心承担，自2014年8月财政部投资评审中心更名为预算评审中心后，在项目支出标准工作做了大量的工作。

1. 中央本级项目支出定额标准体系建设政策演变

2009年以来，财政部正式启动中央本级项目支出标准体系建设工作，成立了项目支出定额标准体系建设领导小组，出台了一系列的规章制度（见表6－2），强化组织保障。加大标准建设力度，在对项目支出定额标准进行清理的基础上，着力推进通用和专用定额标准建设，并要求中央部门积极开展内部标准建设工作。2015年，财政部印发《关于充分发挥预算评审中心作用 切实加强预算管理的通知》，推动预算评审中心积极参与标准制定。强化标准应用，将适宜公开的通用和专用定额标准汇总编入《中央部门预算编制指南》，敦促部门形成“定标准用标准”的观念和依据标准测算支出的基本理念，将标准有机融入预算管理全过程，充分发挥标准在项目支出预算管理中的基础性作用。2019年，财政部发布《关于进一步做好中央本级支出标准体系建设工作的通知》（财预〔2019〕112号），进一步就支出标准体系建设的重要意义、总体思路、基本原则、重点工作和工作要求进行部署。

表 6-2　项目支出定额标准政策梳理

年份	文件法规名称	发布单位	发布背景	有关项目支出预算定额标准的规定
2009	《中央本级项目支出定额标准体系建设实施方案》	财政部	为深化部门预算改革，推进预算科学化精细化管理，促进预算分配公平公正，实现预算管理公开透明	提出建设项目支出标准体系的指导思想、基本原则和建设目标。从横向（项目支出标准体系内含的部分）和纵向（2009—2020年构建项目支出标准体系的计划）研究构建项目支出标准体系的方案。
2009	《中央本级项目支出定额标准管理暂行办法》	财政部	为规范项目支出定额标准管理，提高预算管理的科学化精细化水平	从项目定额标准的分类和内容、管理职责、立项、编制、发布和实施以及复审和修订详细阐述了项目支出标准体系应该如何管理。
2014	新修订《预算法》	全国人大常委会	为了规范政府收支行为，强化预算约束，加强对预算的管理和监督，建立健全全面规范、公开透明的预算制度，保障经济社会的健康发展	修订后的《预算法》要求各部门、各单位按照财政部门制定的预算支出标准编制预算。
2014	《国务院关于深化预算管理制度改革的决定》	国务院	为贯彻落实党的十八大和十八届三中全会精神，按照新修订的《预算法》，改进预算管理，实施全面规范、公开透明的预算制度	项目支出定额标准体系在预算编制和管理中的基础性支撑作用。
2015	《关于加快推进中央本级项目支出定额标准体系建设的通知》	财政部	贯彻落实新《预算法》和《国务院关于深化预算管理制度改革的决定》	详细阐述项目支出标准体系建设的必要性，规定项目支出标准体系建设的基本原则和总体思路以及接下来一段时间的重点工作。
2019	《关于进一步做好中央本级支出标准体系建设工作的通知》	财政部	贯彻落实党的十九大报告建立全面规范透明、标准科学、约束有力的预算制度	支出标准体系建设的重要意义、总体思路、基本原则、重点工作和工作要求进行部署

资料来源：本研究归纳整理。

2. 中央本级项目支出定额标准体系建设成效

第一，理顺了财政部和部门在标准制定中的工作机制。基本支出标准体系建设由财政部组织实施，用于基本支出预算的测算和分配。项目支出标准体系建设采取“财政部牵头组织，中央部门具体落实”的管理模式。按照标准发布主体，项目支出标准分为财政部标准和部门内部标准。财政部标准又分为通用标准和专用标准，通用标准适用于中央本级的共性项目，主要由财政部负责编制、印发执行；专用标准适用于特定部门、专项资金或专项业务项目，由部门负责编制、财政部审核后研究印发执行。部门内部标准由部门负责编制、印发执行。

第二，拓宽了标准的建设思路和标准形式。根据标准建设的总体要求，确定项目标准建设的基本框架，项目标准体系建设的基本模式都包括项目方案编制规范和项目预算编制标准两部分内容。其中，项目方案编制规范主要是规范项目方案的编报内容，主要包括基本情况、必要性分析、建设方案、资金预算、项目绩效管理等方面。项目预算编制标准主要是明确项目预算的构成、编制格式标准及部分费用标准。从定性方面而言，中央本级各类项目基本一致，主要是对项目具体的预算构成、预算编制格式标准等予以明确；从定量方面而言，中央本级各类项目由于各自的特点不同，相关的标准也有所区别。目前陈列展览类标准、重大公益性演出、信息化建设标准、办公用房维修改造项目通用标准已经完成。同时结合部门预算编报和项目评审工作，推动标准在部门预算编制中的应用。

第三，明确了标准建设中财政分类保障的原则。行政单位和参公单位的基本支出全部由财政保障。事业单位根据职能定位、具体特点，分类完善财政补助政策：在明确界定公益职能、合理确定机构编制的基础上，公益一类事业单位基本支出由财政保障为主；公益二类事业单位结合现有财政补助水平，逐步推动实行与编制脱钩的补助机制，通过政府购买服务等方式予以支持。

第四，完善了支出标准和保障政策的调整机制。基本支出标准调整原则上与年度预算编制同步进行，人员经费标准，根据国家工资津补贴政策变化等情况予以调整；公用经费标准，根据机构职责、经济社会发展和物价水平、财力可能等情况予以调整。根据事业单位分类改革进展等情况，研究完善财政保障政策。

（二）省级层面项目支出定额标准体系建设实践

1. 浙江省项目支出定额标准体系建设实践

浙江省从 2007 年起着力完善预算支出标准体系建设，从 2016 年开始，浙江省级支出标准建设确立了“健全两个体系”“划清两个边界”的总体思路。即建立健全“基本支出标准体系”和“项目支出标准体系”两个体系，划清“基本支出与项目支出”和“不同项目之间的开支范围”两个边界，加快推进省级支出标准体系建设，促进预算编制更加精准、规范、有效和公开透明。2017 年，建立了分经济科目的日常公用经费预算支出标准，基本实现了基本支出预算标准化；项目支出实行分级管理。2018 年，按支出业务内容属性，进一步厘清基本支出与项目支出、不同明细项目类别之间的边界，对基本支出和项目支出标准体系作了进一步优化和完善。

经过近 3 年的持续推进，浙江省级支出标准体系基本建成。

（1）项目实行分级管理。为确保部门项目支出的相对稳定且可比，按照规范整合的要求，一是分为一级项目和二级项目两个层次。其中，一级项目是预算单位依据“三定方案”职责，且未纳入日常公用支出范围，单独设立的项目，原则上相对稳定。应以支出功能分类的项级功能科目为基础，如个别项级功能科目不够细化，可以按照单位职责增设一级项目，每个单位一级项目原则上应控制在 5 个左右。二级项目是预算单位为完成一级项目的工作任务或活动内容，根据项目支出标准明细类别而设立。二是规范整合项目。在原项目基础上规范整合新的二级项目，并按一级项目分类纳入相应的一级项目管理。现有项目中名称不规范、内容相似、边界不清、绩效不明确的二级项目归并整合。

（2）项目设置规范清理。为进一步加强省级部门项目支出预算管理，促进项目支出预算标准化，对项目支出预算的项目设置规则进行完善。主要内容如下：

第一，项目设置原则。一是，分级管理原则。省级部门项目支出预算项目实行分级管理，分为一级项目和二级项目两个层次。二是，标准原则。项目设置以经费支出标准体系和资产配置标准体系为支撑，通过公开透明的编制和审核程序，实现对项目的规范化管理，方便支出比较、数据统计等项目支出管理。三是，强化绩效原则。绩效管理贯穿于项目支出预算管理全过程，绩效目标及绩效实现过程清晰明确、合理可行，便于绩效评价的实施。

第二，项目需要准确反映部门职责。一级项目按预算单位职责大类设置，原则上应以支出功能分类的项级功能科目为基础，如个别项级功能科目不够细化，可以按照单位职责增设一级项目，每个单位一级项目原则上应控制在 5 个以内。二级项目按预算单位为实现一级项目绩效目标，根据履行职责或提供公共服务的具体活动或工作内容，并结合二级项目类别设置。

项目中的事权与中央、市县交叉重叠或不明的，应在厘清事权的基础上明确支出责任边界，按省级应承担的支出责任合理设置项目；部门之间职能存在交叉重叠的，应加强沟通衔接，避免项目重复设置；部门内部各预算单位之间也应按职责分工划清边界，明确绩效目标，合理设置项目。

第三，项目名称规范。一级项目名称原则上采用支出功能分类项级科目，二级项目名称应文字简练、表意清晰，能准确反映项目主要内容和范围。具有保密要求的项目可用代码或代号形式代替原项目名称。原则上不得以支出经济分类科目设置项目。部门预算的各种收入来源应该统筹使用，不得直接将收入项目名称作为支出项目名称。

第四，项目立项依据充分。一级项目依据预算单位“三定方案”的职责或围绕职责所需实施的职能设立，二级项目依据预算单位为完成一级项目的工作任务或活动内容设立。项目设置应符合单位职责，符合省委、省政府对国家战略发展规划和宏观调控的部署，符合行业、部门中长期规划和中期财政规划，符合部门事业发展需要。

第五，项目内容完整。项目应具有特定目标，内容应体现履行职责、提供特定公共服务、完成特定行政工作任务或事业发展目标。项目应有明确的实施范围和清晰的边界，项目之间支出内容不交叉。项目应有科学合理的组织实施计划，包括时间节点安排、过程管控、风险应对措施等。

第六，项目预算编制精准。支出预算测算精准，支出标准引用准确，工作量估算合理，测算过程规范。项目支出预算中已包括完成特定目标或任务所涉及的全部经费支出，并与部门中期财政规划相衔接，不含基本支出预算中已保障的支出内容。预算编制细化，按政府支出功能分类的项级功能科目和支出经济分类的款级科目编制。

第七，绩效目标合理。绩效目标与项目内容紧密相关，方向明确、具体细化、科学客观。绩效总体描述、产出目标、预期效果指标值已细化、量化。绩效实现过程合理可控。

（3）项目设置程序规范。各预算单位于“一上”时，提出一级项目设置或调整意见，经省级主管部门、省财政厅核准后设立。一级项目一经设立，保持相对稳定，一般不调整。二级项目由预算单位根据实际需求按不同项目类别要求提出，经省级部门、省财政厅审核后设立。

（4）项目清理整合。各预算单位应于编制年度部门预算前对上年项目支出预算二级项目进行清理，主要包括：一是上年一次性项目、已到期阶段性项目予以取消。二是上年经常性和未到期阶段性项目，重新立项和申报，其中，对与预算单位职责不对应、工作任务不相关、情况变化无法执行，以及基本支出预算已保障的项目予以清理；对结余结转资金规模偏大、预算编制不够细化、绩效评价不高的项目预算予以压减；对内容相似、边界不清、实施计划交叉、绩效目标相近的项目按项目支出预算标准予以归并整合。

（5）建立了省级项目支出标准体系。省级项目支出预算标准体系框架，主要是通过四个标准化搭建。

第一，开支范围标准化。在二级项目按专项公用类项目八类和发展建设类项目五类分类的基础上，2020 年，按业务内容属性细化为 49 类 166 项开支范围，对开支范围从允许列支和不允许列支两方面作了规范性限定。同时，根据允许列支的业务内容，对对应部门预算支出经济科目也作了限定。

第二，项目申报标准化。为方便项目申报，减轻项目单位工作量，发布《二级项目明细类别申报指南》，项目单位申报二级项目时，应按指南要求，根据明细项目类别对应的开支范围选择支出标准，其中，有财政标准的应选择财政标准（2020

年版166项开支标准中，有财政标准的为138项），暂无财政标准的可采用规定的其他依据，并按要求提供相关材料。

第三，金额测算标准化。项目单位在测算项目预算金额时，填报“项目标准测算录入表”（见表6-3），二级项目的预算金额一般应按“工作量×支出标准”的公式计算得出，其中，工作量由项目单位按规定申报并提供相关测算依据；支出标准由财政部门发布，暂时未发布的，可以由项目单位暂按其他依据测算，但应按要求提供测算依据、引用标准及测算过程等相关资料。

表6-3　　2020年浙江省省级项目支出预算标准表

<table>
<tr><th rowspan="3">明细项目类别</th><th colspan="3">成本费用范围</th><th rowspan="3">对应部门预算支出经济分类科目</th><th rowspan="3">备注</th><th rowspan="3">财政标准主要依据</th></tr>
<tr><th rowspan="2">成本费用范围（标准名称）</th><th colspan="2">成本费用范围说明</th></tr>
<tr><th>允许列支的内容</th><th>不允许列支的内容</th></tr>
<tr><td rowspan="4">4.1 信息化运行维护</td><td>4.1.1 通用系统软件运维费</td><td>安全产品或存储系统、操作系统、中间件、产品软件等系统软件续保费用</td><td></td><td>维修（护）费</td><td rowspan="4">应由预算单位在预算编制系统上传以下材料：
1. 两办预审意见；
2. 原建设合同；
3. 上年度运维合同；
4. 费用清单</td><td rowspan="4"></td></tr>
<tr><td>4.1.2 定制开发软件和硬件运维费</td><td>维护定制开发软件所支出的费用以及各应用系统日常问题处理支出；对网络设备、服务器、机房配套设备等维修或更新所支出的费用</td><td>软硬件升级改造（应列入信息网络购建类），非资本化的软硬件设备更新（应列入基本支出）、通用设备（包括电脑主机、显示器、打印机、一体机等）维护（应列入日常公用经费的办公费）</td><td>维修（护）费、专用材料费</td></tr>
<tr><td>4.1.3 租赁费</td><td>设备托管、租用传输链路或通信设备等所支付的租金，主要包括IDC机房托管费、专线（如MSTP）租赁费、短信服务（如OA系统短信发送费）等</td><td>办公用的网络通信、宽带等租赁费（应列入基本支出的邮电费）</td><td>租赁费</td></tr>
<tr><td>4.1.4 其他专业外包服务费用</td><td>包括数据采集、信息采编与推送、视频会议等专业外包服务</td><td></td><td>委托业务费、咨询费、劳务费-其他劳务费支出、培训费</td></tr>
</table>

续表

明细项目类别	成本费用范围			对应部门预算支出经济分类科目	备注	财政标准主要依据
	成本费用范围（标准名称）	成本费用范围说明				
		允许列支的内容	不允许列支的内容			
13.4 资本化的场馆装修布置（博物馆、展览馆、科技馆、图书馆、美术馆等）	13.4.1 基础装修费	装饰工程费；安装工程费	1. 非资本化的临时展览性布展（应列入大型宣传活动类），基础性装修（应列入大型修缮类）； 2. 可移动的或通用办公设备、办公家具购置（应列入设备购置类（批量）或日常公用支出（零星或日常）； 3. 本单位人员的基本工资	大型修缮（基本建设）； 大型修缮（资本性支出）	应由预算单位在预算编制系统上传以下材料： 1. 有资质的设计单位编制的设计报告文件和盖章的图纸； 2. 有资质咨询单位编制盖章的造价文件	财政部《陈列展览项目预算编制标准》
	13.4.2 陈列布展费	设备购置和制作费；辅助展品制作费				
	13.4.3 专业灯光购置费	专业灯光购置费				
	13.4.4 多媒体系统工程费	硬件费用；软件费用；系统集成费；影像制作费				
	13.4.5 场馆装修布置其他费	项目建设管理费；招标代理费；监理费；设计费				
	13.4.6 预备费	预备费				

资料来源：浙江省财政厅。

第四，项目设置标准化。制定项目支出预算项目设置规则，明确项目设置应遵循分级、标准、绩效的原则，符合准确反映职责、项目名称规范、立项依据充分、项目内容完整、预算编制精准、绩效目标合理的设置规则，按规定程序逐级报批设置。

2. 河南省项目支出定额标准体系建设实践

（1）公用经费定额标准建设情况。河南省公用经费定额标准采取综合定额和分项定额相结合的方式。公用经费综合定额以部门性质和级别分档确定标准，按部门相应编制数确定公用经费总额。近年来，考虑到省直部门实际支出需要，除公用经费综合定额外，河南省还先后研究出台了水费（年人均 170 元）、电费（年人均 1100 元）、公务用车运行维护费（省级干部用车每年每辆车 5 万元、一般公务用车每年每辆车 4.5 万元）、办公费（基准定额为年人均 2800 元）、差旅费（基准定额为年人均 8060 元）、印刷费（基准定额为年人均 350 元）、物业管理费（每年每平方米 40 元）7 项支出定额标准，以各单位编制内实有在职人员数（车辆编制数）为基础核定各分项金额。

（2）项目支出定额标准建设情况。河南省级项目支出主要分为专项资金和一般性项目。专项资金是指为适应经济社会改革和发展要求，完成特定工作任务或实现特定事业发展目标，经省人民政府批准，由省级财政在一定时期安排，具有专门用途的资金，以及中央对河南省专项转移支付资金。不含行政事业单位工资福利等人员经费、公用经费和专项业务费等维持机构运转支出、一次性补助支出、具有公用支出性质的专项支出，以及省对市县财力性转移支付资金。2018 年省级专项资金共有 110 项。

一般性项目是指各单位用于维持机构运转的项目支出，支出反映在本单位。一般性项目按安排期限分为经常性项目和有期限要求的项目两大类；按用途分为办公类、会议类、培训类、大型活动类、办公场所租赁类、维修改造类、设备材料购置类、购买服务类、资本性支出类、其他类 10 大类。

河南省财政厅预算评审工作自 2015 年经省编办批准增加“参与研究提出项目支出预算标准”职能以来，成立标准稽核科具体负责项目支出预算标准建设工作；制定了项目支出预算标准体系建设内部控制操作规程和业务操作规范；印发了实施方案和厅内联席会议制度，项目支出预算标准建设工作内部制度和编制规范已初步建立。标准制定工作在相关规范的指导下稳步推进，截止到 2020 年 10 月，河南省财政厅已经印发了“省级信息化建设项目、省级信息化运行维护项目、省级大型会展和招商活动、省级评审专家劳务费、省直机关办公用房维修改造、省级陈列展览、省直机关办公用房装修（改造）7 项标准，提交厅长办公会审议了信息化建设、办公院区安防和绿化等标准，完成了信息化运维、公益性演出标准初稿，开展了对省属中职学校非全日制在校生培养成本、车辆运维费标准的调研工作，推进国土厅、统计局等 7 个部门内部标准制定工作。相关项目支出通用标准建设文件如表 6－4 所示。

表 6－4　河南省财政厅项目支出通用标准建设现状

序号	文件名称	文号
1	河南省财政厅关于印发《关于省级信息化运行维护项目支出预算标准的规定（试行）》的通知	豫财预〔2020〕67 号
2	河南省财政厅关于印发《关于省级政务信息化建设项目支出预算标准的规定（试行）》的通知	豫财预〔2020〕81 号
3	河南省财政厅关于印发《关于省级大型会展和招商活动项目支出预算标准的规定（试行）》的通知	豫财预〔2019〕218 号

续表

序号	文件名称	文号
4	河南省财政厅关于印发《河南省省直机关办公用房维修改造项目支出预算标准的规定（试行）》的通知	豫财预〔2019〕10 号
5	河南省财政厅关于印发《河南省省级评审专家劳务费管理办法（试行）》的通知	豫财办〔2018〕41 号
6	河南省财政厅关于印发《河南省省级陈列展览项目支出预算标准（试行）》的通知	豫财预评审〔2017〕9 号
7	河南省财政厅关于印发《河南省省直机关办公用房装修（改造）项目支出预算标准的规定（试行）》的通知	豫财预评审〔2016〕6 号

资料来源：河南省财政厅。

3. 北京市项目支出定额标准建设实践成果

北京市自 2005 年开始参与研究制定预算项目支出定额标准，2011 年首次提出从“审项目”向“审标准”转变的工作思路，2016 年全面部署项目支出标准化体系建设工作，研究制定了《关于项目支出定额标准化管理的实施方案》，坚持“突出重点，分步推进，动态优化，分工合作”的基本原则，逐步推进项目支出标准化体系建设。

北京市财政通过建立组织管理机制，创新标准制定工作模式；合理选择定额标准项目，建立开放型定额标准体系；开展试点项目审核工作，将标准制定与项目审核相结合；做好定额标准体系建设信息化保障；健全标准应用机制，推动标准公开和应用等措施。

北京市已经陆续研究制定了“政策性考务工作费标准”等通用类定额标准，市教委北京市中小学生培育和践行社会主义核心价值观“四个一”活动项目支出标准、市人事考试中心政策性考务工作费标准、市旅游委旅游产业发展引导资金项目支出定额、市文化局戏剧剧目财政补贴标准、市政市容委老旧小区热计量改造预算标准、国有林场森林管护投资指导标准、疾控中心设备维护、耗材、电耗公用定额和“北京市体育赛事项目预算目录及标准”等专项定额标准。

2017 年评审中心又先后完成了市交通委道路运输营运车辆综合性能检测收费标准，北京市疾控中心公用定额指标（完善）等 7 个项目支出定额标准测算，应用于 2018 年项目预算编报审核，为提升项目预算编制水平，改进项目支出管理提供基础性支撑。

2018 年北京市财政局预算评审中心大力推进将项目评审内容从单纯财政专项资

金的预（结）算项目审核，转向项目支出标准测算制定，从“审项目”向“审标准”的转变，同步建立完善相应的项目支出标准体系工作。一是完成了9个项目的支出定额标准测算。对北京市民政局接济服务中心日常运行维护保障费用、残疾人体育训练经费和北京市新能源汽车补助审核经费等9类支出定额标准进行测算，并不同程度应用于2019年项目预算编报。二是参与了定额标准测算和编发工作。配合相关处室完成成本绩效预算编制试点工作中有关项目支出标准测算工作，整理编发了北京市通用定额标准评审工作手册。

三、财政支出标准化问题

（一）基本支出标准建设的问题

1. 预算支出标准内容不够全面

预算支出标准体系内容复杂、系统性强，目前，中央本级在组织本级的定额标准体系制定，各省（市、区）也各自为政。从全国来看，缺乏统一组织和协调，中央本级和各地都在根据自己的情况探索，多层次投入、重复投入的现象比较严重，缺乏有效整合。目前全国部分省份已就部分支出科目建立起相应的支出预算标准，但所涵盖的内容还不够全面，支出预算标准涵盖的范围仍需进一步扩大。这些基本问题的解决，会极大提高预算的前瞻性，而预算支出标准的内容也必定会更加全面。

2. 预算支出标准不够细化

目前，我国财政支出定员定额标准不够细化，具体体现在两个方面，一方面，现有的预算支出标准不仅要确定人员、支出，同时还要核定单位部门的工作量，进而确定出完成工作任务所需占有的公共资源。比如通过核定办公用房的面积、标准，进而制定办公用房取暖费、维修费、水电费标准等，现有公用经费支出定额体系还需根据各单位履行职能要求进一步细化、调整。另一方面，目前各省不同县市地区间收入水平和综合物价水平存在一定差异，一省一定额不能根据单位性质、职能任务以及现有公共资源的配置情况，体现各地区各单位的特性，容易造成实际的不公平。

3. 现行的预算支出标准缺乏动态管理

定员和定额是测算和编制行政事业单位基本支出预算的重要依据。一方面，各单位的即时人员变化情况财政部门不能及时掌握，目前人员经费年度预算的核定，基本是按当年人均财政拨款和下年度预计新进人数，核定下年人员经费增长数。人员和经费不能实行动态管理，没有对纳入财政补助的全部人员根据现行国家对工资福利津贴和社会保障等方面有关规定综合全面考虑测算，一味地采用历史数据，导致按照定员定额标准核拨的人员经费不充足，定员定额标准与单位的实际情况不相符。另一方面，物价指数和消费指数动态调整机制财政部门尚未建立，最终制定出的定员定额标准将与实际情况脱离。有些省级经费标准多年未经调整，如会议费、培训费、差旅费等经费标准都是很多年前制定的，到目前为止已近很多年未调整，而近几年来物价上涨较快，带来行政成本刚性增长，当时设计的定额标准现在显得偏低了。

4. 预算支出标准设计合理性、科学性不强

首先，现行的预算更多的是采用基数加增长的模式编制出来的，基数法的预算编制方式并非根据部门单位的实际工作任务量及财力计算出来，不能真实的反映个部门需要和实际耗用的真实水平。其次，目前收入水平和综合物价水平在浙江省各县市地区间存在着较大差异，完全一致的定额标准不能根据单位性质、工作量的大小、当地实际经济发展状况及现有公共资源的配置情况，体现出各地区各单位的差异，标准体系的公平性遭到质疑；综上预算支出标准设计的合理性、科学性不强。

5. 预算支出标准公开透明性不高

不同单位部门、不同地区的财力状况不同，工作性质及工作任务量也不同，纳入预算定员定额单位的人均财政拨款标准基本相同，出现各单位部门收入水平差异较大，致使预算支出与实际情况存在较大差异。支出预算标准的公开与透明离不开人大与社会公众的有效监督，定员定额标准的监督机制不够，对支出预算的绩效审查还需加强。日常公用定额标准公开力度不够。现阶段预算公开内容，以部门、政府整体预算公开为主，更细化公开内容，如：日常公用定额标准很少有地方公开，而定额标准恰恰是反映地区财力水平、行政成本、能耗高低的客观数据指标。

（二）项目支出标准建设存在的问题

中央和各省份近年来出台了一些预算项目支出标准，虽然取得了一定成效，但

项目支出专用标准的缺乏，使我国预算项目支出标准的整体建设仍未构成体系，一些突出问题亟待解决。

1. 财政通用定额标准体系初步建立

自 2009 年以来，根据中央政策文件精神，中央和各省份高度重视预算项目支出标准建设工作，相继制定了部分通用项目支出标准。已出台的预算项目支出标准，主要仍集中在一些通用的、跨部门的标准或管理办法。如会议费、培训费、因公出国、接待外宾费用、援外培训班费用、公务员奖励开支、专家咨询费等项目，均制定了财政通用定额标准。通用标准的出台，给相关部门在一些常规性项目支出的预算编制和资金使用方面提供了依据。

2. 财政专用定额标准和部门内部标准建设进度缓慢

在财政日常业务管理中，还存在数量庞大的财政专用定额标准和部门内部标准。专用定额标准适用于特定部门、特定活动或特定项目的定额标准，具有特定的适用范围，在一定程度上与财政专用定额标准相衔接，既可以通过附加部门属性，将通用定额标准直接细化为专用定额标准，还可以根据部门核心职能活动，对通用定额标准进行排列组合，形成与各部门职能活动直接对应的专用定额标准。像交通部门进行公路养护、水利部门修建水库、公安部门制定服装、体育部门编制运动员训练费用等项目时，没有具体量化的支出标准。还有一些项目是部门特有的内部标准。专用项目支出标准的缺失，使目前的预算项目支出标准体系仍较为扁平。如何填补专用标准的空缺，将通用标准和专用标准相结合，搭建一个内容丰富、结构立体的标准体系，是财政支出标准化工作中亟须解决的问题。

3. 标准制定的整体责任意识和配合程度有待提升

搭建预算项目支出标准的科学方式，是由财政部门牵头，会同各相关部门共同研究制定。当前大部分省份仅由财政一家部门在推动，其他部门的参与度还很低；即便是财政部门内部，各处室对预算项目支出标准建设的了解程度和重视程度也存在欠缺。对标准建设意义、内容、重要性等方面认知的不均衡，导致了财政部门与各部门之间暂时缺乏有效沟通，短时间内较难建立起责任清晰、分工明确的协作方案。

4. 预算项目种类繁多，逐一制定标准难度较大

与基本支出不同，部门预算项目支出专有性强、种类繁多，标准制定的难度也随之增加。一些规模较大的部门，如交通厅，项目数量多达上千个，“项目多、标准少”的矛盾突出，大量项目暂无标准可依。除共性项目外，部门根据自身不同的职能分别开展不同领域、不同方向、不同内容的“专用项目”。省（自治区）本级囊括了党政群团、公安司法、安全警卫、教育科技、文化卫生、农林水利、交通基建、经贸投资等诸多领域，预算项目的数量便由此呈现出发散式增长。若将同一部门内部各个所属单位中类型相近的专用项目进行归并整理，按每个部门平均3—5类专用项目来估算，125个部门将拥有大约400—600种类型的专用预算项目。对于这些数量庞大的预算项目，要想逐一研究、制定、审核、发布标准，无论是由部门还是财政牵头，都将产生巨大的工作量，同时也容易导致在标准制定过程中因过于强调速度和数量而忽略质量和实用性等问题。因此，针对不同部门、不同类型的专用项目，有针对性地逐一制定标准，在短期内达成的难度很大。

5. 客观情况存在差异，标准推广度较低

预算项目支出标准建设面临的另一个挑战，是同一标准在不同部门间推广度或普及度的问题。因项目支出标准制定需要满足预算精细化管理的要求，同类项目在不同条件下即便只存在些许差异，都可能导致每一个专用项目都是“唯一的”。一是因地而异。例如，公路养护类项目，同样是交通部门下属的公路局，因所在的市、区、县不同，用于公路保养与护理而花费的材料成本、人工成本、施工运行成本等养护成本就会有所区别。即便制定一个统一的“公路养护类项目支出标准”，也需将各地不同的成本因素考虑在内。二是因部门而异。例如，被装制定类项目，公安、检察、法院、税务、工商、监狱、戒毒等不同部门的服装在用料选择、制作规格、配备套数、金额标准等方面都存在区别，故无法通过一个统一的“被装制定类项目支出标准”去实现对所有部门被装制定项目的全覆盖。因此，即便一些专用项目在类别上十分相似，也很难在各部门之间做到标准上的“一对多”，支出标准需要在“普适性”和“针对性”二者之间作出平衡。

6. 市场环境多变，标准的动态调整困难

制定一个专用项目支出标准，需要经历前期调研、资料收集、数据分析、拟订

框架、征求意见、财政审批、发布实施等多个环节，整个流程快则数月、慢则可能超过一年。一些项目开展所需要的材料成本、人力成本、行业规范等因素在长达数月甚至一年的时间里很有可能发生改变，使标准可能逐渐无法真实反映客观水平或者变得不合时宜；但标准一经制定发布，短时间内一般不会轻易反复变更。因此，标准在制定时面临着两种困境：一是如果按当时的物价水平等因素设置标准，可能在接下来实施的几年内逐渐不能适应市场环境变化；二是如果将未来物价上升等因素考虑在内，在标准制定之初预先提高设置水平，又可能面临财政资金安排过多，进而引发对标准合理性的质疑。因此，支出标准需要在"政策延续性"和"标准时效性"之间作出平衡。

第三节　我国财政支出标准化的目标、原则与建设任务

推进预算支出定额标准体系建设，是加强和改进预算管理的重要举措，是保证有效配置财政资源、保障部门有效履职的重要基础。推进财政支出标准化，牢固树立"有标准就要用"的理念，强化标准对预算评审的约束，提高财政资金的分配效率，规范资金使用行为，更好地发挥财政在国家治理中的基础和重要支柱功能。

一、财政支出标准化的目标

（一）推进财政支出标准化，助推国家治理体系和治理能力现代化

党的十八届三中全会将"完善和发展中国特色社会主义制度，推进国家治理体系和治理能力现代化"作为全面深化改革的总目标，称"财政是国家治理的基础和重要支柱"。这是首次在国家政治层面明确提出国家治理体系和治理能力现代化这一重大命题。2019 年党的十九届四中全会围绕全面深化改革总目标，指出坚持和完善中国特色社会主义制度、推进国家治理体系和治理能力现代化，是一项重大战略任务，标定了中国实现现代化的"三阶段"时间表，明确了中国实现现代化的 13 个方面的"坚持和完善"的路线图。2020 年党的十九届五中全会提出：建立现代财税金融体制，推进财政支出标准化，强化预算约束和绩效管理。这对于完善国家治理机制有着重大的理论指导。

预算能力是国家治理能力的重要组成部分。基于国家的治理能力在很大程度上取决于它的预算能力，也就是有效且负责地筹集和使用财政资金的能力，因此，改变国家取钱、分钱和用钱的方式，就能在很大程度上成为改变国家做事的方式，改

变国家治理模式的制度规范。财政支出的过程，实际上是社会资源的耗费过程。社会资源同人们的需求相比总是存在着稀缺性，财政资源也同样存在着稀缺性。这就要求在财政收支活动中，要通过最有效地筹集、使用和管理财政资源，用最小的支出提供更多、更好的公共产品（服务），获得最大的社会政治经济效益。而是否获得了最大的效益，在具体的管理操作中依赖于对预算支出的实施成本、产出结果来进行综合判断。预算支出标准定额建设就是通过对预算成本与预期效益进行分析考核，为公共资源的优化配置提供依据和方法。

（二）推进财政支出标准化，助力法治财政建设

财政支出标准化是建立政府法治财政的重要环节。积极推进项目支出定额标准体系建设，建立一套科学合理、统一规范的项目支出定额标准体系，并以适当的方式向社会公开，不但有利于保证预算分配有法可依，有据可查，做到取信于民。预算支出标准体系的建设有助于树立依法理财意识，实现从源头上预防腐败，不断推动国家治理体系和治理能力现代化。

（三）推进财政支出标准化，提升政府施政综合绩效

在传统公共管理模式中，政府是非营利性质的，政府活动只要严格遵从预算的要求，组织预算收支即可。政府的持续发展能力和偿债能力取决于政府继续为之提供资金的意愿，而不是取决于政府部门取得成果和回报的能力。然而新公共管理理论提出，政府的职能和根本目标应是履行管理社会公共资源责任，提供社会公共产品和公共服务，政府活动应从纯粹的预算分配向积极的财政管理扩展，社会对政府的关注也由注重实现公共资源的配置过程向注重实现公共资源使用绩效转变。这也带来了政府成本效益分析理论和预算绩效管理理论的兴起与发展。

随着西方新公共管理运动的兴起、公共选择理论和西方经济学的发展，绩效预算逐渐成为西方国家提高政府绩效的预算管理模式。绩效预算是美国在 1949 年首次提出的一种预算方法，随后它在不同的时期不同的地区被诠释为不同的形态，项目预算、项目规划预算、产出预算等是政府部门按所完成的各项职能进行测算，运用一些企业成本管理工具，将政府预算建立在可衡量的成本和绩效基础上。相对于传统的公共管理模式中，新公共管理理论更加关注政府活动的绩效，社会对政府的关注也由注重实现公共资源的配置过程向注重实现公共资源使用绩效转变，这也要求政府用有限的财政资金带来更大的财政绩效。

预算支出标准体系的建设是提高财政资金使用绩效的重要手段，在保证各级政府支出需要的同时，通过制度化、标准化定额标准设计，减少预算安排过程中的博

弈，降低交易成本，提高财政资金的配置效率和使用效益。成本效益分析法为确定项目的各项成本和收益，服务于项目决策提供了一个很好的分析工具，进一步也为推进财政支出的标准化、法治化管理提供了一个很好的分析思路。

（四）推进财政支出标准化，助力预算公开和约束

政府预算是经过法定程序批准的、具有法律效力的政府年度财政收支计划，是社会对政府和政府官员“非暴力的制度控制”的有效途径。预算为社会公众提供了这样一个相对开放的渠道，公众可以确信他们的纳税没有被用于私人目标，也没有被乱用和浪费掉，而是用在了政府向他们承诺的公共事务上。没有预算的政府是“看不见的政府”，而“看不见的政府”必然是“不负责任的政府”。“不负责任的政府”不可能是民主的政府。预算改革的目标也就在于要把“看不见的政府”变为“看得见的政府”。只有政府预算信息让人民“看得见”，人民才有可能对它进行监督。

预算支出标准是部门预算编制、执行及预算监管的重要依据，只有建立完整的预算支出定额标准体系并以适当方式向社会公开，才能严格控制政府预算支出，保证预算分配有法可依、有据可查。预算公开之后，各级政府、政府所属部门的经费分配结果将公示于众，也给了公众监督政府如何配置财政资金的途径，纳税人也有渠道了解自己交纳了多少税收，被政府用在哪些领域。制定预算支出标准体系，按照统一的标准安排预算，并在适当的时候将预算安排的依据和预算执行的结果一并公开，有利于建立政府和公众之间的互信，促进政府和公众的和谐。

二、财政支出标准化的原则

财政部门在推进财政支出标准化工作时，要尽可能地吸引标准的利益相关方广泛参与，基于协商一致制定标准，要保证标准制定过程中的信息透明，同时要保证程序可控。因此，在推进财政支出标准化时，通常会考虑以下五方面的原则。

（一）开放原则

财政部门在制定财政支出标准时，要确保财政部门的业务处室、主管部门、预算单位的代表能够有效参与到每一项财政通用标准或专用标准的制定活动中来。让这些利益相关方都能参与到标准制定中来，既合作完成标准的制定，又有充分的就不同观点进行讨论的机会，尽可能在早期解决对标准技术内容的各项分歧，避免标准制定后期或发布后的争议和不适宜。

（二）协商一致原则

协商一致是指普遍同意，即有关重要利益相关方对于实质性问题没有坚持反对意见，同时按照程序考虑了有关各方的观点并且协调了所有争议。协商一致并不意味着全体一致同意，标准形成的过程是科学、技术、数据和经验进行综合集成的过程。

（三）透明原则

透明主要是指在标准制定过程中，有关的信息能够被财政部门、主管部门或预算单位的成员代表，甚至相关利益主体外部的感兴趣的有关方获得。信息的公开是实现透明原则的核心，各有关方可以及时准确地获取有关信息，掌握标准制定的进度安排，确定参与标准制定的计划，从而充分参与到财政支出标准化的全过程。

（四）可追溯原则

可追溯原则是指标准制定程序是可控的，标准制定机构可以确保每个程序阶段的规定被执行，并形成相关的记录。在可追溯原则的指导下，标准制定程序不仅被划分为阶段，而且设置了阶段转化的条件，确保标准制定的程序合规可控。

（五）量化可操作原则

量化原则是以数字为基础，对关键的决策点及操作流程，实行标准化操作的管理原则。推进财政支出标准化是为了应用到财政预算编审实践中，实现财政预算管理的最佳秩序，实现公平分配财政资金和提高财政管理效能的双重目标。因此，财政支出标准化的工作还必须坚持量化可操作的原则。

三、财政支出标准化的建设任务

加强顶层设计，完善项目分类和建立预算支出定额标准分类，制定相关制度办法，建设预算支出定额标准信息系统；财政部进一步加强财政通用标准制定工作推进度，同时以一般性项目通用标准的制定为主，逐步推进部门内部标准和专用标准建设工作。到 2025 年，实现一般性项目中大部分经常性支出有通用标准可依，专用标准根据需要编制，完成一定比例的职能业务工作量及项目经费数额较大的主管部门内部标准制定工作。

（一）出台预算支出定额标准体系建设的路线图与时间表

第一，财政部及各主管部门要加强项目支出标准体系建设理论研究，进一步明确项目支出标准化建设的理论基础与现实意义，强化各部门特别是基层部门预算支出标准管理理念。第二，中央层面结合预算支出标准建设现状与财力状况、财政管理水平，形成《中央本级部门预算支出标准体系建设总体方案》，确定预算支出标准体系建设的指导思想、基本原则、建设目标、时间表、建设阶段、保障措施等内容。第三，制定《中央本级预算项目支出标准管理办法（或操作规程）》，明确关键任务，细化时间节点，科学设定近远期主要目标，确定工作方案、责任分工、制定流程、审批步骤、管理方式、实施细则等具体可操作的内容。第四，发布《中央本级预算项目支出标准建设工作指导意见》，对各部门拟订具体专用项目支出标准的原则、依据、形式、流程、注意事项等进行明确，必要时财政部门要对各部门进行交流指导，相互配合协作。第五，加强研究成果转化应用，结合人大部门调研和审计部门发现问题，着力推进中央本级财政专项资金支出标准建设，逐步提高标准体系建设的规范性、合理性和实效性。

（二）明确预算支出定额标准体系的部门职责分工

预算支出定额标准体系建设实行“统一领导，分工负责”的管理体制，由财政部统一领导，财政部和主管部门分工负责。

1. 财政部的职责界定

加强预算支出标准体系建设理论研究，强化研究成果转化应用；制定中央本级预算支出定额标准管理规章制度；组织编制预算支出定额标准体系建设的总体规划及年度计划；管理通用定额标准和专用定额标准；指导主管部门的预算支出定额标准管理工作；组织、监督、检查预算支出定额标准的实施；协调和处理预算支出定额标准管理其他事宜。

2. 中央本级主管部门的职责界定

制定部门预算支出定额标准管理规章制度；组织编制部门预算支出定额标准体系建设总体规划及年度计划；具体管理专用定额标准；管理部门内部标准；负责部门预算支出定额标准管理其他相关工作。

3. 建立中央本级财政预算支出定额标准体系建设联席会议制度

联席会议主要职责是负责组织落实《中央本级部门预算项目支出标准体系建设总体方案》，协调解决标准体系建设中重要问题，统筹推进预算支出定额标准体系建设，研究确定定额标准信息化建设业务需求，研究制订工作方案，提出财政标准（通用标准、专用标准）制定需求，指导部门内部标准的制定工作；审核财政标准（通用标准、专用标准）、部门内部标准初稿；审查向部长办公会提交的制度规定和各项项目支出定额标准。

（三）细化预算支出定额标准体系建设的工作流程

1. 预算支出定额标准的立项

预算支出定额标准实行年度立项制度，中央主管部门每年按职责分工编制本部门项目定额标准建设年度计划，并于每年3月15日前以书面形式报送财政部。申请立项的预算支出定额标准应当符合以下条件：符合预算支出预算管理实际工作的需要（优先选取资金量大、重复度高的项目）；没有现行预算支出定额标准，或现行的标准应予以修改；属于预算支出定额标准体系管理的范围。财政部对主管部门提交的标准立项申请进行汇总研究，经批准后下达中央本级项目定额标准建设年度计划。中央主管部门内部标准由财政部备案。预算支出定额标准建设年度计划应当明确定额标准的名称、主编部门、完成时间等。标准建设年度计划应严格执行。确有特殊原因需要在年中调整立项的，经审批后可调整列入年度计划。

2. 预算支出定额标准的编制

预算支出定额标准的编制主要包括项目支出定额标准编制的依据、原则和方法（见图6-5）。

第一，预算支出定额标准编制的依据是：国家预算财务管理法律法规和规章制度；相关已发布的定额标准及其规程规范；相关行业、部门发展规划；相关市场公允价格；其他相关资料。

第二，预算支出定额标准编制遵循以下原则：统一公正原则。定额标准要一视同仁，不同部门的同一事项采用相同的定额标准，保持定额标准的统一性和公正性。简便易行原则。定额标准要满足项目支出预算管理的实际需要，紧密结合部门职能

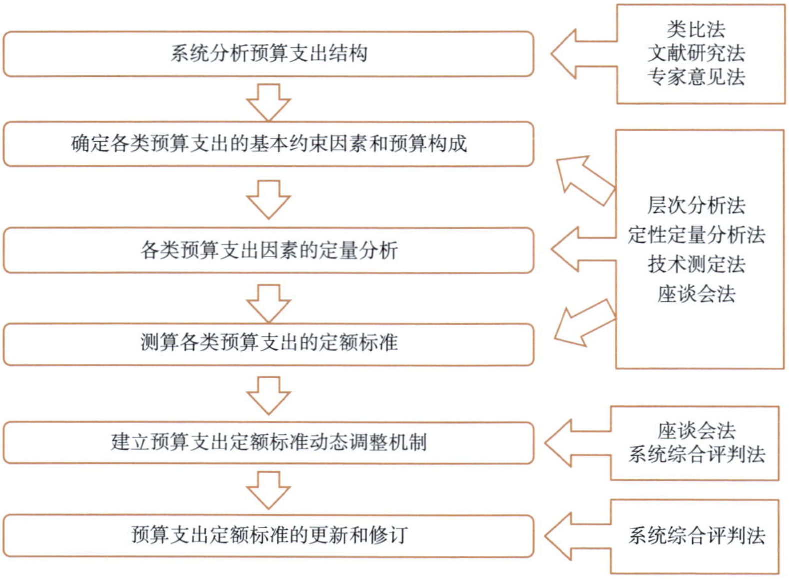

图 6－5　预算支出定额标准编制的总体思路

活动，充分利用已有定额标准，突出标准的可操作性和稳定性。经济节约原则。坚持量力而行，充分考虑我国经济社会实际发展水平和财力可能，注重经济节约。

第三，预算支出定额标准的编制方法。项目定额标准编制的方法主要包括专家意见法、类比法、数理统计法、技术测定法、层次分析法和系统综合评判法等。主编部门可结合实际工作需要，采取一种或多种方法，测定支出定额标准。

——专家意见法。专家意见法也称德尔菲法，指由行业中知识渊博、经验丰富的专家来估算定额。一般做法为：先成立一个专家小组，由每个专家独立估计定额的大小，然后把这个结果及理由告诉每位专家，再由每位专家参考别人的数据，分析产生差异的原因，再修正自己的预测。这样反复几次，直到大家取得一致意见，得出最后的定额标准。

——类比法。类比法也称典型推算定额法，是以已实施的与本次定额十分相关的行业典型定额项目为基准，通过分析比较，确定出与之相同或相似的项目定额的方法。

——数理统计法。数理统计法是指通过广泛的调查研究，获取各种历史统计数据，根据现实的生产技术、组织状况、物价水平等条件，运用一定的数理统计方法来确定各种费用项目的单位定额标准。

——技术测定法。技术测定法是指对一定的生产技术组织条件进行分析研究，设计合理的工艺和操作标准，在一定的条件下以实际的测定结果作为定额标准。

——层次分析法。层次分析法是指根据项目的内容和性质，将项目分解为不同的组成因素，并按照因素间的相互关联影响以及隶属关系将因素按不同层次聚集组合，形成一个多层次的项目结构模型，从而使项目支出标准的确定更加系统化、层次化和简便化。

——系统综合评判法。系统综合评判法是指利用模型和各种资料，在项目支出标准技术评价、经济评价和社会评价的基础上，从系统的整体观点出发，对项目定额标准进行整体的全面的评价。其一般程序为：首先确定系统的评价体系，即要用哪些指标和因素来衡量方案的优劣，再次逐一分析每个项目支出定额标准的有效性和适用程度，最后根据被评价对象的满足程度来判断项目支出定额标准的整体价值。

3. 预算支出定额标准的编制程序

预算支出定额标准编制的程序一般分为五个阶段：准备阶段、起草阶段、征求意见阶段、试点阶段、审批阶段。

第一阶段：准备阶段。主要工作包括成立标准工作小组、拟定预算支出定额标准编制方案等。中央主管部门牵头成立标准工作小组，由标准工作小组具体负责定额标准编制工作。工作小组成员应具备胜任相关工作的专业知识和技能。项目定额标准编制方案应主要包括编制的指导思想和原则、调研重点、编写大纲、编制进度安排、具体分工等。编制方案拟定后，应报财政部备案。

第二阶段：起草阶段。预算支出定额标准编制应在深入调查研究、总结实践经验、进行科学论证的基础上，广泛听取有关单位和专家的意见，形成预算支出定额标准征求意见稿。

第三阶段：征求意见阶段。预算支出定额标准征求意见的范围应包括标准相关的利益各方。征求意见结束后，主编部门应将反馈意见汇总成表进行分析，提出修改处理意见，形成预算支出定额标准试点稿，报财政部备案。

第四阶段：试点阶段。为确保预算定额标准的可操作性，预算定额标准一般要提前进行试点，试点期一般为1—2年。

第五阶段：审批阶段。试点结束后，主管部门要根据试点情况完善预算支出定额标准，形成预算支出定额标准报批稿，连同标准编制说明及其他必要的材料一起报送财政部。中央本级财政通用标准由财政部审批；中央主管部门内部标准由部门自行审批，报财政部备案。

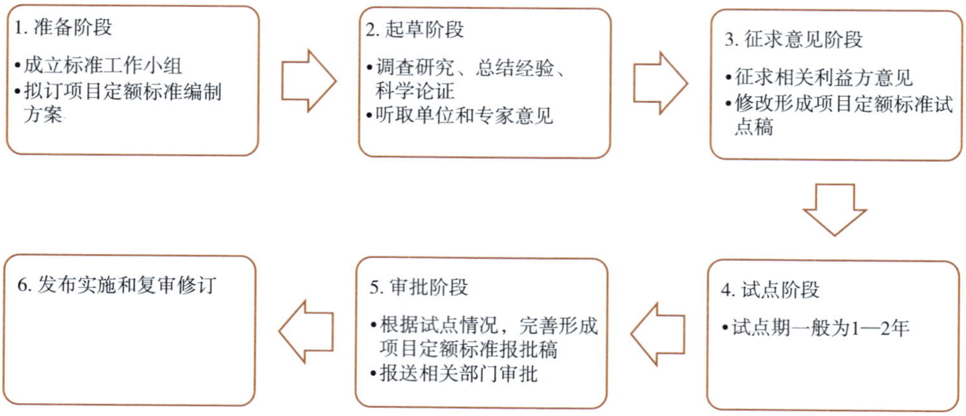

图 6－6　预算支出定额标准的编制程序

4. 预算支出定额标准的发布和实施

通用定额标准由财政部发布实施，专用定额标准由财政部和主管部门共同发布实施。部门内部标准由主管部门根据自身加强管理的需要自行编制并发布，但不得与财政标准相抵触。

财政通用标准发布实施后，中央本级项目支出预算申报、审核、安排均以此为依据。部门内部标准可作为主管部门内部管理和预算编制的依据，也可作为财政部预算审核和经费安排的参考依据。行业主管部门制定的行业定额标准，经财政部认定、发布后，视同中央本级财政通用标准，可作为预算申报、审核、安排的依据。

5. 预算支出定额标准的复审和修订

预算支出定额标准实施后，编制部门应根据需要适时进行复审。预算支出定额标准复审周期一般不超过五年。

预算支出定额标准在复审后按三种情况分别处理：不需修订的标准被确认继续有效，保持标准的原状；需修订的标准列入下一年度计划；已无存在必要的标准，予以废止。

出现下列情况时，相关的项目定额标准应当废止：项目定额标准的适用环境或者条件已不复存在；新的项目定额标准已经发布；与新发布的法律、法规、规章制度相违背；其他应废止的情况。

（四）建立预算支出定额标准的动态调整机制

如果预算支出标准不能随着经济社会的发展而及时修正，那么预算支出标准在预算编审中的指导价值就大打折扣。在预算支出标准的运行期间，加强对预算支出标准的运行监管、动态监控和定期评估，及时根据预算评审情况、社会经济发展水平、物价水平、财力状况、技术改革创新等因素，修订完善预算支出标准，确保制定的预算支出标准满足实际预算编制需求。

动态调整依据中最重要的是物价水平的变化情况，当物价下跌时，货币实际购买力增加，原有的支出标准将相对上升，会造成财力的浪费并助长奢靡之气，这时应当适时的按照物价水平调减各部门相关项目的支出标准。当财政收入出现大幅度下滑的背景下，预算支出标准同样面临着调减的压力。当物价上涨时，货币实际购买力降低，原有的支出标准水平将相对下降，会造成财力不足而影响到部门职能的正常运转，这时应适当调增各部门的支出标准。因此，有必要确定项目支出标准随物价水平动态调整的机制（见图 6－7）。

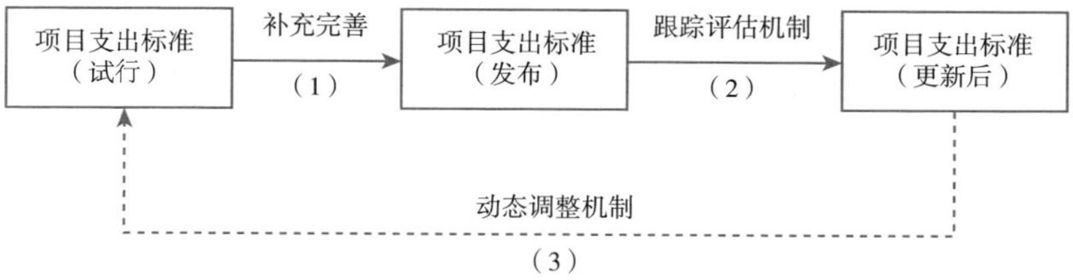

图 6－7　项目支出标准体系运行机制

1. 建立跟踪评估机制

编制部门标准坚持“从实践中来，到实践中去”的原则建立预算支出标准跟踪评估机制。部门标准试行稿形成后，首先对照预算支出历史预算数进行模拟，判断其是否与财力状况相衔接。然后在有预算分配权的单位和申请项目支出预算的基层单位试用，检验支出标准是否与预算安排相衔接、是否符合基层预算单位的要求，充分听取预算编制单位、预算管理单位的意见和建议，组织部门标准试用情况的分析、评估，不断优化部门标准。

在标准出台后，加强宣传和培训工作，在部门间积极营造“重视标准、把握标准、应用标准、遵守标准”的部门预算管理氛围。在标准实施一段时间后，通过电话沟通、实地调研、数据分析等多种方式，了解和掌握标准是否仍有一些涉及不到的特殊情况、是否存在一些考虑欠妥的条款规定、是否有效地起到了规范项目编制和资金支出的作用。

2. 建立动态调整机制

一方面，目前在预算支出标准建设方面的经验尚浅，新出台的标准本身是否能够很好地契合当前实际的市场情况还很难说；另一方面，一些标准，尤其是专用项目支出标准从启动、研究、拟订，到审核、确认、出台的周期较长，本地区的经济发展水平、技术更新水平、物价水平和财力状况在此期间都有可能发生改变。因此，在支出标准制定后，要加强运行监管、实行动态监控、开展定期评估、及时修订完善，确保标准的内容切实可行。具体而言，结合预算评审工作，以及社会经济发展、物价水平、财力状况等情况，探索建立支出标准调整触发机制，对预算支出标准进行动态调整；同时加强对预算执行情况的分析和结果运用，将科学合理的实际执行情况作为制定和调整标准的依据。

（五）指导和督促各省市加快推进标准体系建设

财政部统筹指导和督促各省市预算支出标准体系建设。强化各级财政和部门单位的标准意识，加深对支出标准化内涵和外延的理解，增强其制定标准和应用标准的主动性。鼓励各省市结合自身情况稳步推进项目支出标准体系建设，指导各地参考中央本级支出标准，根据支出政策、项目要素及成本、财力水平等，逐步建立不同地区、不同行业、分类分档的预算支出标准体系。

第七章

绩效导向的现代预算制度改革深化

推进预算与绩效管理一体化是构建现代预算制度的重要内容，更是推进国家治理体系和治理能力现代化的重要支撑。进入21世纪以来，党中央、全国人大、国务院高度重视预算绩效管理工作，多次强调要深化预算制度改革，加强预算绩效管理，提高财政资金使用效益和政府工作效率。进入新时代，习近平总书记在党的十九大报告中强调要“建立全面规范透明、标准科学、约束有力的预算制度，全面实施绩效管理”。李克强总理提出，要将绩效管理覆盖所有财政资金，贯穿预算编制、执行全过程，做到花钱必问效、无效必问责。目前，我国正积极探索并逐步深入实施预算绩效管理改革，强调预算支出的责任和效率，关注预算资金的产出和结果，落实“政府过紧日子、人民过好日子”的理财观念，提高财政资金使用效益和政府公共服务质量。

“十四五”时期，我国预算绩效管理将处于收支矛盾加剧、财政紧平衡的状态，更需要深化预算绩效管理、提高预算与绩效融合的深度、强化绩效结果运用，让绩效信息在预算决策中发挥决定性作用。从加快发展绩效导向的现代预算制度的角度来看，今后在推进预算与绩效管理深度融合的基础上，仍需重视培养预算单位的绩效文化，按照多元治理框架健全组织保障，探索战略导向的绩效目标管理，利用成本效益分析构建预算绩效标准体系，通过规范指标库和目标库、普及数字治理技术、共建共享绩效评价资源等途径来提高绩效信息获取能力，并在信息公开、预算分配、政府绩效考核上加大预算绩效信息使用力度。

第一节　我国预算绩效管理的发展历程、成效与问题

一、预算绩效管理的发展历程

2011 年，财政部在《关于推进预算绩效管理的指导意见》（财预〔2011〕416 号）中对预算绩效管理的政策含义作出明确的界定，即预算绩效管理是政府绩效管理的重要组成部分，是在现有的预算编制、执行、监督中融入绩效理念，实现绩效管理和预算管理的有机结合。总体而言，我国预算绩效管理改革事业大致经历了以下三个发展阶段：预算绩效管理探索阶段（2001—2011 年）、预算绩效管理发展阶段（2012—2017 年）和全面实施预算绩效管理阶段（2018 年至今）。

（一）预算绩效管理探索阶段（2001—2011 年）

在 21 世纪的第一个 10 年间，为适应构建现代公共财政制度的改革思路，我国理论界和实务部门对在国内发展预算绩效评价的必要性和可行性进行广泛探讨和深入研究，最终认为在全域推行预算绩效管理的时机和条件尚未成熟，但引入绩效预算理念对完善财政制度、提高资金效益具有十分重要的长远意义。这一阶段按照循序渐进的思路，在总结中央和一些地方财政部门局部试点项目支出绩效评价的基础上，构建了预算绩效评价的制度，在总结更大范围的试点经验的基础上，形成了发展全过程预算绩效管理的改革目标。

第一，局部试点推进项目支出绩效评价。

2003 年，党的十六届三中全会审议通过《中共中央关于完善社会主义市场经济体制若干问题的决定》，“建立预算绩效评价体系”被明确列为推进我国财政管理体制改革的内容之一，意味着以绩效评价为主要内容的预算绩效管理改革被正式提上政策议程。在此背景下，中央和部分地方财政部门在教育、科技、卫生等领域组织挑选了一些项目进行绩效考评试点，并制定了一些单项性的绩效考评管理办法。

在中央层面，2001 年，财政部颁布《中央部门项目支出预算管理试行办法》（财预〔2001〕331 号），提出将对中央部门年度预算安排的项目实行绩效考评，并将项目完成情况和绩效考评结果作为以后年度审批项目立项的参考依据。按照十六届三中全会的部署，中央层面加快绩效考评试点工作，财政部相继制定了《中央级教科文部门项目绩效考评管理试行办法》（财教〔2003〕28 号）、《中央级行政经费项目支出绩效考评管理办法（试行）》（财行〔2003〕108 号）、《关于开展中央政府

投资项目预算绩效评价工作的指导意见》(财建〔2004〕729 号)等。

在地方层面，试点工作最早起步于 2001 年湖北省恩施土家族苗族自治州的预算支出绩效评价，当年湖北省财政厅根据财政部安排，在恩施选择 5 个行政事业单位进行了评价试点。此后，在北京、湖南、河北、福建等地也进行了小规模绩效评价试点工作。比如，参照财政部印发的《中央本级项目支出预算管理办法（试行)》(财预〔2002〕356 号)，广东、浙江等对一些财政安排项目的实施过程及完成情况进行绩效考评试点，并不断扩大范围，为下一步开展绩效评价工作寻找方向。

总体来看，这一阶段的预算绩效评价仍然处于初期的摸索阶段，主要体现在以下四个方面：一是试点分散进行，没有统一的制度规定作为指导；二是实施范围有限，主要是部分行业管理部门预算中的项目支出，很少涉及基本支出；三是指标体系设计的科学性有待提高，相对来说比较粗放，偏重于效率指标和对工作量的考评；四是具体执行中存在走样问题，有的将预算绩效考评变成了项目竣工验收或是项目执行情况的反映。

第二，构建部门预算绩效评价的制度体系。

2005 年 5 月，财政部印发《中央部门预算支出绩效考评管理办法（试行)》(财预〔2005〕86 号)，开始对中央部门绩效评价试点工作进行引领和规范，提出以绩效考评的内容、方法、指标、组织管理、工作程序以及结果应用为核心，开展预算支出绩效评价。这份文件的出台和实施，为健全完善预算绩效评价体系奠定了制度基础，对统一规范和指导部门预算绩效考评试点工作，保障预算绩效考评试点工作的顺利进行，推动向绩效预算目标迈进发挥了重要的作用。按此文件，财政部逐步扩大绩效评价工作范围，2006 年，财政部从新闻出版总署、农业部、水利部 3 个部门中挑选了 4 个项目进行绩效评价；2007 年，继续选择教育部等 6 个部门进行绩效评价。

2009 年 6 月，财政部下发《财政支出绩效评价管理暂行办法》(财预〔2009〕76 号)，明确扩大绩效评价对象的范围，要求不仅应包含部门预算管理的财政性资金，还应包含上级政府对下级政府的转移支付资金，并对绩效目标的内容和要求作出详细说明，要求将绩效目标编入部门年度预算。2011 年，财政部对 2009 年下发的 76 号文件进行修订，颁布《财政支出绩效评价管理暂行办法》(财预〔2011〕285 号)，进一步细化了绩效评价的对象和内容、绩效目标、绩效评价指标、评价标准和方法、评价组织管理和工作程序、绩效报告和绩效评价报告、评价结果及应用。该文件成为这一阶段我国开展财政支出绩效评价工作最具权威性的指导文件。

2009 年 10 月，为了在中央层面加速推进项目支出绩效评价，财政部发布《关于进一步推进中央部门预算项目支出绩效评价试点工作的通知》(财预〔2009〕390

号)，将绩效评价各方职责问题放在首位，详细规定了项目承担单位、中央主管部门和财政部各自的职责，避免了责任真空地带或互相责任推诿现象出现，同时提出中央部门财政项目支出绩效评价应采取“项目承担单位开展自评、中央主管部门组织实施评价和财政部进行重点评审”相结合的方式。截至2009年年底，中央部门开展绩效评价试点的项目达108个，资金共计超过20亿元。

2003—2009年，我国建立了绩效评价制度和办法，完善了绩效评价形式，规范了绩效评价工作，纳入绩效评价的试点项目逐年增多，覆盖的范围逐年扩大，但基本上都属于事后评价，整体上存在一定的局限性，还不能有效地促进管理。此外，通过对中央及地方相关政策的文本分析可得，与中央政治信号释放和实践探索开展不一致的是，预算绩效管理在省级层面的渗透略显滞后，2003—2009年政策数量基本处于低位徘徊期，只有个别省份开展了试点工作，直到2010年后大多数省份才陆续出台政策文本响应并推进预算绩效管理工作。这一阶段，政策数量上总体呈现松散间断的态势，由财政部和省级财政部门主导发文的相关政策主要以财政支出绩效评价为主，内容上也倾向于粗线条的宏观指导。但探索开展财政支出绩效评价的政府部门已逐渐开始树立初步的绩效意识，这一阶段的探索为预算绩效管理改革的全面铺开奠定了理念植入和技术构建的前期基础。

第三，确立全过程预算绩效管理体系。

上一阶段绩效评价试点的探索工作推动了绩效评价的深入开展，但是在实践中也暴露了一些问题，比如，评价立足事后、与预算编制脱节、执行中的监控缺失、地方响应不积极、评价结果应用不够、对预算管理的促进作用没有得到有效发挥等。

针对单纯的事后绩效评价存在的“与预算管理结合不紧密”等问题，财政部在总结绩效评价试点经验的基础上，以绩效评价为主要内容，推动绩效管理理念逐步向事前目标管理、事中绩效监控、事后评价结果应用方面延伸，将绩效评价作为一个管理闭环看待，使单独的绩效评价环节转向全过程预算绩效管理各环节。2011年，为进一步统一思想认识、明确绩效评价的下一步发展方向，中央在广州召开了第一次全国预算绩效管理工作会议，会上首次提出了全过程预算绩效管理的理念，提出“建立覆盖所有财政性资金，贯穿预算编制、执行、监督全过程的具有中国特色的预算绩效管理体系”。

会后财政部下发了《关于推进预算绩效管理的指导意见》(财预〔2011〕416号)，分别对财政性资金安排支出的绩效评价及相关管理活动和推进预算绩效管理的内容和要求进行明确的规定和指导，首次明确提出预算绩效管理包括绩效目标管理、绩效运行跟踪监控管理、绩效评价实施管理以及绩效评价结果反馈和应用管理，明确提出要逐步建立健全“预算编制有目标、预算执行有监控、预算完成有评价、评价结果有反馈、反馈结果有应用”的全过程预算绩效管理机制，标志着完整意义上的全过程预算绩效管理理念得以正式确立。此后，为引导中央部门积极主动开展预算绩效管理的各项工作，2011 年财政部发布《预算绩效管理工作考核办法（试行)》(财预〔2011〕433 号)，决定每年对中央部门预算绩效管理工作进行考核，并表彰先进部门。

这一阶段的主要特点是在局部试点预算绩效评价中探索改革经验，在探索中逐步形成预算绩效评价制度体系，在确立制度和摸索实践中形成发展全过程预算绩效管理的定位目标，进而明确下阶段的预算绩效管理改革的方向和重点。

（二）预算绩效管理发展阶段（2012—2017 年）

在这一阶段，我国的预算绩效管理已由单纯的绩效评价上升到全过程全方位绩效管理层面，预算绩效管理流程基本囊括了预算编制、预算执行、预算报告及预算监督等环节，还在健全预算管理制度体系、引入第三方绩效评价、拓展预算绩效管理试点等方面作出了大胆尝试，这些都为我国预算绩效管理的全面实施奠定了坚实的基础。下面分别从中央和地方两个层面的改革演进，介绍这一阶段预算绩效管理的改革工作。

首先，中央部门在预算绩效管理方面开展了积极探索，初步建立起预算绩效管理体系基本框架，形成以项目支出为主的一般公共预算绩效管理体系，并不断延伸和拓展。绩效目标管理逐步覆盖所有中央部门本级项目、中央对地方专项转移支付，以及部分中央政府性基金和中央国有资本经营预算项目，初步建立起比较全面规范的绩效指标体系。

2012 年，财政部召开了以预算绩效管理为主题的全国财政厅（局）长座谈会，阐述了预算绩效管理的内涵、意义及其体系内容，总结了前一阶段的预算绩效管理工作，对下一阶段全面推进预算绩效管理进行了专题部署。会后，财政部印发了《预算绩效管理工作规划（2012—2015 年)》(财预〔2012〕396 号)，提出构建绩效目标逐步覆盖、评价范围明显扩大、重点评价全面开展、结果应用实质突破、支撑体系基本建立的中国特色预算绩效管理体制，为我国进一步细化并开展预算绩效管理工作提供了有力保障。

2013 年 4 月，为落实完善绩效评价指标体系，财政部印发《预算绩效评价共性指标体系框架》(财预〔2013〕53 号)，同时出台《经济建设项目资金预算绩效管理规则》(财建〔2013〕416 号)，以指导绩效评价指标体系的构建和经济建设项目资金的绩效管理活动。

2014 年 8 月，十二届全国人大常委会第十次会议表决通过修改《预算法》的决定，修订后的《预算法》6次提到“绩效”问题，并首次以法律形式明确了财政预算绩效管理要求，为中国预算体制由传统预算向绩效预算转型奠定了坚实的法理基础。同年10月，国务院发布《关于深化预算管理制度改革的决定》（国发〔2014〕45号），提出要“健全预算绩效管理机制，全面推进预算绩效管理工作，强化支出责任和效率意识，逐步将绩效管理范围覆盖各级预算单位和所有财政资金，将绩效评价重点由项目支出拓展到部门整体支出和政策、制度、管理等方面，加强绩效评价结果应用，将评价结果作为调整支出结构、完善财政政策和科学安排预算的重要依据”。该决定的发布为我国预算绩效管理工作的改进指出了更为明确的方向。

2015—2017年，《财政部关于推进中央部门中期财政规划管理的意见》（财预〔2015〕43号）、《中央部门预算绩效目标管理办法》（财预〔2015〕88号）、《关于充分发挥预算评审中心职能作用，切实加强预算管理的通知》（财办预〔2015〕21号）、《财政部关于加强中央部门预算评审工作的通知》（财预〔2015〕90号）、《财政管理绩效考核与激励暂行办法》（财预〔2016〕177号）、《财政专项扶贫资金绩效评价办法》（财农〔2017〕115号）等文件陆续出台，积极响应国务院《关于深化预算管理制度改革的决定》文件精神，在拓展绩效管理范围，强化绩效目标管理，加强结果应用等方面发挥了积极作用，使我国全过程预算绩效管理形成了闭合链条，预算绩效管理开始步入深化发展的快车道。

其次，地方的改革也在不断深化。越来越多的地方将绩效管理作为财政工作的重点，不断加快全过程预算绩效管理改革的步伐，在事前绩效评估、第三方绩效评价、绩效评价结果应用等方面积累了不少成功经验。

2011年，北京市对33个2012年度市级预算项目进行了事前评估，涉及21个部门，资金总额超过48亿元。2012年，北京市开展了大额专项资金绩效评价试点。2016年，北京市以研究、完善指标体系为契机，实现了市级部门整体支出、大额专项支出绩效评价全覆盖。2017年，北京市实现全市重点支出项目绩效目标全面公开，全过程预算绩效管理试点在市级部门取得较好成果，财政支出绩效评价工作在不同管理维度和支出类型上进一步深化。2018年，北京市以教育和养老项目为试点探索成本效益分析法，开启了绩效评价方法创新。

2011年，上海市财政局发布《上海市财政支出绩效评价管理暂行办法》（沪财绩〔2011〕3号），2014年发布《上海市预算绩效管理实施办法》（沪财绩〔2014〕22号），对绩效目标、绩效跟踪、绩效评价、结果应用的全过程预算绩效管理相关内容予以规范。截至2017年，由上海市财政局组织开展的重点评价项目总计173个，推进市级预算部门开展绩效自评价的项目数量达3000多个，共对19个预算部门（单位）开展了整体支出评价，对20多个重点专项进行政策评价。

2016 年，广东省选取省林业厅、省质监局等 6 个部门，开展了部门整体支出绩效评价试点，2017 年制定了《广东省省级部门整体支出绩效评价管理办法》（粤财绩〔2017〕13 号），对部门整体支出绩效评价定义、评价范围、评价指标和标准、评价方法、评价结果等内容进行规范，使省级部门整体支出绩效评价日益制度化。2018 年，广东省将历时 1 年多研究的《广东省财政预算绩效指标库》印发给全省各级部门，该指标库共收录 20 个行业大类、52 个子类、277 个资金用途、2589 个绩效指标，形成了相对完整的指标体系，为全面实施预算绩效管理提供了强有力的技术支撑。

（三）全面实施预算绩效管理阶段（2018 年至今）

习近平总书记在党的十九大报告中指出要“加快建立现代财政制度，建立权责清晰、财力协调、区域均衡的中央和地方财政关系。建立全面规范透明、标准科学、约束有力的预算制度，全面实施绩效管理”。作为改革和发展的纲领性文件，十九大报告为中国预算绩效管理的深化改革指明了方向。

2018 年，在总结以往预算绩效管理工作经验的基础上，中共中央、国务院颁布并实施了《中共中央 国务院关于全面实施预算绩效管理的意见》（中发〔2018〕34 号），在新的历史起点上对预算绩效管理提出了全新的要求，要求在 3—5 年时间内基本建成全方位、全过程、全覆盖的预算绩效管理体系，实现预算和绩效管理一体化。这是我国正式开启推进预算绩效管理改革、构建预算绩效管理体系新阶段的重要标志，在我国预算绩效管理历程中具有里程碑意义，我国预算绩效管理至此进入新阶段。

2018 年 11 月，财政部发布《关于贯彻落实〈中共中央国务院关于全面实施预算绩效管理的意见〉的通知》（财预〔2018〕167 号），提出全面实施预算绩效管理的路径与总体目标，即到 2020 年底中央部门和省级层面要基本建成全方位、全过程、全覆盖的预算绩效管理体系，既要提高本级财政资源配置效率和使用效益，又要加强对下转移支付的绩效管理，防止财政资金损失浪费；到 2022 年底市县层面要基本建成全方位、全过程、全覆盖的预算绩效管理体系，做到“花钱必问效、无效必问责”，大幅提升预算绩效管理水平和政策实施效果。

随后，不同省份的省委、省政府迅速响应中央层面关于预算绩效管理的各项部署，密集式颁布相关政策措施，政策数量急剧增加，呈现出高密度的非渐近性特征，全面预算绩效管理的相关政策在各省范围内全面、快速铺开。同期，财政部针对政府购买行为的第三方绩效评价工作出台《关于推进政府购买服务第三方绩效评价工作的指导意见》（财综〔2018〕42 号），并选取天津市、上海市、深圳市、江苏省、浙江省等 10 个地区开展试点。

随着上述政策措施的不断完善，体制机制的不断创新，中国预算绩效管理逐步迈入改革创新的深化阶段，在政府预算、部门和单位预算、政策和项目预算等全方位，在事前、事中、事后等全过程，在一般公共预算、政府性基金预算、社保险基金预算、国有资本经营预算等全覆盖领域，开启了更为系统、深入、全面的改革。

二、预算绩效管理的改革成效

自党的十九大报告明确提出“全面实施绩效管理”改革目标以来，财政部提出了基本改革思路：创新预算管理方式，更加注重结果导向，强调成本效益，硬化责任约束，力争用3—5 年时间基本建成全方位、全过程、全覆盖的预算绩效管理体系，实现预算和绩效管理一体化，着力提高财政资源配置效率和使用效益，改变预算资金分配的固化格局，提高预算管理水平和政策实施效果，为经济社会发展提供有力保障。《中共中央 国务院关于全面实施预算绩效管理的意见》（中发〔2018〕34 号）印发后，财政部陆续发布了《中央部门预算绩效运行监控管理暂行办法》（财预〔2019〕136 号）、《项目支出绩效评价管理办法》（财预〔2020〕10 号）等多项制度、办法。2021 年 2 月，财政部《关于委托第三方机构参与预算绩效管理的指导意见》（财预〔2021〕6 号）公布，4 月印发《第三方机构预算绩效评价业务监督管理暂行办法》（财监〔2021〕4 号）。目前，各地区各部门强化绩效意识，努力推进改革，已基本完成上述阶段性目标，从中央到地方的全面预算绩效管理体系已基本形成。

（一）全方位格局初步形成

全国全方位预算管理格局已初步形成，预算绩效管理已从最初中央部门和省份的部分试点，到按照“横向到边、纵向到底”的要求在全国范围内全面展开，中央地方协同推进，省、市、县逐级扩大，中央地方齐抓共管，部门单位整体推进的工作格局已经初步形成。整体来看，绩效目标在预算编制环节的要求基本确立，绩效监控寓于预算执行过程中也已经实施，绩效评价已逐步从项目支出向部门整体支出、财政综合管理、财政政策等方面扩展，绩效评价质量稳步提高，评价结果得到更多应用，预算绩效管理从单纯的绩效评价到贯穿预算编制、执行、监督全过程，预算管理的方式和理念进一步转变，与绩效管理逐步实现有机融合，一种新的预算管理模式已初步形成。当前，预算绩效管理工作已经构建了“上下互动、全国联动”的一盘棋格局，我国预算绩效管理进入了崭新的发展阶段。

（二）全领域覆盖基本实现

从预算支出类型来看，基于财政支出项目主管部门明确、工作内容单一，适宜开展试点工作，中央部门预算绩效管理各项试点大多从项目支出开始，试点后总结完善，再逐步扩大范围，并向专项支出、部门整体支出、政策支出等其他支出类型推广。从预算管理类型来看，一般公共预算资金规模大、社会关注度高、影响深远，是中央部门财政资金最重要的组成部分，中央部门预算绩效管理试点一般也先从一般公共预算资金开始，再逐步向政府性基金、国有资本经营预算、社会保险基金等其他三本预算延伸。2017 年以来，绩效管理范围已涵盖一般公共预算、政府性基金预算、国有资本经营预算，覆盖中央本级项目、中央与地方共同财政事权转移支付以及专项转移支付。同时，绩效管理已向政府投资基金、政府购买服务、政府和社会资本合作（PPP）项目、政府性融资担保机构等领域延伸，还积极组织对先进制造产业投资基金、国家新兴产业创业投资引导基金、国家集成电路产业投资基金等多支政府投资基金开展绩效评价，2020 年还组织对部分 PPP 项目开展绩效评价试点。

（三）全过程链条基本贯通

各级预算部门将绩效管理深度融入预算编制、执行、监督全过程：一是结合预算评审、政策评估，不断加大事前绩效评估力度，对立项依据不充分、实施条件不具备、交叉重复的项目不予安排；二是严格绩效目标管理，加强绩效目标审核力度，对绩效目标不明确、绩效目标与资金不匹配的项目予以调整，建立完善绩效目标与预算同步申报、同步审核、同步批复下达的工作机制，充分发挥绩效目标的引导约束作用；三是开展绩效运行监控，组织中央部门对本级项目开展绩效运行监控，督促强化监控结果应用，针对发现的问题，对预计无法完成、进度滞缓、绩效指标设置不合理的项目及时分类处置；四是完善绩效自评机制，组织对中央本级项目、中央对地方转移支付开展绩效自评，加强绩效自评结果规范性审核，组织财政部各地监管局建立绩效自评结果抽查机制，配合审计署抽查中央部门项目绩效自评结果；五是财政评价常态化机制已经建立。

总体来看，我国的预算绩效管理已由单纯的绩效评价上升到全过程全方位绩效管理层面，预算绩效管理流程基本囊括了预算编制、预算执行、预算报告及预算监督等环节，还在健全预算管理制度体系、引入第三方绩效评价、拓展预算绩效管理试点等方面做出了大胆尝试，这些都为我国预算绩效管理的全面实施奠定了坚实的基础。

（四）预算绩效理念基本树立

预算绩效管理改革强化了部门支出责任意识，通过实施预算绩效管理，尤其是大力开展绩效评价，各级财政部门和预算部门的预算管理理念逐渐转变，以绩效为目标、以结果为导向的绩效理念已初步形成。财政部门对各类资金不再“一拨了之”，而是进行跟踪问效，对资金管理和使用效果进行全面了解掌握，注重促进提高资金使用效率。预算部门开始重视财政支出绩效问题，重视支出的责任和成本，“重分配轻管理、重使用轻效益”的现象得到改善，“重绩效、讲绩效”的预算管理新理念已逐步树立。在预算绩效管理模式下，要求预算编制设定明确可衡量的绩效目标，使预算部门和单位更清楚地定位于预期实现的产出及效果，了解财政支出所要取得的社会和经济效益，从而促进部门职能和目标得到进一步明确；预算执行完成后要进行绩效评价，用以考核预期绩效目标的完成程度和取得的成效，促使部门更加重视预算执行的产出及结果；绩效评价形成的结果要进行反馈与报告，督促部门改进不足和完善预算管理，并建立与未来预算安排挂钩机制，在一定程度上强化了部门及单位的自我约束意识、责任意识。“用财要问效、无效要问责”的理念已得到普遍认同，预算绩效已成为部门加强支出的有效管理手段。

（五）透明化、民主化成果显著

在开始实施预算绩效管理的初期，评价结果的公开以政府或有关部门内部通报为主，公开范围和应用程度比较有限。近几年来，这一状况得到逐步改善，2020年，中央层面公开决算的部门数量由2011年的90个增至114个，公开内容继续深化，绩效得到重点突出。

同时，在中央部门预算绩效管理改革中，民主化趋势同样非常明显：一是人大广泛参与到绩效评价的工作之中，各类绩效评价结果不仅要上报中央政府，还要上报全国人大，接受人大的监督，使人大成为预算绩效管理落实的重要推手；二是绩效目标、绩效评价结果、绩效报告及时在网上公开，接受公众的监督，使政府预算的公开与透明度得到一定程度提升。与此同时，在绩效评价开展中还有大量来自各行各业的专家参与，他们都是纳税人及民众的代表，对于推进中央部门预算公开民主具有很大的影响。

（六）成功范例逐渐凸显

伴随着改革的不断推进，我国政府已开始探究全面预算绩效管理的发展方向：在管理上，构建符合我国现状的预算绩效管理体系，不断优化、提高绩效管理水平，积极学习推广全面预算绩效管理先进经验，推动政府预算绩效管理走向科学化；在制度上遵循透明性、合理性、科学性的原则要求，不断建立并完善各项规章制度，为预算绩效管理目标的实现提供基本的环境保障；在技术上不断实现突破，逐步引入大数据、云计算等现代信息技术，促使预算绩效管理模式不断优化，提升政府绩效管理的精准性与科学性。

目前国内政府预算绩效监管及评价工具已初具规模，并出现了如“北京模式”“广东模式”等一系列具有代表性的绩效管理模式范例：围绕区域和城市定位、发展战略，发挥财政在国家治理中的基础和重要支柱作用，将绩效理念、原则、方法深度融入预算管理中，通过打造系统性和具有个性特征的特色模式来推动预算绩效改革深化。

三、目前预算绩效管理存在的主要问题

（一）预算绩效意识层面

1. 花钱问效的观念需进一步提升

预算绩效管理是一项需要各级预算绩效管理主体共同参与、相互配合、共同完成的管理活动。由于我国的预算绩效管理工作探索晚、时间短，加之长期以来，“重资金分配、轻项目管理”的观念在我国各级各地的预算单位早已根深蒂固，大多预算单位尚未牢固树立以结果为导向的管理理念和部门支出责任意识，以至于现在各预算单位在制定、执行预算的过程中，难以真正贯彻“花钱必问效、无效必问责”的绩效观念。

由此造成了以下的现象频繁出现：财政部门积极推行预算绩效管理工作，但实际资金使用单位及相关部门对预算绩效管理工作往往重视不足，敷衍了事；部分地方政府过于重视经济社会发展，而较少关注财政资金使用效率问题，导致在各种成本的开销和费用的支出方面缺少相关规划，预算绩效管理工作无法顺利有效进行；各种宣传和培训的滞后，也导致了目前基层政府和预算单位潦草应付预算绩效管理工作的现象尤为明显。

2. 绩效与预算的深度融合需进一步强化

在现行预算管理框架下，虽然提出了绩效管理的体系内容，但更多是将其等

同于预算支出的一般过程管理、预算管理的额外工作甚至额外负担来对待，不少部门还错误地把绩效管理当作财政支出控制，把开展绩效管理理解为财政部门加强控制的手段。对于行政事业单位工作人员而言，对预算绩效管理工作的理解仍然是单位利益层面而非国家利益层面，不是考虑如何把经费“真正地有效率利用”，而是“花出去并让上级觉得有效率”，致使“预算管理”与“绩效管理”分多合少，始终没有深度融合统一。最终表现为基层预算单位的工作人员对预算绩效管理“应付”意识强、“进取”意识弱，与上级财政部门的预算绩效管理工作产生脱节现象，背离了预算绩效管理的本质，无法更好地发挥预算绩效管理对预算资源的优化以及预算安排的促进作用。所以就技术条件允许下的预算绩效管理改革深化而言，未来的发展方向应主要集中于“绩效导向与政府预算的深度融合一体化”。

（二）多方权责协同层面

1. 参与主体的协同联动需进一步加强

我国预算绩效管理的参与主体应该包括各级地方党委政府、人大机关、财政部门、预算单位和审计部门。但从目前的现实情形来看，预算绩效管理仍以财政部门为主，其他几个主体参与不充分，难以形成多主体协作局面，具体问题包括，首先，长期以来，预算绩效管理的顶层设计多为财政部发布的规范性文件，但地方在具体落实政策文件方面仍有一定偏差。《中共中央 国务院关于全面实施预算绩效管理的意见》（中发〔2018〕34 号）的颁布标志着中国预算绩效管理改革在顶层制度设计方面的重大突破，但当前不同地区的落实效率和效果存在一定的差异，还需制定更加具体的实施方案。

2. 预算部门和单位的具体责任需进一步确立

目前，预算部门和单位倾向于将绩效目标编制与申报、绩效评价等预算绩效管理活动看作是完成财政布置的任务，缺乏内在动力和积极性，使相关绩效管理工作质量堪忧。此外，审计部门与财政部门分工不明确，未能形成合力，随着审计工作由传统财务审计、合规性审计向绩效审计、效益审计延伸，客观上使审计部门的审计工作与财政部门主导的预算绩效管理形成一定程度的交叉重合，既造成评价资源的浪费，也增加了被评价单位的工作负担。

3. 各部门制度化组织领导体系需进一步完善

组织领导机制不顺畅、流程不够健全、支持保障措施不够到位是较为普遍的问题。实践中部门预算绩效管理的组织领导体系一般有这样几种做法：一是以行政机关绩效管理领导小组为班底，保持不变或微调，作为部门支出绩效评价与管理的领导机构，可以实现高位推动，但是容易产生重目标考核而轻预算管理的老问题；二是以单位办公厅（室）或人事绩效管理部门牵头；三是单位财务部门牵头。后两种方式在推动部门支出绩效评价的过程中，容易出现财务部门和业务部门难以协调的问题。

4. 财政和其他各部门在绩效评价与管理中的职责需进一步理顺

理论上讲，部门是预算绩效管理的第一责任人，部门应首先开展部门整体预算绩效自评，使其成为改善管理的重要手段。在自评的基础上，财政部门在预算分配和预算管理的过程中，选取重点部门开展部门整体绩效评价，将评价结果与部门预算分配挂钩。但实践中经常是在部门尚未建立起完善的全过程预算绩效管理基础上，财政部门就先行开展部门整体支出绩效评价。部门之前并没有填报部门整体绩效目标申报表，或者设定部门整体支出的产出和效果指标不够科学，导致财政部门在评价开展过程中需要评价机构临时设置评价体系，客观性和科学性往往难以得到保证。

5. 人大的预算绩效监督作用需进一步加强

按照《宪法》《预算法》和《监督法》的规定，各级人大及其常委会依法对一府两院的工作实施法律监督，行使审查批准预算、决算和监督预算执行的职权，预算监督是人大及其常委会监督政府工作的重点。但是，由于人大在预算资源配置过程中的权力有限，对政府预算缺乏实质性审查，预算绩效监督参与有限，无法形成对政府预算绩效管理的有效监督和强有力支持。

（三）技术保障层面

1. 绩效目标设置的准确性需进一步强化

设立绩效目标并确定标准值是整个预算绩效管理的逻辑起点，也是预算绩效管理实际运行过程中的重点与难点，不但影响着科学合理的绩效指标标准值的设定，也将影响绩效结果的进一步应用，不尽合理的绩效目标设置无法对预算单位的资金使用绩效做出客观的衡量，更无法实现预算绩效管理“以评促建、以评促改、以评促优”的最终目的。

在财政部门与预算单位进行协商确定预算绩效目标的过程中，预算单位往往倾向于设置较低的绩效目标以降低实现难度，并防止财政部门“鞭打快牛”给未来目标“加码”；而财政部门则倾向于设置较高的绩效目标以提高财政资源的利用效率。但在工作实际中，大多数财政部门都难以在短时间内真实、充分掌握预算单位的所有信息，最终因信息不对称而被迫降低绩效目标标准。部分预算单位还在设定目标时大量使用诸如“减少预算资金的各类成本”“进一步提升社会服务能力”“强化预算资金使用效益”等较为模糊和宏观的绩效目标，无法直观表示与历史标准、同类型同行业的绩效标准、部门的客观绩效产出标准相比具体的效率提升。

2. 绩效目标管理的战略化需进一步强化

在绩效目标的设定中，无论是财政部门审核的绩效目标还是预算执行部门自身设定的绩效目标，都必须以国家战略规划以及部门事业发展计划为直接依据。《中央部门预算绩效目标管理办法》中就根据时效性将绩效目标划分为中长期绩效目标和年度绩效目标两种基本类型，这就映射出绩效目标的设定本身就存在对中长期延续性的需求。因此，绩效目标的设定必须充分考虑政府部门的中长期发展规划。但是，在当前的预算绩效目标设定过程中，部分预算单位往往只考虑预算资金短期的绩效目标或者项目规划，很大程度上采用“头痛医头、脚痛医脚”的策略，更多只是关注本单位年度工作事项的完成情况或者达标情况，对本单位的中长期战略规划、规划中明确要求的主要任务以及最终要实现的长远目标等内容关注较少，中长期发展规划的延续性未能较好地体现在预算绩效目标标准值的设置与确定中，对于确立的绩效目标标准值是否有助于实现部门中长期战略目标缺乏系统考虑，使预算单位各年度的绩效目标衔接不紧密，甚至出现与预算单位职能或者定位不相符的情况，最终使预算绩效目标的标杆作用和引领作用大打折扣。

3. 预算绩效评价结果的应用需进一步完善

目前我国对预算绩效评价结果的应用、问责等还在起步阶段，在实际工作中存在“重绩效评价过程，轻绩效评价结果”的现象。首先，对绩效评价结果的应用方式还比较单一，评价结果应用的硬性要求不够，不能形成与未来预算安排紧密结合的制度安排，绩效问责和向社会公开等工作尚未到位，这导致在绩效评价结果应用上难以对资金使用部门和单位形成实质性约束，评价结果得不到有效应用；此外，由于一些项目从投入到产出再到发挥效益时间跨度很长，对其进行完整的绩效评价需要很长的周期，进而导致绩效情况与预算管理对接不紧，评价结果有局限性且无法及时应用的问题。

4. 基层管理人员缺口需进一步补充

预算绩效管理工作量大面宽、专业性强，这就要求管理人员必须具备非常高的专业素质和专业知识。同时，我国的预算绩效管理体系至今还未发展成熟，也不具备系统的方法论，信息的庞大复杂及预算资金较大的数额使预算绩效评价的实施变得零散。市、县一级从事预算绩效管理的人员较为缺乏，工作人员素质也有待进一步提升；同时，各大高校也较少开展关于预算绩效管理相关的课程，导致预算绩效管理人才缺乏，懂管理、懂业务、懂操作的复合型人员更为缺乏，专业素质跟不上发展需要，进而影响预算绩效管理工作的开展。

5. 第三方的业务能力需进一步提高

在预算绩效管理工作中，除了各级财政部门的绩效评价人员，评价机构也以独立第三方的身份对财政资金绩效开展评价，扮演“智囊团”与“催化剂”的角色，帮助预算部门优化预算编制，提高资金支出效率，促进深化预算绩效管理改革，增加预算编制、财政支出的公开透明度，提升公共服务质量。2021 年 4 月 29 日，财政部印发关于《第三方机构预算绩效评价业务监督管理暂行办法》的通知（财监〔2021〕4 号），对第三方机构开展预算绩效评价业务时应遵照的原则、评定标准、可以开展与禁止开展的业务类型及其他业务规范进行了说明，对第三方机构的执业能力提出了明确要求。但就现实情况而言，第三方机构的业务和管理人员也存在素质参差不齐的问题，影响相关预算绩效评价的效率和效果。

第二节 绩效导向的预算制度改革发展趋势

按照当前我国全面实施预算绩效管理的发展现状，我们认为“十四五”时期预算绩效管理改革思路应继续按照把绩效理念和绩效方法贯穿政府预算管理，切实增强预算资金使用的安全性、规范性和有效性，更好地发挥现代财政制度的职能作用。立足以绩效导向推进现代预算制度改革，并结合《中共中央 国务院关于全面实施预算绩效管理的意见》提出的“力争用3—5年时间基本建成全方位、全过程、全覆盖的预算绩效管理体系”的要求，从深化预算绩效管理文化、提高绩效信息获取能力、加大绩效信息使用力度、优化预算绩效管理体系、健全预算绩效组织保障五个方面提出相应的政策建议。

一、深化预算绩效管理文化

深化人人重视政府理财绩效的预算绩效管理文化，是政府树立“花钱必问效、无效必追责”的基石。为此，要提高党政领导的重视程度和增强预算单位的绩效观念。

第一，借助政府绩效考核，提高地方领导干部重视程度。当前各地的预算绩效管理改革工作参差不齐，在某种程度上与地方领导干部的重视与否是高度关联的。所以，要进一步推进预算绩效纳入政府绩效考核，加大预算绩效结果在政府绩效考核结果中的权重，预算安排与部门整体的履职绩效挂钩，整改落实情况也作为预算安排和政府绩效考核的重要依据。推进预算绩效考核与政府绩效考核的融合，加大预算绩效考核结果的权重，进一步强化预算绩效管理结果应用。通过把预算绩效管理与地方党政领导班子和领导干部考核联系起来，促使地方党政领导干部分配更多的注意力在预算绩效管理改革工作，改善各级各地财政部门主导预算绩效管理工作的被动局面，也有利于落实全面从严治党的各项工作和提高各地重点领域风险防范能力。

第二，开展学习培训，增强预算单位的绩效观念。预算绩效管理意识薄弱，依然是现阶段各级各地预算单位的普遍现状，也是制约预算绩效管理工作的重要障碍。在“十四五”期间实现“建成全方位、全过程、全覆盖的预算绩效管理体系”的改革目标，面临的重大挑战在于如何把绩效理念既深度融合到财政资金管理中，也贯穿到绩效工作推进中。为此，今后各级财政部门仍需大量开展相关学习培训，以强化各级各地预算部门的支出责任和绩效意识，提高各级各地预算单位对预算绩效管理工作重要性的认知。

二、提高绩效信息获取能力

获取有效的预算绩效信息，是利用绩效信息来提高财政资金使用效益的前提，下一阶段可以通过推进事前绩效常态化管理、完善预算绩效指标库、加大数字技术应用力度、推进绩效评价资源共建共享四个方面来提高预算绩效信息获取能力。

第一，大力推进事前绩效评估常态化管理，夯实预算编制基础，更好地发挥事前绩效评估对科学决策的支撑作用。继续深化重大新增项目或政策的事前绩效评估工作，适当调整并延长事前评估时间，充分发挥事前评估的作用与效果，并加强事前评估结果的应用。对“予以支持”和“部分支持”的项目纳入财政项目库管理，提前进入财政预算评审环节。

第二，优化绩效目标和指标库建设。各级预算单位应坚持精确化、动态化管理原则，重视对资金申请文件及材料的审核，把绩效目标与绩效指标库设置与管理的合理性与科学性作为审核预算资金的一个重要内容，地方人大与财政部门应该协同建立预算绩效标准管理的行业间评比机制和问责机制，强化对预算单位绩效标准管理的约束，对于已入库的指标，应根据客观经营环境的实际变化情况做到定期替换，及时更新以确保绩效目标量化、细致、准确；

第三，加大数字技术获取绩效信息应用力度。在数字时代，各级各地财政部门可以统筹规划，通过引入多元的数据采集、融合关联的数据建模分析、动态直观的数据展示等“大数据”挖掘技术与系统，收集整理以往通过传统技术手段难以甄别、获取的部分绩效信息和其他地区标准值、历史值、经验数据等参考数据，不断充实历史标准、行业标准及地区经验数据以有效降低经济效益、社会效益、生态效益等绩效标准的量化难度，为制定科学的绩效目标和合理的绩效评估指标标准值提供数据支撑，同时简化、优化日常工作。

第四，推进绩效评价资源的共建共享。目前，各地、各部门都在投入资金建设绩效指标库、项目库，信息时代和数字治理已经为跨地域共享绩效评价资源创造条件，短期而言，应提倡和鼓励地方财政部门在推进预算绩效管理上，加强信息资源的共建共享和互联互通，以减少重复投资；长期来看，财政部门应自上而下主导绩效指标库、专家库等绩效评价资源的共建共享机制，进而形成标准统一、科学规范的绩效评价资源。

三、加大绩效信息使用力度

预算绩效信息的使用是多元的，可以通过扩大信息公开范围、加强绩效信息与预算分配的联系、利用绩效信息调动参与积极性三个方面来加大绩效信息使用力度。

第一，扩大绩效信息公开范围。政府预决算信息公开的目的是政府接受社会监督，以督促政府提升财政运行效率和透明度，推动实现阳光财政，打造法治国家、法治政府。政府预算向社会公开，既是国际惯例，也是我国《预算法》《中华人民共和国政府信息公开条例》的要求，所以，逐步完善预算绩效信息公开的内容及形式是应有之举。未来，各级政府预算绩效信息的透明化需要从内容、质量、传播渠道三个维度不断完善，逐步建立正式的预算绩效信息公开报告制度。

第二，加强绩效结果与预算分配的联系。纵观 30 多年以来各国的绩效预算改革，绩效信息和资源分配之间的联系越来越紧密，各国通过一系列的改革逐渐强化绩效信息在预算安排和资源配置中的作用，促成了绩效预算从技术到机制的转变，全过程的预算绩效管理要逐渐由"先配置资源，再看绩效"转为"先看绩效，再配置资源"或"绩效可以显著影响资源配置"的动态过程，由以部门预算为主的管理转向对政府支出绩效和部门产出的管理，实现预算绩效与政府职能的衔接，这需要推动绩效重心的转移，由原来的以事后绩效评价结果来指导下一年的预算安排，逐步向事前围绕绩效目标安排预算转移。进一步完善绩效结果"两纳入""三挂钩"机制，优化预算评审工作，将绩效运行监控结果作为绩效评价结果的组成部分，将评价结果作为加强项目管理、调整预算支出结构和完善财政政策的重要依据。

第三，利用绩效信息调动参与积极性。财政部门和监管部门在对没有完成预算绩效目标的单位及相关人员实施惩治措施的同时，对于完成预算绩效目标的单位及相关人员应予以奖励，以激发其工作的积极性，将评价结果逐级落实到具体单位的具体项目的具体责任人，并分别跟踪落实处置措施。预算资金使用部门应将内部评价结果与部门、人员的绩效直接挂钩，以进一步确保绩效目标的实现。

四、优化预算绩效管理体系

按照全过程预算绩效管理体系的改革目标，下一阶段应该在继续推进绩效与预算深度融合的基础上，通过推动绩效与预算深度融合、发展战略导向的绩效目标管理、优化绩效评价模式和联动机制、利用成本效益分析构建预算绩效标准体系、完善政府绩效报告和财务报告制度五个方面来优化预算绩效管理体系。

第一，推行绩效与预算深度融合。应由国家层面主导开展体制上的创新，将预算绩效管理与财政管理相结合，通过完善社会主义现代化的财税体系，将预算绩效管理融入财政管理的工作中。要在巩固预算绩效管理成效、健全预算绩效管理体系的基础上，进一步推动绩效机制的转变，实现预算绩效管理向深度融合模式发展，即由原来"对预算管理加以绩效考核"转向实现"绩效与预算深度融合一体化"，由在预算管理中嵌入绩效管理转向实现绩效对预算制度的主导式管理，强化绩效对预算的影响。

第二，发展战略导向的绩效目标管理。绩效目标管理是预算绩效管理的起点和基础，战略管理是提高政府财政支出与政府优先工作或重点工作匹配度的有效举措。各级各地财政部门下一步可将实现绩效目标与地方政府五年规划、部门规划和中期财政规划的融合对接机制作为新的突破口，积极探索绩效年度目标和绩效战略目标有效对接机制和滚动更新机制，并完善相应的审核、监督和公开制度，确保绩效目标和计划能真实有效地反映出解决社会问题的政策方向，促使各级政府部门在编制绩效目标、实施绩效评价时避免年度预算的短视，具备跨年度的战略眼光。

第三，优化绩效评价模式和联动机制。一是明确重点绩效评价的遴选标准。各级各部门应该按照与社会关注度高、与经济社会发展密切相关的基础标准，细化进入重点绩效评价的项目标准。二是建立重大政策绩效评价。引导绩效评价工作重点适度转向政策层面，尤其是针对党中央的决策和地方重点工作部署，各级各地财政部门应该认真指导评价机构从关注项目成本效益，延伸至关注项目资金对服务和落实重大政策的贡献力度和匹配程度进行评价，总结探索重大政策绩效评价经验。三是要构建评价参与主体的联动机制。预算项目、重大政策的绩效评价始终需要财政部门、预算部门和第三方评价机构的联动和协作，重点围绕信息跟踪、过程监管、结果反馈、报告公开等核心环节完善多方协同的工作机制。

第四，利用成本效益分析构建预算绩效标准体系。成本效益分析法是一种通过比较各个项目的全部成本和效益来评估项目价值、衡量资源配置的决策方法。财政部门可以根据经济发展水平、市场价格水平、财政收入状况、部门职能范围以及实际需要等现实情况，利用成本效益分析法建立预算绩效标准体系，并随着各影响因素和现实情况的变化而作出相应的调整，进而在实际探索中形成具有科学性和可行性的绩效标准体系。

第五，在条件成熟时将权责发生制扩展到整个政府活动范围，更好地将预算确认的成本与预期的绩效成果进行配比，从而支持管理者的有效决策，完整地反映政府妥托责任，促进全面的绩效管理改革。在完善政府会计制度的基础上，实行政府绩效报告和财务报告制度。各级政府不仅要每年报告年度预算情况，还要报告政府绩效目标完成情况，包括列明绩效目标和绩效结果，并将两者进行比较，通过绩效指标详细描述绩效目标的完成程度，并分析说明未达到目标的原因及改进的措施等。同时，还要报告政府的财务状况，包括现金流量、资产、负债和权益状况等。

五、健全预算绩效组织保障

按照多元治理的发展思路，可以通过明确政府部门职责、发挥人大监督作用、统一预算决策体系、提高基层业务能力、重视公民参与作用五个方面来进一步健全预算绩效管理组织保障工作。

第一，明确政府部门职责。地方各级党委政府和财政部门是预算绩效管理的责任主体。一方面，提高地方党政领导中负责同志对预算绩效管理改革工作的重视程度，要把预算绩效管理作为政府过紧日子、人民过好日子的重要抓手。另一方面，作为全面实施预算绩效管理改革的中坚力量，财政部门要继续重视制定和完善有关预算绩效管理的各项制度章程，落实对同级预算单位开展预算绩效管理的监督、指导职责，努力把预算绩效管理的制度优势转化治国理财效能。

第二，发挥人大监督作用。人大应充分发挥其各专业委员会和预算工委的制度功能和监督作用，通过预算信息联网、政策和项目绩效听证、预算绩效管理满意度测评等手段，以重点监督政策或项目为载体，对同级政府开展预算绩效管理的有效性进行评价和监督，倒逼政府绩效信息公开和绩效结果应用。

第三，建立部门联动机制。为减缓预算绩效管理组织工作体系碎片化的不利影响，当前个别地方正在探索建立人大、财政、审计联动工作机制，这将有利于强化协同、共享资源。下阶段，重点在于厘清和整合财政部门的绩效管理、人大机关的财会监督、审计部门的审计监督三重职能的侧重点，在此基础上，建立可推广、可复制的联动工作机制，进而巩固全面实施预算绩效管理的组织基础。

第四，提高基层业务能力。上级部门下达的预算绩效管理工作是否落实到位，与基层一线业务人员的实操能力密切相关。为此，各地财政部门可以加强与高校或者科研机构的合作，按照全过程预算绩效管理的业务流程标准，开展“培训＋授课＋案例实操”的业务培训，重点强化基层预算单位业务科室工作人员的预算绩效管理基础理论和实务操作的培训力度，切实提高他们的理论素养和业务技能，使之具备组织和开展各项预算绩效管理工作的实操能力。

第五，重视公民参与作用。从委托—代理的角度来看，政府作为公共财政资源的委托人，建立和完善公民参与制度也是各国政府发展预算绩效管理的重要内容，这也符合我国以人民为中心的发展思想。财政部门应继续鼓励和引导人民群众参与政府的预算绩效管理改革事业，包括利用现代数字技术、移动互联网等手段，积极拓宽有效的参与渠道和方式，让人民群众有更多的渠道了解党和政府治国理政、当家理财的实际状况，也让政府努力把预算绩效管理工作与人民对美好生活的向往有效对接起来。

第八章

调控有力的现代预算制度改革深化

党的十八大以来，随着我国经济发展进入新时代，中央坚持适应我国经济发展主要矛盾变化完善宏观调控、及时调整宏观调控思路，对我国近年来保持经济持续健康发展起了重要作用。宏观调控是公共财政的基本职责。而国家预算作为重要的财政政策工具，是财政分配和宏观调控的主要手段，发挥着财力保障、财政规划、反映监督、调节制约等职能。2020 年，中央提出了“宏观政策跨周期调节”的新政策思路，主要是对熨平短期波动的逆周期调节思路的重要拓展，将更注重政策调整的长期性与结构性。在新时代背景与要求下，引入跨年度预算平衡机制为跨周期宏观调控在实现政府短期与中长期政策目标，加强政策的前瞻性与战略性布局、整体性推进上有着重要作用，也是我国推进现代预算管理制度，实现在经济运行过程中预算动态平衡的重要手段。

本章首先以财政政策如何实现宏观政策的跨周期调节为切入点，阐述了在跨周期调节下引入跨年度预算平衡机制的重要性以及引入跨年度预算平衡机制的政策法律依据。其次，介绍了跨年度预算平衡机制的内涵与范畴，以及跨年度预算平衡机制中的重要内容中期财政规划。最后，重点分析了年度预算与中期财政的协同关系，探讨了年度预算与中期财政规划衔接中存在的问题，提出强化年度预算与中期财政规划衔接，为推进我国实施中期财政规划解决好基础性与关键性问题。

第一节 跨年度预算平衡机制的引入

宏观调控是公共财政的基本职责。政府利用宏观经济政策作用于整个国家的经济，实现经济的健康稳定发展。财政政策是国家整个经济政策的组成部分，国家预算是财政政策的重要手段。本节从宏观调控政策与财政政策的基本内容出发，探讨了政策的跨周期调节与逆周期调节的联系与区别，以及实现宏观政策跨周期调节需要财政发挥的作用，进而从预算管理角度提出引入跨年度预算平衡机制的重要性。

一、宏观调控政策与财政政策

（一）宏观调控政策

“宏观调控”是在改革开放时期产生的中国特色社会主义政治经济学概念。我国把“调”与“控”两类工具有机结合起来，将宏观调控作为正确处理改革、发展、稳定关系的重要抓手，构建起中国特色宏观调控体系。党的十八大以来，这一体系得到进一步发展，形成了以新常态为大逻辑，以高质量发展为根本要求，以供给侧结构性改革为主线，以“要稳”和“有度”为施策原则的政策框架。

从政治经济学角度，宏观调控政策是指政府为达到一定的宏观经济目标而制定的方针、原则和行为准则的总称，通过各种调控手段的具体运用来体现。政府的宏观调控政策是一个体系，包括财政政策、货币政策、产业政策、收入政策等。国家调控宏观经济的手段包括了经济手段、计划手段、法律手段以及行政手段。

（二）财政政策宏观调控的主要工具

财政政策是国家整个经济政策的组成部分，是指国家根据一定时期的社会经济发展目标和经济状况，依据客观经济规律为指导财政工作和处理财政关系而制定的有关财政收支行为的基本方针和基本准则。按照财政政策对宏观经济运行施加的不同影响，可分为扩张性财政政策、紧缩性财政政策和中性财政政策。按照财政对社会总供求的不同影响，可分为财政收入政策、财政支出政策和公债政策等；按照财政政策调节经济周期的作用，可划分为自动稳定财政政策和相机抉择的财政政策；按照不同的政策目标，财政政策可分为积极财政政策、稳健财政政策、适度从紧财政政策和紧缩财政政策。

我国财政政策的工具（手段）主要包括国家预算、税收、国债、财政补贴和财政投资等。就国家预算而言，国家预算主要是通过预算收支规模及平衡状态的确定、收支结构的安排和调整来实现财政政策目标。如新《预算法》第三十六条规定“各级预算收入的编制，应当与经济社会发展水平相适应与财政政策相衔接”，明确了收入预算编制应当与财政政策衔接，体现了两者之间的内在联系。

二、逆周期与跨周期调节下的财政政策

（一）财政政策与经济周期波动

经济学领域往往通过经济波动周期分析为财政宏观调控政策的调整提供建议。19 世纪末，随着西方经济学的不断发展，越来越多的经济学家开始致力于经济周期的研究，寻找经济周期的内在规律和固有特征，为财政政策作用于宏观经济政策提供一定的经济理论依据。依据经济周期理论，在经济社会发展的过程中，大体呈现出复苏、繁荣、衰退和萧条的周期循环。通过经济波动周期分析实施不同类型的财政政策，对经济行为进行有效的引导、激励和约束，进而调整经济结构，激发经济潜力，熨平经济短期波动，对冲下行压力，促进经济平稳发展。这也就是我们常说的相机决策的财政政策，即政府根据一定时期的经济社会状况，主动灵活选择不同类型的反经济周期的财政政策工具，干预经济运行行为，实现财政政策目标。因此，可以说财政政策与经济周期波动之间存在紧密的关联性。

（二）逆周期调节下的财政政策

逆周期调节主要是指在经济周期的不同阶段采用有针对性的逆向调节政策来对冲经济波动，从而降低经济发展积累的系统性风险，例如在经济发展过热时，宏观经济政策需要“从紧”以应对通货膨胀等问题；当经济发展相对缓慢时，需要采取“宽松”的宏观经济政策来刺激经济增长。逆周期宏观调控能够较好地稳定当下周期经济增长的波动，短期效果突出。例如，积极财政政策会使经济增长速度加快，紧缩性财政政策会使经济增长速度放慢。在经济上行时“及时刹车”，避免因为经济过热而滋生泡沫；在经济下行时“强力助推”，避免因为经济衰退而陷入萧条，从而抚平周期波动，因此，在经济发展不同阶段财政政策实施的力度和方向是不同的。

逆周期调节是我国宏观调控的关键词之一，也是我国经济能够平稳运行在合理区间的重要原因，特别是在熨平周期性波动、对冲下行压力等方面，逆周期调节发挥了积极作用。例如在 1993—1997 年我国实施适度从紧的财政政策不仅有效抑制了通货膨胀、挤压了过热经济的泡沫成分，同时保持了经济快速增长。1998—2004 年

实施积极的财政政策，不仅成功地抵御了亚洲金融危机的冲击和影响，同时在扩大投资、刺激消费、鼓励出口、拉动经济增长、优化经济结构等方面也取得了显著成效。2005—2007 年实施稳健偏紧的财政政策，使我国经济运行呈现出增长速度较快、经济效益较好、群众受惠较多的良好格局。2008—2009 年实施积极财政政策，再一次成功抵御了因国际金融危机导致经济可能陷入衰退的风险。后危机时代更是因供给侧结构性改革，以及经济结构转型的需要继续实施适度积极的财政政策。[①]

（三）跨周期调节下的财政政策

近年来，随着我国经济发展进入新时代，考虑到我国经济发展的结构性、体制性问题以及风险暴露的滞后性，仅针对当下一个周期的经济问题进行逆周期调节，会带来所谓的“逆周期调节”中的“顺周期”效应，带来诸多隐患。以积极的财政政策为例，政府通过刺激总需求以达到总供给水平，而当总需求超过潜在总供给水平时，物价水平由于价格粘性、预期粘性等影响没有显著提高，可能带来长期的通货膨胀风险。又如，当前经济波动增加。一方面，在新冠肺炎疫情暴发和快速控制后，经济收缩与扩张周期迅速切换，另一方面，疫情反复，又导致经济恢复进程中出现多个小周期交叉重叠。在不确定性风险压力没有实质性减弱情况下，要实现经济增长频繁进行逆周期调节，也会减弱政策效果，带来一些“后遗症”。因此，新时代背景与宏观经济发展变化下中央提出了“宏观调节跨周期设计和调节”，以完善和升级传统的逆周期调节。

1. 宏观调控跨周期调节

宏观调控跨周期调节不再简单应对一个经济周期内的问题，而是关注宏观经济政策的长期效果，实现短期刺激经济增长与中长期防范风险的平衡。可以认为宏观调控跨周期调节是以“稳增长”和“防风险”为双重目标，强调前瞻性思考、全局性谋划、战略性布局和整体性推进，以国家发展规划为战略导向，以财政政策和货币政策为主要手段，加强与就业、产业、投资、消费、区域等政策的协同发力，在实现宏观调控的主要目标的同时关注结构调整与优化，推动经济高质量发展。[②]

因此，跨周期调节在政策工具的选择过程中会注重其短期和长期效应，侧重使

---

① 刘金全、王国志、付卫艳：《财政政策冲击与经济周期波动的时变关联机制研究——基于经济扩张期和收缩期的对比分析》，《经济问题探索》，2021 年第 6 期，第 1 - 14 页。

② 马海涛：《完善宏观调控跨周期设计和调节》，《预算管理与会计》，2020 年第 9 期，第 3 页。

用符合中长期政策目标的结构性工具，适当减少短期政策工具。在政策的组合使用方面，跨周期调节注重财政政策、货币政策与中长期战略规划、区域和产业等政策间的协调与配合。在政策评价方面，在考量宏观政策体系整体成效之外，更加注重体系之内各个政策工具间的配合度，长短期目标设置的科学性。

2. 逆周期与跨周期调节的联系与区别

从两者的联系来看，首先，财政政策的“跨周期”与“逆周期”不是彼此割裂的。中长期的财政政策跨周期宏观调控设计，需要以短期政策为前提和依据，考虑短期政策效果对于中长期政策的影响。其次，跨周期调节并非对逆周期调节的否定或取代，而是对其进行了拓展、完善和升级。跨周期宏观调控需要处理好宏观政策对跨周期调节“稳增长”和“防风险”双重目标的权衡，做到短期刺激增长政策与中长期稳定防风险政策的科学衔接，并留有一定的政策空间，还要强调宏观政策运用要更加机制化，保持宏观政策的协同性。

从两者的区别来看：第一，逆周期调节更多关注的是总量调节，在主要周期变量给出明确信号时，针对当时周期状态进行逆向操作，政策实施方式追求灵活精准；而跨周期调节侧重的是结构调整，通过经济政策的制度化设计和构建宏观调控框架体系，解决逆周期调节的局限性，政策实施方式对于可持续性的要求更高。第二，逆周期调节以经济增长、充分就业、物价稳定、国际收支平衡为调控目标，关注的是经济周期波动，即着力点在于解决短期问题；而跨周期调节则补充了中长期经济发展优化的内容，更加注重稳增长和防风险的统筹推进，进一步提升经济增长潜力和内生动力。第三，逆周期调节为了尽快实现相对单一的目标，所使用的政策工具主要为财政政策和货币政策；而跨周期调节为了平衡多元化目标，还需要综合考虑国家整体战略布局，将产业政策、就业政策、环境保护政策等工具纳入宏观调控跨周期设计与协调。

3. 跨周期调节下的财政政策要求

财政政策作为宏观调控跨周期调节下的主要手段，仍在多方面发挥其重要职能作用。在 2020 年中共中央政治局会议提出“宏观调控跨周期调节”的同时，对财政政策也提出了有关基本论述“积极的财政政策要提升政策效能，兜牢基层‘三保’底线，合理把握预算内投资和地方政府债券发行进度，推动今年底明年初形成实物工作量”，该论述为我国下一步财政政策如何在跨周期调节中发挥作用进行了战略部署。[①] 因此，从财政的角度，应更灵活运用财政政策，加强与国家战略规划的衔接，持续关注财政支出的中长期结构性问题，使积极的财政政策能提升政策效能。

三、跨周期宏观调控下跨年度预算平衡机制的引入

（一）引入跨年度预算平衡机制的现实意义

宏观调控跨周期调节下对财政政策的要求，在预算管理中，具体表现为年度预算收支在跨期中实现平衡以及中期视野下收支结构的安排和调整。为了在实现上述目标，需引入跨年度预算平衡机制。

1. 建立跨年度预算平衡机制是更好地实现政府施政目标的需要

由于，跨周期调节是以“稳增长”和“防风险”为双重目标，强调前瞻性思考、全局性谋划、战略性布局和整体性推进，跨周期统筹协调的方式对宏观政策的统一性和连续性也提出了要求。对于国家预算而言，财政政策通常会伴随着宏观经济周期的波动体现出扩张与紧缩的交替过程，在具体结果上则表现为财政收支盈余或赤字的不断变化。因此，也不再只是讲求年度预算平衡，而是在一段时间内的跨周期平衡。

引入跨年度预算平衡机制构建体现了财政预算管理上“微观放开，宏观控制”的指导思想，即允许某个年度出现预算赤字，是建立在中长期预算平衡、可控的基础上的，建立跨年度预算平衡机制与财政中期规划管理的衔接，能够将预算安排与政府近期和中长期工作安排结合起来，有助于保障政府长期施政目标的实现。其次，在年度预算的制度安排下，重大工程项目的资金计划无法在一个相对较长的计划中通盘考虑，重点项目支出安排的优先性无法得到充分保证，未来预算中资本项目支出挤占经常项目支出的问题也无法有效避免。跨年度预算平衡机制提供了中期背景下实施财政战略的机制，要提前考虑未来3—5年财政支出结构和支出类别排序，有利于提高公共资源配置效率，切实保障国家重点发展项目，预警可能出现的与政府中期财政目标不兼容的政策，更好地体现了跨周期统筹协调的跨周期宏观调控的要求。

---

① 马海涛：《完善宏观调控跨周期设计和调节》，《预算管理与会计》，2020年第9期，第3页。

2. 建立跨年度预算平衡机制是有效防控财政风险，实现财政可持续性的需要

跨周期调节是以“稳增长”和“防风险”为双重目标，因此，在跨周期宏观调控下，既要求实现经济增长、充分就业、稳定物价、保持国际收支平衡的基础目标，也要实现财政支出结构调整与优化，在对冲经济下行压力，熨平经济周期的同时关注“防风险”这一目标。建立跨年度预算平衡机制，能够较好地克服年度预算的短视性弊端，及早发现当前财政收支的长期执行后果，有预见性地鉴别和确认财政风险，从而及早作出相应安排。同时还可通过中期财政规划管理的引导，优化政府规划编制；加强预算的连续性和财政政策的协调性，改善预算收支信息质量，实现逆周期调节，改善宏观调控的功能，为增强财政可持续性提供更有利的外部条件。具体讲，就是要通过周期性平衡，来化解征收过头税和“突击花钱”的问题。

3. 建立跨年度预算平衡机制是提高财政政策效能的需要

“积极的财政政策要提升政策效能”，是中央对财政政策的实施提出的更高要求。对于“政策效能”的强调，不仅表明财政政策力度需要在原基础上显著增强，同时对于财政政策的问质问效也将被更加深刻地内化在财政工作的基本逻辑当中。因此，在跨周期的宏观政策体系下，单纯地对财政政策进行短期性、局部性的效果评价已无法满足我国社会主义现代化国家建设新阶段的时代背景下的要求。在新时期，财政政策的绩效评价应更多地具备长期性、全面性特征。跨年度预算平衡机制在支出决策上要求充分利用绩效信息，会同国家整体战略规划和政策的调整相联系起来，进而对预算支出决策产生影响，并最终形成公共政策与预算绩效管理相互作用的绩效管理体系，能够在中期支出框架下开展预算绩效管理，减少了未来支出的不确定性，避免增量预算中的顺周期效应，对提高政策效能，进一步提高我国宏观调控的科学性与有效性有着重要作用。

4. 建立跨年度预算平衡机制是建立现代财政制度，提高国家治理能力的需要

党的十八届三中全会提出，全面深化改革的总目标是“完善和发展中国特色社会主义制度，推进国家治理体系和治理能力现代化”。“财政是国家治理的基础和重要支柱”，财税体制改革在整体改革中具有基础性和支撑性作用，要从推动国家治理能力现代化的角度谋划和设计财政改革。预算制度是现代财政制度的核心，预算

改革要助推重新塑造国家治理体系，完善国家筹集、分配和使用资金的方式。改进预算管理制度，将审核预算的重点由平衡状态、赤字规模向支出预算和政策拓展，建立跨年度预算平衡机制，能够增强各年度之间财政支出的连续性，进而确保国家社会发展政策、宏观经济调控政策和对外开放政策的连续性与稳定性①。

（二）引入跨年度预算平衡机制的政策法律依据

建立跨年度预算平衡机制是在党的十八届三中全会之际通过的《中共中央关于全面深化改革若干重大问题的决定》第一次明确提出。构建跨年度预算平衡机制的法律基础也在2014年8月31日通过的新《预算法》中奠定。新《预算法》将原有的"各级预算应当做到收支平衡"改为"各级政府应当建立跨年度预算平衡机制"，将"中央预算和地方各级政府预算应当参考上一年预算执行情况和本年度收支预测进行编制"调整成"各级预算应当根据年度经济社会发展目标、国家宏观调控总体要求和跨年度预算平衡的需要，参考上一年预算执行情况、有关支出绩效评价结果和本年度收支预测，按照规定程序征求有关方面意见后进行编制"，将构建跨年度预算平衡机制的改革要求以法律的形式确定下来。"十三五"规划中提进一步出："实施跨年度预算平衡机制和中期财政规划管理，加强与经济社会发展规划计划的衔接。"具体的政策与法律依据如下：

1. 主要政策依据

党的十八届三中全会《关于全面深化改革若干重大问题的决定》中，提出财政是国家治理的基础和重要支柱，科学的财税体制是优化资源配置、维护市场统一、促进社会公平、实现国家长治久安的制度保障。必须完善立法、明确事权、改革税制、稳定税负、透明预算、提高效率，建立现代财政制度。全面规范的预算管理制度是现代财政制度的基本内容，改进预算管理制度势在必行。建立跨年度预算平衡机制是我国深化预算改革的举措。

2014年9月26日，国务院发布了《关于深化预算管理制度改革的决定》（国发〔2014〕45号），其中提出了要改进预算管理和控制，建立跨年度预算平衡机制的要求，对于各级财政如何建立跨年度预算平衡机制作出具体规定。

2015年1月3日国务院出台了《国务院关于实行中期财政规划管理的意见》（国发〔2015〕3号），提出了实施中期财政规划的要求，提出实行中期财政规划管

---

① 白景明：《依法加快建立跨年度预算平衡机制》，《中国财政》，2015年第1期，第50－53页。

理，由财政部门会同各部门研究编制三年滚动财政规划，对未来三年重大财政收支情况进行分析预测，对规划期内一些重大改革、重要政策和重大项目，研究政策目标、运行机制和评价办法，通过逐年更新滚动管理，强化财政规划对年度预算的约束性，有利于通过深化改革解决上述问题，实现财政可持续发展，也有利于充分发挥财政职能作用，促进经济结构调整和发展方式转变。

2. 主要法律依据

2014 年 8 月 31 日，第十二届全国人民代表大会常务委员会第十次会议审议通过了修订后的《预算法》，其中，为了提高预算的科学性与前瞻性、适应经济形势发展变化和财政政策逆周期调节的需要，新《预算法》第十二条要求各级预算应当遵循统筹兼顾、勤俭节约、量力而行、讲求绩效和收支平衡的原则。各级政府应当建立跨年度预算平衡机制；第四十一条规定：各级一般公共预算按照国务院的规定可以设置预算周转金，用于本级政府调剂预算年度内季节性收支差额。各级一般公共预算按照国务院的规定可以设置预算稳定调节基金，用于弥补以后年度预算资金的不足；第六十六条规定：各级一般公共预算年度执行中有超收收入的，只能用于冲减赤字或者补充预算稳定调节基金。各级一般公共预算的结余资金，应当补充预算稳定调节基金。省、自治区、直辖市一般公共预算年度执行中出现短收，通过调入预算稳定调节基金、减少支出等方式仍不能实现收支平衡的，省、自治区、直辖市政府报本级人民代表大会或者常委会批准，可以增列赤字，报国务院财政部门备案，并应当在下一年度预算中予以弥补。这些规定为推动建立跨年度预算平衡机制改革奠定了法律基础①。

第二节 跨年度预算平衡机制与中期财政规划

跨年度预算平衡机制是对现行单一年度预算平衡机制的一种改进，是指在财政预算编制、执行等环节，建立健全跨年度的、合理的平衡机制。在各级政府预算的收支执行上，收入方面合理筹集财政收入，确保依法征税，避免出现收取过头税或税收压库的做法，支出方面贯彻“先有预算、后有支出”的原则，硬化支出约束，更好地发挥财政宏观调控作用。跨年度预算平衡机制构建体现了财政预算管理上

---

① 李燕：《新〈预算法〉解释与实务指导》，北京：中国财政经济出版社 2015 年版。

“微观放开，宏观控制”的指导思想，即允许某个年度出现预算赤字，是建立在中长期预算平衡、可控的基础上的，建立跨年度预算平衡机制与财政中期规划管理的衔接。

一、预算的年度平衡与跨年平衡

（一）年度平衡与跨年平衡的内涵

预算平衡按平衡方式的不同可以分为年度平衡预算和跨年平衡预算。所谓年度平衡预算，是指根据财政稳健原则，在预算管理中贯彻在财政年度内平衡的预算管理方式。年度平衡预算是财政管理和控制支出的重要工具，在经济建设过程中发挥着重要的作用。但是，这种简单平衡的财政预算管理制度由于难以解决周期性财政赤字问题，使政府难以超越经济周期来维持财政稳定，特别是容易造成财政的“顺周期”调节。一般理论认为预算政策的类型除了年度预算平衡以外，还应该包括周期预算平衡。所谓周期预算平衡是指在预算收支的对比关系上，应在一个完整的经济周期内保持收支平衡，而不是在某一个特定的财政年度或一个日历时期内保持平衡。宏观经济的发展是一个波动的过程，会有经济波动的“谷底”与“谷峰”，一般而言要经历一个完整的经济波动周期，需要一段比较长的时间。而在这里的跨年度预算平衡，就时间而言比周期平衡所经历的时间要短。因此，可以认为跨年度预算平衡是周期预算平衡的基础。要保持预算的周期平衡，应建立跨年度预算平衡机制。

跨年度预算平衡是与现代市场经济相适应的预算原则。市场经济最大的目标就是促进市场均衡。当社会总供给大于社会总需求时，此时有效需求不足，在这种情况下需要政府采取刺激需求的政策；当社会总供给小于社会总需求时，此时有效需求过剩，在这种情况下需要政府采取降低需求的政策。跨年度预算平衡机制要求在宏观经济繁荣时实施紧缩性财政政策，从而保留财政盈余；在经济萧条时实施扩张性财政政策、安排财政赤字，从而使各期的财政赤字和财政盈余保持长期协调，实现财政预算的跨期平衡。跨年度预算平衡是对现行年度预算平衡机制的改进，其原理是顺应经济周期和社会发展周期编制预算，追求财政收支周期性平衡，而非短期静态平衡；讲求中期视野下预算收支的良好匹配，而不是单个年度内以收定支。跨年度预算平衡为确保财政的可持续，要求在财政预算编制、执行等环节，建立健全跨年度的、合理的动态平衡机制，实施依法征税、硬化支出预算约束，更好地发挥财政宏观调控作用。

（二）从年度平衡到跨年度平衡

在现代政府预算制度确立的早期，年度预算的编制起源于立法机关的要求。以亚当·斯密为代表的古典经济理论主张预算收支平衡，反对预算赤字，反对将预算作为国家干预经济的工具。他们认为，预算收支平衡是健全财政的标志；预算赤字的产生根源只是战争、灾害等突发事件，或是由于财政制度不健全，财政运行中的过失引起的。与之相应的年度性原则是要求政府预算应按财政年度编制，不得有间断，也不能对本预算年度之后的政府财政收支活动做出任何事先的安排。这一原则要求政府每年都向立法机关呈递预算。这一时期，就总体情况来看，西方国家的预算是比较稳定的，在多数年份中收支平衡。20 世纪 30 年代发生于资本主义世界的经济危机，很大程度上改变了人们对古典理论关于市场机制与政府作用的传统看法，其中最具代表性的就是凯恩斯提出的“赤字财政”的革命性观点。他指出，大萧条的根本原因在于支出不足，而预算赤字是一种积极的政策手段，可以刺激私人部门更多的支出。这就使财政管理摆脱了狭隘的年度预算平衡概念，进而通过预算收支的周期平衡促使宏观经济达到充分就业。自此开始，预算政策对经济的影响不断增加，预算与经济紧密连结的观点取代了古典理论把预算与经济相割裂的观点。①

20 世纪 70 年代开始，主要西方国家出现令政府当局极为头疼的“滞胀”局面，而支出规模却一直在膨胀，赤字居高不下。与此同时，出于强大的行政改革、提高政府绩效和加强服务品质的民意压力，“新公共管理”运动开始兴起，其意图在于将传统的、僵化的、等级制式的官僚体制改造为灵活的、市场导向的公共部门，从而有效解决过去政府组织的积弊——财政困难、政府膨胀和低效率。这些经济和财政现实给传统预算原则所强调的年度性或非连续性，带来了严重挑战。特别是，这一时期的预算越来越具有连续性，过去形成的对于某一团体的预算承诺常常不能随意终止，因此，许多预算决策就变成自动的而非年度性的。著名公共预算专家凯顿将其概括为“预算的非弹性”。而且，由于长期性的预算承诺所导致的支出每年都在变化，并取决于不可改变的上一年的决策、涉及的受益人数和部门、经济波动等不可控制的因素，因此，预算变得越来越不可预测。凯顿将此现象概括为“预算的不可预测性”。

上述因素促使西方发达国家开始反思其预算制度，他们认为传统上以扩张政府职能与预算规模的办法，来满足民众需求，等于以错误的方法达到崇高的目的。为此，需要从根本上变革预算过程的“游戏规则”，包括放松投入控制和采用自上而

① 肖文东：《中国政府预算改革：从年度基础到中期基础》，中央财经大学博士学位论文。

下的预算程序等，其中，非常引人注目的一项改革是转向跨年度预算平衡。

（三）年度平衡与跨年平衡之间的关系

在过去一百年左右的时间中，年度预算曾是财政管理、控制支出的重要工具。但是，随着时间的推移，其不足之处也开始日益明显。美国著名公共预算专家阿伦·威尔达夫斯基总结了年度预算的关键特征：（1）短视，因为它仅仅考虑了下一个年度的支出；（2）支出膨胀，因为它掩盖了未来年度的巨额开支；（3）过于保守，因为收支的巨大变化不会在一个长期前景进行战略安排；（4）狭隘主义，因为各项计划彼此分割，而不是把未来成本与其收入联系起来进行比较。

与年度预算平衡不同，跨年度预算平衡主要着眼于宏观经济和财政发展趋势以及周期性财政收支平衡目标的实现，确定解决重大政治经济问题的财政政策框架。因此，跨年度预算平衡既是年度预算在时间序列上的拓展，其实施又要具体落实在各年度预算当中。所以，从跨年度预算平衡和年度预算平衡之间的关系来说，二者并不是相互排斥的，跨年度预算平衡仅仅是作为对年度预算的延伸和改进而引入的，并不是对年度预算的完全替代。年度预算是跨年度预算平衡的起点和基础，而跨年度预算平衡使年度预算变得更加明智和有效率。二者之间的结合，使预算的编制更加符合社会经济的发展趋势，并为推动社会经济的发展做出更大的贡献。

预算跨年度平衡是为了提高年度预算的质量，而不是为了取代年度预算。年度预算按照财政年度由政府编制、国会审批，其中要详细说明每项拨款的支出目的和预期结果。对于每项拨款来说，预算中都需要说明其在下一财政年度结束之后的两年中的预期影响。表 8 - 1 列示了二者的主要区别。

表 8 - 1　　跨年度预算平衡与年度预算平衡的比较

比较内容	年度预算平衡	跨年度预算平衡
总量财政纪律（保持支出在限额内）	对宏观经济的关注仅限于短期（在许多国家，是由国际机构提供财政纪律）。	对短期宏观经济的关注是在一个中期的框架内（3 年：n + 1，n + 2，n + 3），包括建立国内宏观经济模型的能力。
联结政策、规划与预算（反映政府在支出项目优先性上的意愿和能力）	联结非常弱，因为政策选择脱离于资源现实，从而政策不可持续，并且支出结构未能反映政府确定的政策优先性。	决策受控于资源现实，因此，决策、规划与预算之间的联系非常强，支出也反映了政府既定的政策优先性。
绩效和服务提供（包括所有人力和财务资源的运营绩效）	很少有动机去关注以产出和成果衡量的结果，因为强调的重点是投入控制，预算资金的可预见性也较少受到关注。	强调的是通过既定资源提供的产出和成果，从而有动机去提高绩效（部门主管对结果的受托责任），最终改善了所提供的服务。

（四）现代预算与动态平衡

在宏观经济形势日益复杂的今天，如何促进经济的稳定增长，成为了政府的首要目标。预算作为约束政府收支行为的工具，势必要在宏观经济波动中发挥重要的作用。在此背景下，要赋予现代预算更多的制度弹性，以寻求经济波动中的动态平衡。在经济发展下降时，政府预算应当扩大支出和减少税收，以增加消费和促进投资，恢复经济活力，这时在预算上必然会产生赤字。当经济已经复苏时，在投资增加和失业减少的情况下，政府可以适当减少支出和增加税收，以减轻通胀压力，这时在预算上就会产生盈余。这样就可以用繁荣年份的盈余弥补萧条年份的赤字，从整个宏观经济周期来看，预算能够达到平衡。

二、我国跨年度预算平衡机制的构建

跨年度预算平衡机制是一个具有中国特色的词汇。跨年度预算平衡机制是对传统年度预算平衡机制的改进，在财政预算编制、执行等环节，建立健全跨年度的、合理的动态平衡机制，实施依法征税，硬化支出预算约束，更好地发挥财政宏观调控作用。

（一）跨年度预算平衡机制的范畴

通过厘清年度预算、跨年度预算平衡机制、周期预算平衡的概念，中期支出框架的几个层次，以及我国各项文件对构建跨年度预算平衡机制内容的把握，可以明确我国构建跨年度预算平衡机制的主要目的是实现以支出为核心的预算管理模式，是对现行年度预算平衡机制的改进。在具体构建跨年度预算平衡机制时，需要明确跨年度预算平衡机制的范畴，因而我国跨年度预算平衡机制的范畴可以从以下几个方面考察：基本要素的设定；政策工具和方法；运行机制的设计（见图 8－1）。

1. 基本要素设定

（1）时间跨度。我国当前推行的跨年度预算平衡制度，将预算管理的视野从单年度扩展到 3—5 年的中期视角，以预算年度为基础滚动编制未来 3—5 年的财政收支计划，即经过立法机关批准并付诸实施的预算年度为规划的第一年、第二年的收支安排形成年度预算后提交立法机关审议，后 3—5 年的收支则为规划，对规划期内政府收入与执行政府职能安排的支出作出详细、全面的说明和审查。

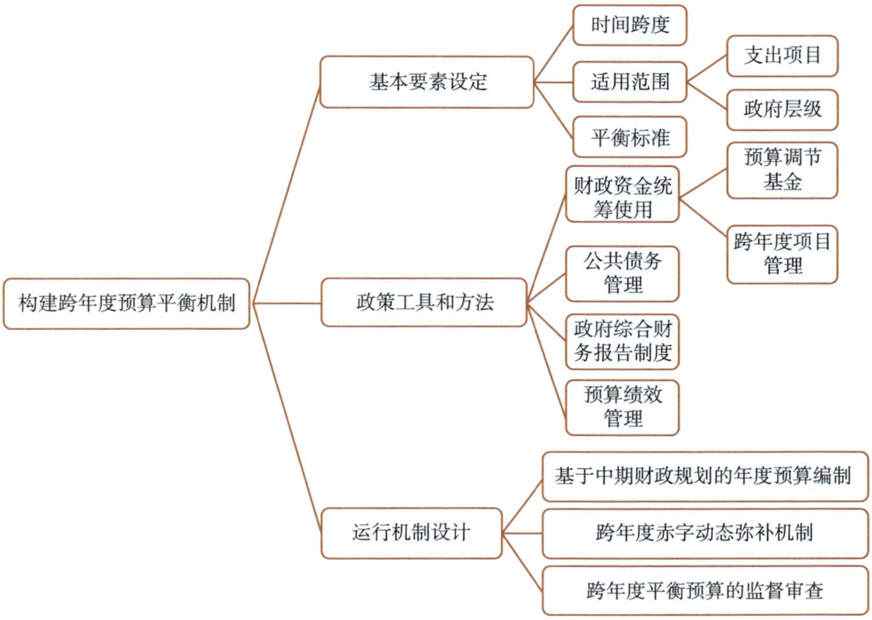

图 8－1　我国构建跨年度预算平衡机制的范畴

（2）适用范围。适用范围主要体现在财政支出项目和政府层级两个方面。一方面，跨年度预算平衡机制主要体现在财政支出项目的安排与管理中。另一方面，依据我国新《预算法》《关于贯彻落实国务院决策部署 推动地方实行中期财政规划管理的通知》（财预〔2015〕38 号），《国务院关于深化预算管理制度改革的决定》等法规和文件中的相关规定，中央和地方各级财政主体均已纳入到我国跨年度预算平衡机制的构建中。

（3）平衡标准。预算平衡是指预算收入与预算支出在数量上的大体对应。对预算平衡的要求上，新《预算法》第十二条规定各级预算应当遵循统筹兼顾、勤俭节约、量力而行、讲求绩效和收支平衡的原则。各级政府应当建立跨年度预算平衡机制。在跨年度预算平衡机制下，预算平衡遵循长期平衡与动态平衡的原则。一方面，打破了年度平衡的制约，以长期平衡替代短期平衡，即只需保证在一定的期限或者周期内实现平衡即可，而并不一定非要严苛要求每一年度都要达到平衡。另一方面，动态平衡原则则要求，在不同的经济发展阶段实现动态平衡，例如在经济发展初期，政府为拉动经济而进行投资，出现一定的收不抵支，而在发展的中后期，经济繁荣，财政收入增长加速，产生盈余，便可以此时的盈余抵补前期的赤字。

2. 政策工具和方法

（1）预算稳定调节基金。预算稳定调节基金是一种政府预算储备，其资金来源于经济繁荣年度财政盈余的积累，通常被视为一种反周期的财政工具，利用其“蓄水池”的功能，可以发挥稳定经济，应对公共突发事件的作用，从而达到居安思危的效果。

预算稳定调节基金的作用机理是基于宏观经济学中的社会总供给与社会总需求相等以及宏观经济波动的原理来运行的。它秉承“以丰补歉，以盈填亏”的理财理念，通过基金的安排使用可以对社会总供给产生重要影响，从而达到对经济运行反周期调节的作用。例如在经济形势好，财政收入增长高的年份，安排资金存入预算稳定基金，减少政府支出，避免经济过热发展。同样当经济疲软，财政收入减少的时候，调入使用基金，增加政府开支，刺激社会总需求，抑制经济紧缩的加剧。因此，作为宏观经济平衡器的预算稳定基金必将成为政府实施经济政策，烫平经济波动、稳定经济运行的重要工具。[①] 可见预算稳定调节基金在跨年度预算平衡中发挥着“蓄水池”的作用，通过这个“蓄水池”来促使经济稳定发展。即用经济年份好的盈余来弥补经济较差年份的赤字，从一个较长的时间跨度来看，预算达到平衡。

（2）跨年度项目管理。跨年度预算平衡的一个主要目的是更好地实施在较长时期内才能完成的重大支出项目。河北省2008年最早出台实施了《关于推进省级部门发展性支出三年滚动预算编制工作的实施意见》（冀政〔2008〕72号），较早落实了三年滚动项目库管理。自2009年度起，又从水利厅、卫生厅等15个省级预算部门开始，逐步推进发展性支出三年滚动预算编制工作，要求各预算部门提前编制中长期发展规划，据此编制三年滚动预算建议计划，建立发展性支出三年滚动项目库，拟待作为核心内容的发展性支出中期滚动预算，达到预期效果以后再扩展到覆盖所有财政资金的整个预算。[②] 在具体的编制中，三年滚动预算编制中第一个预算年度安排的发展性支出项目要按照当年预算编制要求进行详细编列，以后两年安排的项目应按照中长期发展规划编制，明确重点支出方向及重大项目，原则上要概算到具体项目，对国家政策规定和省委省政府确定的重大支出项目必须优先编入部门预算建议计划，不得遗漏和留有硬缺口，同时要求对编入三年滚动预算的所有发展性支出项目都要设绩效目标和考评指标，实行全过程预算绩效管理。通过跨年度项目管理来实现跨年度预算平衡机制对财政资金的统筹使用。

（3）公共债务管理、预算绩效管理等手段。实现跨年度预算平衡的政策工具和方法应包含公共债务管理、预算绩效管理等，避免预算管理改革“单兵推进”的局面。跨年度预算平衡机制的政策工具的使用，一方面是使用预算稳定调节基金和公

① 李燕、刘霞：《我国预算稳定调节基金研究》，《南京审计学院学报》，2013年第3期，第33－41页。

② 全国预算与会计研究会总课题组：《建立中期财政规划和滚动预算制度难点问题研究主报告（上）》，《预算管理与会计》，2016年第2期，第16－18页。

共债务处理年度预算执行中出现盈余和赤字、进行年度间预算调节。另一方面，在支出决策上运用权责发生制政府综合财务报告制度、预算绩效管理等工具科学决定支出有多大的规模、支出重点是应该怎样的、在何处作为重点、何时花钱、花钱要达到怎样的绩效等。如，在中期支出框架下开展预算绩效管理，使绩效评价所产生的结果信息，会同国家整体战略规划和政策的调整联系起来，进而对预算支出决策产生影响，并最终形成公共政策与预算绩效管理相互作用的绩效管理体系。同时，减少了未来支出的不确定性，避免增量预算中的顺周期效应。

3. 运行机制设置

跨年度预算平衡运行机制设计，就是在各基本要素确定的基础上，将跨年度预算平衡的目标与各种政策工具和其他制度相协调，形成一个统一、科学的集合。

（1）预算超收或短收的平衡机制。2014 年 9 月 26 日，国务院发布了《关于深化预算管理制度改革的决定》（国发〔2014〕45 号），其中提出了要改进预算管理和控制，建立跨年度预算平衡机制的要求。各级财政根据经济形势发展变化和财政政策逆周期调节的需要，建立跨年度预算平衡机制。中央一般公共预算执行中如出现超收，超收收入应用于冲减赤字、补充预算稳定调节基金；如出现短收，通过调入预算稳定调节基金、削减支出或增列赤字并在经全国人大或其常委会批准的国债余额限额内发债平衡。地方一般公共预算执行中如出现超收，用于化解政府债务或补充预算稳定调节基金；如出现短收，通过调入预算稳定调节基金或其他预算资金、削减支出实现平衡。如采取上述措施后仍不能实现平衡，省级政府报本级人大或其常委会批准后增列赤字，并报财政部备案，在下一年度预算中予以弥补；市、县级政府通过申请上级政府临时救助实现平衡，并在下一年度预算中归还。政府性基金预算和国有资本经营预算如出现超收，结转下年安排；如出现短收，通过削减支出实现平衡。

（2）基于中期财政规划管理的年度预算编制。中期财政规划是在科学预判未来三年财政收支情况的基础上，合理确定财政收支政策和重大项目资金安排，逐年滚动管理，实现规划期内跨年度平衡的预算收支框架。中期财政规划可以将政策目标与预算相关联，提供跨年度的收入支出预测信息，是跨年度预算平衡机制的基础工具。中期财政规划按照三年滚动方式编制，第一年规划用以指导和约束下一年度预算的编制和执行，后两年规划相应指引相应年度预算。通过实行中期财政规划，科学预测未来三年财政收支情况，分析财政收支政策存在的问题，合理确定财政收支政策和重大项目资金安排，并实行逐年滚动管理，从而保证财政收入、支出政策的可持续性以及政府债务规模的可控性，实现规划期内预算收支的跨年度动态平衡。

（3）跨年度预算平衡的监督审查。在国务院《关于深化预算管理制度改革的决定》（国发〔2014〕45号）中，指出“一般公共预算审核的重点由平衡状态、赤字规模向支出预算和政策拓展”“强化支出预算约束，各级政府向本级人大报告支出预算的同时，要重点报告支出政策内容”“收入预算从约束性转向预期性，根据经济形势和政策调整等因素科学预测”“根据经济形势发展变化和财政政策逆周期调节的需要，建立跨年度预算平衡机制”。从政策文件中不难发现，跨年度预算平衡机制，使预算管理开始追求实质意义上的预算平衡，在更长的预算周期内实现预算制度的规划、控制和管理功能，改进现有的年度预算制度并强化其约束力。年度预算审核重点由平衡状态和赤字规模转向支出政策，收入预算由任务性转为预期性，通过对预算稳定调节基金的建立和完善，加强了结余、结转资金的预算管理，加强年度预算的控制、管理、计划功能。同时，跨年度预算平衡机制拓展了预算平衡的范围，预算平衡不仅仅考虑收支流量，还将作为存量资金的结余也纳入平衡范围，并在此基础上进一步将预算平衡视角从资金扩展到资产及其负债，由此，对预算的监督审查也将有所扩展。

（二）我国实施的中期财政规划管理

1. 中期支出框架的类型

按照世界银行的解释，中期支出框架（见表8－2）包含了三个层次的含义：一是最低层次的中期财政框架（MTEF）；二是介于中间层次的中期预算框架（MTBF）；三是最高层次的中期绩效框架（MTPF）。因此，中期支出框架是中期财政规划的上位概念，中期财政规划属于中期支出框架的范畴，是中期支出框架的第一个层次。

中期财政框架。包括自上而下地确定资源上限和资源在各支出机构的具体配置。无论一国编制预算的能力如何，中期财政框架都应得到广泛推崇。原因是，提供预算编制的中期宏观财政框架能够改善年度预算的编制质量，即使相当基础性的投入导向年度预算也是如此。

中期预算框架。除了上述中期财政框架（MTEF）的特点，中期预算框架（MTBF）还包括各支出机构自上而下确定资源需求，优化内部资金配置的过程。即使预算规划重点放在用于满足广泛的部门目标投入上，资源配置限制在支出机构层面展开，引入中期方法也有利于改善支出的优先次序。然而，更高级的中期预算框架

（MTBF）可结合项目预算编制形成项目中期预算，让资源配置与各项目的目标联系起来。在这一过程中，中期预算框架（MTBF）可看作通向产出导向预算的重要一步。

中期绩效框架。中期绩效框架承接于中期预算框架，完成了以投入为重点到以产出和绩效评价为重点的转移。因此，它不仅可以完整反映财政收入和预算的产出，还可以利用预算配置来促进支出效率的提高（即将资金投放与绩效表现相联系）。因此，运作良好的中期预算框架是实现中期绩效框架乃至成熟的中期财政框架的前提。

这三个框架一般都要结合年度预算和财政经济发展情况进行滚动或不断更新。大部分国家在实施中期支出框架的过程中，是从中期财政框架到中期预算框架再到中期绩效框架逐步推进的，也有少数一些国家是直接从中期预算框架着手实施的。

表 8－2　　中期支出框架三阶段

阶段	内容	措施	成果
中期财政框架（MTEF）	多年期宏观经济预测	确定财政和货币政策的战略性框架	宏观经济预测文件
	多年期收入预测	基于预算目的的收入总量预测	收入或税收政策文件
	债务稳定性分析和债务	基于预算目的的赤字限额	债务稳定性分析和债务政策分析文件
	多年期支出预测	当前经济活动和政策下，基于法律要求与可用资源协调下的支出估计	支出文件
	政府政策优先性的回顾	整合上述四个项目，明确财政规模，确定政府战略优先性和部门间资源再分配	提交内阁审核批准的财政政策文件
中期预算框架（MTBF）	根据当前项目确定各部门的支出限额	预算要求限额的确定（经常性支出和资本支出）；对预算政策的解释	预算循环
	部门战略的完善	整合政府政策、部门目标及在资源限额内实现目标的方式方法	部门间再分配
	预算年度和中期预算支出估计	限额内的预算要求（经常性支出、资本支出和新增支出）；政府政策	中期预算框架表格
中期绩效框架（MTPF）	与政府政策相关的项目结构的完善	预算内的政府政策	部门和政府政策的关系及预算
	部门计划的完善	部门项目的成本	部门项目文件
	预算年度和中期预算成果报告	实现方式方法	年度预算评价

2. 中期财政规划的内涵

中期财政规划被视为中期预算的过渡形态。《国务院关于实行中期财政规划管理的意见》（国发〔2015〕3号）中，对中期财政规划（MTFP）的定义为："中期财政规划是中期预算的过渡形态，是在对总体财政收支情况进行科学预判的基础上，重点研究确定财政收支政策，做到主要财政政策相对稳定，同时根据经济社会发展情况适时研究调整，使中期财政规划渐进过渡到真正的中期预算"。

作为跨年度预算平衡机制中重要的运行机制，中期财政规划是一种预算编制和公共财政管理方法，它致力于将财政资源配置由年度向跨年度转变，强化对年度预算的约束，增强财政决策的前瞻性、战略性和持续性，推动财政"提质增效"，提高财政资金使用效果和配置效率，防范财政风险。

3. 我国实行中期财政规划的政策依据

2013年党的十八届三中全会提出要建立跨年度预算平衡机制；2014年新修订的《预算法》同样提出要建立跨年度预算平衡机制；2014年，《国务院关于深化预算管理制度改革的决定》（国发〔2014〕45号）进一步提出要实行中期财政规划管理；2015年，《国务院关于实行中期财政规划管理的意见》（国发〔2015〕3号）印发，明确部署逐步推进中期预算改革。财政部于2015年印发了《关于加强和改进中央部门项目支出预算管理的通知》（财预〔2015〕82号），分别对我国实行中期财政规划以及改进中央部门项目支出预算管理工作作出了明确的规定。此后，中期财政规划管理改革开始全面推开，大部分省份于2016年开始编制三年中期财政规划，中期财政规划管理改革进一步向市县延伸。例如中央各部门在编制2016年部门预算时，同步编制2016—2018年部门滚动规划，对目标比较明确的项目编制三年滚动预算，特别是要在水利投资运营、义务教育、卫生、社保就业、环保等重点领域开展三年滚动预算试点。各省、自治区、直辖市及计划单列市财政部门在编制2016年预算时，争取同时编制2016—2018年财政规划。省级各部门、省级以下地方财政部门条件较为成熟的，也可分别编制省级部门三年滚动财政规划和当地中期财政规划。

4. 中期财政规划的具体内容

我国当前实施的中期财政规划，依据有关文件的要求，通过整理和归纳国务院及各省出台的有关《实行中期财政规划管理的实施意见》的文件，中期财政规划涵盖一般公共预算、政府性基金预算、国有资本经营预算、社会保险基金预算（以下合称四大预算体系），主要包括四个主要方面内容：

（1）预测现行政策下的财政收支情况。根据国家制定的五年规划纲要以及各年的年度计划，考虑国内外形势的变化并结合参考年份的相关数据，预测未来三年的当地经济发展情况和重要经济指标。主要包括：宏观经济形势分析、财政收入测算、财政支出测算、地方政府债务变动预测。宏观经济形势分析中主要设计未来三年地区生产总值、投资、消费、进出口、价格总水平、就业率等主要指标走向。财政收支测算主要运用经济计量模型测算未来三年四大预算体系财政收入，各项收入测算到功能分类的“款”级科目，支出测算包括一般公共预算、政府性基金、国有资本经营、社保基金。地方政府债务变动预测则是根据未来三年财政收入和支出情况，结合上级政府下达的政府债务限额情况，测算规划期内新增政府债务需求规模。

（2）分析现行财政收支政策方面存在的主要问题。包括对现行政策下财政收支的预测和对现行财政收支政策实施效果的分析。具体来说，首先，财政收入在制度上存在的问题，现行的税制是否能够起到调节收入差距、解决产能过剩以及节能减排的作用；省以下收入分成体制与事权和支出责任划分相匹配情况；非税项目设置符合简政放权、激活市场、减轻社会负担、提供基本公共服务等政策导向情况等。其次，财政支出在政策上存在的问题，结合人大建议、政协提案、审计报告、财政监督检查报告、财政绩效评价报告以及财政资金结转结余情况，对重点财政支出与财政收支的增幅状况以及财政支出和生产总值间的影响。最后，存在债务风险的问题，重点分析规划期内平衡财政收支所需新增政府债务规模情况，包括是否突破新增限额，债务率等风险控制指标是否超过警戒线，制定的债务应急处置预案和风险化解计划是否切实可行等。

（3）制订财政收支政策改革方案。财政收支的政策改革方案也主要是针对第二个方面目前财政收支上存在的问题提出的。首先是针对财政收入方面制度上的改革，财政部门要与税务、发改委以及海关等相关部门协同制定税制改革方案，进行重大税收制度的调整；其次是针对财政支出方面的政策，财政部门要与相关协同部门对近期内支出政策和支出项目进行梳理和规划；最后是针对地方政府负债过高的问题，财政部门要与政府做好负债风险预测工作，确定具体财政赤字规模，制定债务风险预警和应急处置措施，做好风险防控工作。

（4）测算改革后财政收支的情况。根据测算出的未来三年的财政收支情况平衡收支。建立跨年度平衡机制。结合经济形势状况，通过增减预算稳定调节基金和地方政府债务规模等办法，建立跨年度预算平衡机制。在经济形势较好、财政收入增速较快的年份，适当控制政府性债务增幅，并将剩余的收入用于补充预算稳定调节基金和化解政府性债务；反之，则通过适当调入预算稳定调节基金、增加政府性债务等措施平衡当年度预算。确保未来三年一般公共预算总量平衡、政府性基金预算和国有资本经营预算当年平衡、社会保险基金分险种收支平衡。分年度测算预算稳定调节基金存量、政府债务年度余额及增减变动情况。评估规划期内可能出现的宏观经济运行风险、重大自然灾害损失及政府债务风险等对中期规划执行的影响，提出应对措施。

5. 我国部门中期财政规划的编制

我国实施的中期财政规划拟按照三年滚动方式编制，这更接近于中期财政框架（MTEF），也是中期预算的过渡形态。根据《中华人民共和国预算法》，按照《国务院关于深化预算管理制度改革的决定》（国发〔2014〕45 号）和《国务院关于实行中期财政规划管理的意见》（国发〔2015〕3 号）等文件精神，在中期财政规划和预算编制这一框架中，部门预算的编制程序为：

（1）部门三年支出规划的编制程序及要求。部门编制部门预算，对一般公共预算和政府性基金预算拨款收入均应编制三年滚动支出规划，与预算年度（三年滚动规划中的第一年，下同）的部门预算同步进行，基本程序是：

基本支出测算。"一上"时不编报基本支出规划。"二上"时，部门编制的基本支出规划分年数与预算年度基本支出预算数应保持一致。涉及三年滚动规划中的后两年基本支出的重大调整政策，由财政部门测算并编入规划。如因人员、编制或机构变化，需调整后两年规划的，待编制相关年度预算时调整。

项目储备。根据财政部门核准下发的一级项目（按照部门主要职责设立并由部门作为项目实施主体；一级项目明细到支出功能分类的款级科目；每个一级项目包含若干二级项目），部门组织所属单位编报二级项目（二级项目包括在现有项目基础上规范整合而成的项目和新设立的项目，立项单位为项目实施主体；二级项目明细到支出功能分类的项级科目，年初部门预算按二级项目批复）。二级项目要加强规范、整合，控制项目数量。所有入库项目都要设置绩效标。要加强项目审核，并按要求进行评审，通过审核、评审的方可作为备选项目。部门要做好项目储备，支撑规划和预算编制。政府性基金预算参照一般公共预算项目管理。

项目评审。部门向财政部门申报的项目库中，属于评审范围的，部门应按照规定的比例组织评审。对暂未开展预算评审的项目，部门也要按照要求加强审核。

项目支出测算。部门根据轻重缓急，对备选项目进行排序，择优编制项目支出规划。

部门报送规划。部门报送“一上”支出规划时，要将对应年度的项目库一并报财政。项目库中三年滚动规划的各年度规模分别不得超过规定的对应年度项目支出规划的一定比例（如110%、120%和130%）。财政部门对项目进行审核，通过审核的纳入财政部门项目库；需要调整的，由部门调整后重新上报；不符合政策规定的，明确为不予安排的项目，不得列入规划和预算。

财政部门审核控制数。财政部门根据中期财政规划、财政政策、部门需求等进行综合平衡，核定下达部门三年支出控制数，明确一级项目和部分重点二级项目的分年控制数。

规划调整与下达。部门根据控制数调整编制三年支出规划报财政部，各年度支出总额不得调整。在一级项目控制数规模内，部门可增减替换二级项目，增加的项目必须是已纳入财政部门项目库的项目。部门如需在一级项目之间进行调整，或对控制数中已明确的二级项目预算进行调整，应报财政部门批准。财政部门审核汇总部门的三年支出规划，按程序报批后，分解下达给部门。

（2）部门预算编制程序及要求。“一上”预算编报。①填报基础信息数据库。部门按要求填报基础信息数据库，对预算年度人员编制、实有人数、机构设置等情况较上年发生变化的，要说明原因并提供证明文件。②填报规范津贴补贴经费测算相关数据；③对备选项目进行排序，择优编报项目支出预算；④充分预计项目支出结转资金；⑤报送项目支出定额标准建设情况；⑥确定绩效评价试点内容；⑦编制新增资产配置预算；⑧填报部门职能和机构设置等材料；⑨配合专员办预算监管工作。

核定“一下”预算控制数。财政部门根据中期财政规划、部门三年滚动规划、部门需求等综合平衡后，核定下达部门财政拨款预算控制数。其中，基本支出控制数明确到功能分类项级科目，项目支出控制数明确到一级项目和部分重点二级项目。

“二上”预算编报。①预测收入与填报绩效目标。部门要充分、合理预计部门各项收入，真实、完整反映各项支出。纳入部门整体支出绩效目标管理试点的部门，要按要求填报部门整体绩效目标。②编制全口径基本支出预算。编制包含财政拨款和非财政拨款在内的全口径基本支出预算。基本支出预算编制到经济分类款级科目。财政拨款安排的基本支出严格按照财政部门下达的“一下”控制数编制。③编制项目支出预算。④真实反映结转资金。⑤填报住房改革支出预算。⑥关于“三公”经费安排。⑦编制政府采购预算。⑧填报“政府购买服务支出表”。⑨关于国库执行重点项目。⑩关于年初预算到位率。

6. 推进我国实行中期财政规划的路径

我国中期财政规划的实施目前正处于起步阶段，这项工作的展开需要有一个完整的执行路径。具体包括如下几个方面：

（1）转变理念。中期财政规划的引入在预算制度上是一种变革，也是一种挑战。转向中期财政规划框架基于这样一种认识：从预算资源的合理配置来说，中期财政规划框架的一个主要功能就是提供一种使预算与政策相衔接的机制，引入中期财政规划并且尽最大程度地实现其作用和效果，就需要政府和部门之间协调一致，这是因为中期财政规划框架要求各参与者都在此框架内作出各项决策。

在我国，几年的试点和探索虽然在推广和普及中期财政规划的理念上取得了一些成绩，但中期财政规划的氛围还尚未形成，中期财政规划管理的理念尚未深入人心。应形成中期财政规划管理的氛围，使各参与方的行为自觉调整到适应中期财政规划管理的要求上。

（2）实施原则。通过对中期预算的国内实践和国外经验的总结和分析，中期财政规划的实施应遵循稳定、谨慎和科学透明原则。稳定即财政收支政策应建立在对宏观经济形势分析预测基础上，具有相对的稳定性和可预见性。财政收入和支出应与经济增长相适应，并致力于保持合理的税负水平和财政支出水平。谨慎即财政政策的制定必须充分考虑到政策效应对以后年度税负的影响。滚动预算的编制必须要留有充分余地，以便给以后的年度预算调整留有空间，并且要谨慎应对财政风险，控制财政赤字，加强债务管理，以消除经济风险对政府财政状况的负面影响。此外，中期预算的编制本身就是为了满足财政透明的要求，使市场主体对未来经济政策趋势有一个比较确定的预期，促进经济稳定增长和财政可持续发展。

（3）实施思路。在我国，推进中期财政规划工作应是一个长期的、循序渐进的过程。改革之初，可采取简单的滚动预算编制方式，即在没有总体实行政府滚动预算制度的情况下，先在具体编制年度预算的过程中，部分引入中期滚动预算的一些方法，主要是在一些重大项目支出中引入。

第三节 年度预算与中期财政规划的衔接

年度预算、中期财政规划与跨年度预算平衡机制是我国预算管理制度中重要部分。我国在构建跨年度预算平衡机制中，除了建立跨年度弥补超预算赤字的机制外，还需要注意强化预算的控制功能，建立跨年度预算平衡机制与财政中期规划管理相衔接的机制。本节从厘清年度预算和中期财政规划的联系出发，探讨年度预算与中期财政规划衔接机制设计的主要内容、衔接的难点问题，提出强化年度预算与中期财政规划衔接，为推进实施中期财政规划解决好基础性与关键性问题。

一、年度预算与中期财政规划的联系

（一）年度预算与中期财政规划的级次关系

从级次角度看，依据《国务院关于实行中期财政规划管理的意见》（国发〔2015〕3号）文件规定，全国中期财政规划对中央年度预算编制起约束作用，对地方中期财政规划和年度预算编制起指导作用。其中，地方中期财政规划对地方年度预算编制起约束作用，部门三年滚动财政规划对部门预算起约束作用。

（二）年度预算与中期财政规划的时间关系

从年度来看，中期财政规划的第一年规划约束对应的年度预算，后两年规划指引对应的年度预算。并且在年度预算执行结束后，对后两年规划及时进行调整，再添加一个年度规划，形成新一轮中期财政规划。而且通过逐年更新，确保中期财政规划符合实际情况，有效约束和指导年度预算。

（三）年度预算与中期财政规划的制度性联系

跨年度预算平衡机制是多制度协调的预算管理机制，为了实现预算平衡状态与宏观经济发展、政府重大政策目标的协调适应，加强跨年度预算平衡机制与中期财政规划的制度联系。

从制度内容上来看，中期财政规划和三年滚动投资计划是中期预算的过渡形态，依据国民经济和社会发展五年规划编制，属于部门专项规划与指导性政策。年度预算以《宪法》《预算法》等基本法律框架为依据，每年均要通过全国人民代表大会审议批准，其执行与调整均需遵守严格的法定程序。在制度联系上，国民经济和社会发展五年规划是国家发展战略，通过跨年度预算来细化、落实各项目标；中期财政规划则滚动编制三年预算来预判总体财政收支和财政经济政策，为跨年度预算提供合理的收支计划和周期性预算管理依据。

从管理部门的责任和权限看，根据《国务院关于实行中期财政规划管理的意见》（国发〔2015〕3号）文件与《国家发展改革委关于加强政府投资项目储备编制三年滚动投资计划的通知》（发改投资〔2015〕2463号）文件的分工，财政部牵头编制全国中期财政规划，国家发展改革委统筹负责政府投资项目储备和三年滚动投资计划各项工作。具体而言财政部和国家发展改革委都是国务院下属的两个综合经济管理部门，都承担着国家经济和社会管理的重要职能。而财政部主要职能包括拟定国家财税发展战略和规划，承担中央各项财政资金的收支管理等责任；国家发展改革委主要职能包括综合研究拟定经济和社会发展政策，进行总量平衡，是指导总体经济体制改革的宏观调控部门。

二、年度预算与中期财政规划的衔接机制

在跨年度预算平衡机制下，要求把财政预算管理从年度平衡延展到具有前瞻性的动态中期平衡，需要跨年度预算平衡机制和中期财政规划管理间的衔接实现相互协调、相互补充、相互制衡的协同机制。[①]

1. 相互协调

当前我国实行的中期财政规划是根据国民经济与社会发展五年规划编制的，包含三年期财政经济政策以及总体财政收支规划。中期财政规划将年度预算编制同经济发展状况与相关政策目标相联系，为年度间的预算调节提供相应的依据。在中期财政规划下，预算收支平衡状态并不强求年度的、短期的、静态的平衡，而是一种跨年度的、长期的、动态的平衡。因此，在衔接机制设计上：首先，跨年度预算平衡机制的设计依照市场条件下政府应有职能（即公共经济边界），限定了经济社会发展中长期规划和年度计划的范围。其次，对应当确定为公共经济需求的包括财税在内的公共政策和重大改革事项进行审慎的可行性论证，按照优先顺序排队，并将其具体化为财政支出项目、量化为财政预算需求。最后，将应由政府承担财政责任的税费优惠政策和公共支出项目分解落实到规划期各年度，以便具体编制到中期财政规划和滚动预算之中，体现为项目相关部门规划期第一年的预算安排和第二、第三年支出预算限额。

2. 相互补充

中期财政规划以科学预测规划期内经济社会发展趋势和可得财政资源总量为基

① 朱俊立：《提高跨年度预算平衡机制与中期财政规划管理协同性研究》，《经济研究参考》，2017 年第 50 期，第 16－22 页。

础，实现公共事务决策、实施与公共预算资金供给、配置之间的对接，指导、引领和约束规划期各年度预算，自上而下地确定可用资源总量和由下而上的确定部门支出项目，实现对年度预算的约束，防止年度预算的无限扩张。而年度预算是跨年度预算平衡的基础和起点。在跨年度预算平衡机制下，年度预算会出现赤字盈余情况，在预算收入大于支出时，不必要求当年全部安排支出，这样可以将结余结转到下年使用，冲减财政赤字；在预算收入不足弥补当年预算支出时，也不必要求削减当年支出，可以分三年对预算赤字进行弥补，使中期预算能够更加适应不断变化的经济形势，同时避免中期预算的约束力不至于被年度预算的短期目标所破坏，避免整个预算制度陷入制度僵化。由年度预算与中期财政规划在跨年度预算平衡机制下的主要功能与内容的衔接，体现了两者间的相互补充的运作机制。

3. 相互制衡

中期财政规划要求实现跨年度预算平衡，年度预算必须在中期财政框架下编制，跨年度预算平衡以年度预算为载体，通过年度间的预算调节来实现，跨年度预算平衡是在年度预算基础上进行时间上的延伸。三年期滚动编制的中期财政规划应根据上一年预算执行以及宏观经济政策变化的情况进行编制。如在三年滚动财政规划中，除了第一个年度二者必须保持一致外，后两年所有的财政收支都是预计数。随着时间的滚动和宏观政策的变化进行调整。因此，在跨年度预算平衡机制中体现了年度预算与中期财政规划的相互制约。

三、年度预算与中期财政规划衔接的主要内容

依据编制中期财政规划的主要内容，年度预算与中期财政规划衔接的主要内容可以体现在以下几个方面：

（一）支出政策与经济形势方面的衔接

我国实行中期财政规划的一个主要目的在于强化预算与政策间联结，加强财政纪律和促进财政资源的优先性配置。因而，中期财政规划的内容中要求根据国民经济和社会发展五年规划纲要及年度计划，考虑国际国内发展环境重大变化，结合基期年的经济社会发展情况，预测未来三年经济社会发展状况及主要经济指标，并做好财政收支预测，实现对支出、赤字和债务总量实施控制。这就对两者的衔接提出了三个要求：一是要求预算制定所依托的宏观经济政策意图的清晰表达，以及向市

场发出“政府打算在来年做什么”的信号。二是收支预测的误差与控制问题，即存在一定的系统性误差并缺少适当控制的情况下，宏观财政政策能够实现发挥其作用（以财政扩张刺激衰退期的经济复苏、以财政紧缩控制经济“过热”）的问题，也就是“多大的赤字或盈余才能与宏观经济目标相匹配”，即综合了收入、支出、债务和赤字总量的预测对年度预算的支出总量的测算与安排。三是对支出结构的调整，综合考虑安排的支出能否与政策相符，可否刺激经济复苏、是否会引发持续通货膨胀、可否实现财政的可持续等问题。通过中期财政规划能够将年度预算与支出政策实现有效的联结。

（二）编制周期和方式的衔接

在编制周期方面，按照国务院的部署，从中央到地方各级财政部门编制（省、区、市本级）或准备编制（市、县）为期三年滚动延展的财政规划，中期财政规划要与国民经济和社会发展五年规划相衔接，三年期滚动编制的中期财政规划应根据上一年预算执行以及宏观经济政策变化的情况进行编制。可以看出，中期财政规划是以三年为期逐年向前滚动编制的，经济社会发展规划是以五年为固定周期的，以前者的滚动周期对接后者的固定周期，年度预算是每年编制。但是，由此衔接也会使中期财政规划与国民经济和社会发展规划出现一些年份难以啮合的问题，即到一定时点肯定要出现滚动的中期财政规划期超出前一个经济社会发展五年规划期，而后一个经济社会发展五年规划编制工作尚未启动的情况。

在编制方式上，中期预算与年度预算的衔接，要求年度预算的编制以优先保证完成中期预算总体财政目标和任务为前提，确保中期预算确立的战略目标与方向不会被轻易篡改。行政机关须根据年度预算所确定的财政目标的完成情况以及外部形势的变化，对完成中期预算所确定的财政目标的实施路径进行必要的修正。

（三）相关部门之间的相互配合

相关规划协调层面上，编制和实施中期财政规划的牵头者是财政部门，而编制和实施经济社会发展规划的牵头者是发改部门，组织编制经济社会发展专项规划的则是其他职能部门，发改和其他职能部门同时也是中期财政规划编制和实施的参与者。为此，在中期财政规划编制和实施过程中需要处理好各级财政部门与同级发展改革等其他部门之间的博弈型互动、配合关系，互动得协调不协调，配合得好不好，直接关系到中期财政规划管理与政府的其他相关规划之间能否实现较好衔接、同步落实的问题。

四、加强年度预算与中期财政规划衔接的重要性

年度预算与中期财政规划的衔接是实施中期财政规划的基础且关键性问题，对我国构建跨年度预算平衡机制的现代预算制度有着重要意义。

（一）有利于降低中期预算机制陷入僵化的风险

对预算而言，预测是一个挑战。中期财政作为中期预算的过渡形式，要求在现行政策下对未来三年财政收支情况进行合理的预测。而即使再精心设计的中期预算，也难以预测紧急情况和问题暴发的时间与强度，保证预测的收入能够实现或顺利维持政府的运转。当出现重大的外部情况变化时，若年度预算完全被中期预算所束缚，可能会增加整个预算制度陷入制度僵化的风险。年度预算由于需要每年不断进行修编，相比中期预算而言更具灵活性。年度预算与中期财政的衔接，可以达到通过对年度预算的调整促进中期预算更加适应不断变化的经济形势，同时避免中期预算的约束力不至于被年度预算的短期目标所破坏的目标。而年度预算在中期预算所确定的支出限额范围之内，对实现中期预算的战略目标所需要投入的资源进行必要和及时的调整。实现了中期预算对年度预算的约束力的同时，还强化中期预算对年度预算进行战略指导的能力，降低中期预算机制陷入僵化的风险。

（二）可以更好地约束财政支出规模

我国年度预算的编制长期依赖于国民经济和社会发展五年规划，但国民经济和社会发展五年规划无法反映预算资源的约束性，在一定程度上导致政府支出规模日益膨胀。中期财政规划与年度预算的衔接，有利于促进政策制定者更加深刻地意识到可用的预算资源是有限的，特别在经济下滑时会更严格地约束公共预算资源。同时，有利于政策制定者对可能出现的财政风险作出预判，及时有效地提出解决问题的方案，实现对预算资源的总额控制。因此，中期预算与年度预算的衔接，有利于更好地约束财政支出规模，从源头遏制住地方政府债务规模。

（三）为制定新预算年度的预算政策提供更加科学合理的依据

预算的实质在于配置稀缺资源，因而它意味着在潜在的支出项目间进行选择。当财政部门组织编制年度预算时，正在执行的是前一个年度预算。一方面，立法机关与行政机关也许不知道正在实施的政策效果，但仍然需要启动下一个年度预算；另一方面，行政机关很难在较短的时间跨度内有效地制定大多数政策，立法机关也

只能在缺乏对所设立的新项目进行严格评估的情况下，提出项目的调整建议，以便将其纳入下一个年度预算之中。因此，没有与中期财政规划衔接的年度预算，容易出现预算资金使用效率低下的问题，而中期财政规划要求梳理未来三年内重大改革、重要政策，通过政策梳理，区分和评估政策成本，决定政策取舍、重点及重点项目的优先排序。同时，中期财政规划与年度预算衔接有助于决策者意识到，预算年度中作出的决策在一个预算年度以后仍有影响，同时，通过对项目进行更富有前瞻性的预算估计，使是否启动新的预算或者新的项目具有更加科学合理的依据，及时发现并修正现行政策存在的不足，以便为下一年度预算的编制流程提供了一个更良好的起点。

五、现行年度预算与中期财政规划衔接的问题

从各地实践探索的情况来看，跨年度预算平衡机制和中期财政规划管理实现了初步的衔接和融合：建立了全口径政府预算体系、预算稳定调节基金、部门预算和项目支出管理提前细化机制，为编制中期滚动财政规划奠定了良好的预算管理基础、资金调控基础和部门基础，提高了预算执行的均衡性和有效性；各省普遍初步建立了省级中期财政规划管理的基本框架和运行机制：建立了预算统筹安排机制，保障了省委省政府重大决策部署顺利实施；建立了跨年度项目分年安排机制，增强了年度预算安排的科学性和准确性；通过编制中期财政规划，实现了“项目安排跟着规划走”。这些举措提升了财政预算管理的科学性、规范性、有效性，对于增强政府财政统筹能力、促进经济社会发展发挥了重要作用，但在衔接中仍存在一些突出问题：

（一）经济社会发展规划与中期财政规划“两层皮”

经济社会发展规划与中期财政规划或滚动预算之间存在相互协调机制不畅问题。究其缘由，在直接层面上，一方面，计划和预算的编制主体不同，即它们分别由不同部门牵头完成：经济社会发展综合规划由各级发展和改革部门牵头编制，各种单项经济社会发展规划由其主管部门分别编制，而财政规划或预算则由各级财政部门牵头编制；另一方面，多重周期不匹配。其一，经济社会发展规划为五年，而中期财政规划为三年，使得编制跨年度预算时选择跨年度项目造成一定的困难，同时由于各级政府对未来影响财政的因素考虑不一，选择跨年度项目时也会造成时差；其二，地方政府行政首长通常以五年为一个任期，将使得五年任期之内不足两个三年的中期财政规划，使得在客观上难以避免官员的道德风险。如某行政首长第一个跨

年度期限内按要求实现了周期预算平衡目标，其具体的预算管理思路是：第一年、第二年增加财政支出，有意识的形成预算赤字，然后在第三年有意识的弥补前两年产生的赤字，完美地实现了预算平衡，能力得以彰显，获取了领导和民众的认同。紧接着，第二个三年如法炮制，即继续在前两年增加财政支出，增列赤字，但由于这个第三年已超越了任期，因而需要弥补赤字的年度该行政首长却因为这五年显著的政绩得以升迁。从而，弥补赤字甚至偿还债务的责任留给了继任者，这不仅对继任者不公，还不利于地方财政的可持续发展。

从更深层次的原因来看，目前的经济社会发展年度计划或中期规划无论是单项的还是综合的，在内容方面都存在使其难以成为财政规划和预算的编制依据的问题。其一，现行的经济社会发展规划涵盖范围过宽，将民间经济和公共经济事项混杂在一起，并且仍存在政府与市场边界不够清晰的问题，各事项更倾向于由政府出资或减免税费（即税式支出）解决，致使经济社会发展规划对财政资源的无限需求与财政的有限供给能力之间产生难以调和的矛盾，从而很难作为财政规划或预算编制的依据。其二，现行的经济社会发展规划即使从公共经济角度提出的财政资金需求，其绝大多数也没有经过审慎论证和详细匡算且落实到具体项目，因而难以作为直接依据来编制财政规划和预算。其三，现行的经济社会发展中期规划多数没有分年度的具体指标和有关公共经济事项的具体安排，从而难以直接落实到分年度列示支出框架的中期财政规划或年度预算之中。可见，在经济社会发展规划模式尚未克服这三大缺陷之前，很难与财政规划和预算直接衔接，从而不能成为编制中期财政规划的直接依据。

（二）中期财政规划与预算预测精度不够

中期财政规划涵盖年限比年度预算长，因此准确把握和预测宏观经济形势成为各级政府合理编制中期财政规划的前提。但从目前的实际情况来看，我国在中期财政收支预测方面存在很多难点问题：一是当前中国经济发展面临着国内外严峻的考验和挑战，受到疫情影响，减税降费力度加大，财税体制不断变革等原因使得财政收入预测难以确定；二是政府决策机制有待进一步完善，政府预算管理制度还在不断建立和规范中，虽然现在已确认了编制跨年度预算支出的基本宗旨为经济社会发展规划，但如上文所述，经济社会发展规划毕竟只是一个粗线条的国家方针，在操作上使得财政支出很难量化，准确性难以把握。同时，由于客观原因和行政命令的存在，使各支出项目的进度存在不确定性，这不仅影响滚动周期后两年的预算精度，甚至直接影响到第一年的预算精度；三是由于中期财政规划和年度预算之间联动性较弱，预算编制与规划编制之间存在错位，不能实现同步编制，这使财政部门在实际中难以形成约束各部门编制的部门中期财政规划的总规划，从而将预算平衡的任务推卸给财政部门。

（三）项目库建设有待进一步优化

由于对项目的滚动更新和科学管理经验的欠缺，使年度预算与中期规划在项目支出中的衔接不足。在中期财政规划与年度预算衔接中的一项重要内容就是要厘清周期内的工作计划和跨年度项目，这是合理编制跨年度预算支出的基础工作。要根据轻重缓急分解工作计划，按计划的预计开展时间和实施时间以及进度长短分类，兼顾考虑到多重周期的交叉错落，为跨年度预算分配第一年、第二年、第三年的预算支出提供科学的依据。但当前的衔接不足，主要原因在于：一是财政部门与发改部门在编制与评估工作中仍然相互独立，各自主导项目库建设，难以高效地形成统一且稳定的预算安排；二是我国项目库内成熟的项目数量较少，更倾向于在预算资金确定后再确定具体项目，影响预算资金的安排和使用效率；三是项目管理缺乏及时地滚动更新机制以及合理的立项与分类标准，导致项目库作用难以有效发挥。

（四）债务管理、绩效管理与监督审查配合不足

债务管理方面，当经济发展的压力持续增大，政府需要采取积极的财政政策，势必会扩大财政预算规模，实行跨年度预算平衡机制也从制度上为政府刺激经济加大预算支出提供了保障，但这无疑会让政府债务形成新的增量，巨大的存量加增量，以及债务利息的滚动，会致使风险加剧，因此也对债务管理提出了新的要求。

财政支出绩效管理方面，特别是针对跨年度的重大项目，在建立跨年度预算项目的储备库必须预先考察项目成本，严密论证项目绩效，然而，我国的中期财政规划中的跨年度预算项目仍缺乏有效的绩效评价体系。

在预算审查方面，贯彻跨年度平衡机制也提出了相当高的技术要求。这一机制要求审查预算的人大代表必须能够理解和量化各类预算变量（税收、支出和债务等）和经济变量的相互作用和影响，将预算审查的焦点从传统的只关注“预算收支是否满足法定控制的要求”放在“预算政策与宏观经济目标是否相互协调”的问题上来，这要求审查预算的人大代表必须是通晓预算的专家。但由于地方政府受制于区域，相对中央政府更为缺少专家型的人大代表，因此，这一预算审查难度也自上而下愈加凸显。

六、强化年度预算与中期财政规划的衔接

为了更好地实行跨年度预算平衡机制，发挥中期财政规划的作用，破解推进中

期财政规划存在的问题，需要从制度与操作两个层面强化年度预算与中期财政规划的衔接。

（一）实现中期财政规划与社会发展五年规划的有效衔接

为使经济社会发展规划成为中期财政规划和年度预算的直接依据，实现中期财政规划与经济社会发展规划的有效衔接，需要加强中期财政规划与社会发展五年规划在时间、目标、任务、体制机制和政策方面的衔接。

1. 时间衔接

鉴于我国的国民经济和社会发展规划、立法规划、土地资源规划、城乡建设规划、生态文明规划都是“期间型”的规划，由此，大多数学者提出我国可以借鉴法国和英国的“期间型”中期预算的模式，将中期财政规划设计为五年期的“期间型”中期预算。中期预算与国民经济和社会发展五年规划同步编制，而且同步提交立法机关进行审议批准，其中，中期预算执行的第一年也是国民经济和社会发展五年规划执行的第一年，从而在时间设计上实现与国民经济和社会发展五年规划保持同步。[①] 以此来解决中期财政规划以三年为期逐年向前滚动编制，经济社会发展规划以五年为固定周期的，出现的到一定时点出现滚动的中期财政规划期超出前一个经济社会发展五年规划期，而后一个经济社会发展五年规划编制工作尚未启动的情况。

2. 目标衔接

国民经济和社会发展的五年规划，是对未来五年期间内，国家或地区经济和社会经济增长、结构调整、基础设施、科技教育、资源节约和环境保护、人民生活、社会建设等方面，提出的总体要求和主要目标。这些目标有的是预期性的，有的是约束性的，这些宏观经济社会发展的目标需要各种专项规划和区域发展规划的目标来加以落实。在实现了国民经济和社会发展五年规划与中期财政规划、年度预算保持同步推进的过程中，中期财政规划需要对五年规划提出的各种经济和社会发展目标进行详细的资金供给分解，落实到所需要财政资金的具体目标上。

---

① 全国预算与会计研究会总课题组：《建立中期财政规划和滚动预算制度难点问题研究主报告（中）》，《预算管理与会计》，2016 年第 3 期，第 4 – 8 页。

3. 任务衔接

要实现国民经济和社会发展确定的主要目标，需要一系列重大任务来进行落实。在这些重大战略任务中，相当一部分是需要五年，甚至更长时间才能完成。例如，为拓展中国区域发展战略空间，国家以“一带一路”建设、京津冀协同发展、长江经济带建设为引领，形成沿海沿江沿线经济带为主的纵向横向经济轴带。要完成上述中长期的重大战略任务，就需要将五年规划中的重大任务同中期财政规划、年度预算进行有机衔接，保证财政资金的支付落实到具体的项目上。

4. 体制机制和政策衔接

未来的中期预算改革需要通过体制机制创新，形成一整套中期预算与国民经济和社会发展有机衔接的体制和机制，以及健全的管理体制作为基本制度保障，从而形成定位清晰、功能互补、统一衔接的五年规划与中期预算有机衔接的规划体系。通过中期预算与国民经济和社会发展五年规划在体制机制和政策上的科学衔接，才能有效保证规划期内发展目标的实现和主要任务的如期完成。

（二）建立中期财政规划下科学的预测和编制体系

鉴于当前各地中期财政规划在不同省份推进程度的不同，一方面，需要进一步细化当前中期财政规划中央范本，总结地方经验，对收支预测、项目库及选择标准等提出具体建议，进一步完善中央对中期财政规划编制工作的顶层设计、框架和方案实施细则，提高经济、财政收支预测的准确性。同时，还可以借鉴国内外先进经验、吸收专家学者最新研究成果、充分利用科学计量模型，由中央提出财政收支预测的方法体系，给予地方政府具体预测指导。在实践中，还可以考虑组织引入专家学者或第三方机构，成立宏观经济和财政收支预测委员会，为预测工作提供指导和帮助，提高政府形势预测和管理水平。另一方面，将预算功能分类的类级科目逐渐细化至款级科目，对预算支出进行结构性区分约束。预算支出从结构上分基本支出和项目支出两类，其中基本支出通过定员定额等方法比较容易计算获得，而且在一定周期内具有相当的稳定性，因而编制跨年度预算时不仅需要对第一年的基本支出进行翔实、准确的编制，周期内后两年的编制也需要做到同第一年近似的精度。基本支出总量确定后原则上不得增加预算支出，同时基本支出内的人员经费和日常公用经费支出也需分别控制总量，避免内部调剂。重点在于控制项目支出，基本原则是进行项目库建设，在预算周期内实行严格的总量限额控制。

（三）优化项目库建设，提升项目库管理水平

以滚动方式做实中期财政支出预算项目库。项目预算是中国预算管理改革的新途径，通过编制规划项目预算，构建起预算与规划之间的衔接机制，有效地化解预算部门之间的矛盾，进一步深化预算管理体制改革，目标着眼于以下几点：一要加强各级政府及各部门对于项目库建设的重视程度和认识水平，要结合政策规划逐步落实和履行各自的职能，充实公共服务项目，确定项目的重要程度以及优先次序；二要提升项目库管理水平，明确项目库分工，明确各个责任主体，避免出现不同部门之间项目内容交叉重叠，上下级项目缺乏统筹等问题；三要建立中长期项目的科学论证机制，优先考虑重点领域和重点项目的投资，建立更加科学规范的评价机制，及时进行动态更新，减少项目支出的“碎片化”。

（四）增强中期财政规划的法律约束力

法律保障对于中期财政规划以及跨年度预算作用的发挥具有重要意义，而我国一直缺乏关于中期规划法律地位的明确规定和实施细则。因此可以从中期财政规划与全国人大常务委员会五年立法规划、政府任期衔接来增强中期财政规划的法律效应，实现中期财政规划对年度预算的约束。

相关国家的经验证明，完善的立法保障是推动中期滚动预算管理体制发挥作用的重要支撑。大多数实施中期滚动预算的国家，法律并没有明确要求立法机关要对中期财政框架进行正式审批，但是将近3/4的国家会将中期滚动预算框架提交立法机关。例如西班牙的《一般预算法案》，英国的《财政稳定法案》，法国的《预算基本法》《社会保障融资法》，德国的《预算原则法》《经济稳定和增长促进法》和《联邦预算法典》等都以法律的形式保障了中期滚动预算的效力和顺利实施。全国人大常务委员会的五年立法规划，部分法律涉及预算资金的拨付，因此可以构建起中期财政预算与全国人大常务委员会五年立法规划的衔接机制，如：全国人大常务委员会的五年立法规划，凡是涉及预算资金使用的条款，必须与中期预算相衔接；全国人大常务委员会的年度立法计划必须在五年期的立法规划上制定；全国人大常务委员会的年度立法计划中所制定的法律，凡是涉及预算资金使用的条款，必须与年度预算相衔接，从而为中期财政规划与年度预算联动机制的正常运行提供法律保障。①

① 张韬：《中期预算与年度预算联动机制研究》，中央财经大学博士学位论文，2016年。

（五）构建财政规划的绩效问责与评估机制

为提高跨年度预算平衡实现的质量，要建立三年滚动财政规划的绩效问责与评估制度。跨年度预算平衡机制要求在总额控制的前提下，一方面要赋予支出部门在跨年度限额标准下自由安排预算的权利；另一方面则要求财政部门应如前文所述加强财政收支的绩效管理。三年滚动财政规划的绩效问责与评估制度无论是从政府预算执行效率方面考虑，还是从跨年度预算平衡实现的现实需求角度，在三年滚动财政规划中建立绩效评估和问责体系都是十分必要。三年滚动财政规划的绩效问责与评估机制，将重大项目数量化、具体化，将绩效理念贯穿于规划和预算编制、执行和监督的全过程，有利于加强对财政资金的有效使用和风险把控。

第九章

高效可控的现代国库制度改革深化

国库制度是财政管理制度的重要组成部分，也是国家治理体系和治理能力现代化的重要推动力。我国21世纪初开始的现代财政国库制度改革，是财政管理制度的重大变革，是财税体制改革的一大亮点，是一场“财政革命”。改革建立起全新的预算执行管理机制，从管理制度和运行机制上促进了财税体制改革的深化和现代财政制度的完善，有力保障了国家重大改革与重大政策的有效实施，适应了财政制度现代化的要求，有力地促进了国家治理体系和治理能力现代化。新时代背景下，应在建立现代财政制度的基本框架下持续深化具有中国特色的现代国库制度改革，实现国库制度高效可控、治理效能提升。同时，政府采购制度、公务卡制度、政府综合财务报告制度作为与国库制度密切衔接的重要制度，也需要不断改革深化。

第一节 我国现代国库制度改革现状与问题

我国的国库制度经历了传统时期的建立和发展，后通过现代财政国库管理制度改革得到完善。我国的国库制度改革取得显著成效，管理理念增强，框架基本完成，能力显著提升，水平明显提高，特别是在新冠肺炎疫情下财政直达资金制度发挥了有效作用。但当前我国的国库制度仍存在信息一体化程度有待提高，预算执行权责关系需进一步厘清，政府采购制度、公务卡制度和政府综合财务报告制度改革中仍存在一些问题。

一、国库制度的改革历程

新中国成立以来，中国国库制度经历了“建立与发展”“调整完善”和“现代财政国库制度改革”三个典型的发展阶段。

（一）建立与发展阶段

我国传统的国库管理制度是与计划经济体制和财政体制相适应的，并随着财政改革与发展相应调整和变动。新中国成立初期，党和政府在建立财政体系，稳定物价的同时，十分重视发挥国库的职能作用，提出迅速建立国家金库的要求。1950 年 3 月 3 日，政务院（今国务院）颁布《关于统一国家财政经济管理的决定》，要求各地在规定的时间内建立金库。同时，颁布《中央金库条例》，明确“各级金库均由中国人民银行代理，金库主任由各级人民银行行长兼任。尚未设置人民银行之地区，得单独设立金库”。同年 3 月 25 日，财政部印发了《中央金库条例实施细则》，进一步明确金库管理制度。

（二）调整完善阶段

20 世纪 80 年代初，我国的财政管理体制突破了过去高度集中、统收统支的供给型管理模式，实行了“划分收支、分级包干”的财政管理体制，扩大了地方财权。1985 年 7 月 27 日，国务院颁布了《中华人民共和国国家金库条例》，以法规的形式确立了我国国家预算资金的管理体制，国家机构按照国家财政管理体制设立，原则上一级财政设立一级国库。1989 年 12 月 13 日，财政部、中国人民银行制定了《中华人民共和国国家金库条例实施细则》。1994 年 3 月 22 日第八届全国人民代表大会第二次会议通过了《中华人民共和国预算法》，并于 1995 年 1 月 1 日起实施，这是我国预算管理的第一部法律，对组织预算收入、拨付预算资金以及决算编制和批复等预算执行问题作出了规定。[①] 1996 年，我国上海、深圳等地启动了政府采购试点工作，这是国库制度改革的重要尝试，1998 年在全国推开政府采购制度，1999 年，财政部颁布了《政府采购管理暂行办法》。

（三）现代财政国库管理制度改革

现代财政国库制度改革的主要内容包括国库集中收付制度改革、政府采购制度改革、公务卡制度改革以及政府综合财务报告编制等。

1. 国库集中收付制度改革

我国传统上采用的银行代理制国库管理制度以银行为核心，充分利用银行的网点优势完成财政资金的收缴和调拨，但其存在的国库系统单一且薄弱、对收入和支出控制不强等缺点也相当突出。一是国库机构的设置不到位，国库的非独立性带来的人员配备不足、素质不高问题，中国人民银行随着管理领域的多元化扩展，对国库管理的重视程度有所下降；二是国库运行效率较低，财政资金收入滞后，财政资金支付迟缓；三是不利于财政监督；四是国库宏观调控职能弱化。

为了适应社会主义市场经济发展的需要和加强公共财政预算管理的要求，从 2000 年起，我国开始实施国库集中收付制度改革，财政部下设国库司。2001 年 2 月，国务院第 95 次总理办公会批准《财政国库管理制度改革方案》（以下简称《方案》），明确要求从根本上改变我国传统的预算执行管理方式，建立以国库单一账户体系为基础、资金缴拨以国库集中收付为主要形式的现代财政国库管理制度。

按照《方案》要求，我国财政国库管理制度改革主要包括以下三个方面：一是建立国库单一账户体系，所有财政性资金都纳入国库单一账户体系管理，二是收入直接缴入国库或财政专户；三是支出通过国库单一账户体系支付到商品和劳务供应者或用款单位，取消支付中间环节，使财政资金在未支付到收款人之前一直保存在国库。

改革选择了水利部、科技部、财政部、国务院法制办公室、中国科学院、国家自然科学基金会等部门作为第一批试点单位。2002 年，实行国库集中支付改革的中央部门增加到了 38 个。同年，财政部、中国人民银行联合发布了《预算外资金收入收缴管理支付改革方案》和《中央预算单位预算外资金收入收缴管理改革试点办

① 财政部国库司：《一场“财政革命”——财政国库管理制度的改革发展》，《中国财政》，2019 年第 19 期，第 17 -20 页。

法》，启动了收入收缴制度改革，并分两批对 15 个中央部门实施了收入收缴改革。截止到 2005 年年底，所有 160 多个中央部门均实施了国库集中支付改革，并将改革实施到所属 3300 多个基层预算单位，涉及预算资金 3700 多亿元。70 多个有非税收入的中央部门全部纳入非税收入收缴制度改革范围。与此同时，全国 36 个省级财政、200 多个地市以及 500 多个县实施了国库集中支付改革，10 多个省份通过使用中央非税收入收缴系统实施了收入收缴改革。

2006 年，专项转移支付资金实行国库集中支付取得突破，率先对农村义务教育专项资金实行国库集中支付。从 2006 年开始，我国实施中央国库现金管理。2007 年，财税库银税收收入电子缴库横向联网工作正式启动。截止到 2007 年底，中央所有部门及所属 9300 多个基层预算单位实施了国库集中支付制度改革；全国 36 个省、自治区、直辖市和计划单列市本级，300 多个地市、1300 多个县（区），超过 23 万个基层预算单位实施了改革。财税库银税收收入电子缴库横向联网稳步实施并取得初步成效。中央近 50 个部门，地方大多数省份的省本级、近 200 个地市、1000 多个县（区）、超过 18 万个执收单位实施了非税收入收缴改革。2010 年，根据《财政部关于将按预算外资金管理的收入纳入预算管理的通知》，决定从 2011 年 1 月 1 日起，将按预算外资金管理的收入（不含教育收费）全部纳入预算管理，《预算外资金收入收缴管理支付改革方案》中的“预算外资金专户”随之被取消。中央各部门各单位的教育收费作为本部门的事业收入，纳入财政专户管理，收缴参照非税收入收缴管理制度执行。

2013 年 5 月，财政部颁布实施的《财政专户管理办法》，限定了纳入财政专户的资金范围，包括社会保险基金、国际金融组织和外国政府贷款赠款和偿债准备金、待缴国库单一账户非税收入、教育收费、彩票发行机构和销售机构业务费、代管预算单位资金等 6 类特定资金。明确了财政专户开设的规定，上收了财政专户的核准权限，规定地方财政部门开立财政专户，应逐级报经财政部核准，取消了由各级财政部门审批规定。

2015 年，在国库集中支付制度实现对县级以上预算单位全覆盖的基础上，开始大力推进乡镇国库集中支付改革。

2020 年初新冠肺炎疫情席卷全球，为缓解各级地方政府财政收入下行的压力，财政部于 2020 年 6 月 16 日印发了《中央财政实行特殊转移支付机制资金监督管理办法》，连同抗疫特别国债共计 2 万亿元直达市县基层。财政资金直达制度是在新冠肺炎疫情偶然因素影响下体制变革的历史必然，是中国特色社会主义国库制度的一项创新，对建立现代财政制度产生了积极影响。

2. 政府采购制度改革

2003 年 1 月，我国《政府采购法》正式实施，标志着我国政府采购制度改革正式进入法治化轨道。2004 年 8 月，财政部发布《政府采购货物和服务招标投标管理办法》《政府采购信息公告管理办法》《政府采购供应商投诉处理办法》等；2006 年发布《环保标志产品政府采购实施意见》和首份“绿色清单”。2007 年 12 月，加入 WTO《政府采购协议》的初步出价清单，开启了政府采购市场对外开放的步伐。2011 年为进一步提高政府采购效率，我国推行批量集中采购改革。2011 年 12 月，我国发布《政府采购促进中小企业发展暂行办法》。2013 年 9 月 30 日，国务院办公厅发布《关于政府向社会力量购买服务的指导意见》；2013 年 12 月发布《政府采购非招标采购方式管理办法》。2014 年 12 月，为适应政府购买服务改革和 PPP 改革需要，财政部出台《政府购买服务管理办法（暂行）》《政府采购竞争性磋商采购方式管理暂行办法》《政府和社会资本合作项目政府采购管理办法》。2015 年 3 月 1 日，《中华人民共和国政府采购法实施条例》正式实施。2017 年，财政部发布《政府采购货物和服务招标投标管理办法》（87 号令），旧办法废止。

政府采购是全面深改方案的重要内容，2018 年 11 月，我国发布《深化政府采购制度改革方案》，提出深化政府采购制度改革要坚持问题导向，强化采购人主体责任，建立集中采购机构竞争机制，改进政府采购代理和评审机制，健全科学高效的采购交易机制，强化政府采购政策功能措施，健全政府采购监督管理机制，加快形成采购主体职责清晰、交易规则科学高效、监管机制健全、政策功能完备、法律制度完善、技术支撑先进的现代政府采购制度。

为支持脱贫攻坚，2019 年财政部发布《关于运用政府采购政策支持脱贫攻坚的通知》，同年，为进一步优化营商环境，财政部发布《关于促进政府采购公平竞争优化营商环境的通知》。2020 年，面对疫情，财政部及时发布《关于疫情防控采购便利化的通知》《关于疫情防控期间开展政府采购活动有关事项的通知》，同年，进一步推进政府采购信息公开，发布《关于开展政府采购意向公开工作的通知》，为进一步提升政府采购政策功能，发布《关于政府采购支持绿色建材促进建筑品质提升试点工作的通知》和《政府采购促进中小企业发展管理办法》。

进入 2021 年，为支持乡村振兴战略，财政部发布《关于运用政府采购政策支持乡村产业振兴的通知》；2021 年 5 月 10 日，发布《政府采购需求管理办法》。

3. 公务卡制度改革

2006 年，公务卡改革正式启动，利用“刷卡支付、消费有痕”的特点，使公务消费置于阳光之下。2007 年 5 月 14 日，中国人民银行和财政部联合召开了全国公务卡应用推广会议。同年 7 月，《中央预算单位公务卡管理暂行办法》由财政部和中国人民银行联合印发，宋庆龄基金、中央纪委等7个单位正式启动了公务卡试点，截至2007年底，有100多个中央预算部门推行了公务卡管理试点，地方一些省份也积极开展公务卡管理试点改革。2008年，进一步扩大了公务卡管理制度的试点区域，中央预算部门和省级预算单位全面推行公务卡试点改革。2012年9月，财政部、中国人民银行印发《关于加快推进公务卡制度改革的通知》，要求全面实施公务卡制度改革，中央各部门要加快将公务卡制度覆盖到所有基层预算单位，地方财政部门要加快将公务卡制度覆盖到县乡。2015年，财政部、科技部印发《关于中央财政科研项目使用公务卡结算有关事项的通知》，强调了科研项目使用公务卡的要求。2016年1月，财政部、中国人民银行制定了《单位公务卡管理办法（试行）》，选择江苏省和深圳市作为单位公务卡制度试点地区。截至2016年底，除部分偏远地区因缺乏公务卡的受理机构而无法全面开展这项业务以外，公务卡在我国大部分地区已经实现了全面覆盖。

4. 政府综合财务报告制度改革

建立权责发生制政府综合财务报告制度是党的十八届三中全会提出的一项重大改革任务，也是《预算法》的明文规定。2014年国务院批转财政部《权责发生制政府综合财务报告制度改革方案》，明确了改革的总体目标、主要任务、具体内容及配套措施，确定了改革的时间表和路线图，标志着此项改革正式启动。2015年，财政部制定发布了政府财务报告编制办法和操作指南等三项制度，初步构建起政府财务报告制度框架体系，为开展政府财务报告编制试点工作提供基本规范。2016年，财政部发布《财政部关于印发〈政府财务报告编制办法（试行）〉的通知》《关于开展2016年度政府财务报告编制试点工作的通知》，并决定原国土资源部、原国家林业局等2个中央部门和山西省、黑龙江省、上海市、浙江省、广东省、海南省、重庆市7个地方作为首批试点单位，于2017年开始试点编制工作。2018年，全国开展首批地方政府综合财务报告合并编制工作，同年6月，印发《地方政府综合财务报告合并编制操作指南（试行）》。2019年1月1日，开始施行《财政部会计制度——行政事业单位会计科目和报表》，新的制度实行“双基础，双报告”的政府会计核算模式，要求行政事业单位采用“平行记账”，同步进行权责发生制财务会计核算和收付实现制预算会计核算，从制度层面解决了政府财务报告编制的核算基础问题。为做好与新的政府会计制度衔接，推进2019年度政府财务报告编制工作，2019年12月12日，财政部修订印发《政府财务报告编制办法（试行）》《政府部门财务报告编制操作指南（试行）》和《政府综合财务报告编制操作指南（试行）》三项制度。

二、现代国库制度的改革成效

经过近 20 年的改革探索，财政国库管理框架基本建立；政府采购、政府债券、预决算管理、政府财务报告等方面的各项制度及机制得以完善；财政核心业务一体化建设推进工作蹄急步稳；国库管理基础性工作进一步夯实，财政资金运行安全得到有力保障。应该说，我们已经初步建立起符合现代财政改革方向的财政国库管理制度，这项制度也日益成为财政管理领域重要的基本性制度规范。

（一）以国库集中收付制度为主体的现代国库框架基本建立，成为我国财政收支运行的核心基础①

1. 国库集中支付制度改革进一步深化，预算支出更加规范透明

一是不断深化国库集中支付制度改革级次，在国库集中支付制度实现对县级以上预算单位全覆盖后，从 2015 年开始大力推进乡镇国库集中支付改革。截至 2020 年底，中央、省、市、县、乡五级 70 余万个预算单位实施了国库集中支付制度改革，占全部预算单位的约 99%，基本实现了“横向到边、纵向到底”，构建了现代化的国库管理框架。二是着力完善国库集中支付运行机制，深入落实“放管服”改革精神，进一步强化预算单位作为预算执行主体的责任，提高财政资金支付和使用效率。三是深入推进公务卡制度改革，优化公务卡管理使用。截至 2020 年底，全国 95% 以上的预算单位实行了公务卡制度，累计发行公务卡超过 2500 万张。四是利用现代信息技术，加快推进国库信息化建设。截至 2020 年底，全国有 37 个省级、398 个地市、2043 个区县财政部门实施了集中支付电子化管理。五是进一步推进预算执行动态监控工作。持续推进地方预算执行动态监控工作，基本建立起覆盖省、市、县三级的预算执行动态监控体系。六是建立财政扶贫资金动态监控机制。目前，监控平台已实现中央、省、市、县上下贯通，具备按日监控预算分配下达、资金支付及绩效目标执行等情况的功能，发现和纠正了一些扶贫资金使用问题，推动加强扶贫资金监管。

2. 收入收缴管理改革加快推进，综合效能更加显现

一是全国 40 万个执收单位实施了非税收入收缴管理改革，占到全部执收单位的

① 财政部国库司：《建立现代财政国库管理制度 推动实现国家治理体系和治理能力现代化》，《中国财政》，2021 年第 10 期，第 10 - 13 页。

97%以上。同时，推进非税收入收缴电子化管理。中央本级于2016年全面实施非税收入收缴电子化管理，地方非税收入收缴电子化管理也加快实施，截至2020年底，103个中央部门、24个省级、56个地市、356个县区已全面实施收缴电子化管理，有效提升非税收入收缴效率和管理水平。二是落实党和国家机构改革方案和国税地税征管体制改革方案，明确税务部门征收非税收入的收缴管理要求，推动实现财税部门系统互联互通、信息及时共享。三是推进财税库银税收收入电子缴库横向联网，进一步扩大财税库银横向联网覆盖范围，加强横向联网数据的分析利用，研究制定财关库银税收收入电子缴库横向联网管理办法。

3. 库款管理机制更加科学规范

一是加强中央库款调度管理。合理组织对地方资金调度，推进库款管理与预算执行、国债发行、国库现金管理的衔接，提高库款运行效率和效益。二是强化地方库款监测督导。针对经济下行、更大规模减税降费、地方偿债压力加大等情况，密切监测各地库款运行态势，分析影响库款增减变动的主要因素和需关注的问题，提出相应工作措施和建议。督促库款偏高地区继续加快支出预算执行，合理调节债券发行节奏；按月向有关省级财政部门发函，提示库款保障水平偏低的市县情况，督促科学调度资金，保障重点支出需要。三是切实兜牢基层“三保”底线。完善“中央到省、省到市县”的监控机制，及时跟踪监测各级库款情况。结合地方收支运行、库款保障水平、县级工资监测预警和风险评估等情况，对地方财政实行差异化资金调度，加强对困难地区的支持，确保“三保”不出问题。

4. 国库现金管理稳步推进

按照国务院相关指示精神，稳步推进国库现金管理。2006年正式启动中央国库现金管理操作，主要采取商业银行定期存款方式，商业银行以国债或地方政府债券为质押获得存款并向财政部支付利息，定期存款期限在1年以内。2014年财政部会同人民银行制定《地方国库现金管理试点办法》，开始地方国库现金管理试点，2017年地方国库现金管理在省级财政全面推开。2018年财政部印发了《关于进一步规范地方国库现金管理的通知》，指导地方规范有序开展国库现金管理操作。中央国库现金管理操作实现常态化，累计开展国库现金管理5.9万亿元，可获得利息收入894亿元；省级财政全面实施地方国库现金管理，累计操作金额9万亿元，可获得利息收入614亿元，取得预期成效。

（二）政府采购制度改革不断深化，现代政府采购制度雏形基本建立

1. 政府采购框架制度已基本完成

过去20多年来，有关政府采购法律制度的立法修订、实施落地、内容完善进展较快，政府采购制度框架已基本完成。从2002年颁布《中华人民共和国政府采购法》（以下简称《政府采购法》）至今，仅中央层面专门针对政府采购方面的法律法规就出台了近60部，特别是“十三五”时期中央与地方就政府采购领域集中出台诸多政策法规，我国已初步形成了以《中华人民共和国政府采购法》为统领，以《中华人民共和国政府采购法实施条例》（以下简称《实施条例》）为支撑，以《政府采购非招标采购方式管理办法》（财政部令第74号）、《政府采购货物和服务招标投标管理办法》（财政部令第87号）、《政府采购质疑和投诉办法》（财政部令第94号）、《政府采购信息发布管理办法》（财政部令第101号）、《政府购买服务管理办法》（财政部令第102号）等规章办法为依托，以各级规范指导性文件为补充的较为完善的政府采购法律制度框架，涵盖了体制机制、程序操作、政策执行、基础管理及监督处罚等各个方面的内容。各地方政府也因地制宜，在此框架下对当地政府采购制度进行了规范和管理。地方政府也在此框架下结合实际对辖区内的政府采购制度进行了规范。这些法律法规制度有效规范了财政支出行为、维护了政府采购市场交易秩序，奠定了政府采购市场良性发展的基石。与2000年颁布的《中华人民共和国招标投标法》（以下简称《招标投标法》）及其相关法律法规相衔接，我国已初步建立了覆盖货物、工程和服务的较为完善的公共采购法律制度框架。

2. 政府采购范围和规模不断扩大

最初的政府采购只涉及货物，随着试点改革的成功和政府需求的丰富，当前政府采账已经涵盖货物、工程和服务，且货物类采购从通用类货物向专用类货物延伸，服务类采购从传统的专业服务逐步扩展到公共服务、服务外包等新型服务领域，工程类采购开始逐步纳入政府采购管理范围。政府采购的资金范围也明确为“纳入预算管理的资金”①，而且规定了两种“视同财政性资金”需要进行政府

① 2015年出台的《政府采购法实施条例》明确规定：财政性资金是指纳入预算管理的资金。而《中华人民共和国预算法》（2014）中指出，预算包括一般公共预算、政府性基金预算、国有资本经营预算、社会保险基金预算。

采购的情况①。与此相适应，政府采购规模也得到了快速发展，节约资金效果明显。

|专栏9－1| **1998—2020年全国政府采购规模情况**

1998年全国政府采购规模为31亿元，到2020年政府采购规模已经达到36970.60亿元②，除2019年规模略有减小外，整体呈现上升趋势，其占GDP的比重由1998年的0.04%，上升到2020年的3.64%；占财政支出的比重从1998年的0.29%上升到2018年的10.10%③，“十三五”时期全国政府采购规模占GDP与财政支出的比重显著提升（见表1）。特别是，随着政府购买服务改革的推进，服务类采购规模大幅增长，2003年服务采购仅103.8亿元，到2020年同口径增长到10302.4亿元④。表1数据显示，我国政府采购规模由2002年的1009亿元增加到2011年的1.13万亿元，10年间增长了10倍，累计节约财政资金6600多亿元⑤，每年政府采购资金节约率都在10%以上⑥，很好地提高了财政资金的使用效益。

表1　1998—2020年全国政府采购规模情况

年份	政府采购规模（亿元）	GDP（亿元）	财政支出规模（亿元）	政府采购/GDP（%）	政府采购/财政支出（%）
1998	31.00	85195.50	10798.18	0.04	0.29
2000	327.90	100280.10	15886.50	0.33	2.06
2001	653.20	110863.10	18902.58	0.59	3.46
2002	1009.60	121717.40	22053.15	0.83	4.58
2003	1659.43	137422.00	24649.95	1.21	6.73

① 这两种情况包括：以财政性资金作为还款来源的借贷资金；采购项目既使用财政性资金又使用非财政性资金的，且财政性资金与非财政性资金无法分割采购的。

② 2016年全国采购规模为31089.8亿元，剔除一些地方以政府购买服务方式实施的棚户区改造和轨道交通等工程建设项目相关支出5358.5亿元，全国政府采购同口径规模为25731.4亿元，2017年、2018年、2019年政府采购数据均与此口径一致。

③ 2016年，2017年、2018年、2019年财政部公布的政府采购占财政支出的比重分别为11.0%、12.2%、10.5%和10.0%，与表1依据《中国统计年鉴》统计数据计算出的结果有出入。

④ 财政部网站公开数据。

⑤ 数据来源：《政府采购法颁布10年节约6600亿资金》，《中国经济时报》2012年07月02日，http://finance.sina.com.cn/roll/20120702/095412453547.shtml。

⑥ 通过测算，2002—2011年平均节约率为12%左右。另，财政部公开数据显示，2012年政府采购资金节约率为11.7%，2013年资金节约率为10.3%。

续表

年份	政府采购规模（亿元）	GDP（亿元）	财政支出规模（亿元）	政府采购/GDP（%）	政府采购/财政支出（%）
2004	2135.72	161840.20	28486.89	1.32	7.50
2005	2927.57	187318.90	33930.28	1.56	8.63
2006	3681.61	219438.50	40422.73	1.68	9.11
2007	4660.87	270092.30	49781.35	1.73	9.36
2008	5990.88	319244.60	62592.66	1.88	9.57
2009	7413.17	348517.70	76299.93	2.13	9.72
2010	8421.97	412119.30	89874.16	2.04	9.37
2011	11332.47	487940.20	109247.79	2.32	10.37
2012	13977.73	538580.00	125952.97	2.60	11.10
2013	16381.10	592963.20	140212.10	2.76	11.68
2014	17305.34	641280.60	151785.56	2.70	11.40
2015	21070.50	685992.90	175877.77	3.07	11.98
2016	25731.40	740060.80	187755.21	3.48	13.70
2017	32114.30	820754.30	203085.49	3.91	15.81
2018	35861.40	900309.50	220904.13	3.98	16.23
2019	33067.00	990865.00	238874.02	3.34	13.84
2020	36970.60	1015986.20	366131.00	3.64	10.20

资料来源：1998—2018 年各年财政支出和 GDP 来自《中国统计年鉴（2019）》，政府采购数据来自中国统计年鉴和财政部网站，2019 年财政支出和 GDP 来自国家统计局网站，2020 年政府采购数据和财政支出来自财政部网站，GDP 来自国家统计局网站。

3. 政府采购模式和方式逐步完善

从采购模式上看，我国采取了集中采购与分散采购相结合的方式，即列入集中采购目录以内的实行集中采购，不在集中采购目录以内，但达到规定限额以上的实行分散采购，这较好地发挥了集中采购的统一性和分散采购的灵活性。其中，集中采购又分为“政府集中采购”和“部门集中采购”两类。

从采购方式上看，采购方式逐渐丰富且其适用条件越来越清晰。《政府采购法》中规定了公开招标、邀请招标、竞争性谈判、单一来源、询价五种具体采购方式。同时，法律也规定国务院政府采购监管部门可以规定除此之外的其他采购方式。由于公开招标是政府采购的主要方式，为了规范这类采购方式，2004 年，在《政府采购法》实施一年后，财政部发布了第 18 号令《政府采购货物和服务招标投标管理办法》，专门对货物和服务招标投标方式进行了规范。随着非公开招标方式在实践中出现的不规范现象的增多，2013 年底，财政部发布了第 74 号令《政府采购非招标采购方式管理办法》，专门对非招标采购方式进行比较详细的规定。2014 年底，为适应政府购买服务和 PPP 改革的需要，财政部新增了“竞争性磋商”采购方式。2017 年，又根据政府采购实践发展，用第 87 号令替代了第 18 号令。2020 年，新颁布第 102 号令《政府购买服务管理办法》代替 2014 年颁布的《政府购买服务管理办法（暂行）》（财综〔2014〕96 号），多样化的采购方式适应了采购形势发展的需要，健全了政府采购方式体系，规范了政府采购行为。

从采购手段上看，我国旨在提高效率的电子化采购方式持续推进。各地政府立足转变政府职能，深化简政放权、创新政府采购手段，以“互联网＋政府采购”为契机，运用“制度＋科技”手段，拓宽电商平台销售渠道，扩大竞争范围，实行全网比价，由采购人进行比对，自由选择。此外不少地方还在电子化集中采购推进二次竞价管理模式，大幅提高采购效率、降低采购价格，通过“跟单”模式，让零星采购项目也能享受议价成果。

4. 全链条采购监管体系初步构建

一是建立了“管采分离”的政府采购监管机制。在政府采购监督管理部门统一管理监督下，采购单位、集中采购机构等执行操作部门依法组织具体采购活动。政府采购监督管理部门负责采购政策和规章制度的制定、指导和监督采购单位和集中采购机构开展工作，协调各个采购关系、投诉处理和检查处罚等管理性工作，不参与和干预具体采购交易活动。

二是将监管链条延伸到需求和结果管理。近年来采购管理开始向前端的需求管理和后端的结果管理延伸，全链条采购管理体系逐步构建。在采购准备阶段，要求采购人和采购代理机构科学合理地确定采购需求，在采购程序进行中，规范政府采购方式的选择；在采购程序结束后，要求采购人和代理机构严格规范履约验收，推进政府采购管理结果导向。

三是强化了政府采购信息公开制度。在《政府采购法》树立“公开透明”原则的基础上，《政府采购法实施条例》以政府采购全过程信息公开的目标为导向，进一步规定采购项目信息、采购文件、中标成交结果、采购合同和投诉处理结果等都必须在指定媒体上进行公开。2017 年财政部颁发了《关于进一步做好政府采购信息公开工作有关事项的通知》（财库〔2017〕86 号）；2018 年，为了推动政府采购管理从“重审批、轻监管”向“加强事中事后监管”转变，财政部颁布的第 94 号令

《政府采购质疑和投诉办法》代替《政府采购供应商投诉处理办法》（财政部令第20号）；2019年，为贯彻上位法和衔接其他部门规章的需要，解决现阶段实践中突出问题，财政部颁布第101号令《政府采购信息发布管理办法》代替《政府采购信息公告管理办法》（财政部令第19号），以上法规条例的修订表明我国对政府采购信息公开工作提出了更高要求。

四是加强了政府采购内控制度建设。2016年财政部发布了《关于加强政府采购活动内部控制管理的指导意见》（财库〔2016〕99号），进一步规范政府采购活动中的权力运行，强化内部流程控制，促进政府采购提质增效。

5. 政府采购的政策功能逐渐发力

政策采购不仅是一项政府的经济活动，更应致力于实现节约能源，保护环境，扶持不发达地区和少数民族地区，促进中小企业发展、维护国家安全等目标。目前我国已经建立起涵盖支持绿色产业、支持中小企业、支持残疾人就业、支持脱贫攻坚、支持乡村振兴等内容的政府采购政策支持体系。

|专栏9-2| 政府采购政策支持体系内容

支持绿色产业方面，2004年财政部、发展改革委发布的《节能产品政府采购实施意见》（财库〔2004〕185号）、2007年财政部和国家环保总局发布《环境标志产品政府采购实施意见财库〔2006〕90号》、国务院办公厅发布《关于建立政府强制采购节能产品制度的通知》（国办发〔2007〕51号）。截止到2018年，“节能产品政府采购清单”和“环境标志产品政府采购清单”分别发布了24期和22期，节能环保产品范围不断扩大。从2019年4月1日起，对政府采购节能产品、环境标志产品实施品目清单管理，不再发布“节能产品政府采购清单”和“环境标志产品政府采购清单”，进一步简化节能（节水）产品、环境标志产品政府采购执行机制，优化供应商参与政府采购活动的市场环境。

支持中小企业方面，2011年财政部发布的《政府采购促进中小企业发展暂行办法》（财库〔2011〕181号）。支持残疾人就业方面，2017年，我国发布了《关于促进残疾人就业政府采购政策的通知》（财库〔2017〕141号），以发挥政府采购促进残疾人就业的作用。事实上，近年来，政府采购在支持监狱企业发展上也有所作为，如2015年全国政府采购授予监狱企业的合同额为1.4亿元。为促进自主创新，部分地方已经开始落实政府采购首购、订购政策。

支持脱贫攻坚和乡村振兴方面，2019年财政部发布《关于运用政府采购政策支持脱贫攻坚的通知》。2021年5月10日，财政部、农业农村部、国家乡村振兴局联合印发《关于运用政府采购政策支持乡村产业振兴的通知》，为了支持脱贫攻坚采购个性化、分散化的农副产品的要求，财政部除要求采购人按照不低于10%的比例预留食堂食材采购份额定向采购贫困地区农副产品外，还会同国务院扶贫办、全国供销总社搭建了贫困地区农副产品网络销售平台（即“扶贫832平台”），促进贫困地区农副产品产销精准对接，也助力了乡村经济振兴。

资料来源：依据财政部网站资料整理。

（三）政府债券发行管理制度改革不断深化，规范透明的政府举债筹资机制日益健全[①]

1. 国债管理改革不断深化，发行机制更加健全

一是优化记账式国债期限结构，定期滚动发行关键期限国债，建立健全短期国债滚动发行机制，适当增加中长期国债发行次数和规模。二是不断改进记账式国债招标发行规则，促进国债一级市场价格发现，国债发行定价市场化水平和准确性进一步提高。三是完善续发行制度。根据期限长短适当增加续发行次数，有效增加单只国债可交易规模，提高国债二级市场流动性，促进中国国债纳入国际主流债券指数，促进国债市场对外开放。四是完善储蓄国债发行管理。适应利率市场化趋势合理确定储蓄国债发行利率，完善储蓄国债定价机制。拓宽储蓄国债销售渠道，已经有29家银行通过网上银行销售储蓄国债，方便百姓投资购买。五是健全国债市场价格波动监测机制，建立健全国债二级市场做市支持机制，提高国债二级市场流动性，改善国债收益率曲线质量。目前，我国国债发行管理已达到国际先进水平，涵盖短、中、长期较为完整的国债收益率曲线初步建立，国债收益率曲线在金融市场上的定价基准作用日益显现。

2. 地方政府债券发行成效显著，发行渠道更加多样

一是稳步推进发行地方政府债券置换存量债务工作，有效降低了地方政府融资

① 财政部国库司：《建立现代财政国库管理制度 推动实现国家治理体系和治理能力现代化》，《中国财政》，2021年第10期，第10－13页。

成本，缓解了债务集中偿还压力。二是健全地方政府债券管理制度，逐步优化地方政府债券公开发行、定向承销制度安排，地方政府债券管理规范化水平不断提升。三是不断强化地方财政部门在发债工作中的市场化意识，完善地方政府债券信用评级和信息披露安排，增强市场在地方政府债券发行定价中的决定性作用。四是多渠道促进地方政府债券投资主体多元化。在上海自贸区发行地方政府债券，引入外资银行参与地方政府债券承销工作。启动在上海、深圳证券交易所发行地方政府债券工作，充分发挥交易所市场对券商的动员作用和对个人投资者的辐射作用。成功启动商业银行柜台发行地方债券，进一步拓宽了地方债券发行渠道，较好满足了个人和中小机构投资需求。五是积极培育地方政府债券市场健康发展，不断完善地方政府债券发行、登记托管基础设施，逐步改善地方政府债券流动性。

（四）决算管理和权责发生制政府综合财务报告制度改革稳步推进，现代财政财务报告体系日趋完善①

1. 财政决算工作实现跨越，反映内容更加丰富

各级财政部门不断加强制度建设，着力提升决算编制工作质量，及时回应社会关切，切实服务各项财政改革。一是健全决算管理制度体系，确保决算管理有规可依、有章可循。二是丰富决算报表反映内容。建立与全口径预算管理相对应的财政决算报表体系，完整反映四本预算收支以及政府债务等情况，为政府统揽全局、科学决策提供了坚实数据支撑。三是深入推进决算公开工作。全国部门决算公开规范化程度不断提升。中央部门决算公开范围稳步扩大，公开内容逐年细化，公开时间和公开形式趋于集中，回应社会关切更加及时主动，舆情评价积极。地方省、市、县三级的部门决算公开同步深化，决算公开的及时性、完整性和规范性均有明显改善。四是不断加强决算分析。中央财政运用决算数据对预算编制的完整性、预算执行的有效性、资产负债变动情况等进行评价，为改进中央部门财务管理水平提供依据。一些地方尝试建立决算数据分析指标体系和数据分析模型，开展更加精准的量化分析，推动形成常态化、规范化、科学化的决算分析机制。

2. 政府综合财务报告制度改革扎实推进

根据国务院批转财政部《权责发生制政府综合财务报告制度改革方案》和财政

---

① 财政部国库司：《建立现代财政国库管理制度 推动实现国家治理体系和治理能力现代化》，《中国财政》，2021 年第 10 期，第 10－13 页。

“十三五”规划要求，政府综合财务报告制度改革取得积极进展。一是初步建立起政府财务报告编制制度框架体系。具体包括1个办法和3个指南，即《政府财务报告编制办法（试行）》和《政府部门财务报告编制操作指南（试行）》《政府综合财务报告编制操作指南（试行）》《地方政府综合财务报告合并编制操作指南（试行）》。初步建立起政府综合财务报告分析指标体系，为分析利用政府财务报告数据提供方法。二是不断扩大试点范围。2017年，选择原国土资源部、原国家林业局2个中央部门以及山西、黑龙江、上海、浙江、广东、海南和重庆7个地方首批试点编制2016年度政府财务报告。此后，试点范围逐年扩大。2020年，编报政府部门财务报告的中央部门达到108个，编报政府综合财务报告的地方政府实现全覆盖，总体上看，政府财务报告制度改革已从夯基垒台、立柱架梁进入全面推进、提质定型的阶段。三是积极开展重点难点问题研究。开展政府财务报告分析应用体系建设、全国和地区政府财务报告合并汇总等课题研，取得的研究成果已在相关制度制定和试点工作中应用。

（五）充分发挥职能作用，助力打赢新冠肺炎疫情防控“阻击战”①

1. 抗疫特别国债平稳顺利发行

发行抗疫特别国债，是党中央科学把握国内外发展大势、积极应对疫情冲击所作出的重大决策，受到社会各界的广泛关注。为充分发挥国债市场在金融体系中的影响力，国库司牢记政治机关职责和使命，认真做好发行前各项准备工作，为抗疫特别国债平稳顺利发行保驾护航。一是科学设计发行方案。在确定抗疫特别国债期限品种时，充分考虑财政资金使用周期匹配和国债收益率曲线建设需要，选择最具有代表性、市场认可度最高的5年、7年、10年关键期限国债品种并进行合理搭配。二是合理安排发行节奏。科学统筹，调整一般国债品种期限结构和发行节奏，指导各地在6月份以前加快地方政府债券发行进度，为抗疫特别国债腾挪出时间窗口和发行额度，同时尽可能平滑抗议特别国债各周发行量，维护国债市场平稳运行。三是加强各方协调。积极协调人民银行获取流动性支持，召开记账式国债承销团全体成员视频会议，对抗疫特别国债发行工作进行宣传讲解，通过发布新闻稿、答记者问等形式，积极回应社会关切，为抗疫特别国债发行创造良好市场环境。截至2020年7月30日，1万亿元抗疫特别国债分16期（次）全部发行完毕，发行工作平稳

---

① 财政部国库司：《建立现代财政国库管理制度 推动实现国家治理体系和治理能力现代化》，《中国财政》，2021年第10期，第10－13页。

顺利，投资者认购积极踊跃，市场各方均予以充分认可。

2. “一竿子插到底”的直达资金监控机制建立工作全力推进

2020年《政府工作报告》明确指出，抗疫特别国债和新增财政赤字2万亿元要全部转给地方，要建立特殊转移支付机制，让资金直达市县基层、直接惠企利民。对直达资金进行监控，让惠企利民资金在阳光下运行，是国务院领导交给财政部的一项重要工作。

依托财政扶贫动态监控平台建设经验，国库司承担了直达资金监控任务，提出通过升级改造财政扶贫资金动态监控平台的方式建立直达资金监控系统，并提出同步审计、行业主管部门开放等一揽子工作方案，在又快又好落实国务院对直达资金监管要求的同时，通过“一网多用”、信息共享，极大减轻了基层工作量，节约了建设成本。一是做好直达资金监控顶层设计。会同有关单位和部门研究制定《直达资金监控工作方案》，明确直达资金下达和监控同步“一竿子插到底”的工作思路，成立工作专班，理顺业务流程，明确管理要求。二是推动建立全覆盖、全链条直达资金监控系统。在财政扶贫资金动态监控平台基础上，会同有关单位和部门开发联通各级财政的直达资金监控系统，建立直达资金台账，通过采取单独下达、单独标识、单独调度的方式，实现对直达资金从源头到末端的全链条全过程监控，确保每笔直达资金标识无误、流向明确、账目可查。三是做好培训指导工作。组织开展涵盖中央、省、市、县四级财政部门4万余人的监控工作视频培训，确保业务管理和系统操作要求落实到位。印发《财政部关于做好直达资金监控工作的通知》要求地方各级财政部门加强对分配下达、资金支付、惠企利民补贴补助发放情况的监控，促进直达资金落实到位、规范使用。

综上所述，经过20年的国库改革探索，我国已经建立起以国库集中收付制度为主体的现代财政国库管理框架，成为我国财政收支运行的核心基础。在现代财政国库管理框架内，政府采购法律制度、体制机制、政策功能、监督检查、行政裁决及市场开放程度不断扩大，财政管理领域的重要宏观调控功能不断增强；国债地方债发行管理制度改革深入推进，规范透明的政府举债筹资机制日益成熟；预算执行和库款管理机制更加科学规范，有效保障了积极财政政策的贯彻落实；决算管理制度改革和政府综合财务报告制度改革稳步推进，现代财政财务报告体系日趋完善。总体来看，财政国库管理的基础性工作不断夯实，财政资金运行安全得到有力保障，财政收支效率显著提升，初步构建起了包含控制、运营、报告三个层面基本功能的现代财政国库管理制度，这项制度日益成为财政管理领域的重要的基本性、技术性制度规范，为财政制度的现代化作出了重要贡献。

三、现代国库制度的存在问题

我国国库制度从主体框架和构成体系来看已经基本确立，效果也逐步显现。但是与党的十八大以来所提出的现代财政制度建设目标以及完善的国库制度相比，仍存在一定差距，深化改革还面临较多挑战。

（一）国库信息一体化的程度有待提高

财政国库环节是财政数据的信息中枢。近年来，各级财政部门致力以“横向到边，纵向到底”为原则织起国库管理制度的“一张网”，横向上不断以国库集中支付为统领建立与完善多项管理制度、不断标准化各业务流程，纵向上不断延伸主体责任至基层预算单位，与此同时，还以“制度＋技术”模式大力推进国库信息化建设，实现了国库制度业务的全方位信息化改革。但国库制度的信息一体化建设仍存在一些明显短板，信息系统建设呈碎片化状态，业务模块之间存在信息割裂，使信息整合度与共享水平较低，难以充分挖掘数据价值。

具体而言，一是中央与地方各级财政部门之间存在信息系统建设碎片化。其主要是由制度的碎片化导致的。目前，虽然全国有统一的《预算法》及其实施条例，国务院、财政部也印发了国库管理的制度规定，但是预算管理编制、国库资金执行过程中很多具体的流程、规则和管理要素基本都由各级财政部门分别制定，没有形成全国统一的预算管理和国库执行规范，导致中央和地方国库管理的具体程序、时间要求、分类标准、数据口径上存在差异，难以有效衔接。由于上下级之间的国库管理制度不衔接，数据标准不统一，也就难以通过生产数据动态收集汇总各级国库资金执行情况。各级财政部门对下级预算单位的国库资金执行情况基本上停留在汇总报备的层面。虽然有的地方出于工作需要，也对下级的国库资金动态上报的统计表格有一些制度要求，但基层填报数据的质量不高，时效性和真实性都难以保证。

二是业务模块之间数据传输不畅，国库支付系统与预算系统、政府采购系统、各单位财务管理系统之间均缺乏连通。基层预算单位的财政资金从申报到授权支付涉及多环节、多部门、多人员，例如涉及财务申报系统、办公 OA 系统、国库支付系统、预算管理系统、政府采购系统、银行柜面系统等。以国库支付系统与单位预算系统的关系为例，基层预算单位主要通过预算管理系统来管理财政资金的收支计划，其财政资金额度按照项目管理的具体要求进行分配，但实际支付时通过“零余额账户用款额度”科目，仅显示项目的名称，与国库支付系统的指标设置不一致，不仅导致国库支付难度增加，而且导致预算执行进度只能依靠预算管理系统的会计核算进行监督，无法依靠国库支付系统进行实时监控，导致预算执行监督的及时性、有效性减弱。与此同时，还存在国库支付系统与政府采购系统不畅通需反复沟通确认采购信息、与财务管理系统不同步需二次录入数据、与代理银行清算系统不衔接需人工审核支付等情况，这些均增加了国库支付难度，并带来更多国库支付风险。究其原因，一方面在于主观上各业务流程未梳理清晰，尚未形成标准化、精细化的业务指标体系设计，另一方面在于客观上技术的不成熟，二者共同导致了业务系统之间较低的数据共享水平。

三是碎片化的信息无法支撑财政宏观决策和绩效管理。总体来说，横向维度与纵向维度的信息碎片化，也就使信息整合程度较低，大量数据分散存储，财政部门对本地区及下级预算单位的资金执行情况缺乏全面准确的了解，无法把握资金收支运行、提高执行效率，也不能提前发现问题、警示风险，从而难以从全局的角度为科学决策提供合理依据。

（二）预算执行权责关系需进一步厘清

在国库管理制度中，最基本的职能就是对财政收支运行的控制，预算执行控制是其中的核心元素。而在预算执行控制中要以预算授权、财政分权和动用监控为底线，构筑起全程式预算执行控制。当前，预算授权和动用监控都指向由人大这一立法机关执行，这一链条中最亟待解决的即是预算执行控制的财政分权问题①。预算执行权力归属于行政部门，而在行政部门内部需要厘清财政部门、预算单位和人民银行之间的权责关系。具体而言：

一是财政主管部门对资金支付权力下放不足，影响财政资金的使用效率。但当前，财政主管部门对于资金支付权限下放仍然不足，对于集中支付的目录管理仍然较为僵化，在“放管服”的行政管理体制改革背景下，部分地区财政部门的权力“集中化”现象仍然存在，改革不彻底造成了资金拨付流程烦琐，影响了相关重大项目的效率和效果，如科技、教育等重点项目资金对于国家战略和民生保障落实具有至关重要的作用，更应从拨付角度改善其资金使用的效率。

二是预算单位预算执行主体责任落实不够，财政资源统筹能力有待提高。当前我国国库制度改革已经基本实现了全覆盖，在近70万个预算单位建立了国库集中收付制度，但是在预算执行过程中，单位还存在预算管理不达标、支付流程不合理、

① 王雍君、邓文硕：《中国国库改革的核心命题与权责分派》，《中央财经大学学报》，2018年第6期，第3－10页。

内部控制水平较低的问题，具体来看，一是部分预算单位还存在多个预算管理账户，各级单位在针对账户进行管理的过程中缺乏规范管理、全面统筹的能力，同时，从历年预算执行情况看，支出进度无一不出现“首低尾高”的年底跑步“钱”进现象，由于对预算支出的随意性安排，导致预算追加频繁，影响财政库底余额的稳定性；二是部分单位仍然使用传统的资金使用模式，在等待财政部门审批后，才能完成资金拨付工作，支付流程烦琐，耗时较长；三是部分单位的内控工作仍不完善，财务管理工作流程不合理，存在指标细化不足、预算编制不科学等问题。因此，落实基层预算单位的主体责任至关重要，一方面，这是当前国库集中收付制度还需要进一步扩大范围和拓展内涵的具体体现，是预算电子化的必然要求，是国库集中收付制度向基层预算单位延伸的下一步工作；另一方面，也反映出了现有条件下对财政资源的统筹能力有待提高，对预算单位的收入缺乏统一的管理和规范，在“后疫情时代”财政“过紧日子”的背景下，对基层预算单位收入管理势在必行。

三是中国人民银行更多履行了“代理国库”职能，监管能力有待提升。在当前的国库集中支付方式下，代理银行因自身角色定位，只从会计结算角度对预算拨款进行合规性审核，对于所拨款项的实质无权审核、不愿审核。中国人民银行国库部门的监管范围也因此具有局限性，只能在代理银行与国库单一账户清算时，对额度进行核算，对代理银行已拨付资金的实质也无法审核，造成国库对预算执行的监督职能削弱①。同时，理论上中国人民银行还具有国库现金管理的职能，其主导的现金管理应支持在适当的时间与地点、以成本有效性的方式清偿政府的支付义务，但财政部门的预算执行控制试图控制现金收付时间或使支付匹配收款进度，这造成了两者之间的权责冲突。

（三）现代政府采购制度需进一步构建

当前，我国政府采购的顶层设计仍然不够完善，采购治理链条仍有短板，采购治理效率、治理手段、治理环境等尚需进一步改进，监管体系需进一步健全，政府采购制度的政策功能需要进一步发挥，市场开放需进一步加强研究与应对，与相关改革的关系需进一步理顺。这些问题的存在，一定程度阻碍了政府采购改革的进一步向前推进，影响了政府采购的治理效果。

1. 制度顶层设计需进一步完善

如前所述，我国公共采购领域有《政府采购法》与《招标投标法》两部法律，

① 李伟、张烁岩：《财政国库集中支付问题探讨综述》，《经济研究参考》，2018 年第 72 期，第 46－57 页。

虽然两法立法的目的、宗旨基本一致，《政府采购法实施条例》和 87 号令[①]等也对一些冲突内容进行了解释和融合，但目前两者仍存在有较大的分歧。两法在法律类型、交易主体、适用范围等方面有交叉、有差异，从而导致工程采购领域采购规则存在相互打架的情形。关于两部法律的融合问题，已经成为政府采购制度改革中一项急需解决的议题。

首先，工程类适用法律选择的问题。由于顶层设计不到位，存在较高的制度转化成本。比如，一个工程项目达到公开招标标准，应该适用《招标投标法》，但如果招标失败，那么又涉及适用《政府采购法》，这会带来较高的制度转换成本。其次，与工程建设相关的"货物"界定仍然模糊。《招标投标法》规范的主要对象包括工程，但也包括"与工程建设有关的货物"，对实际部门而言，会遭遇法律适用不清的问题，例如，对于使用财政性资金采购的空调设备到底适用于《政府采购法》还是《招标投标法》，全国各地做法不尽一致。最后，法律类型不一致带来监管难题。为了弥补这一缺陷，在《政府采购法实施条例》中尝试规定了"政府采购工程以及与工程建设有关的货物、服务，应当执行政府采购政策"，也就是工程即使适用《招标投标法》，也要执行政府采购政策[②]，但也只是在政策范畴实现了"两法"的统一。

2. 采购链条管理需进一步延伸

我国政府采购制度改革是在适应建立社会主义市场经济体制的财税制度的背景下开始实施的，当时在财政支出中面临的主要问题是由于缺少制度约束，支出中存在浪费甚至腐败现象。

首先，从采购人角度看，采购需求确定不够科学。在实际中，有的采购人在制定合理需求方面的能力较差，采购需求要么过高要么过低，有的采购人甚至设置了带有明显歧视性的采购需求导致采购不公平。其次，过分重视交易环节导致"价格主导"。由于采购过分倚重"价格"，一些供应商为了获得中标资格，往往采用降低产品和服务质量的手段来降低产品成本，通过低价格中标，而提供高质量和好服务的供应商则因为没有价格优势而被迫离开政府采购市场，造成"劣币驱逐良币"现象的发生。导致最终的采购结果质量低下，难以满足物有所值的采购目标，严重违背了政府采购的初衷。87 号令对此赋权评标委员会，对报价明显偏低的供应商可要

① 87 号令即财政部第 87 号令——《政府采购货物和服务招标投标管理办法》。

② 此处"政府采购政策"是指《政府采购法》第九条规定的为实现国家的经济和社会发展的政策目标而采取的政策，而非与"理论"相对应的"政策"。

求其提供必要的证明材料，若不能证明其报价合理性的，评标委员会应当将其作为无效投标处理。但实际中，评审专家并非完全了解市场价格，也难以做到准确识别。最后，对履约验收不够重视。履约验收主要是对合同内的标的物的履行情况按事先预定的标准检验是否符合要求。不少政府采购验货验收责任不明确，合同中缺少预防性机制和惩罚性条款，对供应商的处罚力度不够，还没有形成足够的震慑力。在观察财政部处理的质疑投诉案件中，几乎都是供应商投诉，相反，采购人即使发现供应商未完全履约，也很少进行投诉①，这在一定程度上说明采购人对履约验收不够重视。

3. 采购执行效率需进一步提高

在国务院 2014 年提出“盘活存量资金”“加快预算支出进度”的背景下，采购效率的提升是摆在采购人面前的重要问题。“政府采购”由于法定周期长，从而被认为是阻碍预算支出进度提升的重要因素。近年来，为了解决效率问题，财政部门也制定了相应的改革措施，如提高了政府采购限额标准、公开招标的数额标准等，但政府采购在规范与效率之间的矛盾仍然没有得到有效解决。

首先，公开招标使用比重过高。我国公开招标所占的比重仍然偏重，使政府采购在强调规范性的同时在一定程度上忽视了效率。以目前政府采购规定的公开招标的方式和相应的程序来看，显然刚性有余、柔性不足。其次，服务类采购公开招标使用过多，导致对服务质量重视不够。对于服务采购，特别是公共服务类采购，由于其面临很难量化的服务质量因素，所以实际中更具弹性的竞争性谈判、竞争性磋商采购方式则更适用一些，而且随着社会的发展，随着服务型政府的塑造，政府采购对象中服务的比重也会越来越高。最后，采购规范与效率的把握还表现在采购人的自主权的使用上。需求规范与效率的最佳平衡点应考虑对采购人的相应赋权。实行政府采购制度以来，为了强调规范性，法律上对采购人的权利进行了约束，采购需求有时候难以满足，87 号令虽然增强了采购人的自主权，如规定“经主管预算单位同意，采购人可以自行选定相应专业领域的评审专家”，但采购人的自主权依然很小，使得政府采购整体效率不高。

4. 采购监管机制需进一步健全

良好的监管机制是政府采购制度有效实施的重要保障。采购实践中的“天价采

---

① 2017 年 6 月份至 11 月份，财政部发布的 24 起投诉处理公告中，供应商投诉的 22 起，采购人投诉的只有 2 起。

购”也好，“问题字典”也罢，都暴露了政府采购监督机制还比较薄弱的本质。

首先，我国目前的监管体系仍以事前监督为主，事中监督和事后监督较为薄弱。当前的政府采购监管仍侧重于事前审批，而对事中和事后监管不够到位，特别是在履约环节，对供应商的监管和惩戒不够严厉，一些失信供应商能够一而再再而三地参与政府采购招标。其次，对供应商“过渡”维权监管不力。在大量政府采购实例中，质疑投诉人多为未中标供应商，质疑对象除了采购人和代理机构的不合法行为，也有中标供应商的资质及技术参数问题。最后，“采管分离”不彻底。我国主要是在中央和省级层面设置集中采购机构来推进“采管分离”，在部分地区省以下“采管不分”的现象依旧存在。而且，政府采购机构间职责划分不够清晰，协调机制仍有欠缺。

5. 采购政策功能需进一步提升

首先，我国政府采购功能的发挥受制于政府采购的规模。从总量上看，我国政府采购占 GDP 的比重较低，虽然都有逐年上升的趋势，但与发达国家“政府采购规模占 GDP 的 10%—15%、占政府财政支出的 30%—50%”的国际标准相比有着很大的差距。其次，支持中小企业发展的力度需进一步加大。随着 2011 年我国大力推广批量集中采购政策以来，小微企业的政府采购份额便逐年降低，这说明目前我国政府采购支持小微企业发展的政策功能有待进一步发挥。再次，支持科技创新的政府采购政策缺失。迫于压力，我国在 2011 年取消了自主创新政府采购有关政策。该类政策的取消导致了我国支持自主创新政策体系和实施的不足，相关的创新产品与服务的首购、订购政策也无法落实，特别是自 2018 年开始，美国不断对我国出口商品加征关税，在中美贸易战中，对我国包括 LED、光伏、汽车、半导体、TV 应用在内的部分产业造成较为实质性的影响，一定程度阻碍我国科技创新的发展。最后，采购节能环保产品政策可持续性不强。随着环境问题成为人们关注的焦点，绿色政府采购和政府采购绿色的政策已深入人心，但是数据显示政策的可持续性不强。更重要的是，我国对节能环保产品政策的支持仅仅关注最终产品端，而对产品生产过程的是否节能、是否环保关注不够，全链条节能环保理念有待进一步树立。

（四）公务卡制度改革需进一步深化

1. 公务卡的使用范围不够明确

我们国家为了提高公务卡的使用率、便于前期推广，允许持卡人使用公务卡进行私人消费，这部分消费由个人进行还款。这样做尽管有助于提高公务人员办理公务卡的积极性，但却人为地将公务消费与私人消费相混杂，不仅增加了事后财务人员对消费记录的审核工作，还间接提高了“公款私用”这一行为发生的可能性。同时，公务卡兼顾公务消费与私人消费还会导致个人信用与政府信用相混淆，当由于公务消费未及时还款从而影响到个人信用时，这会给持卡人带来一些不必要的损失，会在一定程度上弱化持卡人使用公务卡的积极性。因此，要让公务卡专注于公务消费，使其更加“名副其实”。

2. 公务卡代理银行不统一

英国和美国经验显示，在发行公务卡时都是由中央政府出面，通过谈判选定若干家银行进行合作，这样可以充分发挥政府自身的体量优势，在进行公务卡相关细则的谈判时，能够争取到更大的利益，可以让银行为公务卡提供更加专业化、定制化的服务，提高用卡的便捷性；同时，选择统一的发卡行，更加便于后期消费数据的汇总与整理，对于利用大数据进行分析、提高财政资金的效率，有着非常重要的意义。然而目前，我国公务卡代理银行的选择权是下放到了具体预算单位。各个单位选择了不同的发卡行，导致相关财政支出数据难以汇总，给后期的数据整理与分析带来了许多客观上的困难。同时，对于各家银行而言，发行公务卡将会带来一笔可观的收益，在利益的驱使下，很容易滋生腐败等违法行为。

3. 公务卡的种类不够丰富

根据具体的需要，设置不同类型的公务卡，应对不同的消费场景，这样既方便监督与管理，又能够满足不同的公务消费需求。而目前，我国的公务卡仅是一张普通的信用卡，功能单一，并没有针对不同消费场景设置具有针对性的卡种，难以满足一些多样化的需求。而细化卡种，通过对诸如差旅、用车等特定消费需求开发专用的公务卡，不仅在制定管理规定时能够更加具有针对性，在后期分析财政支出时效果也会更好。

4. 与公务卡相配套的监管措施不够完善

公务卡制度的推广，的确能够优化政府采购的各项环节，从而降低政府行政成本、强化财政资金效益、进一步提高财政透明度。但这一切都建立在严格监管的基础之上。否则，便捷的支付方式反而会成为滋生公款消费的土壤。英国、美国都从顶层设计出发，建立起一整套包括事前、事中、事后的全过程监管体系。同时要看到，公务卡制度的建立绝不会一劳永逸，随着经济的发展、社会的进步，公务卡在使用过程中会不断面临各种各样新的情况。因此公务卡制度要建立相应的动态调整机制，在面对使用过程中出现的新问题时，能够及时完善相关规定，补上政策漏洞，避免公务卡成为财政资金监管的薄弱环节，从而最大程度地发挥公务卡的优势与作用。

5. 未与政府采购政策发挥功能相衔接

作为小额政府采购的重要支出手段，公务卡消费同样要积极发挥政府采购的政策功能。如美国就有相关规定，鼓励使用公务卡采购时更多地倾向于小微企业。因为公务卡的消费金额往往不高，购买的商品与服务往往附加值较低，这种采购活动对于小微企业而言，降低了参与政府采购的门槛。因此，应该发挥好公务卡这一特点，通过政策引导的方式，来促进公务卡消费发挥政府采购的相关政策功能。

（五）政府综合财务报告制度需进一步完善

政府财务报告是全面、系统、规范反映和披露政府财务状况和运行信息的综合报告，总体来看，当前政府财务报告制度改革已从夯基垒台、立柱架梁进入全面推进、提质定型的阶段，但政府财务报告仍在试编阶段，其制度建设尚未完全，以前年度国库执行中存在的问题虽然得到汇报和总结，但尚未能得到有效编制与利用，无法辅助国库制度履行财政资金的运营职能，这些问题导致在下一年度甚至更长时间内使预算编制水平难以得到提高和改进，“重预算轻决算”的弊端积重难返，也无法支撑长期战略决策的制定。

1. 政府综合财务报告制度建设存在缺陷

在相关制度建设中，存在两个方面的明显缺陷：一是与政府财务报告试编、试点工作相比，会计核算相关制度建设的进程滞后；二是各相关制度本身，以及相互之间的衔接，都存在一定缺陷[①]。具体来说，截至 2020 年底，36 个地方已实现政府

① 汤林闽：《权责发生制政府综合财务报告制度改革：阶段性评述》，《地方财政研究》，2018 年第 1 期，第 23－31，38 页。

财务报告编制的全覆盖，但其相关的会计核算准则仍存在以下两个方面问题，一方面，权责发生制的应用停留于报告层面。当前政府会计确认、计量、记录以收付实现制为基础生成决算报表，报告则是以决算报表为依据，按权责发生制原则调整编制的。以报表项目为单位逐一进行项目转换和抵消调整来实现权责发生制在报告中的全面应用，导致编制的政府部门财务报表和政府综合财务报表均缺乏相应的原始凭证、账簿等会计基础资料。另一方面，财务会计要素、科目等确认计量模糊不清。例如编报政府财务报告时要考虑增值税的影响，目前不同单位核算收入和成本是否含税存在差异，这导致对账工作存在困难，若逐条翻查又增加了很多工作量；再如，双方单位在科目设置上可能不同，同一笔业务一方反映为收支科目、一方反映为往来科目，导致无法对账或抵销①。诸如此类细节问题均会导致对账、抵销困难且不够准确。此外，目前的政府财务报告编制制度框架具体包括 1 个办法和 3 个指南，即《政府财务报告编制办法（试行）》和《政府部门财务报告编制操作指南（试行）》《政府综合财务报告编制操作指南（试行）》《地方政府综合财务报告合并编制操作指南（试行）》，政府预算单位和财政部门则按照新办法和新指南，结合《政府会计制度——行政事业单位会计科目和报表》进行具体的政府财务报告编制工作，但一些与政府财务报告编制相关的政府资产负债管理制度尚不健全，管理责任有待明确，确认入账具体操作规则还需细化，政府财务报告审计和公开制度尚在研究。

2. 政府综合财务报告制度的统筹协调工作亟待加强

当前，政府综合财务报告制度虽得以推进，但也应清醒地认识到其改革的系统性、长期性和复杂性。从推广范围来看，目前已实现地方编制工作的全覆盖，但部分中央部门仍未参加编制，尤其是单位多、级次多、规模大的部门仍是改革的难点。从报告衔接来看，目前虽已初步理顺了与部门决算报告、行政事业性资产报告之间的关系，但仍存在数据不同步问题，其主要原因在于其与部门决算报告同单位、同业务的侧重点、编制基础、主体范围不一致，其与行政事业性资产报告的作用、内容、编制范围、编制方法不一致，导致其信息仍存在割裂。从报告信息系统来看，由于单位多、层次多、环节多，抵销工作涉及海量数据的匹配，但当前仍未具备能够支撑该项工作的信息系统。同时，中央与地方政府的报告系统、报告系统与会计系统等系统之间也存在割裂，使报告编制的准确性、及时性受到影响。

---

① 张晓杰、徐涛：《关于编制政府财务报告的几点思考》，《财务与会计》，2020 年第 6 期，第 35 - 36 页。

3. 政府综合财务报告制度的分析和应用体系有待健全

政府财务报告编制的最终目的是为财政分析决策与考核评价服务，应当适时配套科学系统的分析方法和分析指标体系，避免花费大量人力、物力编制出来的政府财务报告出现无法利用的情形。当前，政府财务报告的指标体系与分析方法仍存在局限性，一是指标体系不合理，部分数据无法取得、不准确等；二是缺乏参照标准，无法准确定义政府各项指标理想水平。《政府财务报告编制办法（试行）》中虽然列举了20多个指标进行分析，但由于无法获知分析指标的合理区间值，也就无法对指标进行合理评价。三是尚未达到编制目的，分析利用程度不高。其中，财政中长期可持续性分析，只涉及负债率、税收收入弹性等四个指标，分析方法的合理性和科学性有待论证①。

第二节　高效可控的国库制度改革深化

“犯其至难，图其至远”，针对现代国库制度存在的问题，应按照新时代国库制度的改革思路，坚持国库制度改革目标导向，深化国库制度改革的具体措施，不断扎实推动国库制度改革工作。

基于实际，我国已将财政国库管理制度改革的目标确定为构建资金运行高效、控制体系完整、财务报告全面、单位权责清晰、绩效导向显著的现代财政国库管理制度②。

一、新时代国库制度改革目标导向

（一）新时代国库制度应坚持以人民为中心

新时代国库制度应坚持以人民为中心的发展思想，及时回应人民群众诉求，始终把人民群众的利益作为改革的出发点和落脚点。财政国库部门作为财政的运行保障和窗口单位，应坚持以人民为中心指导实践、开展工作。

从保基层运转来看，保障基层政府正常运转和公职人员发放工资不仅是财政部

---

① 黄志雄：《政府综合财务报告试编阶段问题研究》，《财政研究》，2017年第2期，第38－50页。

② 杨志勇：《财政国库管理制度改革的成就、经验与展望》，《中国财政》，2021年第15期，第14－16页。

门最基本的职责，还是落实以人民为中心的发展思想的生动体现。国库部门通过对各级财政库底余额监测的基础上，在不改变财政资金主体的前提下，灵活调度财政资金，确保各级财政正常运转。

从方便缴款人和收款人来看，国库集中收付制度改革初步解决了缴款不便利、收款不及时等问题，但与人民群众期望相比，还需要进一步深化改革。比如一些民生资金仍然采取部门转拨的方式发放，没有由财政部门直接支付到个人银行卡中，不仅不及时，业务流程还不够优化，办事缴费“来回跑”“多次跑”的问题时有发生。微信、支付宝等第三方支付方式已经被人民群众广泛使用，但如何引入到国库集中收付管理中来还涉及财政资金的安全问题等。优化国库集中收付流程，实现全部民生资金直接支付到个人银行卡，缴款人办事缴费“一站办理”“一网办理”，让信息、数据多跑路，让办事人员少跑路，使人民群众切实享受方便快捷的公共服务。

（二）新时代国库制度应创新和完善宏观调控

党的十九大报告提出，创新和完善宏观调控，健全财政、货币、产业、区域等经济政策协调机制。现代国库管理是财政政策和货币政策相互协调配合的一个重要结合点，国库部门在宏观调控中能够发挥积极的作用，但当前工作还有待进一步拓展。

从国债管理方面来看，国债兼具预算筹资和金融双重功能，目前金融功能发挥还不充分，体现在国债市场的深度、广度不够，流动性不高。市场经济国家中央银行普遍通过吞吐国债开展货币政策操作，既有利于节省货币政策成本，也有利于提高国债市场流动性。我国因种种原因，国债还没有成为中国人民银行货币政策操作的工具。

从库款管理方面来看，随着我国经济体量壮大，财政收支规模不断扩大，库款规模也水涨船高，库款波动短期内对货币市场流动性产生一定影响。为消除这种影响，中国人民银行开展公开市场操作进行对冲，中央财政和地方财政也通过实施国库现金管理以平缓库款波动。但是，当前国库现金管理在省级以下层面还不能开展，特别是疫情冲击下基层财力有限，国库现金管理工作还存在较大困难。

（三）新时代国库制度应注重保障和改善民生

新时代国库注重应在保障和改善民生上聚焦用力，将巩固脱贫成果和“六保六稳”为重要内容，切实做到保民生、稳经济。在全面建成小康社会的基础上，巩固脱贫成果、防止返贫是当前工作的重中之重。依托于现代国库管理信息系统建立的财政扶贫资金动态监控平台，实现扶贫资金监控到人、到项目、到企业，打通扶贫资金“最后一公里”，对于确保财政资金用在“刀刃”上，发挥重要的保障功能。

为应对2020年初新冠肺炎疫情的影响，中央财政建立了特殊转移支付机制，中央财政新增赤字1万亿元和发行抗疫特别国债1万亿元，按照“中央切块、省级细化、备案同意、快速直达”原则进行分配，确保资金直达市县基层、直接惠企利民，主要用于保就业、保基本民生、保市场主体等，强化公共财政属性，决不允许截留挪用。建立的“一竿子插到底”的直达资金监控机制，搭建了全覆盖、全链条的直达资金监控系统，使资金直达市县基层、直接惠企利民。积极贯彻落实中央部门带头过“紧日子”要求，确保支出顺利压减，优先保障涉及民生领域的重点支出，做到预算执行与库款运行双平稳。因此，财政国库部门虽然不在抗击新冠疫情的第一线，但快速筹集、分配抗疫专项资金，依托于现代国库管理制度的信息系统、预警系统、报告系统，对于确保财政抗疫资金的合规使用，评估上述资金的使用效果，发挥着重要的技术支撑。

（四）新时代国库制度应助力财政政策提质增效

新时代国库制度应坚决落实过“紧日子”要求，在“后疫情时代”开源节流、增收节支、精打细算，执守简朴、力戒浮华，厉行节约办一切事业。受疫情冲击“停工停产”的影响，经济停摆给财政收入增长带来巨大压力，而财政支出的刚性压力始终存在，这也就要求财政部门在资金分配中“当好铁公鸡、打好铁算盘”，各级行政事业单位要有真正过“紧日子”的思想准备，提高财政资金的使用绩效。财政部门如何贯彻落实积极财政政策提质增效的要求，既不搞“大水漫灌”式的强刺激，也不是要搞政府大包大揽，更好应用市场化、法治化的手段来调控经济，促进中国经济高质量发展，给财政国库管理提出了更高的要求。

二、深化国库制度改革的改革措施

（一）借助预算一体化完善国库信息系统

新时代深化国库制度改革，必须更加注重各项改革措施的互相协同配合，以提升预算管理的整体效能为目标，采用系统化思维进行制度设计，创新制度执行机制，增强国库制度的规范性、协调性和约束力。通过预算管理一体化系统，整合完善国库管理流程和规则，并实现业务管理与信息系统紧密结合，将规则嵌入信息系统提高制度行动力，为深化预算制度改革打下坚实基础。

要运用系统科学的整体性原理，强化预算管理体系各个组成部分的有机联系。一是要以预算一体化为契机畅通上下级政府财政收支的衔接。一方面，应着力完善制度体系。以国库集中支付为统领，完善相关配套制度，逐步形成中央与地方、地方上下级相互衔接支撑的制度体系，形成全面规范的国库管理工作。另一方面，应以项目为预算管理基本单位落实上下级政府预算管理情况。应以预算一体化要素的标准化工作为基础，实现上下级转移支付收支在国库支付系统中的衔接。此外，在上下级转移支付中，依托预算一体化管理信息系统，财政资金直达机制和相应的监管机制已经建立，包括直达资金台账、核算对账和监控系统已在国库集中支付系统中初步成形，实现了财政资金的“管得严、放得严、用得准”。

二是要以预算一体化为规范实现国库制度主体流程数据、主要业务数据的环环相扣。一方面，通过预算一体化工作将预算规划与准备、预算编制与批准、预算执行与控制、决算报告与评价等主要环节与国库制度紧密联系起来，改善国库重执行轻规划的现状。另一方面，通过预算一体化工作整合国库业务流程，包括整合政府采购过程、整合单位财务管理与会计核算工作等，并在适当环节嵌入国库业务，实现国库集中支付的模式统一、流程优化、安全高效。因此，应全面梳理清国库制度的预算管理业务流程，形成标准化的国库业务基础数据规范，并且优化控制规则，强化动态管理，在横向业务维度实现预算管理与国库管理各流程、各业务的“一体化”，实现国库信息管理系统与预算一体化的流程、业务模块无缝嵌入和对接。

三是要以预算一体化的项目为联结点，加强国库制度与政策规划和实施的衔接。预算一体化能够实现横向与纵向维度预算信息与国库业务整合，构建起以项目为基本单位的预算管理模式。下一步应依托预算一体化管理系统，以预算项目为联结点，将预算项目的全生命周期与年度预算周期有机衔接，并持续加强国库对全项目周期的监测和管理，实现国库对国库实施信息的全流程记录，为后续加强项目实施结果的跟踪打下基础，以更好地实现国库制度的宏观调控职能，并全面提升财政资金使用绩效。

（二）以制度建设厘清预算执行权责关系

全面贯彻落实新《预算法》要求的“各部门、各单位是本部门、本单位的预算执行主体”，即应进一步明确各部门、各单位的主体责任，这是预算管理受托责任得以有效执行的“牛鼻子”。因此，在国库制度改革工作中，对于财政部门而言，应在“放管服”的行政体制改革背景下，通过改进支付方式划分、扩大授权支付比例、全面取消用款计划审批等措施，充分“放权”单位，用制度设计激励与约束基层预算单位，同时用技术形成动态监控机制，更好地放大“服务”效能，为提升支付效率、管理水平和资金安全提供良好的制度环境。

对于预算单位而言，则应充分落实好主体责任。一方面，用规范的财务管理制度、会计制度以全面提升单位预算管理水平，使其按规定上缴财政的各项收入，并都直接缴入国库或财政专户，加快过渡户的销户工作，尽快全面纳入国库集中支付管理体系中，以进一步简化资金拨付的审批程序，实现资金的高效运转。另一方面，加快健全预算单位的内部控制制度，并在内部控制实施过程中不断细化指标、提升效率。总体来看，预算单位要通过全面制度建设来使财务工作的流程规范化，并以全面性、科学性、客观性、风险可控性为原则不断优化和完善这些制度，以保障行政事业单位在国库管理制度中的主体责任履行，不断提升预算单位资金支付的自主性与使用效率。

对于中国人民银行而言，应在国库管理制度框架内形成与财政部门的协同合作。一方面，应以制度强化国库部门的监管职能，应根据《中国人民银行关于明确地方国库集中支付代理银行资格认定有关事项的通知》，研究并填补国库部门对商业银行违规办理集中支付业务处罚的真空，加强代理业务的规范性，防范财政资金的运行风险。另一方面，应以制度框架确立：财政部门主要负责预算执行过程的财政控制，中国人民银行主要负责政府现金管理。其中，中国人民银行应负责政府现金管理对财政与货币政策协调，确立以最少现金余额和最低融资成本实现安全支付的目标，而财政部门应避免对中国人民银行现金管理基于进度指标的刚性干预，应统筹考虑现金管理的成本与收益。

（三）全面深化政府采购制度改革

结合当前我国政府采购改革面临的机遇和挑战，在“十四五”时期政府采购改革思路应在延续建立健全中国特色现代政府采购制度政策导向下，深入贯彻“创新、开放、协调、绿色、共享”的新发展理念，践行深化“建立以优质优价采购结果和用户反馈为导向，采购主体责任清晰、交易规则科学高效、监管机制健全、政策功能完备、法律制度完善、技术支撑先进的现代政府采购制度”的改革目标，要在推进国家治理体系和治理能力现代化方面发挥更重要的作用，要在解决人民日益增长的美好生活需要和不平衡不充分的发展之间的矛盾方面发挥更重要的作用，要在贯彻新发展理念、推进供给侧结构性改革方面发挥更重要的作用。

一是完善采购法律法规，强化制度设计和规范。在加强顶层设计方面，一方面要改进政府采购的法律体系，另一方面，要处理好政府采购与其他改革之间的关系。首先，要进一步理顺《政府采购法》和《招标投标法》的关系，选择适当的时机，修订和完善《政府采购法》，并在和发改委协商的基础上，修订和完善《招标投标法》。近期目标是按照清晰的法律调整范围划分，完善《政府采购法》和《招标投标法》，使二者调整范围互补，程序、监管等保持一致。长远的目标是建立一部能够覆盖所有货物、工程和服务的《公共采购法》。其次，以法律形式扩大政府采购范围。应采用渐进性策略逐步将国有企业采购纳入政府采购的主体范围之中，扩大政府采购的范围，更好地发挥政府采购的政策功能，也为我国逐步开放的政府采购市场打好基础。最后，完善政府采购的相关法规条例。例如，要进一步完善落实政府采购政策功能的相关法规条例；要继续对照《政府采购法实施条例》，做好信息公告管理办法的修订，抓紧研究出台代理机构、联合惩戒等政策文件。

二是延伸采购管理环节，建立全链条管理机制。全球公共采购经历了由程序管理向系统采购管理的变化过程。近年来，政府采购的链条管理已不仅仅是限于采购环节本身，向前，延伸到采购需求管理，向后，延伸到合同管理。借鉴新一轮国际政府采购规则修订的经验，可采取的具体措施有如下几个方面。首先，提前发布未来可能的招标采购信息。通过一揽子“事先信息公告”等形式，让信息公开大幅度提前，给供应商预留足够的应标之间，有助于政府采购活动的规划。其次，加强采购需求管理。财政部印发了《关于进一步加强政府采购需求和履约验收管理的指导意见》（财库〔2016〕205 号），明确采购人是政府采购需求和履约管理的第一责任人。采购人制定的采购需求应当完整、合规、明确，根据项目特点加强需求论证和社会参与，严格依据需求特点编制采购文件和合同。必要时，采购人可实行采购需求的开放性征集。在采购需求的形成环节，广泛征求专家或者供应商的意见，完善招标文件的编写，使其更加专业化，降低招标失败风险。再次，重视合同管理。其一是采购实体要参与合同监管。其二是要设立科学的监督结果反馈处理机制。特别是随着招标采购对象以及合同内容越来越复杂，对合同的管理尤为重要。其三是将分包要求前置到采购文件之中。采购人可以明确要求投标人表明分包意向，相应地，投标人在其投标书中明确其可能打算向第三方分包的任何份额，或者任何建议的分包商等。最后，重视履约验收管理。采购人组织履约验收时应当制定详细验收方案，完善验收方式，严格按照采购合同的约定对每一项技术、服务、安全标准的履约情况进行确认。

三是改善整体执行效率，推广政府采购电子化。我国近几年在政府采购电子化方面取得了一些进步，但从国际政府采购规则看，政府采购电子化应继续向纵深推进。2017 年全国政府采购工作会议指出，“互联网 + 政府采购”行动被列为深化政府采购制度改革的九大重点工作之一，2019 年全国政府采购改革工作会议再次强调以实施“互联网 + 政府采购”为支撑，不断提升政府采购的监管能力、运行效率和服务水平。首先，大力发展电子化采购，提高政府采购效率和透明度。在推进电子化采购的同时，还要推进政府采购管理交易系统建设，探索推行远程在线评审、采购全流程无纸化。其次，要推进电子化采购的标准化建设。如欧盟规定，为了推进电子化采购的进程，在2018年4月18日之后全欧盟成员国境内《欧洲统一采购文件》只采取电子化的格式。一旦该程序以电子化方式运行，供应商可以在欧盟委员会的网站上以电子化方式填写、导出、储存和提交《欧洲统一采购文件》。只要《欧洲统一采购文件》中所提供的信息仍然准确，供应商可以重复使用该文件。最后，要加强政府采购信息共享。要以《财政部关于进一步做好政府采购信息公开工作有关事项的通知》（财库〔2017〕86号）的出台为契机，加快整合信息平台，规范各地区网站域名的使用情况，推进网络平台信息共享与整合。加快“全国一张网”的政府采购电子卖场建设，加快制定统一数据标准，推进政府采购管理交易系统与第三方交易平台互联互通、信息共享，解决各地区电子化过程中的“信息孤岛”“条块分割”“协同不足”小额零星采购不规范等问题。

四是完善政府采购监管，构建结果导向的机制。在推进“放管服”改革的背景下，健全“管采分离、机构分设、政事分开、相互制约”的管理体系。一方面需要发挥市场力量，另一方面，又要加强政府监管，由事前监管为主，向事中和事后环节延伸，构建结果导向的长效监管机制。首先，进一步健全政府采购内控机制。进一步落实十八届四中全会提出的关于在政府采购等业务中“实行分事行权、分岗设权、分级授权，定期轮岗，强化内部流程控制”的要求，按照财政部《关于加强政府采购活动内部控制管理的指导意见》（财库〔2016〕99号），进一步规范政府采购活动中的权力运行，强化采购人、集中采购机构和监管部门在政府采购活动内控管理中的主体责任，健全采购事项内部决策机制和内部审核制度，促进政府采购提质增效。其次，创新监督管理方式，健全“双随机一公开”工作机制。严格按照国务院办公厅于2015年8月发布的《关于推广随机抽查规范事中事后监管的通知》的要求，在政府采购领域健全“双随机一公开”监管模式。依托信息化和大数据分析，加强对采购活动的动态监管，重点加强对公开招标数额标准以下项目和单一来源采购项目的预警跟踪。财政部门要与其他部门进行联合，对政府采购领域严重违法失信主体形成“尺度统一、行为联动、步调一致”的联合惩戒工作机制和“一处受罚、处处受限”的社会氛围。运用第三方评估对政府采购透明度、规范性及采购结果等开展综合评价，通过社会监督推动采购制度完善和活动规范。最后，加强投诉处理专业化机制建设。加强评审专家的监管，提高评审能力，针对“专家不专”、责任心不强，评审能力有待提高的问题，综合运用、严格把关、系统培训、过程和结果的绩效考核评定等监管手段。同时完善投诉处理工作机制、应诉机制和内控管理，进一步通过政府购买服务方式，加强监管力度，做好防范自身法律风险、内控风险的同时又能更好地维护供应商的合法权益。

五是细化政府采购政策，提升采购的政策功能。首先，要扩大政府采购的范围，为实现政府采购政策功能奠定基础。政府采购政策实现的基础是政府采购规模。而我国法律规定的政府采购范围是国家机关、事业单位和社会团体使用财政性资金的购买行为，在采购管理范围口径上，比国际管理范围窄，尽管我国政府采购规模增长很快，年均增长近40%，但规模总量与国际上政府采购规模占GDP 10%的比重相比，仍然有很大的差距。因此，一方面要按照法律规定做到应采尽采，另一方面要适时修改《政府采购法》，将国有企业采购逐步纳入到政府采购范围。其次，要研究制定符合国际规则的支持创新的采购政策。事实上，通过政府采购支持创新产品发展，已经成为世界许多国家发挥政府调控经济功能，体现国家战略意图，促进供给侧创新的重要政策工具。党的十九届五中全会提出，“坚持创新在我国现代化建设全局中的核心地位，把科技自立自强作为国家发展的战略支撑”，“完善科技创新体制机制”。政府采购是完善科技创新机制的重要载体，是促进科技创新的重要手段。因此，鉴于当前创新发展以及供给侧改革结构性改革的迫切需要，我国应当恢复创新产品政府采购制度，积极采纳合理建议，在世界贸易组织的政府采购协定规则框架下制定并完善有关政策。其一是优化自主创新产品认定政策，主要将“自主创新产品”改成“创新产品”，使之符合国际规则要求。其二是鼓励各地方推出本地“创新产品”认定标准并进行采购，支持创新。其三是完善支持创新的技术标准政策。通过标准布局实现政府采购促进创新。再次，拓展政策功能内涵至可持续发展。从国外相关制度看，政府采购不仅有保护国货、扶持中小企业发展、支持绿色产业和科技创新等功能，还能达到劳动保护、职业安全、妇女权益、残疾人就业等社会目标。从国际上看，新一轮政府采购规则的改革也加强了政府采购政策功能的发挥，谋求可持续发展成为全球公共采购政策的最新转向，从而使政府采购制度有更大的政策功能的发挥空间，在保护环境、促进中小企业发展、履行社会责任、防治腐败等方面有所作为。而且，目前我国在保护环境和促进中小企业发展方面政策存在不统一、不细化等问题，未来要在这些方面谋求改进。同时对不发达地区和少数民族地区的支持政策也应及时出台。最后，完善现行的采购程序和评审制度，建立长效政府采购政策机制。积极鼓励采购人在采购产品、采购标准上对政策功能扶持对象进行适当政策倾斜或放宽标准，将采购政策支持措施的着力点从评审环节向采购需求确定、采购方式选择等前端延伸，加强政策实施情况的评估，提高政策执行效果。

（四）完善公务卡制度改革

公务卡制度在我国已实行10余年，这一制度强化了财务管理和预算管理，提高了各层级预算单位财政资金的利用效率，实现了对各项公务活动和消费支出的有效监管，保证了财政资金消费支出的透明度。然而，随着经济社会发展，现有公务卡制度中出现了不适应发展的情况，影响了改革效用。公务卡制度改革可以从以下几个方面入手。

一是多维度优化公务卡的使用范围。从个人消费与公务消费的角度看，各级部门、预算单位应制定并严格执行公务卡强制执行目录，规范公务卡使用范围，并且明确个人消费与公务消费的界定，避免将个人消费划到公务消费，发生腐败风险。同时，还应制定严格的审核流程，完善支付标准体系，促使持卡人及时办理报销还款业务，减少信用风险。从公务卡的功能角度看，可借鉴美国经验，依据不同的消费场景，将公务卡细分为采购卡、差旅卡、车队卡和综合卡等，扩充公务卡种类的同时，也便于公务卡使用数据与不同职能系统的数据对接，例如便于将差旅卡与交通系统对接，从而能够更加准确记录消费发生的金额和时间，从而简化报销程序，降低报销成本。

二是统筹安排各层级公务卡的代理银行。当前由于公务卡的代理银行选择权分散在各个预算单位，这一制度安排导致预算单位数据难以汇总，同时也导致预算单位存在寻租的风险。因此，一方面，可以从政府角度入手，借鉴英国与美国的经验，由中央政府出面通过谈判统筹选择代理银行，这无疑有利于数据的汇总与寻租风险控制。另一方面，可以从代理银行角度入手，统筹各代理银行按照公务卡制度的基本要求设计开发的专门的管理信息系统，将其中用于辅助办理与公务卡管理有关的信息维护、财务报销、银行划款、动态监控等业务流程规范化、标准化，实现公务卡账户维护管理、预算单位使用权限管理和恶意透支的监督管理，从而实现数据汇总与寻租风险的控制。

三是完善公务卡使用配套制度的完善。一方面，应完善公务卡制度的立法。当前，我国关于公务卡制度的规定大多数是行政法规、部门规章和规范性文件，法律层次较低，强制性差，法律效力不够，可借鉴如日本的《国库法》等，将公务卡制度上升到法律高度。另一方面，应加强与公务卡相关的制度建设，包括监管、授权、金融等方面的配套改革。在监管机制上，各相关监管主体应明确职责，财政部门应及时对财政资金进行拨付、审核并实现动态监督；审计部门应对公务卡活动进行审计监督，不定期对公务卡还款情况进行审计抽查，严查利用公务卡进行违规套现和虚假交易的行为；中央银行国库部门要负责与代理银行对公务卡的相关信息进行核对，并监督和管理金融机构的公务卡相关系统等。在授权内容上，应进一步规范中央预算单位财政授权支付业务，减少现金支付结算。在金融系统上，应不断加强银行体系的相关设施建设，拓展公务卡支付环境与使用方式，例如在支付平台多元发展的背景下，拓展银联移动支付的发展，充分发挥银联支付的安全性优势，从而促进公务卡支付的线上发展，并为其支付便捷性、安全性提供可能。

四是做好公务卡制度与政府采购的政策功能衔接。当前，已有部分地方实现了公务卡制度与政府采购制度的衔接，例如深圳 2014 年在全国首推公务采购卡，该类卡是公务卡的延伸，是采购单位政府采购专员个人持有、主要用于通用类货物定点采购的一种信用卡，定点采购使公务卡主要用于特定的供货商场、电商平台等特定渠道。因此，要通过公务卡制度牵引政府采购政策功能，可进一步在各部门、各单位、各地方继续探索与推广公务采购卡的内容，可将公务采购卡的定点采购对象定位于创新企业和农村等客体，从而促进公务卡消费发挥政府采购的相关政策功能。

（五）完善政府综合财务报告制度改革

编好政府财务报告是对政府部门财务状况和经营成果的准确反映，具有重大意义。要增强财务报告对政府预算的规范和指导作用，应从以下几个方面着手。

一是完善政府综合财务报告制度的顶层设计。权责发生制政府综合财务报告制度改革本身其实是整个中国政府会计制度改革中的一个有机组成部分，权责发生制政府综合财务报告应该是政府会计制度改革的抓手而不是替代。因此，首先，应协同推进政府会计改革，规范日常会计核算行为。财政部门需要建立充分且完善的会计准则体系和制度框架为各级政府财务部门提供指引，各级预算单位则应持续做好新旧制度的衔接工作，提升日常会计核算水平，形成高质量的政府财务会计基础资料。其次，应建立健全政府财务报告制度框架体系。不断健全当前已有的编制办法和操作指南，对资产负债管理制度、管理责任、入账规则等内容进行细化，并适时在这一基础框架上建立健全政府财务报告审计和公开制度，将审计部门审计后的政府综合财务报告与审计报告依法报本级人民代表大会常务委员会备案，并按规定向社会公开，从而形成具备多元监管机制的完备制度框架。

二是全方位做好政府综合财务报告的统筹协调。一方面，要做好不同专项报告的统筹协调。首先，要抓好资产管理以夯实报告基础。应建立从入口到出口的全生命周期资产管理体制，夯实管理基础，做实做细公共资产管理工作，注重资产合理配置、高效使用、顺畅处置等多个环节，引入新技术建设共享共用平台优化资源配置，发挥基层单位的管理积极性，并以此牵引政府财务管理水平提升。其次，要抓好预算管理和政府采购工作以保证报告严肃性。会计核算反映的内容是单位根据全面预算管理和政府采购等要求执行的相关经济业务，政府财务报告应当以经核对无误的会计账簿数据为基础编制，政府各部门应当严格按照相关规定，全面清查核实单位的资产负债和采购业务，做到账实相符、账证相符、账账相符、账表相符，确保会计数据的准确性和规范性。最后，要抓好决算管理以保证有序有效对接。建议将政府财务报告与决算报告科目统一进行规定，畅通二者之间的关联，以维护政府财务报告和决算报告的规范性。另一方面，要做好信息系统的统筹协调。按照预算管理一体化规范要求，做好政府财务报告管理系统升级改造，完善系统功能，满足业务需要，发挥好信息系统对改革的支撑作用。

三是提升政府综合财务报告应用价值。一方面，充分利用国库预算执行的数据，增强数据挖掘能力，充分利用数据反馈的情况和信息，明晰预算执行和资金拨付中存在问题的“标”和“本”，并总结反馈在政府财务报告中，提高财务报告编制的质量和水平。同时，应依据不同信息需求者分类增强数据的模块化设计，可将信息需求者分为内部信息使用者和外部信息使用者，内部信息使用者包括各级政府、财政部门、审计部门，对于信息需求侧重于整体运行情况，即资源配置能力、运行能力和可持续发展能力等；外部信息使用者包括公众、债券评级机构、债权人和其他信息需求者，对于信息需求侧重于知情、评估、评价等。可依据不同的信息需求者分类，在报告中形成相应关注的指标，增强数据的易得性和应用性①。另一方面，应提高对政府财务报告的重视程度，在预算编制过程中对财务报告反馈和暴露出的问题进行及时纠偏和修正，并总结此前预算执行中的经验和不足，提升政府财务报告的预算反馈能力，不断完善预算编制水平，提高财政资金使用效率，推动完善现代财政体制框架、实现国家治理体系和治理能力现代化。

① 朱义令：《政府综合财务报告分析应用体系构建——基于需求导向》，《财会月刊》，2021 年第 2 期，第 82 - 87 页。

第十章

公开透明的现代预算制度改革深化

预算公开透明是现代财政的本质要求，它是履行公共契约达到社会合意的具体手段。要保证公共资源配置效益的最大化，保证公共产品的有效提供，透明的预算制度就是最重要的制度安排。因此，透明度越高，善治的程度也越高。预算透明度涵盖了从预算编制、预算批复、预算执行、财务报告到统计评价的政府财政活动全过程，以财务数据的形式固化和反映了公共财政框架下政府的责任与义务，全面、真实、客观反映了政府活动，为现代财政制度提供了有效的前提条件和制度基础。

第一节　中国预算公开现状与问题

党的十八大以来我国继续推进预算公开进程，并将建设透明公开的现代预算制度作为发展蓝图。中央和各地都不断推进了预算公开制度，但整体上预算透明度还有待提升。

一、我国预算公开的现状

我国预算公开的现状是国内外的学者关注的内容，目前有的学者已经建立了量化指标体系，主要包括三个不同层面的评价。

（一）全国层面

国际预算合作组织（IBP）每年开展一次全球预算公开指数调查，旨在通过各个国家筹集并分配公共资金的详细信息对中央政府的预算透明度进行评估，是全球仅有的国家预算透明度独立评估体系。此项调查从财政透明度、监管度和参与度三大层面入手，针对 115 个国家进行排名。

根据最新调查结果，2019 年中国得分为 19 分，平均分为 45 分。可以看出，在国际上，我国的预算公开程度还很低，与国际平均水平仍有一定距离。该项预算公开调查评价方法是由经济发展与发展组织和国际货币基金组织共同开发，主要是看中央政府是否向社会公众提供 8 个关键的预算文件，同时对这些文件的时效性、全面性和可利用率进行评价，最终得出各个国家的评分，在国际上具有很高的认同度。在这预算评价中的这 8 个主要预算报告中，我国缺少预算前报告、公民预算和年中审查这三份文件，行政机构的财政预算提案发布延迟，而这些预算文件涵盖了预算全过程，说明我国预算公开工作与国际平均水平还有一定差距，但也证明我国在深化预算改革，推动预算公开工作上还有很大的提升空间。

（二）省级层面

上海财经大学的公共政策研究中心依据 2008 年施行的《信息公开条例》以及国际规范自 2009 年起发布对中国财政透明度状况的评估报告。该课题组主要通过 9 项信息要素对省级财政透明度进行评估。以及格水平线 60 分为标准来看，只有被调查态度一项达标，其余要素均处于不合格状态。尤其是政府部门资产负债这项，得分最低，说明了政府预算公开在这方面还有很大的公开空间。此外，部门预算及相关信息、专户预算和国有资本经营预算均属于预算公开的薄弱环节。

2011 年到 2015 年预算公开前这段时间，省级财政透明度最高分在 2013 年达到最高值，在 2014 年又有所下降；省级财政透明度的平均分总体走势向上，说明我国在推动预算制度改革，推动预算公开工作方面不断取得新的进展；省级财政透明度最低分呈现不太相同的趋势，在这期间逐年呈下降趋势。而在 2015 年到 2016 年，由于新《预算法》的颁布实施，预算公开规范化和科学化，高、中、低三条线均呈大幅度上升，说明新《预算法》的修订，对我国预算制度改革起了积极的推动作用。

（三）市级层面

清华大学公共经济、金融与治理研究中心财政透明度课题组从 2012 年起每年定期发布市级预算透明度报告，涵盖了全国除海南省三沙市以外的 295 个地级及地级以上城市和 358 个县级市，包含了全国所有的市级政府。研究范围涉及使用财政资金的政府与准政府的机构公开情况，公共财政、政府性基金、国有资本经营以及社保基金的政府四本账目的公开情况，以及包括政府性债务、产业投资基金及政府与社会资本合作（PPP 项目）等公开情况。

课题组根据“中国政府全口径财政透明度指标体系”对 290 个地级市政府和 4 个直辖市政府在 2021 年的财政公开情况进行评价，在全部 294 个城市中，广州市以 80.80 的总分位列第一，北京市、杭州市位列第二、三位，分别得到 80.65 分、80.30 分。在第一部分（机构设置）评分中，上述三个城市的政府及其他公共机构信息公开均非常全面。在第二部分（“四本账”）评分中，广州市、北京市、杭州市均以报表形式公布预算及预算执行情况，其中广州市和北京市公布较全面，杭州市稍有落后。在第三部分（其他重要财政信息）评分中，上述三个城市的其他重要财政信息公开较为全面。在绩效方面，广州市的公布情况优于其他城市。烟台市位列第四，得分 76.53 分；湖州市位列第五，得分为 76.49 分；成都市位列第六，得分 76.27 分。得分 70 分及以上的城市还有深圳市、天津市、上海市、武汉市、揭阳市、绍兴市、嘉兴市、临沂市。总分排名前三十的城市中，包含北京、上海、天津三个直辖市，此外广东、浙江、四川、湖北、山东等省份的省会城市同样位居前列。

在其他公开的重要财政信息中，政府性债务 30 分、“三公”经费 20 分、产业投资基金 30 分、PPP 项目 30 分、大额专项资金 30 分、政府采购 30 分、地方投资公司 30 分、事业单位预算公开 30 分、中央直拨抗疫资金支出情况公开 20 分、预算编制说明 20 分，共计 270 分。在各指标中，政府采购、预算编制说明整体公开情况良好；政府性债务、“三公”经费、大额专项资金、事业单位预算公开情况一般，PPP、中央直拨抗疫资金支出公开情况较差，产业投资基金和地方投资公司公开情况最差。

二、我国预算透明改革中存在的问题

（一）预算编制环节存在的问题

1. 预算编制内容不完整

预算所反映的内容应包括政府的所有收支，即不论是否属于财政性收支都要统一纳入政府预算。长期以来，由于我国传统的财政预算是按支出功能编制的，各项支出内容划分不规范、不细致。预算编制和管理的范围内，虽然2011年开始将除教育收费列入专户外的其他预算外资金全部纳入预算管理，但现实中还有庞大的和不透明的资金仍然游离于预算之外，不少资金基本上由各部门和支出单位自行安排，透明度很低，并且也缺乏监督。另外有些收费规模过度膨胀，缺乏监控机制，存在较大的隐蔽性，使资金体外循环，严重侵蚀了税基，破坏了预算收入的完整性和统一性，干扰了正常的分配秩序，助长了腐败的滋生和蔓延。

2. 预算编制内容预测性较差

在我国，预算编制与执行两张皮的现象突出反映预算的预测性较差。从预算的整体来看，由于编制技术、长期习惯等多方面原因，预算的科学预测较为落后，预算的准确度较差使执行中预算的调整频繁，说明政府预算编制还需要进一步的完善。

我国预算年度采用的是公历年制，即从每年的1月1日至12月31日，政府新年度的财政活动从公历年初就已经开始，但我国预算年度的各级政府预算草案却要等到各级人代会通过以后才能作为法定的执行依据。这就意味着在我国预算年度中会有一段时间政府进行财政活动没有法律依据，预算执行只能按上年基数进行，增大了预算的随意性，降低了透明度。

3. 预算编制内容较粗

与IMF要求的最低透明标准相比，目前我国预算编制内容较粗，比如，未能提供合并的政府整体财务报告，对报告使用者范围的界定过于狭窄，对资产、负债和或有负债的报告不充分，报表项目列示不科学，未能提供反映公共组织绩效与成本信息的报告，等等。这些不够详细的预算编制内容制约了预算透明度的提升。

4. 预算编制的技术手段较落后

预算编制手段落后，预算透明度提高则缺乏操作前提。一是预测经济、社会发展各项指标的手段和方法不科学，导致预算编制的基础资料如经济数据、定员定额标准等缺乏科学性和合理性。二是政府会计报告系统不健全，政府会计在集中层次上记录拨款，以拨列支，不能及时、同步追踪预算资金运动全过程，而是依赖于银行、支出单位提供的财会信息，信息的真实性差、可信度低。

5. 预算编制过程缺乏公众参与

政府预算应反映和表达公众的权利和需求，因此在预算编制过程中很多国家都十分重视维护纳税人的权利，实行参与式预算。这一预算方式在我国的部分地区已经开始实行，但总体而言，我国在政府预算编制过程中并没有形成一套有效的民主参与机制，从预算反映群众需求的强弱度上来看，预算编制的透明度不高。

（二）预算审批环节存在的问题

1. 预算审批形式重于内容

我国的政府预算审批实行的是人民代表大会审批制。但在审批过程中，人大代表来自各行各业，对政府预算并不是很了解或熟悉，因此，预算审批多流于形式难以完全反映人民代表乃至人民的真正需求。同时预算审批环节缺乏透明还表现在，即使政府预算公开了，也缺乏专业人士对专业化的数据、表格、账户体系等进行审议以及对公众的说明和解释。

2. 预算审批环节缺少民众的参与

政府预算收入主要来自纳税人缴纳的税款，政府预算支出也是为全体纳税人服务的。因此，预算审批过程中应该充分表达民意，应该有人民群众充分的知情权和表达权。而在实际预算审批过程中，只有少部分地区举行预算听证会，而且即使是举行预算听证会的地区，也很少真正有人民群众的参与。例如，某地级市财政局举办的预算听证会，参会人员仅限于财政局副科级以上干部，预算单位代表，各会计站站长和财政局从人大代表、政协委员、新闻单位、社区中聘请的社会财政监督员等，人员构成不能覆盖社会公众。

（三）预算报告公开环节存在的问题

1. 政府预算报告披露不完整

预算报告公开是要将政府预算报告成为对全社会公开的文件，其内容能为全社会所了解，它是政府预算透明度的必然要求。发达国家中，行政部门在提交政府预算报告时通常还需要向立法机关提交一些重要的预算文件，例如中期宏观经济预测与财政预测、财政政策报告、税式支出报告、负债报告等。而我国目前尚未形成完整的政府财务报告制度，政府财务信息只是散见于政府工作报告、政府预算及执行情况报告、国民经济和社会发展计划中。政府对外披露财务信息的主要方式是政府预算报告，形式过于简单。而被披露的信息集中于预决算信息，能传达的财务信息非常有限。总之，目前预算报告还未能全面完整反映财政资金来龙去脉，不能完全接受人民代表大会的监督。

2. 政府预算报告披露不及时

由于我国各级人大审批预算的时间在预算年度开始后，所以导致我国政府预算报告通常在预算年度开始后才陆续对外公布，如全国预算及预算执行情况一般要在每年 3 月中旬才能对外公布。决算报告是则在上一年财年结束后 6 个月或更长时间才对外公布。对于财年内的预算执行情况，缺乏规范的定期披露机制。信息披露不及时，直接影响信息的时效价值。

3. 预算报告披露的内容不详尽

从政府预算报告披露内容的详尽程度来看，我国预算信息仍在较大程度上处于封闭状态，大量的数据、报告和分析以内部文件形式出现而没有公开发布，从而降低了透明度。目前已经公开的年度预算文件，不能及时、全面、准确地提供相关信息；预算支出按功能分类列示，比较粗，没有细化到具体的支出用途；决算报告反映的内容不全面；对于税式支出、准财政活动、主要财政风险等信息也没有在相应的文件中进行披露。同时，预算资金在运行过程中信息反馈不全面，透明度不高，远远达不到IMF对预算透明度的最低要求，难以为预算编制、预算执行分析和宏观经济调控提供可靠的依据，而且也不利于立法机关和社会公众对预算实施有效的监督。

我国已经加入通用数据发布系统，基本能够按照其最低时限要求发布数据，但在内容发布方面存在许多缺陷。例如，预算报告列举了收入总额、支出总额、主要的收入和支出项目，以及完成预算的实际情况，但没有列出前年的有关数据，更没有包容今后两年的预测数据；预算报告没有公布预测收入和支出的依据，没有公开预测财政收支的经济模型；预算报告简单介绍了政策重点，但缺乏详尽的数量指标，人们难以对资金使用进行绩效评估；披露了债务指标，但数据不完全，没有包含所有的既有债务；并且对外债和内债采用不同的披露标准；对于或有债务，预算报告既无定量分析，也无定性判断，更没有对财政风险进行定期评估；预算报告也没有对税式支出、准财政活动进行分析、统计和披露。

（四）预算执行环节存在的问题

1. 预算执行存有法律空档期

只有经过国家立法机构（我国体现为各级人大）批准的预算才具有执行的法律依据。但由于我国各级政府预算经过人代会审批通过后并逐级批复下达到各预算单位的程序，导致经批准具有法律效力的预算传达到预算单位的时间进一步滞后。结果造成这一期间的预算执行缺乏严格的法律依据，也会使预算执行中出现较多的问题。

2. 预算执行的约束力不强

预算执行的约束力不强表现在我国预算执行过程中调整频繁，法律约束力欠佳。经法定程序审批后的政府预算，即成为具有法律效力的文件，行政部门必须无条件执行，不得随意更改。如遇特殊情况需要调整原定预算，同样必须遵循法定程序，不得随意调整或变更预算。现实中预算调整频繁，究其原因一是由于预算编制的科学性较差，导致通过的预算和实际情况相差太大；二是由于预算下达时间较晚，因此年初资金往往不尽合理，导致预算执行过程中追加调整频繁，影响了预算执行的严肃性；三是预算执行进度没有严格按照通过的预算来执行（包括财政部门和预算部门），导致年终突击花钱现象严重。四是一些部门单位及其领导的法制观念差，在预算调整上行使了过多自由裁量权。

（五）预算监督环节存在的问题

1. 缺少完善的财政监控制度

预算监控制度的不健全也是预算透明度不高的原因之一。预算监控力度较弱，就难以对公共支出机构的预算执行情况进行及时、有效的监控，支出机构截留、挪用财政资金的现象时有发生，财政管理处于被动局面。国库集中收付和政府采购制度都是加大预算执行监控力度的重要手段，但这两项改革均处于改革初期阶段，国库功能还没有充分发挥，相关配套措施还没到位；纳入政府采购的货物、工程和服务的范围相对较窄，采购方式还比较简单，因此操作细则等制度依然有待于进一步完善。

2. 预算缺乏有效的监督主体

《预算法》中有关政府预算监督主体的表述主要涉及各级人民代表大会及其常务委员会、各级政府、财政部门、政府审计部门。这些部门主要是国家权力部门和管理部门等。其中，虽然人大有权对政府预算进行监督，但是长期以来其监督更多停留在法律的形式上，缺乏实质性的预算监督手段，各级人代会审查预算往往流于举手表决的形式。

3. 缺乏严格的问责机制

目前我国政府预算监督中缺乏违反政府预算的法律追究制度，处罚时对事不对人，处理偏轻，公共支出机构及相关人员违约成本太低，在一定程度上纵容了违反预算的现象，尤其是违反预算的行为有些未向广大纳税人公开，因而无法实现透明监督。

4. 缺乏公众的有效参与

《预算法》中并没有提及作为纳税人的社会公众有何种监督权利，导致社会公众参与政府预算监督的法律依据薄弱。民主社会中的公众是以“公民”身份出现的，在承担依法纳税义务的同时，还应广泛地享有在预算支出方面的知情权和发言权。然而，目前我国整体来说，社会公众监督缺乏必要的环境和条件，无法真正发挥监督作用。

第二节 中国预算公开的改革深化

一、改进政府预算编制设计

预算编制阶段的目标是使预算更加科学和细化，能够让人大代表看得明白，审得清楚，从而解决“内行看不清，外行看不懂”的问题。

（一）统一预算编制内容

首先必须是全面的预算，全部政府性收支均应进入预算，不允许有游离于预算监督之外的资金存在。要树立国家的任何收支都纳入预算法律范畴的观念，不应允许游离于法律之外。

健全收支两条线管理机制，对执收执罚部门的全部收支实行两条线管理，明确界定非税收入范围，彻底实现收支脱钩。为了全面反映财政收支状况，增强各级财政的调控能力，规范有关部门和单位收费行为，防止各种违规现象的发生，必须加强对非税收入的管理。明确非税收入的范围，将其纳入“收支两条线”管理范围，各级政府通过编制综合财政预算，统筹安排税收和非税收入，进一步增强各级财政的调控能力，更好地发挥财政职能作用。

（二）加强预算准备周期

预算准备是一个完整的预算周期的第一阶段，从宏观经济预测和财政预测开始，经由预算编制，最后到向立法机关呈报预算时止。这是一个典型的旨在决定年度公共收入、支出、举债、赤字或盈余的总量与公共资源战略性配置格局的政治过程。因此，这一包含大量信息的预算通常需要较长的准备期。如果预算准备期过短将会导致预算准确性不足，向立法机关呈报的预算文件过于单薄，信息含量严重不足，信息的不全面及预算的专业性，使人大对预算的审查流于形式。为此建议，一是要提前预算编制的时间。政府预算文件应建立在对未来3—5年的总体财政预测的基础上，这就要求提高政府的宏观预测能力。二是要提前将预算草案提交人大。为了体现政府的中期经济和财政目标，清晰反映总收入、总支出、赤字或盈余以及债务情况，应在预算年度开始之前的较长时间提前向人大提交预算草案，并在预算年度开始之前批准预算。

（三）提高预算编制质量

政府预算的高质量体现在一是适应性强，二是预测准确。政府按照事先确定的原则，按照规定的程序进行预算决策，但是每一个预算周期的政治经济形势都各有差异，甚至在预算执行中也会有意外事故出现。一个良好的预算应有一个较为灵活的机制主动调节适应这种变化，这种能力实际上反映了政府的预测水平和抗御风险的能力。而且，在预算编制阶段，还要积极引入公众参与机制，只有公众参与的预算才能更好地反映社会实际需要，才是质量较高的预算。

（四）细化预算编制内容

目前政府向立法机关呈报的预算文件只包括财政收支情况报告书，应至少与 IMF 关于预算透明度的最低要求相靠拢，向立法机关呈报的预算文件中，还应至少包含 1 份未来年度宏观经济展望、1 份财政政策目标报告书、1 份准财政活动报告书以及 1 份尽可能量化的关于政府财务风险的报告书。

另外，可参照发达国家的经验，在年度预算之外逐渐试编制多年期滚动预算。多年期滚动预算通常并不对政府的政策意图和行动进行详细的定性描述，但它至少表明了未来若干年度中政府的财政趋势或者政府打算前进的方向，从而增进了预算透明度，并有助于公众和其他利害关系者对政府财政承诺的可信度作出判断。

（五）改进预算编制方法

改进预算编制方法是实现公共预算民主、透明和加强人大对公共预算更好监督的前提。《宪法》赋予立法机关审查批准政府预算的权力，但是，长期以来，提请人大审议和批准的预算报告不够详细。20 世纪 90 年代中期，中国开始了新一轮的财政改革，将改革的重点转到支出管理。这一改革的目标是重新构造预算编制和执行过程，详细披露预算信息是改革内容之一。而且财政部在 2000 年开始推广部门细化预算改革，政府提交给人大审议的政府预算报告更为详细。但细化的预算给人大会议审议带来了新的问题，由于预算报告具有较强的专业性，而许多代表平时并没有接触财政工作，致使看不懂预算和没有时间看。要让人大代表看得懂预算报告，是推动财政预算改革的前提和当务之急。因此，需要借鉴国外预算编制的经验，研究一套适合我国的有很好科学分类的预算编制方法。根据人民代表大会预算审议工作的要求和人民代表对预算信息的实际需求，努力按照分层分类、繁简适度、清晰易懂、突出重点的原则，改进提交人民代表大会审议的预算报表体系，使每个预算单位建立详细的预算财政财户，使人大和公众都能看得懂，每笔资金都有清楚的安排。

二、改进预算审批流程管理

（一）预算审批中要引入民主参与机制

预算改革不能仅仅依靠政府自改，只有确保人民代表大会对其作出实质性的审查批准，并且在人大审查批准期间有公众广泛深入的参与，才是改革应走的路径。预算的审议过程要体现民主和透明的精神，在人大审查阶段特别要尽量体现公众的参与，必要时可举办面向公众的听证会，听证会人员的组成除了有专业人员之外，应规定有一定比例的社会公众参与。新修订的《预算法》对此进行了规范，第四十五条规定："县、自治县、不设区的市、市辖区、乡、民族乡、镇的人民政府代表大会举行会议审查预算草案前，应当采用多种形式，组织本级人民代表大会代表，听取选民和社会各界的意见。"

（二）为人大代表提供培训和服务

政府的预算报告具有一定的专业性，而人大代表通常来自各行各业，有的并不是十分了解预算，在这种情况下，审核预算很可能就变成了走过场。对此，可以在每年人大代表开会之前，提前开办一些预算的讲座，也给他们留出充分的时间求助于专业人士协助解读预算。同时，财政部门作为预算的编制部门也应该为人大代表提供全面服务，包括 24 小时专线，接听人大代表的疑难并解答。

（三）严格政府预算民主审批程序

改革应研究预算在人大常委会初审和人大会议审议阶段如何发扬民主，提高透明度，建立一套以人大批准审查预算为基础的、程序化的、有公众参与的民主审查预算的制度。在审查批准程序中，要有人大有关专门委员会的提前介入，有公众参与的程序安排，审查中有人大代表和人代会中充分讨论和辩论等。这个环节主要是做到审查批准程序化和民主化。财政预算草案起草并经政府同意后，要报人民代表大会审查批准。

在人民代表大会审议阶段，要建立预算草案的民主审议程序：

（1）预算项目咨询，听取专家意见。主要听取有关部门和专家对一些专门领域和部门的预算安排的意见。如环境保护、教育、农业等，解决一些专门性、技术性的预算安排。咨询主要听取政协、社会团体、专家或有关部门的意见。

（2）公开进行预算听证，听取民众意见。对预算草案进行听证，可由政府财政部门或人大财经委员会（或预算工作委员会）举行，或两家联合举行。听证主要听取社会的意见，让老百姓了解预算，了解政府今年的政策和工作。听证主要解决一些群众关心的事件和有较大争议的财政安排问题。

（3）人大财经委员会审查。预算草案应在人代会召开以前提交人大常委会和人大财经委员会。财经委员会负责组织听证会和咨询会，为了更好地承担预算审查任务，财经委员会应聘请由当地有名的、有资历和权威的财政、审计、会计方面的专家组成的专家委员会，包括可以请审计机关、会计师事务所、退休的财政和会计人才参加，对预算提出具体的审计意见。

（4）人代会审查批准。人代会的主要任务是进行预算的审查。政府的工作报告应围绕预算，制定预算政策。预算的审查程序应是：先是政府向人代会作预算报告的说明，向每位代表印发预算的具体报表和项目说明书，咨询意见报告和听证意见报告；再是财经委员会作预算审查报告；最后是代表审议。由代表团会议对预算草案和预算报告进行审议。在审议期间，让有关政府部门的官员到会听取代表意见，并接受代表就某些重要预算项目的质询。财经委员会根据审议意见和各种咨询、听证意见，提出预算修改稿并提交大会进行表决。为了加强对预算的审议，把预算作为人大会议的重要议程。建议恢复财政部门向人代会作预算报告的做法，将审议批准预算的时间逐步延长。预算审议的时间不能太短，应该让人大代表充分研究预算，并在评审中有权提出质疑和否决。

三、改进预算报告公开制度

（一）及时向社会公布政府预算报告

预算的审查过程和人大批准的预算应逐步公开，通过媒体向社会传播。在人民代表大会批准通过预算后，编写一份年度预算情况简介，图文并茂，短小简洁，通俗易懂。主要包括当年财政收支形势、政府主要工作目标和相关财政政策简介，并附有预算收支变动趋势、主要收入来源、主要支出构成的图解，通过政府网站和以纸质彩页文本的形式向公众发布，提高预算透明度，让人们关注政府新一年要做的事。最后由人大批准的预算文本应逐步向社会公开。

（二）细化预算报告内容

按照政府收支分类改革的要求改进财政报告制度。按照政府收支分类改革要求，积极构建新的以政府收入分类体系、支出功能分类体系和支出经济分类体系为主要内容的财政统计体系，清晰地反映政府收支全貌和履行职能获得的详细情况，充分体现国际通行做法与国内实践的有机结合。要改进预算报告方式，在收入方面，预算报告要按照资金来源和性质，全面反映预算内、外收入的完整的政府收入情况；在支出方面，预算报告不仅要按政府职能获得开展情况和应取得的成效，还要从政府支出资金的具体用途，分析政府的运作成本。“三公”经费作为细化预算报告内容改革的重要内容，也应尽量细化，使公众能“看得清”。

（三）建立标准信息披露制度

借鉴国外的经验，财政部应当定期公布预算内容，公布预算指导原则、财政政策目标、采用的财政规则和新政策，以利于专家在更为广泛的基础上论证预算；同时，在预算文件中，披露主要财政风险与确立对经济或财政环境变化作出适当反应的责任感是一致的，因此是政府预算透明度的一项基本要求，作为最低要求，所有被鉴别和量化的财政风险需要通过财政风险报表予以报告，并随预算文件一并呈递，风险报表覆盖影响政府收入和支出估算数的所有重要的财政风险类别，但那些已经被特别允许建立了预算或有储备的风险除外。风险报表中阐述的风险可以是积极的，也可以是消极的，应尽可能予以合理的量化，以便评估预算的可行性，为可能的财政执行结果提供指导。

四、完善预算监督管理

要建立起以财政部门的行政监督为主、人大法律监督、审计监督以及新闻舆论和社会公众监督为辅的政府公共财政行为监督体系，促进财政监督、审计监督、人大监督及社会监督等各项制度资源的优化整合，发挥各种监督途径的合力，进一步健全公共预算执行的监督机制，强化民主决策和民主监督在公共预算审查与监督中的重要作用，提高预算决策和监督的民主化和科学化水平。

（一）完善财政内部监督制度

财政监督既是财政管理的有机组成部分，又是保证各项财政管理措施到位的重要手段。监督主体从内部到外部，从政府到公众，多层次、多角度对预算管理全过程实施监督，有助于提高政府预算透明度，实现公共财政理论本质特性——公共性。在内部监督方面，主要是监督预算编制和执行过程中财政法规、政策、制度的执行情况，监督财政资金运行、资金追加等程序是否依法合规，监督财政机关内部各单位财务收支管理。只有从制度上建立一种公开、透明、规范、高效的财政监督运行机制，才能发挥对预算资源全过程的预警、监测、分析、矫正的功能，从而真正提高预算透明度。

（二）推行立法型审计监督

改变审计机关的从属地位，使审计机构成为隶属于人大的强有力的监督主体。目前世界各国的审计监督主要有三种类型：独立审计监督、立法型审计监督和行政型审计监督。我国实行的是行政型国家审计制度，审计署隶属于国务院，地方审计机构隶属于地方政府。这种审计模式的弊端是：独立性较差，政府自己审计自己，导致行政首长难以在公共收支正常运行和对公众利益负责之间寻求平衡；审计机关更多的是为党政服务，弱化了服务于人大的立法监督。对此，我们认为应逐步从目前的行政型审计监督模式过渡到立法型审计监督模式，避免审计的行政隶属性，使审计机构更能在公众利益的驱动下实施开展工作。

（三）建立规范的人大质询制度

建立规范的人大质询制度，使质询权成为人大监督的重要方式。质询权是指人大代表或者人大常委会组成成员，就预算某一问题依法向本级行政机关、审判机关、检察机关及其所属部门提出质询和询问，受质疑机关有责任予以答复的权力。质询权作为人大监督权的重要组成部分，目前在我国人大监督政府的实践中运用的比例较低。要使人大代表和人大常委会充分行使质询权，主要应从以下几个方面着手：一是规定质询人对被质询人答复不满意的法律后果；二是完善质疑案公开通报制度，使政府的公共支出行为置于公众视野中，促使人大代表或委员会在公众舆论的压力下把质询当作自己应尽的一项代表职责，充分行使人大质询权；三是应用更先进具体的法律程序规范质询权的行使，包括质询案的组织原则、质询案的提交时限、质询人的提问、被质询人的答复、质询情况的通报等。

（四）发挥社会监督的力量

社会公众（纳税人）是政府预算的委托人，政府预算的目的是为社会公众提供公共物品，只有社会公众充分了解预算，参与预算编制、审查、执行和监督，才能提高政府预算的透明度，提高政府预算的效率，保证政府预算体现民意。保障公民的知情权，推进政府预算的公开在发挥社会监督的作用必须采取以下措施：一是建立政府预算公开制度。要将政府预算信息完整、公正、及时地公布于众，让社会及时、全面地了解政府预算管理的实际情况，利用社会公众舆论对政府预算决策进行监督，从而解决政府预算不透明问题。二是将行政听证制度引入到预算决策中。听证制度的建立旨在赋予公民参与权，保证行政机关高效公正地行使行政权。在政府预算中引入听证制度，可以为社会公众参与政府预算政策的制定提供重要的渠道。三是提高公众的预算民主参与水平。推动财政预算透明度的进程不能完全依靠法律手段，还需要提高公众的民主意识。财政取之于民，用之于民，公众有权利监督政府是否依法行政，是否保障了纳税人的合法权益。提高公众的民主意识是加强财政预算透明度建设的根本，公众拥有较高的民主意识后，将要求在税收政策、公共支出政策、公共资金使用等方面获得知情权、发言权和监督权，这必将推进一国的政府预算透明度进程。四是要充分发挥媒体、社会中介审计机构在预算监督中的作用。各类新闻媒体是政府预算信息和社会公众相联系的重要渠道。自由和独立的媒体能弥补公众和政府在提高财政预算透明度方面存在的欠缺。媒体可以通过向社会公众广泛提供财政收入、财政支出信息，吸引民众的广泛参与，可以增强公众作为“委托人”的治理能力，并促使政府提高政策反应能力。中介审计机构对重大支出项目的审计，可以发挥对政府预算的监督控制作用。

第十一章 风险防控的现代预算制度改革深化

预算是政府财政资金运行和管理的总枢纽，而风险防范则是现代预算管理的基本要求和目标。现代预算制度改革要求将风险防范融入预算管理的各方面、各环节、各阶段，以确保财政可持续发展。进入中国特色社会主义新时代，面对国内外经济发展的新阶段与经济下行压力的增大，防范化解重大金融风险成为亟须攻克的三大攻坚战之首，而地方债务风险既是重大金融风险的一部分，也是冲击地方财政可持续的重要因素，地方债务风险管控有赖于地方债务预算管理的提质增效。

当前，我国地方政府债务预算管理依照限额管理风险管理的基本要求，由全国人大总体把控总债务限额，国务院集中领导，财政部协调各方，系统把控分地区债务限额，由地方政府落实指令，科学合理展开预算管理工作。在中央集中统一领导下，地方政府债务预算管理逐步实现规范化、程序化和法制化，但预算管理仍需进一步发挥“控总量，调结构”作用，进一步强调规范化和标准化，进一步推动专项债券项目预算绩效管理和隐性债务监管提质增效。为防范化解地方债务风险，确保财政可持续发展，亟须从健全地方政府适度举债机制、提高地方债务预算管理的规范化和标准化水平、全面提高专项债券项目预算绩效管理、加强债务监管体系建设、健全债务风险应急响应机制等五大方面，对症下药改进现阶段地方债务预算管理中存在的问题。

第一节 我国地方政府债务预算管理现状与问题

1994年《预算法》明确规定，除法律和国务院另有规定外，地方政府不得发行地方政府债券。1998年为抵御东南亚经济危机带来的经济下行压力，促进国民经济持续稳定发展，根据《国债转贷地方政府管理办法》，财政部将部分新增国债转贷给省级政府，这部分由地方政府统借、统筹、统还的“国债转贷资金”，尽管其还本付息来源涵盖预算内所安排的基本建设资金和纳入预算管理的政府性基金用于建设部分，但最终并未完全纳入预算管理，中央也未作赤字处理，游离于预算管理之外。

伴随着“国债转贷”政策的取消、我国城市进程的加快、地方事权增多及地方财政缺口的扩大，地方政府为了筹集建设资金，利用地方投融资平台、政府购买等方式变相举债，在缺乏上级政府审查和监管的情况下，大量脱离预算管理的“隐性债务”由此产生，债务风险与日积聚，地方债务管理迫在眉睫。为应对2008年金融危机，实施好积极的财政政策，扩大地方政府投资能力，我国开始探索“开前门，堵后门”的地方债务管理的道路。《2009年地方政府债券预算管理办法》《2011年地方政府自行发债试点办法》《2014年地方政府债券自发自还试点办法》等文件的相继颁布，地方政府债券发行依次进入代发代还、代发自还、自发自还阶段，在此期间，地方政府债券财政总预算会计核算、预算编制办法、政府性基金等其他还本付息资金调入公共预算等细则逐步完善，与此同时，国务院办公厅多次下文开展地方政府性债务审计工作，地方政府债务水平逐步摸清，“隐性”和“显性”债务收支逐步规范，纳入预算管理。

一、地方政府债务预算管理现状

2014年8月31日，全国人民代表大会常务委员会通过了《全国人大常委会关于修改〈预算法〉的决定》。新《预算法》以法律的形式明确赋予了地方政府通过发行债券举借债务的权力，并明令禁止了通过其他任何方式举借债务，要求将地方政府在限额内依法举借的债务全部纳入预算管理和公开透明程序当中。同年，《国务院关于加强地方政府性债务管理的意见》提出了建立“借用还”相统一的地方政府债务管理机制总体要求，明确地方政府债务举借主体和严格限定资金用途。这一系列的政策标志着地方政府性债务全面纳入预算管理，地方政府债务预算管理步入正轨。

进入中国特色社会主义新时代，随着多部相关法规的颁布，地方政府债务预算管理制度逐步健全。当前我国地方政府债务预算管理，坚持“开好前面、严堵后门”的思路，兼顾稳增长和防风险的需求，有效支持了政府债务融资积极作用的发挥，起到了防范化解地方债务风险的关键作用。

（一）我国地方政府债务预算管理的基本要求

1. 限额管理，明确举债权限

当前，根据相关法律法规规定，地方政府债务余额、新增债务均不得超过批准的限额，“修明道，堵暗渠”严格限定地方政府举债程序，杜绝预算外债务产生。明确只有省、自治区、直辖市预算中必需的经济建设投资的部分资金，可以在国务院确定的限额内，通过发行地方政府债券的方式筹措。对于市县级政府确需举债的，由省、自治区、直辖市政府代为发行。对于没有收益的公益项目建设，确需举债融资的部分，可发行一般债券进行筹资；对于具有一定收益的公益性项目建设，确需举借融资的部分，可发行专项债券进行筹资。前者主要以一般公共预算收入作为还本付息资金的来源，后者主要以公益性项目相应的政府性基金收入或专项收入为还本付息资金的来源。

2. 分账管理，地方政府债务纳入全口径预算管理

地方各级财政部门负责统一管理本地区政府债务。地方政府债务分为一般债务和专项债务。其中，一般债务是指列入一般公共预算用于公益性事业发展的一般债券、地方政府负有偿还责任的外国政府和国际经济组织贷款转贷债务；专项债务是指列入政府性基金预算用于有收益的公益性事业发展的专项债券。一般债务和专项债务，其债务收入、安排支出、还本付息以及发行费用全面严格纳入预算管理，且均应用于公益性资本支出，不得用于经常性支出。对于前者纳入一般公共预算管理，本金通过一般公共预算收入、发行一般债券等方式偿还，利息通过一般公共预算收入等方式偿还，但不得通过发性一般债券偿还；后者纳入政府性基金预算管理，本金通过对应的政府性基金收入、专项收入、发行专项债券等方式偿还，利息通过对应的政府性基金收入、专项收入偿还，但不得通过发行专项债券偿还。特别地，对于国务院向省级政府转贷的外国政府和国际经济组织贷款，省级政府负有直接偿还责任的，应当纳入本级预算管理。

3. 加强风险防控，增强财政可持续性

在限额管理和分账管理的基础上，要求一般债务限额与一般公共预算收入相匹配，专项债务限额与政府性基金预算收入及项目收益相匹配；政府举债终身问责制与债务问题倒查机制相结合，落实相关主体职责；保证地方政府债务预决算公开，地方政府债务信息公开透明；确保地方政府债务风险评估与预警机制正常运行，在预算管理中发挥有效前移风险防控关口的重要作用，坚决遏制隐性债务增量，严禁地方政府变相举债，绝不允许新增隐性债务上新项目。

（二）我国地方政府债务限额批准与预算编制

《预算法》修订明确了地方政府债务限额管理的法律依据，随后《国务院关于加强地方政府性债务管理的意见》《财政部关于对地方政府债务实行限额管理的实施意见》《地方政府一般债务预算管理办法》《地方政府专项债务预算管理办法》《国务院关于进一步深化预算管理制度改革的意见》等政策的出台，对此作出了进一步的规范。

1. 全国人大总揽全局，总体把控总债务限额

国务院根据党中央决策部署、经济形势和宏观调控需要，确定下一年度地方政府债务总限额，包括新增债务限额、一般债务限额以及专项债务限额，并报全国人民代表大会或常务委员会批准。在年度预算执行中，如出现需调整地方债务限额的情况，由国务院提请全国人大常委会审批。其中，年度地方政府债务限额等于上年地方政府债务限额加上当年新增债务限额（或减去当年调减债务限额）

值得注意的是，当前为加快地方政府债务发行使用进度，确保重点建设项目建设稳步推进，第十三届全国人民代表大会常务委员会第七次会议授权国务院在2019年初至2022年末，在全国人大批准当年地方政府限额之前，在当年新增地方政府债务限额的60%以内，提前下达下一年度新增地方政府债务限额。

2. 财政部协调各方，系统把控分地区债务限额

财政部在全国人大或常委会批准的限额内，基于各地区地方债务率、新增债务率、偿债率、财政收支、建设效益等指标，综合评估的地方债务风险和综合财力水

平，确定分地区一般债务限额、专项债务限额以及收费公路专项债券额度，棚改专项债券额度，土地储备专项债券额度等具体专项债务额度，在报国务院批准之后下达各省财政厅[①]。

对于新增债务限额分配，基于正向激励原则，新增债务限额向财政实力雄厚、债务风险水平低且债务管理绩效水平高的地区倾斜，财政实力不足、债务风险较高、偿债能力不足且债务管理绩效水平较差的地区，降低甚至取消新增债务限额。

3. 地方政府落实指令，科学合理开展预算编制工作

每年10月底前，省级财政部门依据本地区经济发展需求、财力水平，统筹考虑本地区债务负担率、债务偿还能力，科学提出本地区下一年度增加举借一般债务和安排公益性资本支出项目的建议，经省级政府批准后报财政部。如市县级确需举债融资建设，应由本级财政部门提出相应的省级代发一般债券和安排公益性资本支出项目建议，在获得本级政府批准后，提前报省级财政部门。

为增强地方预算编制的完整性和主动性，在财政部下达债务限额前，上级政府应依据相关法律法规，提前下达新增地方政府债务限额预计数，各级政府严格按照预计数编制预算，严禁虚列收支，脱离监管。财政部下达分地区债务限额后，省级财政部门根据财政部下达的分地区债务限额，在确保地区经济持续稳定发展和财政可持续的前提下，科学编制本级政府以及下级政府的债务限额分配方案，并及时展现在预算调整方案中，由本级政府提请本级人大或人大常委会批准后按规定实施，并及时向下级财政部门下达相关的债务转贷预算。

具体而言，对于增加举借的债务收入，地方政府需真实地反映在预算调整方案中。省级政府应如实将本级政府在新增债务限额内筹集的一般债券收入和专项债券收入，列入相应的“一般债务收入”和“专项债务收入”预算科目；市县级政府应如实将从上级政府转贷的一般债务收入或专项债务收入，分别列入“地方政府一般债务转贷收入”和“地方政府专项债务转贷收入”对应的债务

---

① 《新增地方政府债务限额分配管理暂行办法》中明确，某地区新增限额 =［该地区财力 × 系数 1 + 该地区重大项目支出 × 系数 2］× 该地区债务风险系数 × 波动系数 + 债务管理绩效因素调整 + 地方申请因素调整。系数 1 和系数 2 根据各地区财力、重大项目支出以及当年全国新增地方政府债务限额规模计算确定。用公式表示为：系数 1 =（某年新增限额 - 某年新增限额中用于支持重大项目支出额度）/（∑i 各地政府财力），i = 省、自治区、直辖市、计划单列市。某地区政府财力 = 某地区一般公共预算财力 + 某地区政府性基金预算财力，系数2 =（某年新增债务限额中用于支持重大项目支出额度）÷（∑i 各地重大项目支出额度），i = 省、自治区、直辖市、计划单列市。某地区一般公共预算财力 = 本级一般公共预算收入 + 中央一般公共预算补助收入 - 地方一般公共预算上解 某地区政府性基金预算财力 = 本级政府性基金预算收入 + 中央政府性基金预算补助收入 - 地方政府性基金预算，上解。

转贷收入科目。

对于增加举借的债务支出，突出分科记录，分类管理，便于监管部门把控本金偿还和控制举债成本。各级政府需在预算草案、预算调整方案中，完整地反映债务安排的支出、还本付息支出、发行费用支出等信息。具体而言，省级政府应如实将包括本级支出和转贷下级支出在内的支出安排，按支出用途列入相关的预算科目，纳入财政支出预算项目库管理，并与中期财政规划相衔接。对于还本支出、付息及发行费用支出，前者强调基于财力和债务妥善安排，计入相应的“地方政府一般债务还本支出”或“地方政府专项债务还本支出”科目，列入年度预算草案。后者强调基于市场和债务合理预计，分别计入“地方政府一般债务付息支出”或“地方政府专项债务付息支出”科目、“地方政府一般债务发行费用支出”或“地方政府专项债务发行费用支出”科目，并入一般公共预算支出统筹安排。

（三）我国地方政府债务预算执行与决算

预算执行是预算的具体实施过程。地方债务预算执行的效果关系国家战略的贯彻落实，关系保障地方经济与社会持续健康发展。对此，党中央和国务院高度重视地方政府债务预算的执行与决算中债务信息的编制，自修订《预算法》实施起，《地方政府债券发行管理办法》《财政部关于进一步做好地方政府债券发行工作的意见》《中华人民共和国预算法实施条例》等多项文件的相继出台，针对政府债务预算管理的多个方面作出了明确规范。

现阶段，省级财政部门作为本地区政府债务的管理部门，负责统一管理本地区政府债务，统筹管理债务举借、支出和偿还全过程，严格监督债务资金使用，确保债务资金使用效率，避免债务资金长期滞留国库。县以上各级财政部门作为本级决算草案编制部门，需确保本级债务相关事宜在决算草案中获得及时、全面、真实的反映。

1. 把控发债计划，严格执行预算

省级财政部门应当基于批准的债务限额，根据本地区存量债务到期时点分布情况、项目收益情况及市场需求等，综合考虑并制订本地区债券发行计划，合理安排债券规模、结构、期限和发行窗口。对于一般债券期限结构，地方财政部门应规范均衡年度新增一般债券发行结构，确保年度新增一般债券平均发行年限在 10 年以下，严格控制 10 年以上的新增一般债券占当年新增债券的比重不超过 30%。其中，再融资一般债券期限均应控制在 10 年以下；对于专项债券，着重强调债券期限与项

目期限相匹配问题，除再融资专项债券外，允许债券与项目期限不匹配的在同一个项目周期内接续发行。

每个季度最后一个月20日前，向财政部（国库司）报送下一季度本地区债券发行计划。财政部负责统筹规划、组织协调，对地方政府债券的发行期限进行必要的调整，均衡发债节奏，维护债券市场平稳运行。

债券发行成功后，省级财政部门应将债券发行收入及时、足额缴入省级国库，严格按照预算安排、还本付息计划及时拨付资金。在发行债券后的3个工作日内，将相关情况报财政部备案，并抄送当地财政部监督局。债券到期后，省级财政部门严格依合同支付本金、利息、发行费用。

在预算执行过程中，确需调整债券支出用途的，按相关程序进行，不得擅自挪动。特别地，对于收费公路专项债券、棚改专项债券、土地储备专项债券等具体专项债务额度，省级额度不足或无须使用部分，由省级财政部门同交通运输部门，或住房城乡建设部门，或自然资源部门等相关部门于每年8月底前向财政部提出申请，财政部可在国务院批准的该地区专项债务限额内统筹调剂额度并予批复。

2. 严防偿债风险，强调提高支出绩效

谨防地方政府债券风险，尤其是以项目收益为主要偿债来源的地方政府专项债券所引发的债务风险。抓好专项债风险，提高项目绩效，是防范化解地方债务风险和实施全面绩效管理的重要环节，《地方政府专项债务预算管理办法》《地方政府专项债券项目资金绩效管理办法》等多个文件规定，地方财政部门应严格抓好项目合规性审查，加强拟发债券评估，谨防收支失衡和偿债风险，确保专项债资金使用效率，保障地方财政可持续和社会经济建设平稳推进。相关法律法规明确要求：

第一，对专项债券项目“借、用、管、还”全流程实施逐笔监控，精准把控专项债所筹资金动态，严格按照预算和预算调整方案支出。

第二，基于科学规范、协同配合、公开透明及强化应用四大原则，对专项债券资金预算执行进度和绩效目标实现情况进行“双监控”，全面评估债券收支、还本付息以及专项纳入政府性基金管理的情况，实施“事前绩效评估、绩效运行监控、评价结果应用”全方面、全流程项目绩效管理。

第三，省级财政部根据相关规定，每年抽取部分重大项目展开绩效评价，所抽取的项目合计金额占比不得低于本地区上年新增专项债务限额的5%。同时，项目绩效评价、各地监管局抽查结果与财政部新增专项债限额分配相挂钩。

3. 全面准确编制决算草案，要求真实反映债务情况

预算年度终了，地方各级财政部门作为本地区决算草案编制部门，在编制一般公共预算决算草案和政府性基金预算决算草案时，在上年度决算情况表中，应如实展示一般债务和专项债务限额和余额、债券收入、债券项目安排计划实施成果、还本付息以及债券发行费用等情况。在政府债务指标情况表中，需对本地区债务水平、偿债资金保障倍数、利息支出率等相关指标作出详细说明。

（四）我国地方政府债务监管与预决算公开

审查监管与信息公开是落实预算安排、防范化解地方政府债务风险的重要保障。党的十八大以来，国家高度重视地方债务监管问题与信息披露工作，强调积极推动建立健全相关制度，落实主体责任，确保监管到位和信息公开透明。

1. 地方政府债务审查监管主体及职责

地方各级人大对地方政府债务的审查监管，是确保落实党中央决策部署和防范化解地方政府债务风险的重要保障。地方各级人大及其常委会围绕预算草案、预算调整方案和决算草案，要规范工作程序，完善工作机制，在经有关专门委员会规范开展专题审查的基础上，统筹平衡多项综合指标，开展全过程监管，推动政府在预算草案、预算调整方案和决算草案的编制中，完善和细化地方政府债务相关信息，确保党中央决策部署的落实，守住不发生系统性区域性风险的底线。

地方财政部门作为地方政府债券发行兑付工作的主管部门、地方政府债务的归口管理部门，承担本级债务管理领导小组（债务应急领导小组）办公室职能，负责本地区债券发行、使用、偿还的日常监督管理，负责债务风险的日常监管及制定债务风险应急措施。

为加强财政部对地方债务的监管，防范化解地方债务风险，2016 年《财政部驻各地财政监察专员办事处实施地方政府债务监督暂行办法》的正式实施，要求财政部驻当地财政监察专员办事处（以下简称“专员办”），承担起地方政府债务实施日常监管，并及时向财政部报告各项违规事项的职责。专员办对地方政府债务预算管理、风险预警、地方政府和融资平台公司的融资行为等依法开展日常监管工作，综合运用调研、核查、检查等手段，着重监督地方政府债务余额限额管理、地方政府债务预算编制及调整、地方政府债务预算执行、地方债务风险化解和应急处理以及

地方政府和融资平台融资行为。具体包括如下几个方面：在限额管理方面，重点监督新增地方政府债务限额和年末余额是否严格限制在预算范围之内、地方政府是否依法依规化解存量债务等；在预算编制和调整方面，重点监督新增债务与存量或有债务是否的偿债计划，是否按规定分门别类全面纳入预算管理等；在预算执行方面，着重监督债券收入是否按预算拨付支出，专项收入是否存在违规支付其他项目账款的情形等；在应急处置和对融资平台的监管方面，重点监督地方政防范化解风险和应急处理机制的建设及融资平台举借的债务是否明确与地方政府债务无关等。目前财政部驻各地财政监察专员办事处已改为财政部驻各地监督局，继续履行地方政府债务监管职能。

2. 地方政府债务预决算信息公开

2018 年财政部下发《地方政府债务信息公开办法（试行）》的通知，首次对公开地方政府债务预决算信息提出明确要求。要求县级以上地方各级财政部门，遵循“谁制作、谁负责、谁公开”“坚持公开为常态、不公开为例外”“坚持以公开促改革、以公开促规范，推进国家治理体系和治理能力现代化”等原则，随同预决算，真实、准确、完整、及时、有所侧重突出重点地公开地方政府债务信息。具体而言，对于年度预算，地方政府应随同公开上一年度债务信息以及本年度预计执行数，主要包括：本地区、本级及所属地区地方政府债务限额、余额、余额的预计执行数、地方政府债券（包含再融资债券）发行及还本付息（或预计执行数）；对于预算执行过程中，地方政府应随同调整预算公开本地区及本级地方政府新增地方政府债券资金的使用安排等；对于决算，地方政府应随同决算如实公开上年末本地区、本级及所属地区地方政府的债务限额、余额决算数，地方政府债券发行、还本付息决算数、债券资金使用安排等信息。

二、地方政府债务预算管理存在的问题

进入中国特色社会主义新时代，面对国内外经济发展的新阶段与经济下行压力的增大，防范化解重大风险成为亟须攻克的三大攻坚战之首，而地方债务风险的管控有赖于地方债务预算管理的“提质增效”。对此，党中央高度重视地方债务风险化解。在党中央集中统一领导下，地方政府债务预算管理逐步规范化、程序化、法制化，地方政府债务预算约束得到进一步硬化，地方政府债务预算执行得到进一步强化，既有效发挥了政府债务融资的积极作用，又守住了不发生系统性风险的底线。

但在地方政府债务预算管理仍存在突出问题，亟须改进，主要包括：

（一）预算管理仍需进一步发挥“控总量，调结构”作用

在世界经济深度衰退、国际投资大幅萎缩、国际金融市场持续动荡①的大背景下，我国经济保持稳中加固、稳中向好，离不开预算管理体制改革的深化。当前，以“过紧日子”为长期基本方针的预算编制，强调坚持以收定支，量入为出，严把预算支出关口，更多财政资源向改善民生领域倾斜，但地方政府债务管理作为预算管理的重要一环，地方债务限额确定机制与地方政府依法适度举债机制的不健全，阻碍了地方政府债务预算管理体系发挥有效作用。从总量来看，截至 2019 年末，地方政府债务余额 21.31 万亿元，地方政府债务率为 82.9%，而截至 2020 年末，地方政府债务余额 25.66 万亿元，地方政府债务率大幅提升至 91.3%②，虽然风险总体可控，但地方政府债务率正逐步逼近国际警戒线区间（100%—120%）的下限，地方政府债务存量尤其是专项债券有持续膨胀倾向，存在增长幅度较大的问题，而当前全球疫情尚未稳定，加之作为专项债重要偿债来源的国有土地出让收入同样易受经济形势和国家政策影响，双重的不确定性下的专项债总量持续增长，可能成为未来财政可持续发展道路上的“灰犀牛”。从结构来看，在地方债务分账管理的基础上，存在地方财力与新增债券限额不相匹配、地方财力结构与债务限额结构不匹配的问题。例如深圳市，作为我国经济高速增长的超一线城市，其一般公共预算负债空间大而政府性基金预算负债空间小。该市 2019 年政府债务率仅为 6.63%，但 2020 年新增债券限额分配结果，未能充分体现新增债务限额向负债率低的地区倾斜，且 2020 年该市新增一般债券限额不到新增专项债限额的 10%③。除此之外，部分地区存在债务期限安排不合理，地方政府债务进入偿还高峰，偿债压力较大，财政可持续性受冲击。

（二）预算管理仍需更多强调规范化、标准化

1. 预算意识不足，预决算编制准确度仍需进一步提高

预决算编制是年度预算管理的始末环节，预算及预算调整方案的准确编制是贯

① 中华人民共和国中央人民政府官网《习近平看望参加政协会议的经济界委员》，http：//www.gov.cn/xinwen/2020－05/23/content_5514227.htm。

② 地方政府债务率＝地方政府债务余额/（地方一般公共预算收入＋地方政府性基金收入）。数据来源于地方政府综合信息平台，由作者计算所得。

③ 深圳市人民政府《关于 2020 年深圳市预算执行情况和 2021 年预算草案的报告》，http：//www.sz.gov.cn/cn/xxgk/zfxxgj/zjxx/szfczyjs/content/post_8814236.html。

彻落实决策部署的前提条件。预算及调整方案编制的偏差，必然会导致预算执行效果与目标呈现南辕北辙的状况，而决算编制中的偏差，既影响了本年度预算执行绩效评估，又会对往后年度的国家决策部署的准确性产生消极影响。当前，我国相关法律法规对预决算编制作出了明确规定，但预决算支出核算不准确，会计核算不完整现象，仍是影响地方政府债务预算管理水平提高的关键瓶颈。近年来，多个省份在《本级预算执行和其他财政收支的审计工作报告》（以下简称“审计工作报告”）中披露了当前我国地方政府债务预决算编制的不达标状况，甚至存在混淆财政年度，错把预算当决算的糊涂行径。例如2020年湖南省审计工作报告中指出当年省财政既混淆了财政年度，也混淆了债券偿还责任，将预拨或提前下达的2021年预算指标6.14亿元，错误列作2020年决算支出，编入2020年决算草案，还将应由市县承担的债券发行手续费、政策性粮食财务挂账贷款利息5.72亿元，错误列作省本级支出①。

2. 预算执行力度不足，债券资金滞留现象普遍

在地方债券规模过快扩张的同时，“债务资金不跟着项目走”，预算执行不严格、监管不到位也成为地方政府债务预算管理存在的突出问题。近些年，地方审计部门在审计工作报告中披露了地方政府债务预算管理中，普遍存在专项债项目逾期未开工、债券资金不及时拨付使用等问题，造成地方债收入沉积闲置现象严重，其中部分省份资金滞留现象严重，造成债券资金的严重浪费。例如2020年湖北省出现部分专项债券资金申报和项目建设进度不匹配的问题，致使闲置沉积资金高达44.38亿元，额外增加政府债务利息负担达1.66亿元，既造成了资源的闲置浪费，又大大增加了地方建设的额外成本②。2020年河南省市县两级有约452.46亿元债券资金滞留国库或项目单位，其规模相当于当年新增债券1853.3亿元的24.4%，最长滞留天数高达455天③。贵州省2020年审计报告披露截至2021年4月底，13个项目专项债券资金未到位资金占债券到位资金的比重高达94.53%④。除了债券资金

① 湖南省审计厅《省人民政府关于2020年度省级预算执行和其他财政收支的审计工作报告》，http://sjt.hunan.gov.cn/sjt/xxgk_71228/zdly/sjxx/202107/t20210730_20023013.html。

② 湖北省审计厅《关于2020年度省级预算执行和其他财政收支的审计工作报告》，http://sjt.hubei.gov.cn/zfxxgk_GK2020/fdzdgknr_GK2020/qtzdgknr_GK2020/sjbg_GK2020/jggg/202108/t20210831_3729788.shtml。

③ 河南省审计厅《关于2020年度省级预算执行和其他财政收支的审计工作报告》，https://oss.henan.gov.cn/typtfile/20210730/f911cf30154c4346b11d0f5ba007243c.pdf。

④ 贵州省审计厅《贵州省人民政府关于2020年度省级预算执行和其他财政收支的审计工作报告》，http://sjt.guizhou.gov.cn/zwgk/zdlyxx/sjgg/202108/t20210824_69751736.html。

滞留未使用状况严重，项目完工结余债券资金也存在滞留状况，例如2020年江苏省审计工作报告揭露，截至2020年底，本省有2个市本级19个项目已完工结算，但有1.5亿元债券资金仍结余沉淀在项目单位①。

3. 审查监管力度不够，债券资金使用及用途调整需进一步规范

2020年7月，《财政部关于加快地方政府专项债券发行使用有关工作的通知》的出台，赋予了地方一定的专项债券资金使用调整的自主权，明确对因准备不足短期难以建设实施项目，允许省级政府按规定调整用途。但当前债券资金未严格按预算执行，违规挪用现象普遍。预算执行不严的背后是监管的不够，地方债务预算审查监管是确保方针政策落实，从严执行预算的重要的保障。当前地方政府预算监督管理，尤其是市县存在对债券资金使用管理不充分、监管力度不足的问题。例如2020年四川省审计工作报告中指出由于监管不力，致使未充分准备项目获得通过，造成后续执行困难或停止实施，导致高达62.63亿元的新增债券资金闲置超过1年，还存在部分市县擅自扩大债务资金范围使用、超进度拨付、违规实拨债券资金等20.72亿元，甚至有超1/3的县未按要求制订偿债计划②。2020年湖北省多市县出现项目资金擅自调整使用、未按规定申报发行专项债券等专项债券资金使用不规范的问题，具体而言，12个市县未经省财政厅审批，私自挪用、调整50个专项债项目资金，用于其他建设项目；5个市县违规将5个已办理竣工决算的项目申报发行专项债券；甚至有3个市县将335.65万元项目资金用于人员和办公经费支出，当年未按规则拨付使用资金，相当于该省市县2018—2020年3年已拨付使用的新增专项债资金的8.9%。而与项目资金沉底和项目资金使用不当同时存在的是债券资金使用限制颇多。

（三）专项债券项目预算绩效管理仍需进一步提质增效

2018年《中共中央 国务院关于全面实施预算绩效管理的意见》要求转变重支出轻绩效的意识，牢固树立绩效理念，扩展绩效管理的广度和深度，全面实施预算绩效管理。此后，加强预算绩效管理成为深化预算管理制度改革的关键点和突破口，备受瞩目。2021年财政部印发《地方政府专项债券项目资金绩效管理办法》，对地

---

① 江苏省审计厅《江苏省2020年度省级预算执行和其他财政收支情况审计结果》，http://jssjt.jiangsu.gov.cn/module/download/downfile.jsp?classid=0&filename=f12535947b6b44818c19a282af2ba3d8.pdf。

② 四川省人民政府《关于四川省2020年度省级预算执行和其他财政收支的审计工作报告》，http://www.sc.gov.cn/10462/10778/10876/2021/8/16/5dc5b0f5368e4dafb36430da108b2d56.shtml。

方政府债务绩效管理原则、绩效目标管理、绩效评价管理等方面作出了规定，但相比起其他项目，专项债券项目预算绩效管理稍显落后，当前仍存在突出问题亟须解决。

1. 仍需把握发展专项债券品种与控制发行范围的平衡

2017 年财政部出台《关于试点发展项目收益与融资自求平衡的地方政府专项债券品种》的通知，鼓励发展项目收益与融资自求平衡的专项债券品种，立足我国国情打造中国版市政债券。从类别上来看，现在有明确管理制度的专项债券，包括土地储备债、棚户区改造专项债务、公路交通专项债等，但截至 2021 年 3 月底，已发行专项债涉及种类超 30 个种类，仍有大部分专项债缺少明文规范管理[①]。从发行的范围上来看，目前还是存在债券发行较为宽泛的问题。

2. 仍需提高标准，把好专项债券项目入库关口

当前，地方政府专项债券项目事前绩效评估体系建设尚不完善，绩效指标标准化规范化进程仍需进一步推进，事前绩效评估重视程度不足。专项债务与项目收益相匹配作为专项债务预算管理的基本思路，在现实运作中却屡屡被忽视。当前，专项债券资金滞留规模较大，部分专项债项目未按规定实施建设，与专项债券项目库审查不够，入库把关不严有关。未尽职的入库审查致使“不够格”专项债券项目审批通过，本就缺乏启动条件的项目自然存在实施困难，项目资金滞留等情况的发生也就自然而然，这既造成债券资金浪费，也为未来债务风险埋下隐患，影响财政可持续性。例如 2020 年江苏省审计工作报告中披露，截至 2020 年年底，该省抽查 2019 年以来的 989 个专项债券项目，有约 15% 的项目 2020 年实际收益小于预期收益，甚至未达到资金平衡方案要求，涉及债券资金高达 346. 12 亿元。

3. 专项债券项目绩效目标与绩效指标的设定仍需进一步明确

2021 年出台的《地方政府专项债券项目资金绩效管理办法》（以下简称《办法》）要求对地方政府专项债券项目进行绩效目标管理，且列举了决策方面、管理方面、产出方面以及效益方面的专项债券项目绩效评价主体内容。但是，一方面

① 根据中国债券信息网——地方政府债券信息统计所得。

《办法》对绩效目标的设定仅提出了“含经济效益、社会效益、生态效益、可持续影响、服务对象满意度”相对宽泛的规范，由于当前我国地方政府专项债券具体用途较广、涉及领域较宽，行业差别之大，该设定未能反映不同领域特点，且不同指标的组合、权重分配原则尚未明晰，可操作性、可实践性水平不高；另一方面，专项债券项目建设的年度性和绩效评价年度性衔接匹配问题作为当前的讨论的热点。但是，现阶段专项债券预算绩效评价重资金使用、轻产出管理；重项目建设、轻全生命周期绩效管理；重项目本身风险、轻整体宏观风险。

（四）预算管理仍需加强隐性债务监管，守住不发生系统性风险的底线

化解地方政府隐性债务存量，遏制隐性债务增量，始终是党的十八大以来防范化解重大风险的关键一环。2021 年国务院出台《印发关于进一步深化预算管理制度改革的意见》将防范化解地方政府隐性债务定位为重要的政治纪律和政治规矩，进一步提高了隐性债务监管和处置在防范化解重大风险攻坚战中的地位。尽管当前相关法律法规明令禁止地方政府通过发债以外的其他方式，直接或变相增加地方政府债务，强调杜绝隐性债务上新债，但隐性债务管理制度、统计制度以及信息发布等方面的不完善，阻碍了地方政府隐性债务监管力度的提高，近年来，隐性债务漏报现象、化债不规范、数据监测不准确现象等时有发生。例如浙江省审计工作报告中指出该省 2019 年地方政府隐性债务管理存在多处问题，包括遗漏 77.59 亿元的隐性债务，未按要求纳入债务管理；部分市县未严格执行年度计划，未按要求化解地方政府隐性债务；地方融资平台承担的政府隐性债务转化不合规等问题；河南省审计工作报告中指出在对该省市县两级 2020 年防范化解地方政府隐性债务风险工作的跟踪审计中发现，3 个市级和 8 个县级单位存在隐性债务监测数据有误的现象，涉及金额达 2.99 亿元。

另外，隐性债务信息过于“隐蔽”，化债安排过于“神秘”，尽管 2018 年，财政部设立了地方全口径债务监测平台，要求地方政府披露地区隐性债务余额，但访问主体限制在债务单位、金融机构等，事关隐性债务的预算公开力度有待提升，也成为了阻碍地方政府隐性债务监管水平提高的挡板。当前，化债已成为各地方政府重要的工作任务，化债安排、化债成效成为地方政府年度工作报告和审计工作报告中的高频词语。2020 年部分地方政府在年度政府工作报告中提及化债成效，例如广西壮族自治区政府表示已加强隐性债务管控；浙江省政府表示当年地方政府隐性债务化解工作稳步进行；湖南省政府表示清查整合 350 家融资平台，超额完成化债任务。但地区隐性债务规模、余额以及化债计划始终盖着罩子，只闻其声，不见其形，只能获取部分地方政府年度化解债务规模、阶段化债工作评级等信息，却难以把握

化债进展。同时，隐性债务类别复杂多样，相应着有着不同的化债方式，《地方政府专项债务预算管理》《地方政府一般债务管理》《国务院办公厅关于印发地方政府性债务风险应急处置预案的通知》等文件对存量隐性债务化解方式作出了解释，主要包括：对借地方投融资平台、政府购买等名义变相举借的非政府债券形式存在的存量债务，可在期限内置换为政府债券，对依法担保的外债转贷之外的存量担或救助债务，按照相关程序与政府债务划清界限等。但各地方政府对本地区隐性债务的构成、各组成部分的规模以及相应的化债进程等信息却鲜有公开。隐性债务信息的不透明，掩盖了地区真实的负债水平，既不利于群众监督，也不利于市场洞察真相，更容易引起多方猜疑，对与地区财力水平和债务负担息息相关的地方债券发行成本定夺及其信用评级的评定产生消极影响。

因此，在下一步深化预算管理改革的过程中，需要采取有效措施，逐步解决上述问题。

第二节　财政可持续性视角的现代预算制度改革深化

党的十八届三中全会首次提出“财政是国家治理的基础和重要支柱”，这一全新定位突出强调了财政在国家经济社会发展中的基础性地位。而财政的可持续性强调的是一国财政的存续能力，财政的不可持续发展不仅会约束一国国家治理，会给一国未来的发展埋下隐患，还会动摇一国的根基，对国家经济社会发展产生难以逆转的影响。

预算是政府财政资金运行和管理的总枢纽，也是确保财政可持续的总抓手。而财政可持续性在地方政府债务预算管理上的反映，是地方政府是否具有未来的偿债能力。具体来说，又包括以下内涵：一是地方政府能够在较长周期内做到债务收支平衡；二是各地区政府已建立完整的债务监控与应急体系，精准把控地方债务情况，当出现债务风险，各地区能快速启动已建立的风险应急响应方案，并以不至于损害地方财政根基的方式，在较短时间内，切断债务风险影响，阻止债务风险对地方财政运行造成进一步冲击；三是当突发事件引起地方债务规模扩展时，地方政府能够经得起冲击，保持地方财政正常运作，不至于因债务偿还导致必要的基本民生支出和政府运作支出得不到保障。其核心在于债务收支的平衡与风险抵御能力。

2015 年以前，地方政府在基础建设方面对城投债等债务的依赖，导致地方债务规模不断膨胀，且难以掌控。2010 年开始，国务院多次开展地方政府债务审计工作，强调“开前门，堵后门”，控制显性债务增长，杜绝隐性债务上新项目。近年来，我国防范化解地方债务工作取得重大进展。截至2020年末，地方政府债务余额25.66万亿元，加上纳入预算管理的中央政府债务余额20.89万亿元，全国政府债务余额46.55万亿元，政府债务余额与GDP的比重为45.8%，低于国际普遍认同的60%警戒线[①]，债务风险总体可控。但地方债务规模始终在持续上涨，据财政部报告，2020年末地方政府债务余额256611亿元，其中一般债务余额127393亿元、专项债务余额129217亿元。自2015年新《预算法》正式实施起，地方政府债务规模持续扩张，就总量而言，2020年部分省份债务余额远高于当年财政收入。就增长率而言，各省份债务增幅普遍高于该省份财政收入增幅，有部分省份债务余额增幅在财政收入增幅的1倍以上，甚至部分省份在财政收入保持负增长的情况下，其债务余额增速仍突破100%（见表11－1）。对此，地方债务风险仍需高度关注，需警惕隐性债务的增加，仍需进一步在预算管理中强调地方债务收支平衡和防范化解风险防控。

因此，现代化地方政府债务预算改革的深化，必须在确保地方财政可持续发展，保持地区经济社会平稳运行的基础上，有序推进。在地方政府债务预算管理工作中，将财政可持续发展的理念贯彻其中，这既是防范化解地方政府债务风险的需要，也是维护地方财政可持续的基本要求。

表11－1　全国债务余额增长率与财政收入增长率之差排名前8的省份

区划名称	债务余额（亿元）		财政收入（亿元）		债务余额增长率（%）	财政收入增长率（%）	增长率之差（%）
	2020年	2015年	2020年	2015年			
西藏自治区	375	78	220.99	137.13	380.77	61.15	319.62
天津市	6368	2254	1923.11	2667.11	182.52	－27.90	210.42
湖北省	10079	4570	2511.54	3005.53	120.55	－16.44	136.98
甘肃省	3933	1588	874.55	743.86	147.67	17.57	130.10
新疆维吾尔自治区	6170	2633	1477.22	1330.9	134.33	10.99	123.34
重庆市	6799	3379	2094.85	2154.83	101.21	－2.78	104.00
吉林省	5221	2752	1085.02	1229.35	89.72	－11.74	101.46
山西省	4613	2027	2296.57	1642.35	127.58	39.83	87.74

数据来源：国家统计局、中国地方政府债务信息公开平台，并由作者整理计算所得。

① 中华人民共和国国务院新闻办公室《贯彻落实“十四五”规划纲要加快建立现代财税体制发布会图文实录》，http://www.scio.gov.cn/xwfbh/xwbfbh/wqfbh/44687/45235/wz45237/Document/1701754/1701754.htm。

一、健全地方政府适度举债机制，实现“控制总量，优化结构”

健全地方政府适度举债机制。首先，应适当提高全国地方政府债务率对地方新增债券总额负向调节的权重。应严格控制债券总量尤其是地方专项债总量增长，在当前全球疫情尚未稳定的情况下，既要强调发挥专项债稳投资、助建设的作用，也要警惕地方政府债务率越过国际警戒线，避免地方债务过度膨胀危及国家财政可持续发展。

其次，要优化新增债券限额结构，在控制总量的前提下，调整新增一般债与专项债的结构，优化债券期限结构和偿还方式。调整各地方新增债券限额分配系数，使新增债券限额分配更多考虑各地方债务率水平，更多考虑中长期债务收支平衡，债务限额分配更多向偿债能力高的地区倾斜。同时，需适当提高一般债比例，因地制宜考虑地区经济发展情况，提高具有雄厚一般公共预算收入的经济发达省市的新增债券限额中一般债占总新增债券限额的比重，有效发挥地方政府债券杠杆作用撬动经济发展。除此之外，要推动债券期限结构进一步优化，尤其要提高专项债期限结构与项目周期的匹配度，鼓励各地区探索“固定 + 浮动”期限结构专项债券。

最后，各地方政府应积极助力地方政府适度举债机制完善，不仅要严格保证债务举借限制在财政部规定的限额之内，更应提高对债务举借中长期影响的关注度。在地方中长期规划中反映地方政府债券发行方案，基于地区重大财政收支、债务负担率、化债进展，以及经济发展发展水平，合理测量债券资金需求，做好的中长期重大项目的债券发行规划，在更长的周期和更广的视野上，既不触碰债券发行的“天花板”，也要谨防债券偿还高峰导致的偿债“灰犀牛”，确保财政可持续。

二、推动地方债务预算管理规范化和标准化，贯彻可持续发展方针

（一）提高地方债务预算管理人员业务技能，确保预决算编制准确性

地方政府债务预算的可持续意识，是确保地方政府债务可持续发展基础和前提。当前，有些地方和部门工作人员不仅预算风险意识不强，对债务在财政可持续发展中的地位认知也不够，且对地方债务预算管理专业知识储备不足。对此，应加强地方债务预算管理培训，加强相关单位人才队伍建设，尤其是市县级人才队伍建设，提高专业素养，努力实现以下几点：一是提高预算、预算调整方案、决算编制水平。

保障预决算编制准确无误，杜绝混淆预算年度、会计科目编辑错误等低级错误发生，在上级决策部署得到贯彻落实的基础上，始终牢记财政可持续发展，保持地方债务收支平衡。二是完善地方债券资金违规调用处罚细则，在加大对擅自挪用债券资金的问责力度的基础上，组织学习地方政府债券资金违规调用处罚制度，确保相关人员熟知各项违规操作可能导致的后果，倒逼提高相关人员预算执行意识。突出强调项目单位等部门严格按照经本级人大及常委会批准的预算使用债券资金。

（二）细化《指引》，规范债券资金用途调整

以细化《地方政府专项债券用途调整操作指引》（简称《指引》）为基础，支撑地方各级财政部门、财政部各地监管局及其他单位开展监管工作，通过提升监管力度，推动地方政府债券预算调整规范化，实现专项债券资金用途调整合规、标准、高效。

首先，坚持“不调整为常态，调整为例外”原则，明确负向激励条例。鼓励各地方结合当地债务率水平、综合财力、经济发展情况等，探索适应本地区发展的调整规章，设立“调整规模红线”“调整频率红线”，建立与调整频次和幅度相结合的阶梯型新增债券配额惩罚机制，例如，连续两年且年均超半数专项债券项目需进行资金用途调整的地区，省级财政部门可扣除下一年度新增债券额度的20%，对申请项目较低地区，或可采取项目“N-1”政策，根据项目建设轻重缓急、项目进展难度较大、项目同质性等因素进行排序，对排序末端的项目采取暂缓进入项目库处置，倒逼地区做好项目规划。同时，对于专项债券项目资金用途调整频繁的下级行政单位，省级行政部门在加大惩戒力度的同时，应鼓励该行政单位加强自主学习，积极向其他市县“取经”，提高专项债券项目规划水平。除此之外，可考虑在年度新增专项债限额分配中加入债券资金用途调整系数，对专项债券项目规划整体表现不佳的省份予以适当处罚。

其次，应加强专项债券资金用途调整预算公开。一方面，应当细化信息公开目录，在中国地方政府债券信息公开平台、省级政府或财政部门门户网站等平台，公开包括跨级次跨地区的专项债资金调入地区的资金调入前后的债务率波动情况、地方政府性基金预算收入、该地区专项债券的债务（转贷）收入等相关预算科目信息等。另一方面，各地区应在年度预算执行情况和下一年度预算编制草案的报告中，主动报告专项债券资金用途调整情况，自觉接受人大监管。

最后，应加强专项债券资金用途调整监管力度和调度力度。省级财政部门注重把控跨级次跨区域专项债资金调入地区债务率水平，尤其该地区政府性基金预算收入充裕程度，避免出现局部债务高风险现象。对于由省级财政部门收回的专项债券

资金，且较长时间段内无符合条件项目安排，若收回规模较大，可探索专项债券提前偿还机制，避免专项债券资金沉积浪费。

三、全面提高专项债券项目预算绩效管理水平

地方政府债务资金预算绩效的提高，既是全面深化预算绩效管理体制的改革的要求，也是地方政府债务可持续发展的保障。债务资金使用效率的提高，意味着更高的产出结果，起到了保证债券项目收益率达标，确保债券按期还本付息。项目经济社会效益的实现，也将有利于地区投资水平的提高，促进地区财政收入的增加，促进区域财政可持续发展。就目前地方政府专项债券项目预算绩效管理的实际情况而言，仍需更加关注以下几个方面：

（一）更新专项债管理理念

转变专项债项目重资金使用、轻产出管理的局面，转变重项目建设、轻全生命周期绩效管理的理念，转变重项目本身风险，轻整体宏观风险的错误思路。专项债券收入是专项债券项目建设的资金来源，重视债券资金的使用和项目建设，而项目竣工后的有效运作才是确保专项债券收回本金支付利息，维持专项债券收支平衡的保障。与此同时，还必须提高对项目建设对地方财政收支平衡和区域经济发展影响的关注度，尤其重大项目可能引发的一系列恶性冲击。

（二）加强专项债券项目库建设

项目资金沉积国库，滞留项目单位，归根到底是债券项目审查出现问题，债券发行脱离项目建设周期等实际情况。对此必须健全专项债项目入库审批，加强专项债项目库建设。对规划中新建项目，增加“项目预计最迟落地建设时间”指标的权重，对基本不能确保项目落地时间的新建项目不予审批通过，对项目最迟落地时间距离预计债券收入入账时间超 90 天及以上的新建项目不予审批通过，必须落实“资金跟着项目走”的基本思路，避免出现因项目单位准备不足，导致的专项债券收入滞留国库等待开工建设的情况。优先安排已完成项目审批程序的专项债券项目发行，推动专项债券资金更快形成实物量。对在建项目，更加突出强调债券周期与项目建设周期相匹配的问题，严格禁止各单位利用竣工项目再举债融资。

（三）完善地方政府专项债券项目预算绩效目标及评价指标体系

债券项目预算绩效目标的完成，既是衡量项目建设成果的优劣的标准，也是评

判预算绩效管理成效的标准。因此，为确保地方政府专项债券项目目标设定的科学性、合理性、可操作性，确保绩效目标的设定满足地方政府债务可持续发展的要求，必须提高绩效目标设定的标准化水平，规范绩效目标设定。在指标设定方面，一方面，必须突出项目可持续和资金的可持续性，尤其是在项目决策指标上必须更加强调债务可持续发展的权重，禁止严重偏离“债券发行与项目建设收益相匹配”原则的项目审批通过；另一方面，由于专项债券项目为具有收益的公益性项目，相比其他项目，专项债券项目具有更大的外部性收益，因此，绩效目标的设定，需要在充分考虑社会效益的基础上，深入探讨公共文化、公共交通、农村人居环境改善等不同公共领域的社会效益的量化问题，确保专项债券预算绩效项目目标设定能够与不同领域、行业发展相适应。同时，完善地方政府专项债券绩效评价指标体系，强化评价结果运用，保证绩效目标的实现。

四、加强债务监管体系建设，防范化解地方政府债务风险

健全地方债务监管体系，加强地方政府债务监管，是地方财政可持续发展的重要保障。必须要坚持底线思维，化解突出债务风险，建立地方债务常态化监管机制。

（一）积极推进地方政府债务监管体制改革，统筹监管地方政府债务

建立新型地方债务监管体系，统筹管理地方政府显性债务和隐性债务。可建立以中央财经委员会等机构为依托，联动银行等金融机构，建立包括财政部、审计署、发改委在内的更高层次的政府债务监督管理机构，各司其职统筹领导地方政府债务监管工作，克服当前以财政部门为主干，地方政府债务，尤其是隐性债务监管能力有限的问题。

（二）加强重点领域和薄弱环节监管力度，防范债务风险

在建立新型地方债务监管体系的基础上，加大对重点领域监管力度。进一步健全多级风险防控机制，按照“急事急办，特事特办”的原则，对债务率超过100%的高风险地区高度警惕，实施实时监控，避免突破底线引发风险，多方督促高风险地区化债工作，限制地区所有可能增加隐性债务和或有债务的措施，还需建立健全化债成效纳入地方政府官员政绩考核体系的路径，对长期化债不力的地区进行通报批评，并对相关行政人员进行追责；完善预算拟安排新增专项债券项目先行调度库款建设的细则，明确允许提前建设项目标准，划定调库上限，规范调库行为，避免过度透支库款对地区财政运行产生影响。

（三）加强地方政府隐性债务统计检测，适度提高隐性债务透明度

应积极推动地方政府隐性债务风险动态监测评估体系建设，实现精准监测常态化管理。基于当前以地方综合财力水平和债务率为核心的评估体系，充分运用动态随机一般均衡模型（DSGE）等分析工具，打造定量动态监管机制，实现地方政府隐性债务的精准分析和评估，科学评估隐性债务规模增长对地方财政可持续发展的冲击，例如合理测量保障性住房项目债务、棚户区改造项目债务等可能带来隐性债务的重大项目对地方财政可持续发展的影响。做到的地方政府隐性债务风险爆发精准预判，对债务风险问诊把脉，对症下药。

适当提高地方政府隐性债务预算透明度，做好隐性债务信息预算公开工作，尝试预决算中逐步公开地方政府隐性债务余额、年度新增隐性债务总额、地方政府隐性债务源头及其化债支出等信息。适当开放地方全口径债务监测平台，扩大平台访问主体，逐步向学术界、金融界等领域的专业人士开放，既有利于学术界集思广益，提高地方债务预算管理税率和地方债务可持续发展能力，又有利于市场投资者了解实情，科学评估地方政府债务负担率，有利于地方政府债券评级的合理认定，促进地方债务可持续发展的良性循环。

五、健全债务风险应急响应机制，确保财政可持续性

（一）积极推动地方偿债准备支付制度建立

为更好地应对地方债务风险，尽可能在地方债务风险产生时，降低其对地区财政运作造成的冲击，鼓励地方与银行等金融机构展开合作，在做好中期规划的基础上，参考银行存款准备金制度，因地制宜建立偿债准备支付制度。可由省级财政部门，依据地区综合财力水平、债务负担率、债务风险爆发红线、隐性债务化债率等宏观指标，科学合理设定基准偿债准备支付率，再结合具体专项债券项目收支预估及风险预判，基于地方债务动态检测体系，建立较稳定的基准偿债准备支付制度。其资金来源为项目提前实现的收益、项目资产处置收入、各级财政政府性基金中一次性收入等。为避免偿债准备支付金过度滞留国库，省级财政部门应科学合理设定偿债准备金金，对处于还本付息的阶段的专项债券，及时调回偿债准备金，逐步使用偿债准备金支付本息。

与此同时，为有效发挥地方偿债准备支付制度降低债务违约冲击，维护地方财政可持续的作用，地方政府还需进一步健全相关配套措施，例如偿债准备金余额监管制度、偿债准备金下达及支付制度、偿债准备金预算公开制度等，且必须确保地

方偿债准备支付和相关资金流动全面纳入地方政府债务预算管理。

（二）建立健全应急响应机制配套措施

基于国务院办公厅引发的《地方政府性债务风险应急处置预案》（以下简称《预案》），各地区应因地制宜完善各项应急保障措施，及时切断债务风险冲击，避免发生持续性的系统性风险，具体而言包括：

一是建立省级地方政府债务应急救助专项资金。在省级预算中建立一般债券和专项债券还本付息应急专项资金，临时救助债券还本付息出现困难的市县，尽可能避免出现启动财政重整的现象，降低债务风险对市县经济社会运行秩序的冲击，维护社会稳定，实现地方经济的可持续发展。

二是建立救助资金拨付直达机制。建立救助资金直达机制，确保在债务风险发生的第一时刻，资金及时拨付，避免层层下拨耽误债务风险阻隔切断。

三是建立健全省级政府财政重整相关救助资金回收机制。在市县政府启动财政重整预案后，《预案》规定省级政府对下级单位包括待偿还部分政府债务、加大转移支付等在内的救助资金，可由省级政府自行决定是否回收。为确保应回收资金的有序回收，省级财政部门应建立健全相关救助资金回收机制，根据债务风险等级以及风险发生地财力水平，在合理预估地方财政恢复运转的基础上，设定资金回收标准、回收比重、回收期限等，采取直接或间接的方式归还补助资金。做好相关资金及时足额入库，相关资金流动全面纳入预算管理，相关财政部门应做好回收资金预决算编制工作，避免资金错报漏报，同时还要做好资金回收的预决算公开工作。

第十二章

预算管理一体化改革的深化

当今世界，正在经历一场更大范围、更深层次的科技革命和产业变革，数字经济、数字政务蓬勃发展，对财政管理的数字化、信息化水平提出了更高要求。在预算制度改革进入深水区、攻坚期的背景下，财政部门以系统化思维为指导，以信息化手段为突破口，启动预算管理一体化改革，构建现代信息技术条件下“制度＋技术”的管理机制，全面提高各级预算管理规范化、标准化和自动化水平。本章分析了预算管理一体化改革对财政管理带来的机遇与挑战，深化预算管理制度改革还需亟待破解的难题障碍等，提出以系统论思想为指导，以预算管理一体化改革为突破口，整合完善预算管理流程和规则，实现业务管理与信息系统紧密的结合，全面提升财政管理水平，助力推进国家治理体系和治理能力现代化。

第一节　预算管理一体化改革的背景

习近平总书记强调，财税体制改革不是解一时之弊，而是着眼长远机制的系统性重构。信息是国家治理的重要依据，要以信息化推进国家治理体系和治理能力现代化。要打破“信息孤岛”，破除数据壁垒，加强数据有序共享，加快智慧社会、新型智慧城市建设，推进政务数据、行业数据、社会数据、企业数据等汇聚融合，合理利用，建立健全国家数据资源体系，增强宏观调控、数据监管、社会治理、公共服务的精准性和有效性。

为落实党的十九大和十九届四中、五中全会关于建立现代财税体制、深化预算管理制度改革的要求，2019 年财政部统筹谋划预算制度改革和财政工作数字化转型，以“建立全面规范透明、标准科学、约束有力的预算制度”为改革目标，部署推进预算管理一体化建设，运用系统化思维和信息化手段将管理规则嵌入信息系统，构建现代信息技术条件下“制度＋技术”的财政管理机制，以信息化手段驱动实现预算管理现代化，加快实现建立现代预算制度的改革目标。

一、预算管理一体化的内涵

（一）预算管理一体化的内涵

预算管理一体化是指以统一预算管理规则为核心，以预算管理一体化系统为主要载体，将统一的管理规则嵌入信息系统，提高项目储备、预算编审、预算调整和调剂、资金支付、会计核算、决算和报告等工作的标准化、自动化水平，实现对预算管理全流程的动态反映和有效控制，保证各级预算管理规范有效。

相对于过去的财政电算化、金财工程，预算管理一体化工作是财政信息化建设的一次大的跃升。一是传统的财政信息化是面向流程，而先进的理念则是面向规则。所以，当规则变化时，流程就必须重新进行设计，系统也要重新调配。因此，转变理念，从着眼事务流程处理转向决策支持，这是财政信息化建设必须要考虑的问题。二是如何在保证安全的前提下，使财政信息化变得更为开放，能够同其他宏观经济管理部门，如国家发展与改革委员会、审计署、国家税务总局、中国人民银行等，进行数据的协同与共享，同时接受社会公众的监督，这也是财政信息化建设要考虑的问题。三是如何处理好财政资金特别是中央财政资金的安全保密性和对外开放这对矛盾，同样是财政信息化建设的当务之急。

预算管理一体化改革正是适应新的形势要求，通过动态管理将管理规则、监督机制嵌入到财政管理中，这对原有的“金财工程”是一种提升。作为预算管理的基础，预算管理信息化改革不仅可以提供先进的数字化技术，还蕴含着数字化治理的先进理念，在“规则＋技术”的双重驱动下实现财政数字化转型，全面助力预算管理水平再上新台阶。

（二）预算管理一体化的背景

2014 年 8 月 31 日《预算法》修订以来，按照党中央、国务院决策部署和预算法规定，财政部会同有关部门和地方积极改进预算管理制度，大力推进中期财政规划、预算公开、地方政府债务管理、预算绩效管理等一系列重大改革举措落地实施，为建立现代预算制度提供了基础条件。2020 年 8 月，《中华人民共和国预算法实施条例》正式发布，更是中国加快迈向现代财政制度的坚实一步。如何巩固 2014 年以来预算管理领域的改革成果，将相关制度、规则以系统的形式固化下来，强化预算约束，加强各层级政府预算之间、各预算管理环节之间，以及政府预算、部门预算和单位预算之间的有效衔接控制，加强对部门和单位各项资金资产的统筹管理，这需要信息技术的大力支撑。因此，预算管理一体化改革既是深化预算制度改革的重要内容，也是支撑预算制度改革得以有效实施的必要手段。

预算管理一体化是进一步深化预算管理制度改革的突破口。当前，预算制度改革进入深水区、攻坚期，过去出台单项制度和规则的管理方式，已无法适应改革发展要求，难以实现改革预期。各级预算管理基础工作中仍然存在许多薄弱环节，预算管理的规范性还不够，财政部门对预算运行信息的掌握也不充分，履职尽责的能力和水平有待提升。因此，进一步深化预算管理制度改革，必须紧紧围绕标准科学、规范透明、约束有力的要求，系统制定切实可行的方案。要科学制定支出标准、全面规范预算管理和切实硬化预算约束，就必须实现各层级政府预算之间、各预算管理环节之间，以及政府预算、部门预算和单位预算之间的有效衔接控制，加强对部门和单位各项资金资产的统筹管理。因此，预算管理一体化既是深化预算制度改革的重要内容，也是支撑预算制度改革得以有效实施的重要手段。

预算管理一体化也是完善财政基础工作，做好基础管理的必然选择。当前各级预算管理基础工作中仍然存在许多薄弱环节，预算管理的规范性还不够，财政部门对预算运行信息的掌握也不充分，履职尽责的能力和水平有待提升。为此，财政部门必须对现有的预算管理手段和信息化水平进行全面彻底地升级，提升对数据的管理能力，把基础工作做扎实，练就看家本领，更好地担负起财政预算管理职责。

（三）预算管理一体化实施进展

2019 年财政部开始部署推进预算管理一体化建设，旨在以系统化思维和信息化手段推进预算管理工作，构建现代信息技术条件下“制度 + 技术”的管理机制，全面提高各级预算管理规范化、标准化和自动化水平，意义重大、影响深远。为此，财政部制定发布了《预算管理一体化规范》和《预算管理一体化系统技术标准》，明确了一体化系统的建设标准，部署地方和中央分步建设实施预算管理一体化系统。

目前，地方第一批实施省份工作进展顺利，已经取得了突破性进展。各地财政部门按照规定的时间节点，严格对标统一的《规范》和《技术标准》，加快推进本地预算管理一体化系统建设实施。同时，中央预算管理一体化试点也已启动，中央预算管理一体化系统预算编制和执行主体业务现已成功贯通。财政部将加强对预算管理一体化建设的督促与指导，对各地建设的一体化系统进行严格评估。根据预算制度改革实际，研究拓展《规范》和《技术标准》，持续推进各地预算管理一体化系统升级完善，实现预算管理一体化建设螺旋式跃升。

二、预算管理一体化对财政信息化提出的新挑战

财政各类信息系统是财政数据生产和汇集的枢纽。近年来，各级财政部门大力开发预算编制、预算执行、债务管理、资产管理等各类信息系统，不断完善各项管理制度，不断优化各项业务流程，各项财政核心业务均实现了单点突破，我国财政管理信息化水平大幅提高。但财政信息化建设仍存在一些明显短板，“车不同轨、书不同文”问题仍然存在，“各自为政、不联不通”问题亟待解决，财政信息系统碎片化和业务模块信息割裂的状态导致财政信息整合度与共享水平较低，难以充分挖掘财政大数据的价值。

（一）央地财政管理信息系统建设的顶层设计还不够

目前，虽然全国有统一的预算法和实施条例，国务院、财政部也印发了相关的制度规定，但是预算管理编制、执行过程中很多具体的流程、规则和管理要素基本都由各级财政部门分别制定，没有形成全国统一的预算管理和执行规范，导致中央和地方预算管理的具体程序、时间要求、分类标准、数据口径上存在差异，难以有效衔接。由于上下级之间的管理制度不衔接，数据标准不统一，也就难以通过生产数据动态收集汇总各级预算执行情况，各级财政部门对下级预算单位的预算执行情况基本上停留在汇总报备的层面。虽然有的地方出于工作需要，也对下级动态上报

的统计表格有一些制度要求，但基层填报数据的质量不高，财政收支数据的时效性和真实性都难以保证。

（二）财政各业务模块之间的数据传输还不够顺畅

预算编制系统与国库支付系统、政府采购系统、各单位财务管理系统之间还缺乏有效连通。基层预算单位的财政资金从预算申报到资金支付涉及多环节、多部门、多人员，例如涉及财务申报系统、办公 OA 系统、国库支付系统、预算管理系统、政府采购系统、银行柜面系统等。以国库支付系统与单位预算系统的关系为例，基层预算单位主要通过预算管理系统来管理财政资金的收支计划，其财政资金额度按照项目管理的具体要求进行分配，但实际支付时通过“零余额账户用款额度”科目，仅显示项目的名称，与国库支付系统的指标设置不一致，不仅导致国库支付难度增加，而且导致预算执行进度只能依靠预算管理系统的会计核算进行监督，无法依靠国库支付系统进行实时动态监控，使得预算执行监督的及时性、有效性大为减弱。与此同时，还存在国库支付系统与政府采购系统不畅通需反复沟通确认采购信息、与财务管理系统不同步需二次录入数据、与代理银行清算系统不衔接需人工审核支付等情况，这些均增加了业务办理难度，并一定程度上带来内控风险。究其原因，一方面在于财政各业务流程未梳理清晰，尚未形成标准化、精细化的业务指标体系设计，另一方面在于技术的不成熟，二者共同导致了财政内部业务系统之间较低的数据共享水平。

（三）碎片化的收支信息无法支撑财政宏观决策和绩效管理

总体来说，横向维度与纵向维度的财政收支信息的碎片化和部门化，使得信息整合程度较低。大量数据分散存储各部门、预算单位等，财政部门对本地区及下级预算单位的资金执行情况缺乏全面准确的了解，也就无法把握财政资金收支运行的实时信息，也不能提前发现问题、警示风险，从而难以从全局的角度为科学决策提供合理依据。

三、深化预算管理一体化改革的预期成效

（一）中央与地方财政信息纵向互联互通将大幅增强财政政策执行力

中央与地方之间各类问题的根源是信息不对称。通过预算管理一体化改革，可以实现中央和地方财政系统信息贯通，打破部分政府间财政信息壁垒，实现“全国各级政府预算管理、各部门预算管理、预算全过程管理、预算项目全生命周期管理、预

算数据管理”的五个一体化，将能大幅提高财政政策执行力，以财政管理效能提升来促进实现财政政策的宏观调控目标，即发挥财政管理乘数效应。

要实现中央与地方间财政系统的信息贯通，前提是要有统一的业务规范和技术标准、数据标准等，这些规则需要由中央统筹考虑后予以制定。现实中，各地财政数字化转型程度不一，信息基础设施和人员配备不同，这项工作的实施难度较大。为了促进中央与地方间的预算管理数据共享，在具体建设中，中央要充分考虑到各地的实际情况，给予必要的督导和技术援助，帮助地方妥善处理好已有系统与新系统之间的数据对接、业务对接等，探索一条各方共赢的实施路径。

（二）财政与部门、单位间信息横向互联共享将提高财政资源配置效率

财政与各部门、单位间的信息不对称，容易带来预算碎片化以及资金使用效率低下问题。财政与各部门、单位都依据各自的管理和需求和规则产生大量信息，这些信息是实现有效财政监督控制的基础，也是政府决策的基础。目前，各部门、单位预算编制与预算执行没有形成有一个整体，预算执行信息反馈的时效性不强，无法为预算编制和调账调剂提供有效参考，财政不能准确掌握单位预算项目执行信息。为此，应统一各主体的预算管理流程和规则，推动财政信息系统的整合和财政收支数据的集中。例如，通过推进单位会计信息集中存放，推动各部门信息的动态反映和集中管理。除部门、单位预算信息外，还需要经济统计、税收征管、银行账户、人事编制等外部系统信息。加强这些方面信息收集与分析对于准确编制预算、提高预算执行分析效率、加强单位资金管理等具有重要作用。同时，应加强政府预算、部门预算、单位预算相衔接，保证政府预算安排给本部门的资金落实到具体单位和项目，建立自上而下的支出控制措施，实现政府预算对部门和单位预算的支出限额控制，防范财政风险，也促使财政资源从低效益领域转向高效益领域，激励各部门和单位提高财政资源配置效率。

（三）构建预算管理全流程顺向控制与逆向反馈闭环，更好接受监督

预算管理是公共资源获取和使用的过程，需要接受监督。为更好接受党内监督、人大监督、民主监督、审计监督，就必须加快预算管理一体化建设，保证“车同轨，书同文”，统一预算管理流程和规则，设置统一的预算管理要素，破解预算管理控制要素的含义、适用范围、分类标准、控制口径不一致，导致传递或理解出现偏差的问题。同时，为进一步发挥财会监督利剑作用，满足实时监督和控制需要，预算管理在事前就需细化数据记录规则，从生产系统完整准确提取数据，防止部门、单位仅靠事后填报和汇总预算信息，出现人为干预和信息冗余影响控制效果的局面。

在实现各级预算管理统一规范和细化预算信息的基础上，应不断丰富预算公开内容，提高预算公开及时性，满足人民群众对财政透明度和政府履职尽责情况日益增长的关切，将外部监督压力转化为内部改进管理的动力，促进财政、部门和单位不断改进预算管理。

（四）预算信息互联互通将进一步提升预算监督工作绩效和质量

中国特色的监督体系非常丰富，需要发挥多种监督方式的协同效应。在党内监督的主导作用下，实现财会监督与党内监督、监察监督、行政监督、司法监督、审计监督、统计监督、群众监督、舆论监督的协同配合，形成大监督合力。这样的监督体系形成了一个监督网络，覆盖众多环节，其中人大预算联网监督在人大和财政部门间建立起高效的数据共享系统，将政府各个部门单位的预算执行情况置于人大全方位、全过程、实时监督之下，将社会大众对公共服务的诉求及时反馈给政府部门，可以促进预算资金安排更加有效，进而改进人大预算监督的效率和质量。为了落实监督协同，就需要实现数据协同，各级财政部门要建立监督的长效机制，在数据互联互通的基础上多运用现代数字技术，建立起日常监管与专项监督协调配合的监督机制，实现以数监督、以数问责。

（五）预算管理一体化有助于打造完整可靠、服务决策的财政数据分析体系

首先，要求预算执行数据必须完整、准确和相关，财政国库自动记录支出明细、合同协议、电子发票、现金预测等信息，自动生成财务报告和分类信息查询表，为预算执行管理、绩效评价、财政监督和综合财务报告提供可靠支撑。其次，打造各级财政总账数据标准统一。逐步实现全国财政总账数据自动汇总，建立全国预算执行数据的集中管理和大数据分析机制。最后，进一步挖掘数据背后的决策价值。加强决算数据、非税收入数据、动态监控数据、差旅电子凭证数据等财政国库数据的分析应用，为改进财政财务管理，服务领导决策提供参考。

（六）实现预算管理一体化与数字财政建设的良性互动

数字财政是以财政大数据价值为基础、财政大数据应用为支撑，通过优化财政收支，促进效率与公平统一的政府收支活动。预算管理信息化是数字财政建设的核心，预算信息化以数字化为预算管理赋能，我们将迎来一个和以往不一样的预算管理体系，预算管理效能会有质的变化。预算管理信息化的任务是双重的。从生产系统看，预算管理信息化促进了内、外生数据生产，有利于汇聚形成财政大数据。从

应用看，未来要加快财政大数据的应用，将财政大数据应用与预算管理业务有机融合在一起，才能凸显预算管理信息化对财政业务和政府决策的支撑作用。

未来，数字财政可以继续拓展数据聚合领域，在隐私计算保障多方安全的前提下，实现宏观、中观、微观数据的共享，不断夯实财政大数据基础，充分发挥财政对公共资源优化配置的引导作用。一是数字财政可以促进政府公共品或公共服务提供更好地匹配服务对象需求，减少财政资源浪费或无效配置；二是数字财政可以实现政策—项目—资金—服务对象的四位一体，既可以发挥财政精准调控的结构性政策目标，又可以实现对财政资金的穿透式监管，保障了稀缺财政资金的安全、高效、规范运用，提高了资金使用效益。

第二节　我国预算管理一体化改革的深化

预算管理一体化改革聚焦财政治理模式优化和业务流程再造，是深化预算编制执行监督管理、“放管服”等各项改革的重要抓手，更是提高财政管理的信息化水平，提升数字财政建设质量的重要一环。

一、深化预算管理一体化改革的方向

2021 年 4 月 13 日，国务院发布了《关于进一步深化预算管理制度改革的意见》（国发〔2021〕5 号）中明确提出，要增强财政透明度，提高预算管理信息化水平，并提出了四点具体的实行措施。

（一）实现全国预算系统纵横贯通

用信息化手段支撑中央和地方预算管理，规范各级预算管理工作流程等，统一数据标准，推动数据共享。以省级财政为主体加快建设覆盖本地区的预算管理一体化系统并与中央财政对接，动态反映各级预算安排和执行情况，力争 2022 年底全面运行。中央部门根据国家政务信息化建设进展同步推进相关信息系统建设。建立完善全覆盖、全链条的转移支付资金监控机制，实时记录和动态反映转移支付资金分配、拨付、使用情况，实现资金从预算安排源头到使用末端全过程来源清晰、流向明确、账目可查、账实相符。

加快全国预算管理一体化系统大集中，实现中央、省、市、县一套系统贯通。全面梳理归集各级预算单位财务、资产、账户等信息，推动实现各级政府一本账、

一张表（资产负债表）。强力推进预算管理标准化，规范各级业务流程、管理要素和控制规则，实现各级预算执行动态跟踪和有效反馈，切实减轻基层统计负担。

（二）推进部门间预算信息互联共享

预算管理一体化系统集中反映单位基础信息和会计核算、资产管理、账户管理等预算信息，实现财政部门与主管部门共享共用。积极推动财政与组织、人力资源和社会保障、税务、人民银行、审计、公安、市场监管等部门实现基础信息按规定共享共用。落实部门和单位财务管理主体责任，强化部门对所属单位预算执行的监控管理职责。

（三）加强数据共享和决策辅助

强化财政部门数据密集型综合管理部门定位，推进财政与组织、人力资源和社会保障、税务、人民银行等跨部门数据连通，夯实预算管理基础。加强大数据开发应用，为财政经济运行分析、资金安排使用、制度优化设计提供参考，辅助提高政府决策的科学性、合规性。

（四）构建互联互通、数据共享的国库信息系统管理体系

以预算一体化为契机畅通上下级政府财政收支的衔接。一方面，着力完善制度体系。以国库集中支付为统领，完善相关配套制度，逐步形成中央与地方、地方上下级相互衔接支撑的制度体系，形成全面规范的国库管理工作。另一方面，以项目为预算管理基本单位落实上下级政府预算管理情况。应以预算一体化要素的标准化工作为基础，实现上下级转移支付收支在国库支付系统中的衔接。全面梳理清国库制度的预算管理业务流程，构建互联互通、数据共享的国库信息系统管理体系，形成标准化的国库业务基础数据规范，并且优化控制规则，强化动态管理，在横向业务维度实现预算管理与国库管理各流程、各业务的“一体化”，实现国库信息管理系统与预算一体化的流程、业务模块无缝嵌入和对接。

以预算一体化的项目为联结点，加强国库制度与政策规划和实施的衔接。预算一体化能够实现横向与纵向维度预算信息与国库业务整合，构建起以项目为基本单位的预算管理模式。下一步应依托预算一体化管理系统，以预算项目为联结点，将预算项目的全生命周期与年度预算周期有机衔接，并持续加强国库对全项目周期的监测和管理，实现国库对国库实施信息的全流程记录，为后续加强项目实施结果的跟踪打下基础，以更好实现国库制度的宏观调控职能，并全面提升财政资金使用绩效。

（五）运用信息化技术提升监督精度和效率

构建“制度＋技术”的监督框架，建立全覆盖、全链条的财政资金监控机制，实时记录和动态监控资金在下级财政、用款单位的分配、拨付、使用情况，探索自动控制和实时预警，实现资金从源头到末端全过程流向明确、来源清晰、账目可查，确保资金直达基层、直达民生。加强财会监督与人大、审计等监督的协同，主动对接人大实时在线联网监督、审计部门数据审计系统等，形成多层次的综合监督体系。

二、借力预算管理一体化，提升财政管理水平

新时代深化财政体制改革，必须更加注重各项改革措施的互相协同配合，以“积极的财政政策要提升效能”为目标，采用系统化思维进行制度设计，创新制度执行机制，增强预算管理制度的规范性、协调性和约束力。通过预算管理一体化系统，整合完善预算管理流程和规则，并实现业务管理与信息系统紧密结合，将规则嵌入到信息系统以提高制度行动力，为深化预算制度改革打下坚实基础。

（一）以系统论思想构建数据互联互通的预算管理体系

从系统管理的思想来看，政府预算管理业务层面涉及“基础信息管理、项目库管理、预算编制、预算批复、预算调整和调剂、预算执行、会计核算、决算和报告管理”等八个主要环节，还涉及预算管理主体流程与资产管理、债务管理、绩效管理等业务的衔接问题，必须以系统化思维建立健全“预算项目全生命周期管理机制，财政预算管理要素的统一管理机制，上下级财政间预算衔接机制，政府预算、部门预算、单位预算衔接机制，国库集中支付管理机制，结转结余资金预算管理机制，预算管理与资产管理的衔接机制，预算管理与债务管理的衔接机制”八大机制，提高政府预算的制度效能。

要运用系统科学的整体性原理，强化预算管理体系各个组成部分的有机联系，全面梳理清预算管理业务流程，形成标准化的业务基础数据规范，并且优化控制规则，努力实现预算数据的自动汇聚和转移支付资金的自动追踪，为更好统筹财政资源提供有力抓手。用系统化思维全流程整合预算管理各环节业务规范，通过将规则嵌入系统强化制度执行力，为深化预算制度改革提供基础保障，推动加快建立现代财政制度。

（二）以预算管理一体化为契机，畅通上下级政府财政收支的衔接

首先，着力完善制度体系。聚焦国务院《关于进一步深化预算管理制度改革的

意见》规定的各项工作要求，完善相关配套制度，逐步形成中央与地方、地方上下级相互衔接支撑的制度体系，使预算、国库管理工作更加规范。其次，以项目为预算管理基本单位确保上级转移支付预算项目有效落实。建立上级转移支付预算项目与下级具体预算项目的衔接关系，通过具体项目执行数据及时反馈上级转移支付预算项目执行情况。最后，在上下级转移支付中，将财政资金直达机制和相应的监管机制融合于预算管理一体化系统，使包括直达资金台账、核算对账和监控系统在内的相应功能迁移至预算管理一体化系统，实现财政资金的“管得严，放得严，用得准”。

（三）以预算管理一体化为规范，实现预算管理制度主体流程数据、主要业务数据的环环相扣

一方面，通过预算管理一体化工作将预算规划与准备、预算编制与批准、预算执行与控制、决算报告与评价等主要环节紧密联系起来，改善预算管理。另一方面，通过预算管理一体化工作整合政府采购过程与资金支付、整合单位财务管理与会计核算工作等，实现预算执行流程优化、安全高效。因此，应全面梳理清预算管理业务流程，形成标准化的业务基础数据规范，并且优化控制规则，强化动态管理，在横向业务维度实现预算管理各流程、各业务的“一体化”，实现信息管理系统与预算管理业务流程、业务模块的无缝嵌入和对接。

（四）以预算管理一体化的项目为联结点，加强制度与政策规划和实施的衔接

以预算管理一体化的项目为抓手，突出“先谋事再排钱”和“先有项目后有预算”的理念。强化主管部门加强行业领域事业发展谋划，先提出切实可行的干事方案，再研究论证资金需求，确保预算执行时资金“用得出、用得好”。重点抓实项目库建设，提前做好项目储备，坚持预算安排与项目入库情况挂钩，落实未进入项目库的项目原则上不得列入预算安排的“硬约束”，推动实现预算管理方式由“以资金分配为主线”向“以项目管理为主线”转变。

预算管理一体化能够实现横向与纵向维度预算信息与业务整合，构建起以项目为基本单位的预算管理模式。依托预算管理一体化系统，以预算项目为联结点，将预算项目的全生命周期与年度预算周期有机衔接，并持续加强对全项目周期的监测和管理，实现对预算信息的全流程记录，为后续加强项目实施结果的跟踪打下基础，以更好实现财政宏观调控职能，并全面提升财政资金使用绩效。

（五）加强数据共享和决策辅助，提升数字财政建设

预算管理一体化系统集中反映单位基础信息和会计核算、资产管理、账户管理等预算信息，实现财政部门与主管部门共享共用。财政和部门建立涵盖预算指标、政府采购、资金、工资发放、现金控制、账务核算、决算和报告的预算执行管理系统，对预算执行结果的合规性负总责。部门（单位）通过系统对支出合规性进行自动审核和控制，并保证支出信息的相关性、真实性和完整性。财政国库建立资金支付安全性校验、信息追溯和定期对账机制。

强化财政部门数据密集型综合管理部门定位，推进财政与组织、人力资源和社会保障、税务、人民银行等跨部门数据连通，夯实预算管理基础。加强大数据开发应用，为财政经济运行分析、资金安排使用、制度优化设计提供参考，辅助提高政府决策的科学性、合规性。

（六）运用信息化技术提升监督精度和效率

构建“制度＋技术”的监督框架。建立全覆盖、全链条的财政资金监控机制，实时记录和动态监控资金在下级财政、用款单位的分配、拨付、使用情况，探索自动控制和实时预警，实现资金从源头到末端全过程流向明确、来源清晰、账目可查，确保资金直达基层、直达民生。加强财会监督与人大、审计等监督的协同，主动对接人大联网监督、审计部门数据审计系统等，形成多层次的综合监督体系。

打造“中央＋地方”的一体化格局。做好预算管理一体化的顶层设计工作，实现系统省级集中、数据标准统一。解决纵向上各级财政管理规范和数据标准不统一、难以实现数据追踪和汇总，横向上财政核心业务链条不通畅、各环节业务联动和信息共享不充分等问题。未来财政部可通过“全国预算管理数据汇总系统”，可采集各省预算管理一体化系统数据，实现全国数据汇总和实时反映，进一步强化上下级财政间、财政与部门间的联动和协同，打造“中央＋地方”的一体化格局，为推进财政数据治理和大数据分析创造条件。

参考文献

［1］［德］乌尔里希·贝克：《世界风险社会》，吴英姿、孙淑敏，译，南京：南京大学出版社2004年版。

［2］《不断推进现代财政国库管理制度改革》，《中国财政》，2021年第10期。

［3］《财政国库管理制度改革回顾与展望》，《中国财政》，2021年第10期。

［4］《关于全面实施预算绩效管理的意见》（中发〔2018〕34号）。

［5］《国务院办公厅关于印发地方政府性债务风险应急处置预案的通知》（国办函〔2016〕88号）。

［6］《国务院关于加强地方政府性债务管理的意见》（国发〔2014〕43号）。

［7］《国务院关于进一步深化预算管理制度改革的意见》（国发〔2021〕5号）。

［8］《江西省人民政府办公厅关于印发江西省地方政府性债务风险应急处置预案的通知》，《江西省人民政府公报》，2017年第22期。

［9］《全国人大常委会预算工委负责人就〈关于加强地方人大对政府债务审查监督的意见〉答记者问》。

［10］《我国进一步深化预算管理制度改革"国家账本"如何管得更好》，人民日版，2021年5月14日。

［11］《信用评级业管理暂行办法》（中国人民银行、中华人民共和国国家发展和改革委员会、中华人民共和国财政部、中国证券监督管理委员会令〔2019〕第5号）。

［12］《浙江省人民政府办公厅关于印发浙江省地方政府性债务风险应急处置预案的通知》，《浙江省人民政府公报》，2017年第12期。

［13］《中华人民共和国预算法（2014修正）》（中华人民共和国主席令第12号）。

［14］《中华人民共和国预算法实施条例》（中华人民共和国国务院令第 729 号）。

［15］《做好应急政策储备　增强风险防控能力——财政部有关负责人就〈地方政府性债务风险应急处置预案〉答记者问》，《中国财政》，2016 年第 23 期。

［16］安百杰、彭蕾：《行政推动下的中国预算绩效管理实践前景分析——基于中美预算绩效管理模式的比较视角》，《财政监督》，2020 年第 16 期。

［17］安东尼·吉登斯：《现代性的后果》，田禾，译，南京：译林出版社，2000 年版。

［18］白景明：《当前我国财政支出预算绩效管理难点分析》，《财政监督》，2020 年第 12 期。

［19］白景明：《新意义、新目标、新制度、新要求：把全面实施预算绩效管理落到实处》，《中国财政》，2019 年第 10 期。

［20］白彦锋：《"十四五"时期我国财政安全运行面临的风险挑战与应对策略》，《当代财经》，2021 年第 6 期。

［21］财政部：《财政部关于印发〈地方政府一般债务预算管理办法〉的通知》（财预〔2016〕154 号）。

［22］财政部：《财政部、国土资源部关于印发〈地方政府土地储备专项债券管理办法（试行）〉的通知》（财预〔2017〕62 号）。

［23］财政部：《财政部、交通运输部关于印发〈地方政府收费公路专项债券管理办法（试行）〉的通知》（财预〔2017〕97 号）。

［24］财政部：《财政部、住房城乡建设部关于印发〈试点发行地方政府棚户区改造专项债券管理办法〉的通知》（财预〔2018〕28 号）。

［25］财政部：《财政部关于加快地方政府专项债券发行使用有关工作的通知》（财预〔2020〕94 号）。

［26］财政部：《财政部关于加强国债专项资金财政财务管理与监督的通知》（财基字〔1998〕619 号）。

［27］财政部：《财政部关于进一步做好地方政府债券发行工作的意见》（财库〔2020〕36 号）。

［28］财政部：《财政部关于试点发展项目收益与融资自求平衡的地方政府专项债券品种的通知》（财预〔2017〕89 号）。

［29］财政部：《财政部关于印发〈2009 年地方政府债券预算管理办法〉的通知》（财预〔2009〕21 号）。

［30］财政部：《财政部关于印发〈财政部驻各地财政监察专员办事处实施地方政府债务监督暂行办法〉的通知》（财预〔2016〕175 号）。

［31］财政部：《财政部关于印发〈地方政府债券发行管理办法〉的通知》，（财库〔2020〕43 号）。

［32］财政部：《财政部关于印发〈地方政府债务信息公开办法（试行）〉的通知》（财预〔2018〕209 号）。

［33］财政部：《财政部关于印发〈地方政府专项债券项目资金绩效管理办法〉的通知》（财预〔2021〕61 号）。

［34］财政部：《财政部关于印发〈地方政府专项债务预算管理办法〉的通知》（财预〔2016〕155 号）。

［35］财政部：《财政部关于印发〈新增地方政府债务限额分配管理暂行办法〉的通知》（财预〔2017〕35 号）。

［36］财政部：《财政部关于制发〈国债转贷地方政府管理办法〉的通知》（财预字〔1998〕267 号）。

［37］财政部：《关于贯彻落实〈中共中央国务院关于全面实施预算绩效管理的意见〉的通知》（财预〔2018〕167 号）。

［38］财政部：《关于加快金财工程建设的实施意见》（财办〔2006〕45 号）。

［39］财政部国库司：《建立现代财政国库管理制度 推动实现国家治理体系和治理能力现代化》，《中国财政》，2021 年第 10 期。

［40］财政部国库司：《深入推进支出预算执行精细化管理》，《中国财政》，2021 年第 10 期。

［41］财政部国库司：《一场“财政革命”——财政国库管理制度的改革发展》，《中国财政》，2019 年第 19 期。

［42］财政部预算司：《全面深化预算管理制度改革 推进国家治理体系和治理能力现代化》，《中国财政》，2021 年第 14 期。

［43］蔡芳宏：《法制框架下的地方人大预算监督机制问题分析》，《财政监督》，2020 年第 11 期。

［44］蔡泽山、何文盛：《全面实施预算绩效管理中的绩效标准体系建设研究》，《财政监督》，2021 年第 10 期。

［45］曹堂哲：《部门预算绩效管理——战略、预算与绩效的系统集成》，北京：中国财政经济出版社 2020 年版。

［46］陈昌盛等：《“十四五”时期我国发展内外部环境研究》，《管理世界》，2020 年第 10 期。

［47］陈文静：《深化改革给财政信息化带来挑战与机遇——访国家信息中心专家委员会主任宁家骏》，《中国财经报》，2015 年 4 月 30 日第 005 版。

［48］陈馨：《预算绩效评价的国际经验与借鉴》，《中国注册会计师》，2020 年第 6 期。

［49］陈志刚、吕冰洋：《中国政府预算偏离：一个典型的财政现象》，《财政研究》，2019 年第 1 期。

［50］陈治：《迈向实质意义的预算法定》，《政法论坛》，2014 年第 2 期。

［51］崔惠玉、景宏军：《预算绩效管理中的政府会计问题》，《财务与会计》，2011 年第 6 期。

［52］邓秋云、邓力平：《政府性基金预算：基于中国特色财政的理解》，《财政研究》，2016 年第 7 期。

［53］翟继光：《预算法定原则的起源及其基本构成要素》，《河北大学学报（哲学社会科学版）》，2016 年第 6 期。

［54］范子英、赵仁杰：《以非税收入划转改革推动国家治理现代化》，《学习与探索》，2020 年第 5 期。

［55］冯海波：《新时代预算绩效评价的逻辑转换、现实挑战及路径选择》，《经济纵横》，2019 年第 5 期。

［56］冯俏彬：《“十四五”：建立现代财政制度的重点领域与关键环节》，《中国经济时报》，2021 年 4 月 1 日第 004 版。

［57］付妍雯、王思琪：《完善我国地方政府预算绩效管理激励约束机制的思考》，《财政监督》，2021 年第 7 期。

［58］高培勇、马蔡琛：《中国政府预算的法治化进程：成就、问题与出路》，《财政研究》，2004 年第 10 期。

［59］高培勇：《“十四五”中国财政的主题和使命》，《中国财政》，2020 年第 17 期。

［60］高培勇：《关注预决算偏离度》，《涉外税收》，2008 年第 1 期。

［61］国务院新闻办：《财政对民生投入逐年增加》，2021 年 7 月 30 日。

［62］国务院新闻办：《加强和完善地方政府债务管理情况国务院政策例行吹风会图文实录》，2021 年 12 月 21 日。

［63］国务院新闻办：《切实加强地方人大对政府债务的审查监督 防控政府债务风险》，2021 年 8 月 27 日。

［64］韩曙：《地方财政预决算调整偏离度研究——以上海市一般公共预算为例》，《财政科学》，2017 年第 8 期。

［65］何文盛、包睿男：《后疫情时代地方政府深化预算绩效管理改革的目标、特征与对策》，《上海行政学院学报》，2020 年第 6 期。

[66] 何文盛、蔡泽山：《新时代预算绩效管理推进国家治理现代化的多元维度审视》，《上海行政学院学报》，2018 年第 3 期。

[67] 何文盛、杜丽娜：《预算绩效管理改革缘何“上热下冷”？——以 A 省预算绩效管理落地实施为例》，《天津行政学院学报》，2021 年第 4 期。

[68] 何文盛、杜丽娜：《中国预算绩效管理改革的政策演进与双重逻辑——中央和省级政府双向互动的政策实践视角》，《中央财经大学学报》，2021 年第 6 期。

[69] 何志鹏：《世界格局演变逻辑与中国道路选择》，《人民论坛》，2019 年第 1 期。

[70] 胡伟：《我国财政支出绩效管理法制化的反思与完善》，《河北经贸大学学报（综合版）》，2017 年第 3 期。

[71] 胡晓东、尹艳红、陈珏如：《中国政府预算绩效管理研究述评——基于 2003—2017 年文献》，《甘肃行政学院学报》，2018 年第 3 期。

[72] 计金标、应涛、刘建梅：《提振国内居民消费、促进“双循环”的税收政策研究》，《税务研究》，2020 年第 11 期。

[73] 贾博：《非税收入划转与国家治理》，《税务研究》，2019 年第 6 期。

[74] 贾康、刘薇：《服务于高质量发展的“十四五”财政政策走向》，《中国经济评论》，2021 年第 1 期。

[75] 江小涓、孟丽君：《内循环为主、外循环赋能与更高水平双循环——国际经验与中国实践》，《管理世界》，2021 年第 1 期。

[76] 姜爱华、马海涛：《迈向现代治理新台阶的中国政府采购制度（上）》，《中国政府采购》，2019 年第 1 期。

[77] 姜爱华、马海涛：《迈向现代治理新台阶的中国政府采购制度（中）》，《中国政府采购》，2019 年第 2 期。

[78] 姜爱华、马海涛：《迈向现代治理新台阶的中国政府采购制度（下）》，《中国政府采购》，2019 年第 3 期。

[79] 姜爱华：《政府采购“物有所值”制度目标的含义及实现——基于理论与实践的考察》，《财政研究》，2014 年第 8 期。

[80] 姜爱华：《中国政府采购制度改革：成就、挑战与对策》，《地方财政研究》，2018 年第 4 期。

[81] 李红霞、刘天琦：《中期财政规划改革的难点与路径探析》，《中央财经大学学报》，2016 年第 6 期。

[82] 李俭：《政府预算绩效管理的现状及优化策略分析》，《财会学习》，2021 年第 1 期。

［83］李建发、张曾莲：《基于财务视角的政府绩效报告的构建》，《会计研究》，2009 年第 6 期。

［84］李燕、白彦锋、王淑杰：《中期预算：理念变革与实践》，《财贸经济》，2009 年第 8 期。

［85］李燕、彭超、张晓蕾：《跨年度预算平衡机制有效运行的难点及改革思路》，《地方财政研究》，2016 年第 12 期。

［86］李燕、王晓：《构建中的跨年度预算平衡机制：文献评述及讨论》，《经济研究参考》，2016 年第 31 期。

［87］李燕：《“新时代”预算制度建设的新目标、新要求与新抓手》，《中国财政》，2018 年第 1 期。

［88］李燕：《财政中期（多年滚动）预算：借鉴与实施》，《财政研究》，2006 年第 2 期。

［89］李燕：《政府预算管理》，北京：北京大学出版社 2016 年版。

［90］李贞、张瑞婷：《财政与税务部门非税收入征管职责划转研究》，《地方财政研究》，2020 年第 11 期。

［91］林乐康、陈萍：《新时代下中央预算单位全面预算管理的问题与建议研究》，《现代经济信息》，2019 年第 11 期。

［92］林悦华：《地方政府财政预决算偏离分析》，《合作经济与科技》，2021 年第 20 期。

［93］刘安长：《从逆周期到跨周期：财政政策调控的反思及展望》，《经济纵横》，2021 年第 3 期。

［94］刘飞飞：《我国基层财政全面预算绩效管理问题研究》，山东财经大学硕士学位论文，2021 年。

［95］刘金全、王国志、付卫艳：《财政政策冲击与经济周期波动的时变关联机制研究——基于经济扩张期和收缩期的对比分析》，《经济问题探索》，2021 年第 6 期。

［96］刘文卿：《新时代对财政大数据应用的思考》，《地方财政研究》，2017 年第 12 期。

［97］刘兴云：《以预算法实施条例为指引 加快建立现代财政国库管理制度》，《中国财政》，2021 年第 1 期。

［98］刘艳：《中央部门财政国库管理制度改革思考》，《中国机关后勤》，2021 年第 3 期。

［99］刘颖霞：《基于财政支出绩效评价的政府会计体系构建》，《财会研究》，

2011 年第 22 期。

[100] 栾晓峰：《公共预算权利、体制与文化》，北京：社会科学文献出版社 2015 年版。

[101] 马蔡琛、赵笛、苗珊：《共和国预算 70 年的探索与演进》，《财政研究》，2019 年第 7 期。

[102] 马蔡琛、赵笛：《中国预算管理改革的回顾与展望——“十三五”改革评估与“十四五”发展路径》，《求索》，2021 期第 2 期。

[103] 马蔡琛、赵青：《预算绩效标准设置及应用：国际经验与中国现实》，《甘肃行政学院学报》，2020 年第 1 期。

[104] 马蔡琛、朱旭阳：《从传统绩效预算走向新绩效预算的路径选择》，《经济与管理研究》，2019 年第 1 期。

[105] 马蔡琛：《2020 后的预算绩效管理改革前瞻》，《人民论坛 · 学术前沿》，2020 年第 14 期。

[106] 马蔡琛：《变革世界中的政府预算管理：一种利益相关方视角的考察》，北京：中国社会科学出版社 2010 年版。

[107] 马蔡琛：《构建中的全面预算绩效管理体系》，《中国财政》，2019 年第 10 期。

[108] 马蔡琛：《将全面实施预算绩效管理落到实处》，《中国财政》，2018 年第 1 期。

[109] 马蔡琛：《预算绩效管理改革研究综述》，《湖南财政经济学院学报》，2020 年第 6 期。

[110] 马海涛、白彦锋、匡星星：《政治激励、财力缺失与地方非税收入预决算偏离度——基于省际面板数据的分析》，《地方财政研究》，2017 年第 1 期。

[111] 马海涛：《完善宏观调控跨周期设计和调节》，《预算管理与会计》，2020 年第 9 期。

[112] 马海涛：《中国财政可持续发展研究 中国财税研究报告 2016》，北京：中国财政经济出版社 2017 年版。

[113] 马骏、侯一麟：《中国省级预算中的政策过程与预算过程：来自两省的调查》，《经济社会体制比较》，2005 年第 5 期。

[114] 马珺，杜爽：《“十四五”时期的税制结构转型》，《税务研究》，2021 年第 2 期。

[115] 牛美丽：《地方政府绩效预算改革》，上海：格致出版社 2012 年版。

[116] 牛美丽：《中国地方绩效预算改革十年回顾：成就与挑战》，《武汉大学

学报（哲学社会科学版）》，2012 年第 6 期。

［117］潘欣欣：《中国政府非税治理：制度、困境与改革》，《宏观经济研究》，2021 年第 1 期。

［118］潘振飞：《我国地方政府预算绩效管理现状分析及完善对策研究》，青岛大学硕士学位论文，2020 年。

［119］祁成军：《金财工程一体化管理信息系统改进措施》，《财会研究》，2013 年第 6 期。

［120］饶慧敏：《金财工程走向一体化》，《中国国门时报》，2007 年 1 月 10 日第 006 版。

［121］任保平、苗新宇：《“十四五”时期我国经济高质量发展新动能的培育》，《经济问题》，2021 年第 2 期。

［122］陕西省咸阳市财政局：《加快推进金财工程建设 不断深化财政国库管理制度改革》，《西部财会》，2008 年第 10 期。

［123］沈坤荣、赵倩：《以双循环新发展格局推动“十四五”时期经济高质量发展，《经济纵横》，2020 年第 10 期。

［124］石英华等：《促进国内国际双循环 宏观调控如何发力——“双循环发展与财政政策”研讨会观点综述》，《财政科学》，2020 年第 11 期。

［125］四川省财政厅：《建立中期财政规划和滚动预算制度难点问题研究报告》，《预算管理与会计》，2016 年第 8 期。

［126］宋翔、蔡宁、冯浩洋：《地方政府隐性债务估算——基于 30 个省份全口径财政数据的研究》，《地方财政研究》，2021 年第 9 期。

［127］孙杰：《对国际与国内“双循环”并重的理解》，《南开学报（哲学社会科学版）》，2021 年第 1 期。

［128］孙开、沈昱池：《跨年度预算平衡：范式升级、运行机理与架构设计》，《财政研究》，2016 年第 8 期。

［129］孙玉栋、席毓：《全覆盖预算绩效管理的内容建构和路径探讨》，《中国行政管理》，2020 年第 2 期。

［130］王道通：《关于省市两级预算约束软化问题的探讨》，《中国审计报》，2008 年第 2 期。

［131］王海涛：《我国预算绩效管理改革研究》，财政部财政科学研究所硕士学位论文，2014 年。

［132］王红梅、李佳鹏、曹堂哲：《中西方政府预算绩效管理体系的共性与差异——基于 1990－2018 年的文献考察》，《中央财经大学学报》，2020 年第 4 期。

［133］王宏斌、刘敏、程文：《全面实施公共财政预算绩效管理的重点与难点》，《中国集体经济》，2020 年第 21 期。

［134］王金秀、王晨辰：《预算法定的困境与破解——兼论新时期依法监督和管理预算的现实有效性》，《财政监督》，2017 年第 6 期。

［135］王树琳：《对全面实施预算绩效管理的思考》，《经济师》，2019 年第 11 期。

［136］王小龙、李敬辉：《预算管理一体化规范实用教程》，北京：经济科学出版社 2020 年版。

［137］王延杰、郑思海：《关于建立我国绩效预算制度的思考》，《河北大学学报（哲学社会科学版）》，2006 年第 5 期。

［138］王延青：《探索政府预算绩效管理的现状与优化策略》，《财经界》，2020 年第 29 期。

［139］王一鸣：《百年大变局、高质量发展与构建新发展格局》，《管理世界》，2020 年第 12 期。

［140］王雍君：《“全口径预算”改革探讨》，《中国财政》，2013 年第 6 期。

［141］王雍君：《国库改革与政府现金管理》，北京：中国财政经济出版社 2006 年版。

［142］温来成、贺志强：《地方政府隐性债务治理重点及改革建议》，《地方财政研究》，2021 年第 3 期。

［143］温来成、李婷：《我国地方政府隐性债务边界的厘清及治理问题研究》，《中央财经大学学报》，2019 年第 7 期。

［144］温来成等：《关注专项债券项目资金绩效管理新规》，《财政监督》，2021 年第 14 期。

［145］吴岗：《深入贯彻落实科学发展观加快金财工程建设 促进财政科学化精细管理》，《消费导刊》，2009 年第 6 期。

［146］吴少龙、牛美丽：《理解中国公共预算改革的方向》，《武汉大学学报（哲学社会科学版）》，2010 年第 6 期。

［147］吴笑晗、董键：《中央财政直达资金机制实施常态化研究》，《中国财政》，2021 年第 8 期。

［148］夏津津、夏先德：《新时代推动全面实施绩效管理基本构想》，《财政研究》，2018 年第 4 期。

［149］肖钢：《国库集中支付制度改革回顾》，《中国金融》，2018 年第 23 期。

［150］肖鹏、樊蓉：《新时代地方人大部门预算审查监督现状与提升》，《财政

科学》，2019 第 11 期。

［151］肖鹏：《跨年度预算平衡机制构建与财政中期规划管理衔接》，《财政监督》，2015 年第 7 期。

［152］肖述珉：《新形势下完善国库集中收付代理银行管理相关制度研究》，《经济管理文摘》，2021 年第 14 期。

［153］新华社：《国务院印发意见部署进一步深化预算管理制度改革的具体措施》，2021 年 4 月 13 日。

［154］新华社：《深化预算管理制度改革“路线图”出炉，有哪些看点?》，2021 年 4 月 13 日。

［155］熊雁：《财政支出绩效评价实践存在的问题及改进建议》，《财政监督》，2018 年第 6 期。

［156］徐全红：《我国全口径预算管理的问题与改革路径选择》，《经济研究参考》，2018 年第 28 期。

［157］徐阳晨：《我国全口径预算管理制度改革的路径选择》，北京：中央民族大学出版社 2015 年版。

［158］徐阳光：《收入预测与预算法治——预决算收入偏差的法律评估》，《社会科学》，2011 年第 4 期。

［159］许宏才：《加快推进预算管理一体化 以信息化驱动预算管理现代化》，《中国财政》，2020 年第 10 期。

［160］薛文莉：《国库集中支付制度下财务核算及决算报表的问题调查及对策》，《时代金融》，2021 年第 7 期。

［161］杨南：《浅谈县级“金财工程”建设存在的问题及对策》，《计算机光盘软件与应用》，2013 年第 13 期。

［162］杨思敏：《关于深化国库集中支付制度改革的研究》，《纳税》，2021 年第 2 期。

［163］杨志勇：《“十四五”时期中国财政治理需要注意的八个问题》，《财政科学》，2021 年第 1 期。

［164］杨志勇：《我国预算管理制度的演进轨迹：1979—2014 年》，《改革》，2014 年第 10 期。

［165］于志刚：《青岛市财政预算绩效管理研究》，青岛大学硕士学位论文，2017 年。

［166］余丽生等：《预算绩效管理改革的实践与思考》，《经济研究参考》，2012 年第 52 期。

［167］ 岳红举、单飞跃：《政府性基金预算与一般公共预算统筹衔接的法治化路径》，《财政研究》，2018 年第 1 期。

［168］ 张驰、冯利红：《改革开放四十年政府预算制度改革回顾与展望》，《财政科学》，2018 年第 8 期。

［169］ 张俊伟：《绩效预算改革：回顾与前瞻》，《中国发展观察》，2017 年 Z3 期。

［170］ 张琦：《论绩效评价导向政府会计体系的构建》，《会计研究》，2006 年第 4 期。

［171］ 张韬：《中期预算与年度预算联动机制研究》，中央财经大学博士学位论文，2016 年。

［172］ 张武源：《关于全面推进"金财工程"建设的思考》，《经济论坛》，2013 年第 5 期。

［173］ 张武源：《浅析"金财工程"建设中面临的问题》，《理论探索》，2013 年第 4 期。

［174］ 赵早早：《全口径预算管理：理论探讨与实践评估》，《地方财政研究》，2014 年第 8 期。

［175］ 赵早早：《中国地方政府财政部门购买第三方机构预算绩效评价服务研究：模式演进与未来发展》，《财政研究》，2019 年第 10 期。

［176］ 郑方辉、邓霖、林婧庭：《补助性财政政策绩效目标为什么会走样？——基于广东三项省级财政专项资金绩效第三方评价》，《公共管理学报》，2016 年第 3 期。

［177］ 钟长明：《预算绩效目标编制的实践与思考——以江苏省靖江市为例》，《财政监督》，2015 年第 33 期。

［178］ 周飞舟：《财政资金的专项化及其问题 兼论项目治国》，《社会》，2012 年第 1 期。

［179］ 周建伟：《政府预算绩效管理现状和措施分析》，《农村经济与科技》，2020 年第 24 期。

［180］ 周远祎：《"十四五"期间预算绩效管理改革研究》，《北方经贸》，2021 年第 5 期。

［181］ 朱鸿鸣：《双循环新发展格局的内在结构与误区廓清》，《东北财经大学学报》，2020 年第 6 期。

［182］ 朱军、张淑翠、李建强：《突发疫情的经济影响与财政干预政策评估》，《经济与管理评论》，2020 年第 3 期。

［183］朱俊立：《提高跨年度预算平衡机制与中期财政规划管理协同性研究》，《经济研究参考》，2017 年第 50 期。

［184］朱凌：《绩效差距和管理决策：前沿理论与定量研究评论》，《公共管理与政策评论》，2019 年第 6 期。

［185］卓越、徐国冲：《绩效标准：政府绩效管理的新工具》，《中国行政管理》，2010 年第 4 期。

［186］Auerbach · A. On the performance and use of government revenue forecasts, National Tax Journal, 1999, 52 (4): 767 – 782.

［187］Boadway · R, Tremblay. J – F. A theory of vertical fiscal imbalance. IFIR Working Paper, No. 2006 – 04.

［188］Bloom · N. The impact of uncertainty shocks, Econometrica, 2009, 77 (3): 623 – 685.

［189］Luhmann N. Risk: A sociological theory, Berlin: deGruyster, 1993.

［190］Marinheiro · C. The stability and growth pact, fiscal policy institutions and stabilization in Europe, International Economics and Economic Policy, 2010, 5 (1): 189 – 207.

［191］Romer · P. Endogenous technological change, Journal of Political Economy, 1990. 98 (5): 71 – 102.

［192］Sim · J, Zakrajsek · E. and Gilchrist · S. Uncertainty, financial frictions and investment dynamics, NBER Working Papers, No. 20038, 2010.